21世纪财经专业系列教材

F财务管理

FINANCIAL MANAGEMENT

孙丽　毛晶莹◎编著

经济管理出版社

ECONOMY & MANAGEMENT PUBLISHING HOUSE

图书在版编目（CIP）数据

财务管理/孙丽，毛晶莹编著.—北京：经济管理出版社，2009.2

ISBN 978-7-5096-0335-2

Ⅰ.财… Ⅱ.①孙…②毛… Ⅲ.财务管理 Ⅳ.F275

中国版本图书馆 CIP 数据核字（2009）第 012381 号

出版发行：**经济管理出版社**
北京市海淀区北蜂窝 8 号中雅大厦 11 层
电话：（010）51915602　邮编：100038

印刷：北京晨旭印刷厂　经销：新华书店

组稿编辑：王光艳　责任编辑：王光艳
技术编辑：杨国强　责任校对：郭　佳

787mm×1092mm/16　23.25 印张　560 千字
2009 年 3 月第 1 版　2009 年 3 月第 1 次印刷
印数：1-5000 册　定价：48.00 元
书号：ISBN 978-7-5096-0335-2

前　言

随着经济的发展、社会的进步，财务管理对企业显得越来越重要，其基本理论与方法成为企业决策者与经营者必须掌握的基础理论与专业知识。

在高校教学中，财务管理成为经济管理类专业的一门核心课程。财务管理课程前承经济学和会计学、后接管理学和经济学各门专业课，是学习财务管理、金融、企业管理和其他经济类专业课程的重要基础，尤其是对财务管理和金融专业的学生来说，该课程是本专业的核心课程，也是继续学习其他后续专业课程的必备条件。

由于财务管理是企业管理五大职能管理之一，它主要从微观角度分析企业筹资和投资的基本理论、分析方法和企业财务政策，其理论基础是西方的微观经济学。教学这门课的目的是使学生能够运用所学的理论和方法，解决企业理财中的实际问题，用活、用好企业资金，以实现企业的价值增值。所以，它是一门应用性很强的专业基础课。

产品经营和资本经营是现代企业的两大类经营活动，财务管理是对资本经营的管理。企业的财务活动是为了重新获得货币而支出货币的活动，是货币资本化的活动。资本是能带来剩余价值的价值，财务的本质是资本价值经营。如何使作为资本的货币在资本循环中得到量的增值，构成财务管理的全部内容。财务管理课程，着重对资本的取得、资本的运用、资本收益的分配等财务问题进行了介绍和研究，为企业高级财务管理人员提供了必备的财务理论知识和运作方法。

在现代公司制企业中，高级财务经理是企业的高层管理人员，其管理行为直接影响企业的管理业绩和股东的利益。如果缺乏对现代财务原理和管理的清楚认识，就不能成为一个称职的管理者，所以通过本课程的学习，应当使学生具备高级财务管理人员的基本素质，在熟练掌握企业筹资、投资和收益分配等财务基本技能的基础上，能灵活地根据企业的特点、资本市场的理财环境、投资对象的风险状况做出正确的财务决策，提高公司股东的资本价值并谋取最大的资本收益。

本教材将主要以微观经济学为理论基石，以资本市场为课程背景，以现代公司制企业为对象，着重研究企业的资本筹集与运用问题。同时，本教材以单一企业主体为对象，阐述了财务管理的基本理论和基本方法，具有较强的理论性和实务性。而且，本教材在吸纳财务管理研究的最新成果的同时，有意识地传承了传统财务管理的一些行之有效的方法和技术，设法使二者有机结合起来。

本教材将具体内容分为六个部分，共十一章：

第一部分为理论基础篇，包括第一至三章。其中，第一章财务管理总论，主要介绍财务管理基本概念、财务管理目标和财务管理环境；第二章和第三章，主要介绍财务基本分析工具和基本理念，包括风险收益均衡观念、成本效益观念及货币时间价值观念及其度量。

第二部分为筹资管理篇，包括第四至五章。其中，第四章筹资方式，主要介绍筹资规模、股权资本筹集和负债筹资；第五章资金成本和资本结构，主要介绍资金成本、筹资风险和资本结构及其决策。

第三部分为投资管理篇，包括第六至七章。其中，第六章项目投资，主要介绍固定资产投资决策、固定资产日常财务控制和折旧政策；第七章证券投资，主要介绍股票投资、债券投资、基金投资和衍生金融工具的投资。

第四部分为短期资本控制管理篇，即第八章营运资金管理，主要介绍现金管理、应收账款管理、存货的管理。

第五部分为收益分配篇，即第九章收益分配，主要介绍利润分配管理和股利政策。

第六部分为筹划和综合评价篇，包括第十至十一章。其中，第十章财务预算，主要介绍企业未来预算时期内预计财务状况和经营成果；第十一章价值创造的管理，着重介绍如何判断企业是否在创造价值以及实现财务管理目标的现代方法。

本书的特色表现在以下几个方面：第一，科学性。本书内容科学完整，结构设计合理，脉络清晰，涵盖了财务学的基本内容。第二，实用性。着眼于中国国情，努力体现相关财务理论在中国市场中的表现和应用，因此，准备参加国内专业技术职称考试的学员和企业在职经管人员也可将其作为参考用书。第三，避免学科间的交叉和重复。为避免与相关学科之间研究内容的交叉和重复，合理利用有限课时，本书采取的策略是突出学科重点，例如对筹资和投资决策的详细介绍，而省略了成本控制、财务绩效分析等与会计学相关课程交叉的内容。第四，前沿性。本书融入了世界财务学研究的最新成果，反映了全球财务学的最新发展，具有国际化的视野，为学生继续学习和深造提供了研究路径。特别是引入现代财务中价值创造的管理理念，从新的角度审视和评价财务经管人员的管理绩效，启发学员们另辟蹊径，运用最新方法来评估上市公司的价值。第五，互动性。本书通过课前的学习要点来提高学员把握课程重点自学能力，课后设计了复习思考题和自测题及答案环节，帮助学生学以致用，提高学习效率，以取得更好的学习效果。

全书由孙丽和毛晶莹共同编写，具体分工如下：第一至五章由毛晶莹负责执笔，第六至十一章由孙丽负责执笔。孙丽负责设计全书框架，拟定编写大纲，总纂和定稿。本教材既可以作为高等院校经济学、工商管理、金融学、会计学等专业的本科生教材；也可以作为 MBA 和 MPA 的教材；还可以作为需要提高财务管理能力的企业经营管理人员及准备参加专业技术职称考试的企业在职财务人员等的参考用书。

本教材将为使用本书的专业教师提供配套多媒体教学软件，以方便教师备课；各章均配有复习思考题和自测题，便于读者检验所学知识，本书最后还提供了自测题的详细答案。

由于编者自身的水平和经验有限以及财务管理学本身的改革和发展，本书难免存在疏漏与不妥之处，敬请有关专家、学者及广大读者不吝赐教，以便进一步修改与提高。

作 者

2009 年 1 月

目 录

第一章　财务管理总论……………………………………………1

第一节　财务管理概述……………………………………………1

一、财务管理的概念……………………………………………1

二、企业财务活动的内容………………………………………2

三、企业与各方面的财务关系…………………………………4

四、财务管理的内容和特点……………………………………5

第二节　财务管理的目标和基本原则…………………………7

一、财务管理的目标……………………………………………7

二、财务管理的原则 ……………………………………………11

第三节　财务管理的环节 ………………………………………14

一、财务预测 ……………………………………………………14

二、财务决策 ……………………………………………………15

三、财务预算 ……………………………………………………16

四、财务控制 ……………………………………………………16

五、财务分析 ……………………………………………………17

第四节　财务管理的环境 ………………………………………18

一、财务管理环境的概念 ………………………………………18

二、经济环境 ……………………………………………………18

三、法律环境 ……………………………………………………20

四、金融环境 ……………………………………………………24

本章复习思考题…………………………………………………28

本章自测题………………………………………………………28

第二章 风险与收益分析 ……31
第一节 风险与收益的基本原理 ……31
一、资产收益率的含义、计算和类型 ……31
二、资产的风险 ……33
第二节 资产组合的风险与收益分析 ……35
一、资产组合的风险与收益 ……35
二、非系统风险与风险分散 ……37
三、系统风险及其衡量 ……37
第三节 证券市场理论 ……40
一、风险与收益的关系 ……40
二、资本资产定价模型 ……41
三、套利定价理论 ……44
本章复习思考题 ……45
本章自测题 ……45
第三章 货币时间价值与证券估价 ……49
第一节 货币时间价值 ……49
一、货币时间价值的含义 ……49
二、货币时间价值的计算 ……50
第二节 证券估价 ……57
一、证券的分类 ……57
二、股票估价 ……61
三、债券估价 ……64
四、基金估价 ……66
本章复习思考题 ……68
本章自测题 ……68
第四章 筹资方式 ……71
第一节 企业筹资概述 ……71

一、企业筹资的含义及意义 ……71
二、筹资渠道和筹资方式 ……71
三、企业筹资的类型 ……73
四、筹集资金的要求 ……74
第二节　权益资金筹资 ……75
一、吸收直接投资 ……75
二、发行股票筹资 ……77
三、留存收益筹资 ……82
第三节　负债资金筹资 ……83
一、短期负债筹资 ……83
二、长期负债筹资 ……88
第四节　混合筹资 ……95
一、发行可转换公司债券 ……95
二、发行认股权证 ……97
本章复习思考题 ……98
本章自测题 ……98

第五章　资金成本和资本结构 ……101

第一节　资金成本 ……101
一、资金成本的含义 ……101
二、个别资金成本 ……102
三、综合资金成本 ……105
四、边际资金成本 ……107
第二节　杠杆原理 ……109
一、杠杆效应的含义 ……109
二、成本的分类、边际贡献和息税前利润 ……109
三、经营杠杆 ……111
四、财务杠杆 ……112
五、复合杠杆 ……114
第三节　资本结构 ……115

一、资本结构的概念 ……115
二、影响资本结构的因素 ……116
三、资本结构理论 ……117
四、最优资本结构的决策方法 ……119
本章复习思考题 ……123
本章自测题 ……124

第六章 项目投资 ……127

第一节 项目投资概述 ……127
一、项目投资的含义与类型 ……127
二、项目投资的特点 ……127
三、项目投资的种类 ……128
四、项目投资的程序 ……129
五、项目计算期及资金构成 ……129
六、项目投资资金的投入方式 ……131
第二节 项目投资的现金流量分析和计算 ……131
一、现金流量是项目投资的决策依据 ……131
二、现金流量的内容 ……133
三、现金流量的估算 ……134
四、净现金流量的确定 ……135
第三节 项目投资决策评价指标及其计算 ……140
一、项目投资决策评价指标的类型 ……140
二、静态投资指标 ……140
三、动态投资指标 ……142
四、动态评价指标之间的关系 ……145
第四节 项目投资决策评价指标的运用 ……146
一、独立方案的对比与选优 ……147
二、互斥方案的对比与选优 ……148
第五节 几种典型的项目投资决策 ……149
一、固定资产最佳更新期决策 ……149
二、固定资产修理和更新的决策 ……151

三、固定资产租赁或购买的决策 ……152
本章复习思考题 ……153
本章自测题 ……154

第七章 证券投资 ……157

第一节 证券投资目的、特点与程序 ……157
一、证券投资的概念和目的 ……157
二、证券投资的种类 ……158
三、证券投资的一般程序 ……162
四、证券投资的风险和收益 ……162
第二节 股票投资 ……165
一、股票投资的种类和目的 ……165
二、股票投资的基本分析法 ……166
三、股票的收益 ……167
四、股票投资策略 ……168
五、股票投资的优缺点 ……170
第三节 债券投资 ……171
一、债券投资的目的和特点 ……171
二、债券的收益率 ……171
三、债券投资决策 ……174
四、债券投资策略 ……175
五、债券投资的优缺点 ……176
第四节 证券投资组合 ……177
一、证券投资组合的策略 ……177
二、证券投资组合的方法 ……177
三、资本资产定价模型在证券投资中的应用 ……178
第五节 基金投资 ……180
一、投资基金的含义与特征 ……180
二、基金的种类 ……182
三、投资基金的收益 ……183
四、投资基金的风险 ……184

五、其他相关情况 ……185
六、投资基金的优缺点 ……185
第六节 金融衍生工具投资 ……186
一、金融衍生工具的种类 ……186
二、金融衍生工具的功能 ……187
三、金融衍生工具投资策略 ……187
四、认股权证、优先认股权、可转换债券的投资 ……191
本章复习思考题 ……195
本章自测题 ……196
第八章 营运资金管理 ……199
第一节 营运资金概述 ……199
一、营运资金的含义与构成 ……199
二、营运资金的特点 ……199
三、营运资金管理政策 ……200
四、管理营运资金的各个主要组成部分 ……205
第二节 现金的管理 ……206
一、企业持有现金的动机 ……206
二、企业持有现金的成本 ……207
三、最佳现金持有量的确定 ……208
四、现金收支的日常管理 ……213
第三节 有价证券管理 ……217
一、有价证券的风险 ……218
二、有价证券的种类 ……218
第四节 应收账款的管理 ……219
一、应收账款的功能 ……219
二、应收账款管理目标与内容 ……220
三、应收账款的成本 ……220
四、信用政策 ……221
五、应收账款的日常管理 ……227

第五节 存货的管理……229
一、存货的意义……229
二、存货控制的作用……229
三、存货的成本……230
四、存货的控制方法……231
本章复习思考题……250
本章自测题……251

第九章 收益分配……255

第一节 收益分配概述……255
一、收益分配的基本原则……255
二、确定收益分配政策时应考虑的因素……256
三、股利理论……258
第二节 利润分配程序……262
一、利润分配程序的含义……262
二、股份有限公司的利润分配程序……262
三、股利分配方案的确定……262
第三节 股利政策……266
一、剩余股利政策……266
二、固定或稳定增长股利政策……267
三、固定股利支付率政策……268
四、低正常股利加额外股利政策……268
五、Lintner 模型……269
六、股份公司的实际股利政策……270
七、股利政策的稳定性……271
第四节 股票分割、股票股利与股票回购……272
一、股票分割……272
二、股票股利……273
三、对股价的影响……276
四、股票回购……276
本章复习思考题……280

本章自测题 ……281

第十章 财务预算 ……285

第一节 财务预算体系概述 ……285
一、预算的含义和内容 ……285
二、全面预算体系 ……286
三、财务预算在全面预算体系中的地位和作用 ……290
四、财务预算的功能 ……292
第二节 预算编制方法 ……293
一、固定预算 ……293
二、弹性预算 ……295
三、增量预算和零基预算 ……299
四、概率预算 ……301
五、定期预算和滚动预算 ……302
第三节 日常业务预算和财务预算 ……305
一、日常业务预算 ……305
二、特种决策预算 ……308
三、财务预算 ……308
本章复习思考题 ……311
本章自测题 ……312

第十一章 创造价值的管理 ……315

第一节 创造价值管理的意义 ……315
一、财务目标与价值创造动因 ……315
二、为创造价值而经营的重要性 ……317
第二节 衡量价值的创造方法 ……318
一、经济增加值（EVA）法 ……318
二、市场增加值（MVA） ……323
三、如何识别企业是否创造价值 ……325
第三节 设计激励计划 ……326

第四节 联系资本预算过程和价值创造 ……326
一、投资的未来 EVA 的现值等于 MVA ……327
二、MVA 最大化等于 NPV 最大化 ……327
第五节 财务战略矩阵 ……330
本章复习思考题 ……332
本章自测题 ……333

各章自测题参考答案……335

附录 ……349

参考文献 ……357

第一章　财务管理总论

【本章学习目标】

- 了解财务管理的概念、特点及财务活动的内容；
- 掌握财务管理的目标和基本原则；
- 了解财务管理的环节；
- 了解财务管理的环境，并掌握金融市场的功能和要素。

第一节　财务管理概述

企业财务是企业在生产经营过程中客观存在的资金运动及其所体现的经济利益关系，企业财务管理则是对企业财务活动的管理。财务管理直接关系到企业的生存与发展，是企业管理的重要组成部分，渗透到企业的各个领域、各个环节之中。从某种意义上说，财务管理是企业可持续发展的关键，财务管理在整个企业管理中发挥着重要的、不可或缺的作用。

一、财务管理的概念

财务管理是社会生产力发展的结果，在15～16世纪，地中海沿岸一带的城市商业得到了迅速发展，初期的股份制公司的出现，要求企业进行财务管理，因而财务管理作为企业的一种组织职能诞生了。但这个时期的财务管理还仅仅是企业管理中的一个附属部分，还没有自己的独立形态，也缺乏财务管理理论和实践经验。因此，这只是财务管理的萌芽时期。到了19世纪50年代以后，西方产业革命进入完成时期，随着股份制公司的不断扩大和完善，为了适应筹集资本、发行股票和分配利润的需要，产生了专业化的财务管理。

在商品经济条件下，社会产品是使用价值和价值的统一体。企业生产经营过程也表现为使用价值的生产和交换过程及价值的形成和实现过程的统一。在这个过程中，劳动者将生产中所消耗的生产资料的价值转移到产品或服务中去，并且创造出新的价值，通过实物商品的出售或提供服务，使转移价值和新创造的价值得以实现。企业资金的实质是生产经营过程中运动着的价值。在企业生产经营过程中，物资不断地运动，物资的价值形态也不断地发生变化，由一种形态转化为另一种形态，周而复始，不断循环，形成了资金的运动。物资价值的运动就是通过资金运动的形式表现出来的。所以，企业的生产经营过程，一方面表现为物资运动（从实物形态来看）；另一方面表现为资金运动（从价值形态来看）。企业资金运动是企业生产经营过程的价值方面，它以价值的形式综合地反映着企业的生产经营过程。企业的资金运动，构成企业经济活动的一个独立方面，具有自己的运动规律，这就是企业的财务活动。

财务管理是基于企业再生产过程中客观存在的财务活动和财务关系而产生的，是组织企业财务活动、处理企业财务关系的一项经济管理工作，是企业管理的重要组成部分。企业为了实现良好的经济效益，在组织企业的财务活动、处理财务关系过程中，要进行科学预测、决策、预算、控制、协调、核算、分析和考核等一系列活动。财务管理的主要特点是对企业生产和再生产过程中的价值运动进行管理，是一项综合性很强的管理工作。对财务管理这个概念的理解应包括以下三个方面：

（1）财务管理要组织财务活动。为了正确理解财务管理的概念，首先应了解企业包括哪些财务活动，且要区别一般的财务活动和特殊的财务活动。一般的财务活动包括筹资、投资、资产的运营、分配等，特殊的财务活动包括兼并、收购、跨国经营等财务活动。财务管理主要解决的是一般财务活动问题。

（2）财务管理要处理财务关系。在资金运营过程中表现出不同的财务关系，一个合格的财务管理人员或经济管理人员能不能真正理解和运用好财务管理，显然在于他能不能处理好各种各样的财务关系。

（3）财务管理是一项经济管理工作，不同于单纯的人事管理、物资管理等，具有综合色彩。

综上所述，财务管理的概念可以得到这样的归纳：财务管理是基于企业再生产过程中客观存在的财务活动和财务关系而产生的，它是利用价值形式对企业再生产过程进行的管理，是组织资金运动、处理财务关系的一项综合性管理工作。

二、企业财务活动的内容

随着企业再生产过程的不断进行，企业资金总是处于不断的运动之中。在企业再生产过程中，企业资金从货币形态开始，顺次通过购买、生产、销售三个阶段，分别表现为固定资金、生产储备资金、未完工产品资金、成品资金等各种不同形态，然后又回到货币资金形态。从货币资金开始，经过若干阶段，又回到货币资金形态的运动过程，叫做资金的循环。企业资金周而复始不断重复和循环，叫做资金的周转。资金的循环、周转体现着资金运动的形态变化。

企业资金的运动就是财务活动，财务活动是指资金的筹集、投放、耗费、回收和分配等一系列活动。从整体上讲，财务活动的内容可概括为筹资活动、投资活动、资金营运活动和资金分配活动四个方面。

1. 筹资活动

企业要进行生产经营活动，首先必须从各种渠道筹集资金。筹资是指企业为了满足投资和资金营运的需要，筹集所需资金的行为。在筹资过程中，一方面，企业需要根据战略发展的需要和投资计划来确定各个时期企业总体的筹资规模，以保证投资所需的资金；另一方面，要通过筹资渠道、筹资方式或工具的选择，合理确定筹资结构，降低筹资成本和风险，从而提高企业的价值。

企业通过筹资通常可以形成两种不同性质的资金来源：一是企业的权益资金；二是企业的负债资金。企业的权益资金，是通过向投资者吸收直接投资、发行股票、企业内部留存收益等方式取得的，投资者包括国家、其他企业单位、个人、外商等。企业的债务资金，是通过向银行和其他金融机构借款、发行债券、融资租赁、利用商业信用等方式取得的。企业从投资者、债权人那里筹集来的资金，一般是货币资金形态，也可以是实物形态、无形资产形态，对实物和无形资产要通过资产评估确定其货币金额。

筹集资金是资金运动的起点，是投资活动的必要前提。

2. 投资活动

企业筹集到资金后，必须将资金投入使用，以谋求最大的经济效益。投资活动是指企业将所筹集的资金在企业内部进行合理配置、在企业外部灵活投放的过程。企业投资可分为广义的投资和狭义的投资两种。广义的投资包括对外投资（如购买其他公司股票、债券，或与其他企业联营，或投资于外部项目）和内部使用资金（如购置固定资产、无形资产、流动资产等）。狭义的投资仅指对外投资。

内部资金配置是企业主要的投资活动，主要是通过购买、建造等过程，形成各种生产资料。一方面进行固定资产投资，兴建房屋和建筑物，购置机器设备等；另一方面使用货币资金购进原材料、燃料等，货币资金就转化为固定资产和流动资产。此外，企业还可采取一定的方式以现金、实物或无形资产向其他单位投资，形成短期投资和长期投资。

企业在投资过程中，必须考虑投资规模（即为确保获取最佳投资效益，企业应投入的资金数额）；同时，还必须通过投资方向和投资方式的选择，来确定合适的投资结构，以确保投资效益和投资风险的均衡。

投资是资金运动的中心环节，它不仅对资金筹集提出要求，而且是决定未来经济效益的先天性条件。

3. 资金营运活动

企业在日常生产经营活动中，会发生一系列的资金收付行为。首先，企业需要采购材料或商品，以便从事生产和销售活动，同时，还要支付工资和其他营业费用；其次，当企业把商品或产品售出后，便可取得收入、收回资金；最后，如果资金不能满足企业经营需要，还要采取短期借款方式来筹集所需资金。为满足企业日常营业活动的需要而垫支的资金，称为营运资金。因企业日常经营而引起的财务活动，也称为资金营运活动。

在一定时期内，营运资金周转速度越快，资金的利用效率就越高，企业就可能生产出更多的产品，取得更多的收入，获取更多的利润。企业需要确定营运资金的持有政策、合理的营运资金融资政策以及合理的营运资金管理策略，对资金营运活动的管理包括：现金和交易性金融资产持有计划的确定；应收账款的信用标准、信用条件和收账政策的确定；存货周期、存货数量、订货计划的制订；短期借款计划、商业信用筹资计划的确定等。

资金营运活动是资金运动的关键环节，它不仅关系着资金耗费的补偿，更关系着投资效益的实现。通过资金营运活动所取得的收入是进行资金分配的前提。

4. 资金分配活动

企业通过投资和资金的营运活动可以取得相应的收入，并实现资金的增值。企业所取得的销售收入，要弥补生产成本，按规定缴纳流转税，其余部分为企业的营业利润。营业利润、投资收益和其他净收入构成企业的利润总额。利润总额首先要按国家规定缴纳所得税，税后利润要提取公积金，可用于扩大积累和弥补亏损，其余利润作为投资收益分配给投资者。企业从经营中收回的货币资金，还要按计划向债权人还本付息。用以分配投资收益和还本付息的资金，就从企业资金运动过程中退出。

随着分配过程的进行，资金或者退出或者留存企业，它必然会引起企业的资金运动，这不仅表现在资金运动的规模上，而且表现在资金运动的结构上，如筹资结构。企业需要依据法律的有关规定，合理确定分配规模和分配方式，确保企业取得最大的长期利益。

资金分配是一次资金运动过程的终点，又是下一次资金运动过程开始的前奏。

三、企业与各方面的财务关系

财务关系，指企业在资金运动中与各有关方面发生的经济利益关系。企业在筹资活动、投资活动、资金营运活动和资金分配活动的过程中，与企业内外各方面有着广泛的财务关系。这些财务关系主要包括以下几个方面：

1. 企业与投资者和受资者之间的财务关系

企业从各种投资者那里筹集资金，进行生产经营活动，并将所实现的利润按各投资者的出资额进行分配。企业还可将自身的法人财产以购买股票或直接投资的形式向其他企业投资，这些被投资企业即为受资者。企业与投资者、受资者的财务关系，即投资与分配投资收益的关系，在性质上属于所有权关系。处理这种财务关系必须维护投资、受资各方的合法权益。

2. 企业与债权人、债务人、往来客户之间的财务关系

企业购买材料、销售产品，要与购销客户发生货款收支结算关系，在购销活动中由于延期收付款项，要与有关单位发生商业信用——应收账款和应付账款。当企业资金不足时，要向银行或其他金融机构借款，或者发行债券，形成企业与债权人之间的财务关系；当企业资金闲置时，可购买其他单位债券或向其他单位提供借款，形成企业与债务人之间的财务关系。企业在业务往来中的收支结算，要及时收付款项，以免相互占用资金，一旦形成债权债务关系，则债务人不仅要还本，而且要付息。企业与债权人、债务人、购销客户的关系，在性质上属于债权债务关系。处理这种财务关系，必须按有关各方的权利和义务来保障有关各方的权益。

3. 企业与税务机关之间的财务关系

企业应按照国家税法的规定缴纳各种税款，包括所得税、流转税和计入成本的税金。国家以社会管理者的身份向一切企业征收的有关税金，是国家财政收入的主要来源。企业及时足额地纳税，是生产经营者对国家应尽的义务，必须认真履行。企业与税务机关之间的财务关系反映的是依法纳税和依法征税的税收权利义务关系（在税法上称税收法律关系）。处理这种财务关系，必须认真履行企业的纳税义务。

4. 企业内部各单位之间的财务关系

一般说来，企业内部各部门、各级单位之间与企业财务部门都要发生领款、报销、代收、代付的收支结算关系。在实行内部经济核算制和经营责任制的条件下，企业内部各单位都有相对独立的资金定额或独立支配的费用限额，各部门、各单位之间提供产品和劳务要进行计价结算。这样，财务部门与各部门、各单位之间，各部门与各单位之间，就发生了资金结算关系，它体现着企业内部各单位之间的经济利益关系。处理这种财务关系，要严格分清有关各方的经济责任，以便有效地发挥激励机制和约束机制的作用。

5. 企业与职工之间的财务关系

企业要向职工支付工资、津贴、奖金等。这种企业与职工之间的结算关系，体现着职工个人和集体在劳动成果上的分配关系。处理这种财务关系，要正确地执行有关的分配政策。

企业的资金运动，从表面上看是钱和物的增减变动，其实，钱和物的增减变动都离不开人与人之间的关系。我们要透过资金运动的现象，看到人与人之间的财务关系，自觉地处理好财务关系，促进生产经营活动的发展。

四、财务管理的内容和特点

1. 财务管理的内容

财务管理是基于企业再生产过程中客观存在的财务活动和财务关系而产生的，是组织企业财务活动、处理企业财务关系的一项经济管理工作，是企业管理的重要组成部分。与企业财务活动相联系，财务管理的主要内容包括筹资管理、投资管理、营运资金管理和收益分配管理四个方面。

（1）筹资管理。筹资管理是指企业如何以尽可能小的代价和最理想的方式，及时、足额地筹集到生产经营活动所需的资金，并调节由这一筹资过程所产生的企业内外各方面的财务关系。企业筹资的基本要求是，遵循国家法律和政策的规定，按照经济核算的原则筹集资金，从数量和时间上满足生产经营的需要，同时要降低资金成本、减少财务风险、提高筹资效益。企业筹资既不能出现筹资不足的情况，也不能出现筹资过量的情况。如果企业未能及时筹集足额的资金，可能会贻误企业经营的正常运转而造成不必要的经济损失；但如果超前筹资、超量储备，也会造成资金的闲置和积压，导致企业为此付出高昂的代价，从而降低了资金的利用效率。

筹资活动是企业的一项基本财务活动，筹资决策是筹资管理的核心。筹资决策所要解决的问题是筹资渠道、筹资方式、筹资风险和筹资成本等问题，要求确定最优的资本结构，选择最合适的筹资方式，并在风险和成本之间权衡得失，使筹资风险和筹资成本相匹配，确定最优的资本结构。

（2）投资管理。投资管理是指企业如何以尽可能少的资金投放，达到最佳财力资源的配置，并调节由这一活动过程所产生的企业内外各方面的财务关系。为了使筹集的资金能得到合理的配置，就必须根据企业资金运动的特点和规律性，科学地将资金分配到企业生产的各个环节和部门。除了内部资金投放管理外，对外投资的投向、期限、收益以及如何分散投资风险等，都是投资管理要考虑的问题。投资管理的具体内容包括：分析投资环境，正确选择投资机会和投资对象；确定投资规模，使之符合企业需求和偿债能力；研究投资风险，将其控制在一定的限度内；选择最佳的投资方案，服务于企业整体目标。

（3）营运资金管理。营运资金管理是指企业如何加速营运资金周转，提高资金利用效果，合理安排流动资产与流动负债的比例关系，并协调由这一活动过程所产生的企业内外各方面的财务关系。营运资金是指可供企业经营周转使用的净流动资产，即企业的流动资产超过流动负债的部分。营运资金管理与效益体现为企业流动资产的投资与融资管理上的效益。

流动资产是指可以在一年以内或超过一年的营业周期内实现变现或运用的资产，流动资产具有占用时间短、周转快、易变现等特点。企业拥有较多的流动资产，可在一定程度上降低财务风险。流动资产在资产负债表上主要包括以下项目：货币资金、短期投资、应收票据、应收账款和存货。流动负债是指需要在一年或者超过一年的一个营业周期内偿还的债务。流动负债又称短期融资，具有成本低、偿还期短的特点，必须认真进行管理；否则，将使企业承受较大的财务风险。流动负债主要包括以下项目：短期借款、应付票据、应付账款、预收账款、应付工资及应交税金等。

对营运资金的管理是企业财务管理工作中的一项重要内容，具体包括：分析生产经营状况，确定营运资金需求量；在保证生产经营需要的前提下，节约使用资金；加速营运资金周转，提高资金利用效果；合理安排流动资产与流动负债的比例关系，保证企业有足够的短期偿债能力。

（4）收益分配管理。收益分配管理是指企业对实现的收益如何在各利益主体之间进行分配，并协调由这一活动过程所产生的企业内外各方面的财务关系。企业收益的分配关系到企业长远发展和股东当前利益之间的协调与平衡问题。企业一方面应留存适当比例的利润，用于扩大再生产，保证生产的长期发展；另一方面要考虑股东的当前利益，发放一定的股利以调动股东的积极性。企业要处理好眼前利益与长远利益、企业微观利益与国家宏观利益等各方面的关系。

收益分配管理的内容包括：分析盈利情况和资金变现能力，研究企业发展需求和股东意见，使利润分配贯彻利益兼顾的原则；确定利润分配比例和支付方式，使利润分配有利于增强企业的发展能力。

2. 财务管理的特点

（1）涉及面广。财务管理与企业的各个方面具有广泛的联系。企业购、产、销、运、技术、设备、人事、行政等各部门业务活动的进行，无不伴随着企业资金的收支，财务管理的触角就必然要伸向企业生产经营的各个角落。每个部门都会通过资金的收付，与财务管理部门发生联系。每个部门也都要在合理使用资金和取得收入方面接受财务管理部门的指导，受到财务管理制度的约束。

（2）灵敏度高。财务管理能迅速提供反映生产经营状况的财务信息。企业的财务状况是经常变动着的，具有很强的敏感性。各种经济业务的发生，特别是经营决策的得失，经营行为的成败，会及时在财务状况中表现。成品资金居高不下，往往反映产品不适销对路；资金周转不灵，往往反映销售货款未及时收取，并会带来不能按期支付材料价款、偿还到期债务的后果。财务管理部门通过向企业领导提供财务状况信息，可以协助企业领导适时控制和调整各项生产经营活动。

（3）综合性强。财务管理能综合反映企业生产经营各方面的工作质量。以价值形式表现出来的财务状况和经营成果具有很强的综合性。资金、成本、利润等价值指标，能全面系统地反映各种财产物资的数额、结构和周转情况，反映各种人力消耗和物资消耗，反映各种营业收入和非营业收入及经济效益。通过财务信息把企业生产经营的各种因素及其相互影响综合全面地反映出来，并有效地管理企业各方面的财务活动，是财务管理的一个突出特点。

综上所述，财务管理从所包括的内容来看，是企业管理的一个独立方面；从它的特点来看，则是一项综合性的管理工作。搞好财务管理对于改善企业经营管理、提高企业经济效益具有独特的作用。

第二节 财务管理的目标和基本原则

一、财务管理的目标

财务管理的目标又称财务目标、理财目标，是指企业进行财务活动所要达到的根本目的，是评价企业财务活动是否合理的标准，它决定着财务管理的基本方向。从实质上看，财务目标是财务管理中主观愿望与客观规律、财务主体与财务管理对象、内部条件与外部环境、现实与未来、管理者与所有者、债权人等一系列矛盾相互作用的聚集点和综合表现。财务目标是这些矛盾相互统一、均衡的结果。财务管理的目标是全部财务活动实现的最终目标，它是企业开展一切财务活动的基础和归宿。从根本上讲，企业财务目标取决于企业生存与发展目标，两者必须是一致的。根据企业财务管理理论和实践，最具有代表性的财务管理目标主要有企业利润最大化、股东财富最大化和企业价值最大化。

1. 企业利润最大化

利润是企业一定时期内经营收入扣除经营费用后的余额。利润额的多少在一定程度上体现了企业经济效益水平的高低。企业利润最大化目标，是指企业在满足投资者必要收益率的前提下，财务管理行为将朝着有利于企业利润最大化的方向发展。利润最大化是西方微观经济学的理论基础。经济学家以往都是以利润最大化这一概念来分析和评价企业行为和业绩的。根据亚当·斯密、大卫·李嘉图和马歇尔的古典经济理论，这种观点认为企业财务管理的目标是获利最大的利润，而且利润总额越大越好。

在市场经济环境中，投资者出资开办企业最直接的目的就是追求经济利润。利润额是企业在一定期间全部收入和全部成本费用的差额，而且是按照收入与费用配比原则加以计算的。在一定程度上，它不仅体现了企业的经济效益、股东投资回报的高低、企业对国家的贡献，而且和职工的利益息息相关。同时，利润是企业补充资本公积金、扩大经营规模的源泉。所以，获取最大利润既是企业的基本宗旨，也是企业不断发展的基本前提。这种观点最容易被人们理解和接受。因此利润最大化的观点在很长时期内始终得到人们的广泛关注。

利润代表了企业为股东新创造的财富，盈利越多，意味着股东的投资越能得到增值，因此，在微观经济学中，一般以利润最大化作为企业的目标函数，并以此展开对企业经营行为的分析。以利润最大化作为企业财务管理目标，具有以下积极意义和优点：

（1）有利于企业开拓市场，扩大销售。在企业的利润中，主营业务收入占了很大的比重。企业为了增加利润，首先要增加主营业务收入，因而企业需努力开发新技术、新产品，并积极开拓新市场，培育新的利润增长点。企业在利润最大化目标下，会努力提高产品的质量和性能，争取更多的新老客户，以扩大销售。

（2）有利于加强企业经济核算，降低成本费用支出。企业还可以通过降低成本费用支出的方法，来达到提高利润的目的。这就要求企业加强成本管理，努力控制生产成本和期间费用，控制资金占用，以技术更新等措施来降低成本费用支出。

（3）有利于调动员工积极性。企业员工的收入水平通常与企业的盈利情况紧密联系，如果企业以利润最大化为目标，并且把员工的物质利益与企业的经营成果相联系，那么就能使全体员工目标明确，行动一致，更好地发挥主观能动性。当然，企业不能仅仅依靠物质激励来调动员工的积极性，还应把物质激励与精神激励相结合。

（4）有利于企业增强发展后劲。企业的利润增加后，将有更多的留存利润，从而可以把更多的财力用于技术改造、新产品开发和扩大生产经营规模，有利于企业增强发展后劲。而且留存利润也提高了企业的权益资金的比例，有利于降低企业财务风险和进一步利用负债方式进行筹资。

（5）有利于提高企业价值。从理论上讲，企业价值是其未来所有现金流量的现值，而未来现金流量的多少主要取决于企业未来的利润，因此，利润最大化目标有利于提高企业的价值。

（6）具有很强的可操作性。就企业而言，以利润最大化作为企业财务管理的目标，其指标非常明确，具有很强的可操作性。企业的利润可以在各个部门进行分解，也可以从开拓市场、开发产品、控制成本等各个方面落实利润计划，而且利润指标还可以在经营成果上进行考核。因此，利润最大化目标具有很强的可操作性。

从以上六个优点可以看出，以利润最大化作为企业财务管理的目标是有一定的道理的。但是，以利润最大化作为财务管理目标，也存在着一些缺陷。其存在的缺点如下：

（1）利润最大化是一个绝对指标，没有考虑企业的投入与产出之间的关系。如果两个企业的资本规模不同，或者同一企业在不同时期的资本规模不同，就无法用利润最大化指标进行比较。

（2）利润最大化没有考虑利润发生的时间，没有考虑资金的时间价值因素。只有考虑了资金的时间价值，才能准确反映企业实现的价值。

（3）利润最大化没能有效考虑风险问题，可能会导致企业财务决策与控制一味追求最大利润而不顾风险的大小。如果企业冒着高风险去追求高利润，可能会造成不应有的损失。

（4）利润最大化往往会使企业财务决策行为具有短期行为的倾向，即只顾片面追求利润的增加，不考虑企业长远的发展。企业的短期行为包括：忽视产品开发、人才开发、生产安全、技术装备水平和履行社会责任等。这些短期行为使得企业在短期内能取得利润的最大化，但却不利于企业长远的发展。

2. 股东财富最大化

股东财富最大化是指通过财务上的合理经营，为股东带来最多的财富。股东的财富由其所拥有的股票数量和股票市场价格两方面来决定。在股票数量一定时，股票价格达到最高，股东财富也达到最大。所以，股东财富最大化又演变为股票价格最高化。

（1）优点。股东财富最大化目标具有以下优点：

1）股东财富最大化考虑了风险因素。因为风险的高低会对股票价格产生重要的影响。

2）股东财富最大化在一定程度上能够克服企业在追求利润上的短期行为。因为不仅目前的利润会影响企业股票价格，而且预期未来的利润对企业的股票价格也会产生影响。

3）股东财富最大化目标比较容易量化。因为股票市值很容易查询到，可直接量化股东财富最大化目标。

（2）缺点。以股东财富最大化作为企业财务管理的目标，也存在着明显的缺点，主要包括以下几点：

1）股东财富最大化只适用于上市公司。因为只有上市公司才有股票价格，而上市公司通常只占较小的比重，多数企业没有上市，因而无法以股东财富最大化作为财务管理的目标。

2）股票价格受众多因素影响，而且波动幅度很大，难以稳定、准确地反映企业的真实价值。股票价格不仅会受到企业自身经营状况的影响，而且还会受到宏观经济状况、国家货币政策与财政政策、通货膨胀、企业所属行业状况、股本变动、市场供求关系、市场总体价格波动、市场操纵和市场心理预期等因素的影响，所以股价并不能真实地反映企业的价值。此外，股票价格的波动幅度较大，在一天之内都会有很大的变化，所以股价对于企业价值的反映非常不稳定。

3）股票价格在很大程度上不受企业管理当局的控制。因为影响股票价格的因素有很多，所以企业管理层很难对股票价格进行控制。企业不能把不可控制的因素作为财务管理的目标，这些不可控制的因素也无法转化为具体的财务计划。

由于股东财富最大化目标存在着以上这些缺点，因此在实际工作中难以操作。但如果一个国家的证券市场高度发达，市场效率极高，上市公司可以把股东财富最大化作为财务管理的目标。

3. 企业价值最大化

企业价值最大化是指通过财务上的合理经营，采用最优的财务政策，充分考虑货币的时间价值和风险与收益的关系，在保证企业长期稳定发展的基础上使企业总价值最大化。企业价值不是账面资产的总价值，而是指企业未来净现金流量的现值总和。

企业价值最大化的定义看似简单，实际包括了丰富的内涵，其基本思想是将企业长期稳定发展、持续的获利能力放在首位。企业价值最大化的具体内容包括以下几个方面：

（1）强调风险与收益的均衡，将风险控制在企业可以承受的范围之内。企业价值最大化目标既要考虑投资风险程度的大小，也要考虑收益情况及时间因素。该目标具有综合性，不单纯追求收益最大化，也不单纯追求风险最小化，而是强调两者之间的均衡。

（2）建立与股东之间的利益协调关系，努力培养长期投资的股东。这类股东属于安定性股东，他们一般不会轻易出售所持有的股票，因而更关心企业的长远发展。

（3）关心本企业职工利益，创造优美和谐的工作环境。只有保障职工的利益，创造良好的工作环境，才能吸引人才，并留住人才，这有利于企业的长期稳定发展。

（4）不断加强与债权人的联系，重大财务决策请债权人参加讨论，培养可靠的资金供应者。可靠的资金供应是企业稳定发展的前提，因此企业一定要处理好与债权人之间的关系。

（5）关心客户的利益，在新产品的研制和开发上有较高投入，不断推出新产品来满足顾客的要求，以便保持销售收入的长期稳定增长。企业应以市场为导向，生产客户需要的产品，这样才能稳步提高销售收入，提升企业的价值。

（6）讲求信誉，注重企业形象的宣传。应注重企业形象的广告宣传，扩大知名度，不断地提升企业的形象。维护好企业形象，有利于企业产品的销售，也有利于企业的长期稳定发展。

以企业价值最大化作为财务管理的目标，具有以下优点：

（1）企业价值最大化目标考虑了取得收益的时间，即考虑了资金的时间价值。

（2）企业价值最大化目标科学地考虑了风险与收益的联系。

（3）企业价值最大化能克服企业在追求利润上的短期行为。因为不仅目前的利润会影响企业的价值，而且预期未来的利润对企业价值的影响更大。因此，企业更注重长期的发展。

（4）企业价值最大化有利于社会资源的合理配置。社会资金通常流向企业价值最大化的企业，有利于实现社会效益最大化。

但是，以企业价值最大化作为财务管理的目标也存在着一些问题，主要包括以下两个方面：

（1）可操作性差，企业价值难以预测。由于企业未来的利润和净现金流量均具有很大的不确定性，对此进行长期预测相当困难。

（2）企业价值目标难以落实为企业的财务计划。企业价值本身难以预测，因而无法落实到企业的财务计划中。

尽管企业价值最大化目标有许多优点，但是实际操作中实施难度太大。因此，企业价值最大化目标难以实施，一般企业不采用。

企业财务管理的目标主要有以上三种，但企业究竟应采用何种财务管理目标，理论界仍存在很大分歧。从目前的实际情况来看，大部分企业把利润最大化或适度利润作为自己的财务管理目标。

二、财务管理的原则

财务管理的原则是企业组织财务活动、处理财务关系的准则，是从企业财务管理的实践经验中概括出来的、体现理财活动规律性的行为规范，是对财务管理的基本要求。为了实现财务管理的目标，企业财务管理应贯彻以下几条原则：

1. 资金合理配置原则

企业财务管理是对企业全部资金的管理，而资金运用的结果则形成企业各种各样的物质资源。各种物质资源总是要有一定的比例关系的，所谓资金合理配置，就是要通过资金活动的组织和调节，来保证各项物质资源具有最优化的结构比例关系。

物质资源的配置情况是资金运用的结果，同时它又是通过资本结构表现出来的。从一定时点的静态来看，企业有各种各样的资金结构。在资金占用方面，有对外投资和对内投资的构成比例，有固定资产和流动资产的构成比例，有材料、在产品、产成品的构成比例等。在资金来源方面，有负债资金和权益资金的构成比例，有长期负债和短期负债的构成比例等。在财务活动这个系统中，资金配置合理，从而资源构成比例适当，就能保证生产经营活动顺畅运行，并由此取得最佳的经济效益；否则就会危及购、产、销活动的协调，甚至影响企业的兴衰。因此，资金合理配置是企业持续、高效经营必不可少的条件。

如前所述，各种资金形态在空间上的并存性和时间上的继起性，是企业资金运动的一项重要规律。只有把企业的资金按合理的比例配置在生产经营的各个阶段上，才能保证资金活动的继起和各种形态资金占用的适度，才能保证生产经营活动的顺畅运行。如果企业库存产品长期积压、应收账款不能收回，而又未能采取有力的调节措施，则生产经营必然发生困难；如果不优先保证内部业务的资金需要，而把资金大量用于对外长期投资，则企业主营业务的开拓和发展必然受到影响。通过合理运用资金实现企业资源的优化配置，从财务管理来看就是合理安排企业各种资金结构问题。企业进行资金结构决策、投资组合决策、存货管理决策、收益分配比例决策等都必须贯彻这一原则。

2. 收支积极平衡原则

在财务管理中，不仅要保持各种资金存量的协调平衡，而且要经常关注资金流量的动态协调平衡。所谓收支积极平衡，就是要求资金收支不仅在一定期间总量上求得平衡，而且在每一个时点协调平衡。资金收支在每一时点上的平衡性，是资金循环过程得以周而复始进行的条件。

资金收支的平衡，归根结底取决于购、产、销活动的平衡。企业既要搞好生产过程的组织管理工作，又要抓好生产资料的采购和产品的销售，要购、产、销一起抓，克服任何一种片面性。只有坚持生产和流通的统一，使企业的购、产、销三个环节互相衔接，保持平衡，企业资金的周转才能正常进行，并取得应有的经济效益。

资金收支平衡不能采用消极的办法来实现，而要采用积极的办法解决收支中存在的矛盾。要做到收支平衡，首先，要开源节流，增收节支。节支是要节约那些应该压缩、可以压缩的费用，而对那些在创收上有决定作用的支出则必须全力保证；增收是要增加那些能带来较高经济效益的营业收入。其次，在发达的金融市场条件下，还应当通过短期筹资和投资来调剂资金的余缺。在一定时期内，资金收入不敷支出时，应及时采取办理借款、发行短期债券等方式融通资金；而当资金收入比较充裕时，则可适时归还债务，进行短期证券投资。总之，在组织资金收支平衡问题上，既要量入为出，根据现有的财力来安排各项开支；又要量出为入，对于关键性的生产经营支出要开辟财源，积极予以支持。这样，才能取得理想的经济效益。收支积极平衡原则不仅适用于现金收支计划的编制，而且对于证券投资决策、筹资决策等也都有重要的指导意义。

3. 成本效益原则

在企业财务管理中，既要关心资金的存量和流量，更要关心资金的增量。企业资金的增量即资金的增值额，是由营业利润或投资收益形成的。因此，对于形成资金增量的成本与收益这两方面的因素必须认真进行分析和权衡。所谓成本效益原则，就是要对经济活动中的投入与产出进行分析比较，对经济行为的得失进行衡量。使成本与收益得到最优的结合，以求获取最多的盈利。

讲求经济效益，要求以尽可能少的劳动垫支和劳动消耗，创造出尽可能多和尽可能好的劳动成果，以满足社会不断增长的物质和文化生活需要。在社会主义市场经济条件下，这种劳动占用、劳动消耗和劳动成果的计算和比较，是通过以货币表现的财务指标来进行的。从总体上来看，劳动占用和劳动消耗的货币表现是资金占用和成本费用，劳动成果的货币表现是营业收入和利润。所以，实行成本效益原则，能够提高企业经济效益，使投资者权益最大化。

企业在筹资活动中，有资金成本率和息税前资金利润率的对比分析问题；在投资决策中，有投资额与各期投资收益额的对比分析问题；在日常经营活动中，有营业成本与营业收入的对比分析问题；其他一些生产经营中的活动，如劳务供应、设备修理、材料采购、人员培训等，无不有经济得失的对比分析问题。企业的一切成本、费用的发生，最终都是为了取得收益，都可以联系相应的收益进行比较。进行各方面的财务决策，都应当按成本效益做出周密的分析。成本效益原则作为一种价值判断原则，在财务管理中具有广泛的应用价值。

4. 收益风险均衡原则

在市场经济的激烈竞争中，进行财务活动不可避免地要遇到风险。财务活动中的风险是指获得预期财务成果的不确定性。企业要想获得收益，就不能回避风险，可以说风险中包含收益，挑战中存在机遇。进行财务管理不能只顾追求收益，不考虑可能发生的损失。所谓收益风险均衡原则，是要求企业对每一项财务活动，全面分析其收益性和安全性，按照收益和风险适当均衡的要求来决定采取何种行动方案，在实践中趋利避害，提高收益。

在财务活动中，低风险往往只能获得低收益，高风险则可能得到高收益。例如，在流动资产管理方面，持有较多的现金，可以提高企业的偿债能力，减少债务风险，但是银行存款的利息很低，而库存现金则完全没有收益；在筹资方面，发行债券与发行股票相比，由于利息率固定且利息可在成本费用中列支，对企业留用利润影响较小，可以提高自有资金的利润率，但是企业要按期还本付息，需承担较大的风险。无论是对投资者还是对受资者来说，都要求收益与风险相适应，风险越大，则要求的收益也越高。只是不同的经营者对风险的态度有所不同，有人宁愿收益稳妥一些，而不愿冒较大的风险，有人则甘愿冒较大风险，以便利用机遇谋求巨额利润。无论市场的状况是繁荣还是衰落，无论人们的心理状态是稳健还是进取，都应当对决策项目的风险和收益做出全面的分析和权衡，以便选择最有利的方案。特别是要注意把风险大、收益高的项目，同风险小、收益低的项目适当地搭配起来，分散风险，使风险与收益平衡，做到既降低风险，又能得到较高的收益。企业还要尽可能回避风险，化风险为机遇，在危机中找对策，以提高企业的经济效益。

5. 分级分权管理原则

在规模较大的现代企业中，对财务活动必须实行分级分权管理。所谓分级分权管理，就是在企业总部统一领导的前提下，合理安排各级单位和各职能部门的权责关系，充分调动各级各部门的积极性。为了调动、加强各方面人员的积极性和责任感，提高财务管理的效率，落实财务管理的各项目标，现代企业的财务管理必须实行统一领导下的分级分权管理。

以工业企业为例，企业通常分为厂部、车间、班组三级，厂部和车间设立若干职能机构或职能人员。在财务管理上实行统一领导、分级分权管理，就是要按照管理物资同管理资金相结合、使用资金同管理资金相结合、管理责任同管理权限相结合的要求，合理安排企业内部各单位在资金、成本、收入等管理上的权责关系。厂部是企业行政工作的指控中心，企业财务管理的主要权力集中在厂部。同时，要对车间、班组、仓库等单位给予一定的权限，建立财务分级管理责任制。企业的各项财务指标要逐级分解落实到各级单位，各单位要核算其直接费用、资金占用等财务指标，定期进行考核，对经济效益好的单位给予物质奖励。企业要在加强财务部门集中管理的同时，实行各职能部门的分口管理，按其业务范围规定财务管理的职责和权限，核定指标并定期进行考核。这样，就可以调动各级各部门管理财务活动的积极性。

6. 利益关系协调原则

企业财务管理要组织资金的活动，因而同各方面的经济利益有非常密切的联系。所谓利益关系协调原则，就是在财务管理中利用经济手段协调国家、投资者、债权人、购销客户、经营者、劳动者、企业内部各部门的经济利益关系，维护有关各方的合法权益。有关各方利益关系的协调，是理财目标顺利实现的必不可少的条件。

企业内部和外部经济利益的调整在很大程度上都是通过财务活动来实现的。企业对投资者要做到资本保全，并合理安排红利分配与盈余公积金提取的关系，在各种投资者之间合理分配红利；对债权人要按期还本付息；企业与企业之间要实行等价交换原则，并且通过折扣和罚金、赔款等形式来促使各方认真履行经济合同，维护各方的物质利益；在企业内部，厂部对于生产经营经济效果好的车间、科室，给予必要的物质奖励，并且运用各种结算手段划清各单位的经济责任和经济利益；在企业同职工之间，在工资分配方面，要实行按劳分配原则，把职工的收入和劳动成果联系起来。所有这些都要通过财务管理来实现。在财务管理中，应当正确运用价格、股利、利息、奖金、罚款等经济手段，启动激励机制和约束机制，合理补偿，奖优罚劣，处理好各方面的经济利益关系，以保障企业生产经营顺利、高效地运行。处理各种经济利益关系，要遵守国家法律，认真执行政策，保障有关各方应得的利益。

第三节　财务管理的环节

财务管理有五个基本环节，它们分别是财务预测、财务决策、财务预算、财务控制、财务分析。这些管理环节互相配合，紧密联系，形成周而复始的财务管理循环过程，构成完整的财务管理工作体系。

一、财务预测

财务预测是根据财务活动的历史资料，考虑现实的要求和条件，对未来的财务活动和财务成果做出科学的预计和测算。现代财务管理必须具备预测能力，以便把握未来，明确方向。财务预测环节的作用在于：测算各项生产经营方案的经济效益，为决策提供可靠的依据；预计财务收支的发展变化情况，以确定经营目标；测定各项定额和标准，为编制预算、分解预算指标服务。财务预测环节是在前一个财务管理循环的基础上进行的，运用已取得的规律性的认识来指导未来。它既是两个管理循环的连结点，又是财务决策环节的必要前提。

财务预测环节包括以下工作步骤：

1. 明确预测的对象和目的

预测的对象和目的不同，则对预测资料的搜集、预测模型的建立、预测方法的选择、预测结果的表现方式等也有不同的要求。为了达到预期的效果，必须根据管理决策的需要，明确预测的具体对象和目的，如降低成本、增加利润、加速资金周转、安排设备投资等，从而规定预测的范围。

2. 搜集和整理资料

根据预测的对象和目的，要广泛搜集有关的资料，包括企业内部和外部资料、财务和生产技术资料、预算和统计资料、本年和以前年度资料等。对资料要检查其可行性、完整性和典型性，排除偶然性因素的干扰；还应对各项指标进行归类、汇总、调整等加工处理，使资料符合预测的需要。

3. 选择预测模型

根据影响预测对象的各个因素之间的相互联系，选择相应的财务预测模型。常见的财务预测模型有时间序列预测模型、因果关系预测模型、回归分析预测模型等。

4. 实施财务预测

将经过加工整理的资料进行系统的研究，代入财务预测模型，采用适当预测方法，进行定性、定量分析，确定预测结果。

财务预测的方法有许多种，常用的有定性预测法和定量预测法，前者可分为经验判断法和研究法，后者可分为趋势预测法和因果预测法。

二、财务决策

财务决策是根据企业经营战略的要求和国家宏观经济政策的要求，从提高企业经济效益的理财目标出发，在若干个可以选择的财务活动方案中，选择一个最优方案的过程。在财务活动预期方案只有一个时，决定是否采用这个方案也属于决策问题。在市场经济条件下，财务管理的核心是财务决策。在财务预测基础上所进行的财务决策，是编制财务预算、进行财务控制的基础。财务决策的成功是最大的成功，财务决策的失误是最大的失误，财务决策关系着企业的成败兴衰。

财务决策环节包括以下一些工作步骤：

1. 确定决策目标

根据企业经营目标，在调查研究财务状况的基础上，确定财务决策所要解决的问题，如发行股票和债券的决策、设备更新和购置的决策、对外投资种类的决策等，然后搜集企业内部的各种信息和外部的情报资料，为解决决策面临的问题做好准备。

2. 拟订备选方案

在预测未来有关因素的基础上，提出各种为达到财务决策目标而考虑的各种备选的行动方案。拟订备选方案时，对方案中决定现金流出、流入的各种因素，要做周密的核查和计算；拟订备选方案后，还要研究各方案的可行性，各方案实施的有利条件和制约条件。

3. 评价各种方案，选择最优方案

备选方案提出后，根据一定的评价标准，采用有关的评价方法，评定出各方案的优劣或经济价值，从中选择一个预期效果最佳的财务决策方案。经择优选出的方案，如涉及重要的财务活动（如筹资方案、投资方案等），还要进行一次鉴定，经过专家鉴定认为决策方案切实可行，才能付诸实施。

财务决策的方法主要有两类。一类是经验判断法，是根据决策者的经验来判断选择，常用的方法有淘汰法、归类法、排队法等；另一类方法是定量分析法，是应用决策论的定量方法进行方案的确定、评价和选择，常用的方法有数学分析法、期望值评价法、优选对比法、线性规划法、效用决策法等。

三、财务预算

财务预算是指企业根据各种预测信息和各项财务决策，运用科学的技术手段和数学方法，对目标进行综合平衡，制定主要预算指标并协调各项预算指标。它是落实企业财务目标和财务规划的必要环节。财务预算是以财务决策确定的方案和财务预测提供的信息为基础来编制的，它是财务预测和财务决策的具体化、系统化，又是控制财务收支活动、分析生产经营成果的依据。

财务预算主要包括：资金筹集预算、经营决策预算、投资决策预算、销售预算、生产预算、直接材料耗用量及采购预算、应交增值税、销售税金及附加预算、直接人工预算、产品成本预算、管理费用预算、利润和利润分配预算等。除了各项预算表格以外，还要附列财务预算说明书。编制财务预算要做好以下工作：

1. 分析主客观条件，确定主要预算指标

企业应按照国家产业政策和企业财务决策的要求，根据供产销条件和企业生产能力，运用各种科学方法，分析与所确定的经营目标有关的各种因素，按照总体经济效益的原则，确定出主要的预算指标。

2. 安排生产要素，组织综合平衡

企业要合理安排人力、物力、财力，使之与经营目标的要求相适应，在财力平衡方面，要确保流动资金与固定资金的平衡、资金运用与资金来源的平衡、财务支出与财务收入的平衡等。还要努力挖掘企业潜力，从提高经济效益出发，对企业各方面生产经营活动提出要求，制定好各单位的增产节约措施，制定和修订各项定额，以保证预算指标的落实。

3. 编制预算表格，协调各项指标

企业要以经营目标为核心，以平均先进定额为基础，计算企业预算期内资金占用、成本、利润等各项预算指标，编制出财务预算表，并检查、核对各项有关预算指标是否密切衔接、协调平衡。

常见的财务预算编制方法有固定预算法、弹性预算法和滚动预算法。

四、财务控制

财务控制是在生产经营活动的过程中，以计划任务和各种定额为依据，对资金的收入、支出、占用、耗费进行日常的核算，利用特定手段对各单位财务活动进行调节，以便实现预算规定的财务目标。财务控制是落实预算指标、保证预算指标落实和执行的有效措施。

财务控制要适应管理定量化的需要，重点抓好以下几项工作：

1. 制定控制标准，分解落实责任

按照责、权、利相结合的原则，将预算以标准或指标的形式分解落实到车间、科室、班组以至个人，即通常所说的指标分解。这样，企业内部每个单位、每个职工都有明确的工作要求，便于落实责任，检查考核。

2. 确定执行差异，及时消除差异

详细记录指标执行情况，将实际同标准进行对比，确定差异的程度和性质。要经常预计财务指标的完成情况，考察可能出现的变动趋势，及时发出信号，揭露生产经营过程中产生的矛盾。此外，还要及时分析差异形成的原因，确定造成差异的责任归属，采取切实有效的措施，调整实际过程，消除差异，以便顺利实现预算指标。

3. 评价单位业绩，搞好考核奖惩

在一定时期之后，企业应对各责任单位的预算执行情况进行评价，考核各项财务指标的执行结果，把财务指标的考核纳入各岗位责任制度中，运用激励机制，实行奖优罚劣。

财务控制的方法主要有事前控制、事中控制和事后控制。

五、财务分析

财务分析是以核算资料为主要依据，对企业财务活动的过程和结果进行评价和剖析的一项工作。借助于财务分析，可以掌握各项财务预算指标的完成情况，有利于改善财务预测、决策、预算工作；还可以总结经验，研究和掌握企业财务活动的规律性，不断改进财务管理。企业财务人员要通过财务分析提高业务工作水平，搞好业务工作。

进行财务分析的一般程序是：

1. 搜集资料，掌握情况

开展财务分析首先应充分占有有关资料和信息。财务分析所用的资料通常包括财务报告等实际资料、财务预算资料、历史资料以及市场调查资料。

2. 指标对比，揭露矛盾

对比分析是揭露矛盾、发现问题的基本方法。先进与落后、节约与浪费、成绩与缺点，只有通过对比分析才能辨别出来。财务分析要在充分占有资料的基础上，通过数量指标的对比来评价业绩，发现问题，找出差异，揭露矛盾。

3. 因素分析，明确责任

进行对比分析，可以找出差距，揭露矛盾，但为了说明产生问题的原因，还需要进行因素分析。影响企业财务活动的因素，有生产技术方面的，也有生产组织方面的；有经济管理方面的，也有思想政治方面的；有企业内部的，也有企业外部的。进行因素分析，就是要查明影响财务指标完成的各项因素，并从各种因素的相互作用中找出影响财务指标完成的主要因素，以便分清责任，抓住关键。

4. 提出措施，改进工作

要在掌握大量资料的基础上，去伪存真，去粗取精，由表及里，找出各种财务活动之间以及财务活动同其他经济活动之间的本质联系，然后提出改进措施。提出的措施，应当明确具体，切实可行。实现措施，应当确定负责人员，规定实现的期限。措施一经确定，就要组织各方面的力量认真贯彻执行。

财务分析的方法主要有：对比分析法、比率分析法、趋势分析法、因素分析法和综合分析法等。

上述几个环节的财务管理工作是相互联系、相互依存的。

第四节 财务管理的环境

一、财务管理环境的概念

任何事物都是在一定的环境条件下存在和发展的，从而形成一个与其环境相互作用、相互依存的系统，作为人类重要实践活动之一的财务管理活动也不例外。在财务管理活动中，财务管理环境是指对企业财务活动和财务管理产生影响作用的各种内部和外部条件。

企业的财务活动在相当程度上受外界环境的影响，主要包括经济环境、法律环境和金融环境。企业应根据这些环境因素的变动情况，适时协调平衡自身的财务活动，以保证财务管理目标的实现。调查和研究企业财务管理的环境，有助于企业调整财务策略，并做出正确的财务决策。

研究财务管理环境，在于弄清企业财务当前所处环境的状况和将来的发展趋势，把握开展财务活动的有利条件，提高财务决策对环境的适应性、应变性和对环境变化的预见性，充分发挥财务管理的职能，实现财务目标。

二、经济环境

财务管理的经济环境主要包括经济周期、经济发展水平和宏观经济政策。

1. 经济周期

（1）经济周期的定义。经济周期也称商业周期或景气循环，它是指经济运行中周期性出现的经济扩张与经济紧缩交替更迭、循环往复的一种现象。

在市场经济条件下，企业家们越来越多地关心经济形势，也就是“经济大气候”的变化。一个企业生产经营状况的好坏，既受其内部条件的影响，又受其外部宏观经济环境和市场环境的影响。一个企业，无力决定它的外部环境，但可以通过内部条件的改善，来积极适应外部环境的变化，充分利用外部环境，并在一定范围内，改变自己的小环境，以增强自身活力，扩大市场占有率。因此，企业对经济周期波动必须了解、把握，并能制定相应的对策来适应周期的波动，否则将在波动中丧失生机。

（2）经济周期的阶段划分。

1）两阶段法。经济波动以经济中的许多成分普遍而同期地扩张和收缩为特征，持续时间通常为2～10年。现代宏观经济学中，经济周期发生在实际GDP相对于潜在GDP上升（扩张）或下降（收缩或衰退）的时候。每一个经济周期都可以分为上升和下降两个阶段。上升阶段称为繁荣，最高点称为顶峰。然而，顶峰也是经济由盛转衰的转折点，此后经济就进入下降阶段，即衰退。衰退严重则经济进入萧条，衰退的最低点称为谷底。当然，谷底也是经济由衰转盛的一个转折点，此后经济进入上升阶段。经济从一个顶峰到另一个顶峰，或者从一个谷底到另一个谷底，就是一次完整的经济周期。现代经济学关于经济周期的定义，建立在经济增长率变化的基础上，指的是增长率上升和下降的交替过程。

经济周期波动的扩张阶段，是宏观经济环境和市场环境日益活跃的季节。这时，市场需求旺盛，订货饱满，商品畅销，生产趋升，资金周转灵便。企业的供、产、销和人、财、物都比较好安排。企业处于较为宽松有利的外部环境中。

经济周期波动的收缩阶段，是宏观经济环境和市场环境日趋紧缩的季节。这时，市场需求疲软，订货不足，商品滞销，生产下降，资金周转不畅。企业在供、产、销和人、财、物方面都会遇到很多困难。企业处于较恶劣的外部环境中。经济的衰退既有破坏作用，又有“自动调节”作用。在经济衰退中，一些企业破产，退出商海；一些企业亏损，陷入困境，寻求新的出路；一些企业顶住恶劣的气候，在逆境中站稳了脚跟，并求得新的生存和发展。这就是市场经济下“优胜劣汰”的企业生存法则。

2）四阶段法。将经济周期分为四阶段：繁荣、衰退、萧条、复苏。经济周期的特点是国民总产出、总收入、总就业量的波动，它以大多数经济部门的扩张与收缩为标志。

在经济繁荣时期，企业可以增加厂房设备，实行长期租赁，引入新产品，增加劳动力。经济衰退的普遍特征是：消费者需求、投资急剧下降；对劳动的需求、产出下降；企业利润急剧下滑；股票价格和利率一般也会下降。因此，企业应停止扩张，出售多余设备，停止长期采购，削减存货，并停止招聘员工，可以适当裁员。萧条是指规模广且持续时间长的衰退。在经济萧条期，企业应努力保持市场份额，压缩管理费用，削减存货，裁减员工，还应设立投资标准，并以此标准做出投资决策。在经济复苏期，企业可加大新产品开发的力度，增加劳动力，扩大企业规模，增加机器设备。

总之，在经济发展的繁荣时期，市场需求旺盛，销量上升，投资活跃，财务人员需要迅速筹集资金，满足生产经营的需要；在经济衰退时期，市场萎缩，销售量下降，投资锐减，财务人员则需要及时调整资金配置，调整生产经营。

2. 经济发展水平

经济发展水平反映一个国家的社会产品的丰富程度和经济效益的高低。经济发展水平高，那么社会产品就丰富，国民生产总值就多。从经济发展水平来看，如果经济发展处于落后状态，生产力水平不高，那么财务管理就得不到重视。相反，如果经济发展水平高，那么财务管理将受到重视，财务管理便可充分发挥其职能，对经济效益提高将产生重大影响。对企业的财务管理而言，既要认清目前所处的经济周期阶段，也要掌握我国的经济发展水平，积极寻找与我国经济发展水平相适应的财务管理模式。

3. 宏观经济政策

宏观经济政策是指政府有意识、有计划地运用一定的政策工具，调节控制宏观经济运行，以达到一定的政策目标。国家的宏观经济政策包括货币政策、财政政策、投资政策、产业政策、价格管理政策、人口与就业政策、国际收支管理政策等。这些政策都会影响我国企业的发展和财务活动的运行。如货币政策中货币的发行量、信贷规模等，会影响企业投资的资金来源和投资的预期收益，企业应根据货币政策有效控制企业的财务风险。财政政策会影响企业的资本结构和投资项目的选择等。投资政策和价格管理政策会影响企业资金的投向和投资的回收期及预期收益。企业应认识到宏观经济政策对企业财务活动的影响，认真研究政府的经济政策并预见其变化，按国家经济政策的指导行事，根据国家的宏观经济政策进行相适应的财务活动。

三、法律环境

财务管理的法律环境是指国家制定的企业所应遵守的各种法律、规定和制度，包括企业组织形式方面的法规、公司治理方面的法规和税收法规。

1. 企业组织形式

企业组织形式是指企业的投资组织、所有者关系以及所有者与经营者之间的权力分配形式。作为理财主体的企业，其组织形式不同决定了企业的组织结构、财务结构和财务关系也不相同。由于不同的组织形式在资本市场上的地位不同、税收政策不同，以及内部的治理结构不同。因此，企业的组织形式会影响企业的财务管理。企业财务管理必须立足于企业组织形式的基础上，充分地考虑到影响企业理财的各种因素。按照组织形式的不同，企业可分为个人独资企业、合伙企业和公司。

（1）个人独资企业。个人独资企业是指依照中国法律在中国境内设立，由一个自然人投资，财产为投资人个人所有，投资人以其个人财产对企业债务承担无限责任的经营实体。

《中华人民共和国个人独资企业法》由中华人民共和国第九届全国人民代表大会常务委员会第十一次会议于 1999 年 8 月 30 日通过，自 2000 年 1 月 1 日起施行。设立个人独资企业应当具备下列条件：①投资人为一个自然人。②有合法的企业名称。③有投资人申报的出资。④有固定的生产经营场所和必要的生产经营条件。⑤有必要的从业人员。

1）个人独资企业的优势包括三个方面：①企业的结构简单、容易开办。国家出于发展经济的目的，一般都鼓励个人投资，因而对建立个人独资企业的限制不多。从我国对设立个人独资企业的条件要求可以看出，对出资金额、生产经营条件等方面都没有严格限制。②对个人独资企业的管制较少，以保证业主的自主经营管理权。我国《个人独资企业法》除了对生产经营范围方面有一定的限制以外，对于财务信息报告等重要事项并没有做出限制，而对于公司制企业则有相应的管理措施。③企业无单独的所得税。个人独资企业的所得归业主所有，由业主在计算个人所得税时统一计税，不须缴纳企业所得税。

2）但个人独资企业这种组织形式也存在着一定的缺点，主要缺点包括：①出资者负有无限偿债责任。个人独资企业的盈亏和负债完全由出资者承担，一旦企业破产，则出资者不仅可能投资血本无归，而且还须承担企业破产无法偿还的其他债务。②有限的生命期限。个人独资企业的生命受限于其所有者，一旦所有者无法继续经营或死亡，则个人独资企业将清算或变更登记，这在很大程度上影响了个人独资企业与其他企业的战略合作。③筹资困难。由于个人独资企业的有限生命期限，而且其规模较小，个人的财力有限，因此企业往往会因其信用不足而存在筹资障碍。④所有权难以转让。由于个人独资企业的所有权不是股票形式，无法实现自由转让，因此当企业出现经营困难时无法通过转让所有权来降低风险。

（2）合伙企业。合伙企业是指依法在中国境内设立的由各合伙人订立合伙协议，共同出资，合伙经营，共享收益，共担风险，并对合伙企业债务承担无限连带责任的营利性组织。

1997 年 2 月 23 日第八届全国人民代表大会常务委员会第二十四次会议通过《中华人民共和国合伙企业法》，2006 年 8 月 27 日第十届全国人民代表大会常务委员会第二十三次会议对合伙企业法进行了修订。设立合伙企业，应当具备下列条件：①有两个以上合伙人。合伙人为自然人的，应当具有完全民事行为能力。②有书面合伙协议。③有各合伙人认缴或者实际缴付的出资。④有合伙企业的名称和生产经营场所。⑤法律、行政法规规定的其他条件。

合伙人可以用货币、实物、知识产权、土地使用权或者其他财产权利出资，也可以用劳务出资。合伙企业的利润和亏损，由合伙人依照合伙协议约定的比例分配和分担。各合伙人对合伙企业债务承担无限连带责任。

合伙企业是在个人独资企业基础上发展起来的一种组织形式，与个人独资企业相比，合伙企业的优势是：由于合伙人的增加，企业的资本力量和管理能力有所增加，其信用相对较好。而且合伙企业也具有开办容易、组建成本低、无企业所得税的优点。其缺点是存在无限责任、权力分散、决策缓慢、难以在资本市场上筹资、所有权难以转移。

（3）公司。公司是指依照公司法登记设立，以其全部法人财产，依法自主经营、自负盈亏的企业法人。

中华人民共和国第十届全国人民代表大会常务委员会第十八次会议于 2005 年 10 月 27 日修订通过《中华人民共和国公司法》，自 2006 年 1 月 1 日起施行。公司有独立的法人财产，享有法人财产权。公司以其全部财产对公司的债务承担责任。我国《公司法》

所称公司指有限责任公司和股份有限公司。有限责任公司的股东以其认缴的出资额为限对公司承担责任；股份有限公司的股东以其认购的股份为限对公司承担责任。

1）与个人独资企业、合伙企业相比，公司具有以下四个优势：①具有无限寿命。公司的所有权与经营权分离，公司的所有者只凭借股票（股份）表明其对公司的所有权。如果公司的所有者发生意外事故（死亡或受伤），不会影响公司继续经营。具有无限寿命使公司能够进行战略规划，建立与外界的长期合作关系，减少了公司的经营，为公司在资本市场融资打下了良好的基础。②只负有限责任。所有者对公司的责任仅限于其对公司的投资，如果公司发生亏损破产，则所有者至多亏损其投资部分，不承担额外负担。相比之下，个人独资企业和合伙企业的所有者承担的风险较大，因为他们承担无限责任，可能会损失个人的全部财产。有限责任减少了出资者的投资风险，提高了其投资的积极性，更有利于公司吸收投资。③所有权的流动性强。《公司法》第七十二条规定，有限责任公司的股东之间可以相互转让其全部或者部分股权。第一百三十八条规定，股份有限公司股东持有的股份可以依法转让。因此，所有者可以通过股份的转让实现所有权的转让，而同时又不影响公司的经营。在个人独资企业和合伙企业中，由于所有权没有股份划分，所有权的转让必将导致企业的变更登记或清算。所有权的流动性表明了所有者投资的风险：流动性越强，则投资风险越小。因此公司所有者的风险小于个人独资企业和合伙企业的所有者。④易于筹资。由于公司的无限寿命和所有权的流动性，因此它对资本市场上的债权人和权益投资者更具有吸引力，容易在市场上发行证券来筹集资本。

2）公司也存在着一定的缺陷，其缺点包括：①公司成立的难度大。由于公司的有限责任，因此公司的一部分责任就被转移到债权人和潜在投资者的身上。为了保护这些债权人和潜在投资者的利益，国家对公司的成立条件比个人独资企业和合伙企业严格得多。比如我国公司法对有限责任公司和股份有限公司都规定了最低资本金额。②公司收益的重复纳税。公司的收益先要缴纳公司所得税，税后收益以现金股利形式分配给股东后，股东还要缴纳个人所得税。因此，公司的收益就被征收了两次所得税。而个人独资企业和合伙企业就不存在此问题。③对公司的管制较多。为保证公司合法经营，保护相关利益者的利益，国家对公司的管制较多。比如对股份有限公司设立了增发股票的限制条件，对上市公司增加了财务信息公开的强制性要求。这直接限制了公司的财务管理行为，也使公司的经营信息公开化。④代理成本高。大多数公司都由职业经理人来经营管理公司，公司的所有者与经营者之间存在着委托—代理关系，因此公司的代理成本较高。

由于公司这种组织形式在社会分工、聚集社会资金以及市场竞争等方面都具有优势，因此公司已成为西方大企业所采用的普遍形式，也是我国建立现代企业制度过程中选择的企业组织形式之一。本书所讲的财务管理，主要是指公司的财务管理。

总之，不同的企业组织形式对企业理财有重要影响。如果是个人独资企业，理财比较简单，主要利用的是业主自己的资金和供应商提供的商业信用。因为信用有限，其利用借款筹资的能力也相当有限，银行和其他人都不太愿意借钱给个人独资企业。个人独资企业的业主要抽回资金，也比较简单，无任何法律限制。合伙企业的资金来源和信用能力比独资企业有所增加，收益分配也更加复杂。因此，合伙企业的财务管理比独资企业复杂得多。公司引起的财务问题最多，企业不仅要争取获得最大利润，而且要争取使企业价值增加；公司的资金来源有多种多样，筹资方式也很多，需要进行认真的分析和选择；赢余分配也不像个人独资企业和合伙企业那样简单，要考虑企业内部和外部的许多因素。

2. 公司治理和财务监控

（1）公司治理。公司治理是对公司进行管理和控制的系统，有狭义和广义之分。狭义的公司治理，是指公司的所有者，主要是股东对经营者的一种监督与制衡机制，即通过一种制度安排，来合理地配置所有者与经营者之间的权利与责任关系，目的在于维护股东的利益。广义的公司治理则不局限于股东对经营者的制衡，而是涉及广泛的利益相关者，包括股东、债权人、供应商、雇员、政府和社区等与公司有利害关系的自然人、组织或集团。公理治理通过一套包括正式或非正式的、内部的或外部的制度或机制来协调公司与所有利益相关者之间的利益关系，以保证公司决策的科学化，从而最终维护公司各方面的利益。有效的公司治理取决于公司治理机构是否合理、治理机制是否健全、财务监控是否到位。

（2）公司治理结构。公司治理结构一般指股东大会与董事会、监事会、经理层等构成的内部控制和监督机制，以及外部环境中其他相关利益者（员工、工会、社会组织等）的支持和约束机制。根据我国《公司法》，上市公司治理结构涉及：公司最高权力机构的股东大会、对股东大会负责的决策机构即董事会、对董事会负责的执行机构即高级管理机构、监督机构即监事会和外部独立审计。作为对《公司法》关于公司治理结构的补充，中国证监会在其颁布的《关于在上市公司建立独立董事制度的指导意见》和《上市公司治理准则》中引入和强化了独立董事制度。

（3）公司治理机制。公司治理机制是公司治理结构在经济运行中的具体表现，包括内部治理机制和外部治理机制。内部治理机制是指公司的出资者为保障投资利益，在公司内部通过组织程序明确股东、董事会和经理人员之间的权力分配和制衡关系，具体表现为公司章程、董事会议事规则、决策权力分配等一系列内部制度安排。外部治理机制是指公司的出资者通过市场体系对经营者进行控制，以确保自己的利益，它是通过企业外部主体（如政府、中介机构等）和市场监督约束发生作用的。内部治理机制可以行使事前的监督和治理，避免经理人员的机会主义行为。外部治理机制则是一种事后机制，其能够发挥作用的关键在于充分的、准确的公司信息披露。

（4）财务监控。财务监控是通过对企业财务活动及其结果的监测和控制，以促进企业财务管理目标实现的过程。完善的财务监控体系是健全公司治理结构的必要手段，严格的监控才能保证财务会计信息的真实可靠，规范企业财务行为，保护各方面的利益。国资委制定的自 2006 年 5 月起实施的《中央企业综合绩效评价管理暂行办法》对国有企业的业绩评价和财务监控进行了规范和要求。

（5）财务信息披露。财务信息披露是公司治理的决定因素之一，而公司治理的体系和治理效果又直接影响信息披露的要求、内容和质量。财务信息披露受内部和外部两种制度的制约。外部制度就是国家和有关机构对公司信息披露的各种规定，如我国 2005 年修订的《公司法》对公司信息披露进行了规范。内部制度是公司治理和内部控制对信息披露的各种要求，这些要求在信息披露的时间、内容、详细程度等各方面可能与外部信息披露的制度一致，也可能不一致。

上市公司信息披露制度在公司治理和财务监控中起着重要作用。及时、有效的公司信息披露会使利益相关者做出正确的决策，避免由于信息不及时、不对称造成的损失。另外，对于上市公司重大交易事项、担保事项、重大关联方交易等经济业务，独立董事必须发表独立意见，充分发挥独立董事对会计信息披露的监督作用。有效的信息披露制度有利于吸收资金，维持公众对公司和资本市场的信心。

3. 税法

税法是由国家机关制定的调整税收征纳关系及其管理关系的法律规范的总称。我国税法的构成要素主要有：征税人、纳税义务人、征税对象、税目、税率、纳税环节、计税依据、纳税期限、纳税地点、减税免税、法律责任等。

（1）税收的意义。税收是国家为实现其职能，凭借其政治权力，依法参与单位和个人的财富分配，强制、无偿地取得财政收入的一种形式。税收是国家参与经济管理，实行宏观调控的重要手段之一。税收具有强制性、无偿性和固定性三个显著特征。

税收制度作为规范国家和纳税人之间税收分配关系的法律制度，在现实经济生活中具有十分重要的意义。首先，税收是维护国家权益的重要保障，国家财政收入的主要来源是税收。其次，税收是国家经济政策的重要体现，通过制定税收制度，可以把国家在一定时期内的经济政策，如对鼓励发展或优先发展的产业、项目的税收优惠政策以及公平税负、合理负担、促进平等竞争等经济政策在各项具体的税收法律规定中体现出来。

税收对企业的财务活动的影响体现在两个方面：首先，国家财政状况和财政政策，对于企业资金供应和税收负担有着重要的影响；其次，企业的财务决策受到国家税收政策的影响，企业应根据国家的税收导向，合理安排资金投放，以追求最佳的经济效益。

（2）税收的类型。税收可以依据不同标准划分为以下几种类型：①以课税对象为标准，可以分为流转税、所得税、财产税、资源税和行为目的税。②以税收的缴纳形式为标准，可以分为实物税和货币税。③以税收的不同计税依据为标准，可以分为从价税和从量税。④以税负是否容易转嫁为标准，可以分为直接税与间接税。⑤以税收的管理权限和税收收入归属为标准，可以分为中央税、地方税和中央地方共享税。我国现行税法规定的主要税种有增值税、消费税、营业税、资源税、企业所得税和个人所得税等。

企业财务人员应熟悉国家税收法律的规定，不仅要了解各种税种的计征范围、计征依据和税率，而且要了解差别税率的制定精神，减税、免税的原则规定，自觉按照税收政策导向进行经营活动和财务活动。

四、金融环境

企业需要资金从事投资和经营活动，而除了自有资金之外，企业需要从金融机构和金融市场取得资金。金融环境的变化必然会影响企业的筹资、投资和资金运营活动，因此金融环境是影响企业财务活动的最主要的环境因素。财务管理的金融环境主要包括金融机构、金融工具、金融市场和利率四个方面。

1. 金融机构

金融机构是指从事与金融服务业有关的金融中介机构，是金融体系的一部分。在金融市场上，融资方式有两种：直接融资和间接融资。直接融资是指资金在供应者和需求者之间直接转移，未经任何中介机构的融资活动；间接融资是指资金的供需双方以金融机构为媒介，使资金由供应者向需求者转移的融资活动。例如，银行通过吸收存款、出售金融债券等方式取得资金，再以贷款形式提供给资金需求者。我国目前主要采用的是间接融资方式。

通过金融中介机构融通资金，有利于集聚社会闲散资金，引导资金的合理注入，提高资金的使用效益。在金融市场上，金融机构包括银行业金融机构和其他金融机构。

（1）银行业金融机构。银行业金融机构是指经营存款、放款、汇兑、储蓄等金融业务，承担信用中介的金融机构。银行的主要职能是充当信用中介、企业之间的支付中介、提供信用工具、投资手段和充当国民经济的宏观调控手段。我国银行主要包括各种商业银行和政策性银行。商业银行包括国有商业银行（如中国银行、中国工商银行、中国建设银行和中国农业银行）和其他商业银行（如交通银行、招商银行、上海浦东发展银行和兴业银行等)。我国的政策性银行有国家开发银行、中国进出口银行和中国农业发展银行等。

（2）其他金融机构。其他金融机构包括保险公司、证券公司、金融资产管理公司、信托投资公司、财务公司和金融租赁公司等。

保险公司的主要业务是集聚广大投资人大量的资金，并将其投放到能使之保值增值的证券市场。这样既提高了资金的利用效率，又维护了投保人的合法权益。证券公司主要从事组织证券发行和流通的业务。作为发行证券的承销商，它帮助筹资企业发行、销售股票和债券等金融商品，在证券市场上起着连接资金供应者与资金需求者之间的桥梁作用；作为证券经纪商，它帮助证券持有者进行证券交易活动，在证券市场上起着随时转手变现的作用。信托投资公司是从事信托业务的金融机构。主要业务有：办理信托存、贷款，提供委托贷款、租赁业务等金融服务。

2. 金融工具

金融工具是指在信用活动中产生的、能够证明债权债务关系并据以进行货币资金交易的合法凭证，它对于债权债务双方所应承担的义务与享有的权利均具有法律效力。金融工具一般具有期限性、流动性、风险性和收益性四个基本特征。

（1）期限性是指金融工具一般都规定了偿还期，偿还期是指借款人拿到借款开始，到借款全部偿还清为止所经历的时间。

（2）流动性是指金融资产在必要时迅速转换成现金而其价值不致蒙受损失的能力。

（3）风险性是指投资于金融工具的本金遭受损失的可能性。本金受损一般来自两个方面：一是债务人一方不履行合约，不按期偿还，这种风险称为信用风险；二是指由于金融工具的市场价格下跌，导致本金亏蚀，这种风险称为市场风险。

（4）收益性是指金融工具能为持有者定期或不定期带来的收益回报。收益也包括两个方面：一是固定收益，如债券持券人可按债券票面上注明的利率取得固定利息收益；

二是即期收益，如股票按市场价格卖出时，获得的差价收益。

金融工具按其期限不同可分为货币市场工具和资本市场工具，前者主要有商业票据、国库券（国债）、可转让大额定期存单、回购协议；后者主要有股票和债券等。

3. 金融市场

（1）金融市场的概念、意义、功能与要素。

1）金融市场的概念。金融市场是资金融通的场所。广义的金融市场，是指市场资金流动的场所，包括实物资金和货币资金的流动。广义金融市场交易的对象包括货币借贷、票据承兑和贴现、有价证券的买卖、黄金和外汇买卖，办理国内外保险，生产资料的交换等。狭义的金融市场一般是指有价证券市场，即股票和债券的发行和买卖市场。金融市场也是金融商品通过各种交易方式，使供求双方达成交易的场所，它是由金融市场的参加者和交易组织构成的一个有机统一体。

2）金融市场的意义。金融市场是企业赖以生存和发展的重要外部条件之一，对企业理财而言，金融市场是企业筹资和投资的场所。企业的生存和发展离不开金融市场，金融市场环境的演化对企业财务管理会产生重要影响。金融市场所提供的利率变化、有价证券价格升跌，对国家金融政策的反应等信息，是企业筹资和投资的重要依据。通过金融市场，企业还可实现长、短期资金的相互转化，提高企业资金的流动性。由此可见，离开金融市场，企业理财寸步难行。

3）金融市场的功能。金融市场的主要功能有五项：转化储蓄为投资；改善社会经济福利；提供多种金融工具并加速流动，使中短期资金凝结为长期资金；提高金融体系竞争性和效率；引导资金流向。

4）金融市场的要素。金融市场的构成要素包括：①市场主体。参与金融市场交易的当事人是金融市场的主体，包括企业、政府及政府机构、金融机构、居民个人。②金融工具。金融工具是金融市场的交易对象，包括货币头寸、票据、债券、股票、外汇和金融衍生品等。③组织方式。金融市场的组织方式是调节资金融通活动的市场机制的运作方式。金融市场中交易的组织方式主要有：交易所方式、柜台方式和中介方式。

（2）金融市场的分类。

金融市场分类如图 1－1 所示。在金融市场中，外汇市场和黄金市场主要从事外汇和黄金交易，而与企业财务活动联系较为密切的是资金市场。资金市场按融资时间长短可分为货币市场和资本市场。

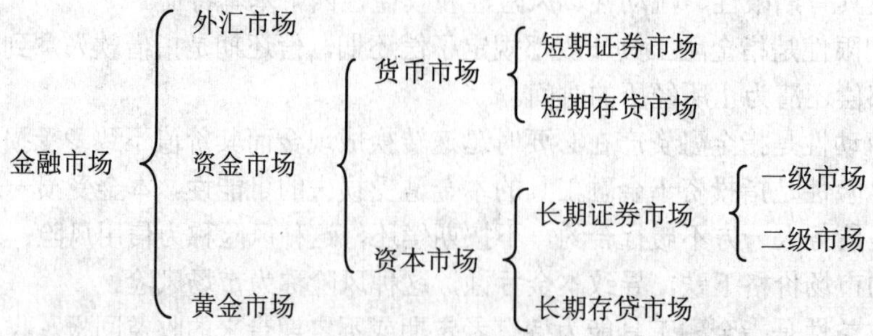

图 1－1 金融市场分类

1）货币市场。货币市场又称短期资金市场，是指期限一般在一年以内的货币资金融通市场。它包括短期存贷市场和短期证券市场。短期存贷市场主要是为了解决企业临时性或季节性资金周转困难所需资金的市场。短期证券市场是指从事短期债券，如金融债券和企业债券交易的市场。

货币市场的参与者主要是短期资金的供需者，资金需求者入市的目的不是为了获得资本，而是为了获得现实的支付手段；资金供给者向市场提供的资金也大多是短期闲置性资金。货币市场的作用在于为各有关单位调节资金及其流动提供便利。

2）资本市场。资本市场又称长期资金市场，是指融资期限在一年以上的资金存贷市场和证券市场。其中，证券市场按其职能不同，又可分为一级市场（发行市场）和二级市场（流通市场）。一级市场是指发行证券的市场，这类市场使预先存在的资产交易成为可能；二级市场是指现有金融资产的交易场所。证券市场还可以进一步区分为长期债券市场和股票市场。发行股票和债券主要用于固定资产等资本货物的购置。

4．利率

利率也称利息率，是利息占本金的百分比。从资金的借贷关系看，利率是一定时期内运用资金资源的交易价格。资金是一种特殊商品，以利率为价格标准的融通，实质上是资金通过利率实行的再分配。因此，利率在资金分配及企业财务决策中起着重要作用。

（1）利率的种类。

1）按利率之间的变动关系，分为基准利率和套算利率。基准利率是指在多种利率并存的条件下起决定作用的利率。基准利率是核心，它在整个金融市场和利率体系中处于关键地位，起到决定作用，它的变化决定了其他各种利率的变化。基准利率在西方国家通常是中央银行的再贴现率，而在我国是指中国人民银行对商业银行及其他金融机构的存、贷款利率。

套算利率就是以基准利率为基础计算的其他各种利率，是各金融机构根据基准利率和借贷款项的特点而换算出的利率。例如，某金融机构规定，购买第一套房的贷款利率是在基准利率的基础上，下浮15%，而购买第二套房的贷款利率是基准利率的1.1倍。

2）按债权人取得的收益情况，分为名义利率和实际利率。名义利率是以名义货币表示的利息率，而不考虑货币值本身的变化。实际利率则是以名义利率剔除通货膨胀因素后的真实利率，用公式可表示为：

实际利率＝名义利率－通货膨胀率

判断利率水平的高低，不能只看名义利率，还需注意实际利率。有时也可能出现实际利率为负的情况。

3）按利率与市场资金供求情况的关系，分为固定利率和浮动利率。固定利率是指在整个借贷期间利率不变，不因市场利率的波动而改变的利率。其最大特点是简便易行，便于计算和掌握贷款成本。在贷款期限较短或市场利率变化不大的条件下，一般用固定利率。

浮动利率是指随市场利率变化而定期调整的利率。当贷款期较长或市场利率变化较快时，借贷双方通常愿意使用浮动利率。采用浮动利率时，贷款人在计算贷款成本时要复杂些，但借贷双方承担的利率风险较小。因此，一般中长期贷款都选用浮动利率。

（2）利率的一般计算公式。

利率主要是由资金的供给与需求来决定的。但除这两个因素之外，经济周期、通货膨胀、国家货币政策和财政政策、国际政治经济关系、国家对利率的管制程度等，对利率的变动均有不同程度的影响。因此，资金的利率通常由三个部分组成：①纯利率。②通货膨胀补偿率（或称通货膨胀贴水）。③风险收益率。利率的一般计算公式可表示如下：

利率＝纯利率＋通货膨胀补偿率＋风险收益率

纯利率是指没有风险和没有通货膨胀情况下的均衡点利率，影响纯利率的基本因素是资金供应量与需求量。通货膨胀补偿率是指由于通货膨胀降低了货币的实际购买力，为补偿其购买力损失而要求提高的利率。风险收益率包括违约风险收益率、流动性风险收益率和期限风险收益率。其中，违约风险收益率是指为了弥补因债务人无法按时还本付息而带来的风险，由债权人要求提高的利率；流动性风险收益率是指为了弥补因债务人资产流动性不好而带来的风险，由债权人要求提高的利率；期限风险收益率是指为了弥补因偿债期长而带来的风险，由债权人要求提高的利率。

本章复习思考题

一、名词解释

1. 财务管理　　2. 资金的循环　　3. 财务关系　　4. 财务管理目标

二、简答题

1. 企业财务活动的内容有哪些？
2. 财务管理的主要内容有哪些？财务管理有何特点？
3. 利润最大化目标、股东财富最大化目标和企业价值最大化目标各有哪些优缺点？
4. 财务管理应遵循哪些原则？
5. 财务管理的基本环节有哪些？
6. 金融工具的基本特征有哪些？
7. 简述利率的分类。

本章自测题

一、填空题

1. ＿＿＿＿＿＿＿＿是指企业在资金运动中与各有关方面发生的经济利益关系。

2. 财务活动的内容可概括为＿＿＿＿＿＿＿＿、＿＿＿＿＿＿＿＿、＿＿＿＿＿＿＿＿和＿＿＿＿＿＿＿＿四个方面。

3. 财务管理是基于企业再生产过程中客观存在的＿＿＿＿＿＿＿＿和＿＿＿＿＿＿＿＿而产生的，它是利用价值形式对企业再生产过程进行的管理，是组织

________，处理财务关系的一项________工作。

4. 利润最大化是一个________指标，没有考虑企业的________之间的关系。
5. 股东的财富由其所拥有的________和________两方面来决定。
6. 财务管理的基本环节有：________、________、________、________、________。
7. 财务管理的环境主要包括________、________和________。
8. 按照组织形式的不同，企业可分为________、________和________。
9. 在金融市场上，融资方式有两种：________和________。

二、单项选择题

1. 企业资金从货币资金开始，经过若干阶段，又回到货币资金形态的运动过程，称为（　　）。
   A. 资金的周转　B. 资金运动　C. 资金的耗费　D. 资金的循环
2. 企业资金周而复始不断重复和循环，叫做（　　）。
   A. 资金的收回　B. 资金的周转　C. 资金的循环　D. 资金的运动
3. 企业从各种渠道筹集资金，是资金运动的（　　）。
   A. 起点　B. 终点　C. 过程　D. 特点
4. 企业与投资者、受资者的财务关系在性质上属于（　　）。
   A. 财务关系　B. 所有权关系　C. 经济关系　D. 利润分配关系
5. 企业与债权人、债务人、往来客户之间的财务关系在性质上属于（　　）。
   A. 财务关系　B. 所有权关系　C. 债权债务关系　D. 资金结算关系
6. 通过资金活动的组织和调节来保证各项物质资源具有最优化的结构比例关系是指（　　）。
   A. 资金合理配置　B. 收支积极平衡　C. 利益关系协调　D. 资本结构
7. 资金收支的平衡取决于（　　）。
   A. 资金配置的平衡　B. 购产销活动的平衡
   C. 投入与产出的平衡　D. 成本与效益的平衡
8. （　　）是指经济运行中周期性出现的经济扩张与经济紧缩交替更迭、循环往复的一种现象。
   A. 经济周期　B. 经济发展水平　C. 宏观经济政策　D. 经济环境
9. （　　）是指在信用活动中产生的、能够证明债权债务关系并据以进行货币资金交易的合法凭证，它对于债权债务双方所应承担的义务与享有的权利均具有法律效力。
   A. 金融机构　B. 金融工具　C. 金融市场　D. 金融市场主体

三、判断题

1. 企业资金的运动就是财务活动。（　　）
2. 资金分配活动是资金运动的关键环节，它不仅关系着资金耗费的补偿，更关系着投资效益的实现。（　　）

3. 股东财富最大化是指通过财务上的合理经营，为股东带来最多的财富。(　　)
4. 企业价值最大化目标考虑了取得收益的时间，即考虑了资金的时间价值。(　　)
5. 收支积极平衡原则，就是要对经济活动中的投入与产出进行分析比较，对经济行为的得失进行衡量。(　　)
6. 财务决策是根据企业经营战略的要求和国家宏观经济政策的要求，从提高企业经济效益的理财目标出发，在若干个可以选择的财务活动方案中，选择一个最优方案的过程。(　　)
7. 我国的政策性银行包括国家开发银行、中国进出口银行和中国农业发展银行。(　　)

第二章　风险与收益分析

【本章学习目标】

- 了解资产收益率的类型，并掌握资产收益率的计算；
- 掌握资产风险的衡量指标，并了解风险控制对策；
- 掌握系统风险与非系统风险的概念，并了解市场组合的概念；
- 了解风险与收益的关系，并掌握资本资产定价模型的基本原理和计算。

第一节　风险与收益的基本原理

一、资产收益率的含义、计算和类型

1. 资产收益率的含义和计算

资产的收益是指资产的价值在一定时期的增值。资产的收益有两种表述方式：资产的收益额和资产的收益率或报酬率。

（1）资产的收益额。资产的收益额是以资产价值在一定时期内的增值量来表示，其增值量来源于两个方面：①利息和红利（股息），即一定期限内资产的现金净收入。②资本利得，即期末资产的价值（市场价格）相对于期初价值（格）的升值。

（2）资产的收益率。资产的收益率也称资产的报酬率，是以百分比来表示的，是资产的收益与期初资产价值（或价格）的比值。资产的收益率包括两部分：①利（股）息收益率。②资本利得收益率。

资产收益率的计算公式如下：

资产的收益率＝资产的收益额/期初资产价值（格）

＝利（股）息的收益率＋资本利得的收益率

比较以上两种资产收益的表述方式，由于资产的收益额是一个绝对数，不利于不同规模资产之间收益的比较。而资产的收益率是一个相对指标，便于不同规模下资产收益的比较和分析。所以，通常情况下我们用收益率的方式表示资产的收益，同时一般要将不同期限的收益转化为年收益率。

【例 2－1】某股票一年前的价格为 10 元，一年中分得的股利为 0.25 元，该股票目前的市价为 12 元。若不考虑交易费用，该股票一年的收益率是多少？

解：一年的资产收益=0.25+（12−10）=2.25（元）（其中，股息收益为0.25元，资本利得为2元）

股票的收益率=2.25÷10=22.5%（其中，股息收益率为2.5%，资本利得收益率为20%）

2. 资产收益率的类型

资产收益率可分为六种类型，包括实际收益率、名义收益率、预期收益率、必要收益率、无风险收益率和风险收益率。

（1）实际收益率。实际收益率是指已经实现的或者确定可以实现的资产收益率，就是已实现的或确定可以实现的利（股）息率与资本利得收益率之和。

（2）名义收益率。名义收益率是指在资产合约上表明的收益率，即票面利率。如借款协议上的借款利率。

（3）预期收益率。预期收益率又称期望收益率，是指在不确定的条件下，预测的某资产未来可能实现的收益率。预期收益率的计算方法是：首先描述影响收益率的各种可能情况，然后预测各种可能情况发生的概率，以及在各种可能情况下收益率的大小，那么预期收益率就是各种情况下收益率的加权平均，权数是各种可能情况发生的概率。计算公式如下：

$$E(R)=\sum_{i=1}^{n}P_iR_i \qquad (0\leqslant P_i\leqslant 1,\ \sum_{i=1}^{n}P_i=1)$$

式中，$E(R)$表示预期收益率；P_i表示第i种情况出现的概率；R_i表示第i种情况下的收益率。

【例2−2】某人想购买A公司的股票，根据以往的收益情况，可得到投资年收益率的估值如表2−1所示，那么预期收益率是多少？

表2−1 A公司股票投资收益情况

收益率 R_i	0	5%	15%	25%	30%
发生概率 P_i	0.1	0.2	0.4	0.2	0.1

解：预期收益率 $E(R)=0\times0.1+5\%\times0.2+15\%\times0.4+25\%\times0.2+30\%\times0.1$
$=15\%$

（4）必要收益率。必要收益率又称最低必要报酬率或最低要求的收益率，表示投资者对某资产合理要求的最低收益率。

每个投资者对某特定资产都会有必要收益率要求，如果某股票的预期收益率超过大多数人对该股票要求的必要收益率时，投资行为就会发生。必要收益率与认识到的风险有关。如果某项资产的投资风险较高，那么，投资于该项资产所要求的必要收益率较高；相反，如果某项资产的投资风险较小，那么，投资于此项资产所要求的必要收益率较小。

（5）无风险收益率。无风险收益率又称无风险利率，是指可以确定可知的无风险资产的收益率，它由纯粹利率和通货膨胀补贴两部分组成。无风险资产一般需满足两个条件：①不存在违约风险。②不存在再投资收益率的不确定性。满足这两个条件的资产就是与所分析的资产的现金流量期限相同的国债。因此，通常用短期国库券的利率近似地代替无风险收益率。

（6）风险收益率。风险收益率是指某资产持有者因承担资产的风险而要求的超过无风险利率的额外收益。风险收益率等于必要收益率与无风险收益率之差。风险收益率衡量了投资者将资金从无风险资产转移到风险资产所要求得到的额外补偿，它的大小取决于两个因素：①风险的大小。②投资者对风险的偏好。

二、资产的风险

1. 资产风险的概念

风险是指事物的不确定性，在财务管理中，风险是指不能实现预期收益的可能性。资产的风险是指资产收益率的不确定性，其大小可用资产收益率的离散程度来衡量。资产收益率的离散程度是指资产收益率的各种可能结果与预期收益率的偏差。

从财务管理的角度看，风险就是企业在各项财务活动过程中，由于各种难以预料或无法控制的因素作用，使企业的实际收益与预计收益发生背离，从而有蒙受经济损失的可能性。

2. 资产风险的衡量

风险的衡量指标主要有收益率的方差、标准差和标准离差率等。

（1）收益率的方差（σ^2）。收益率的方差是用来表示资产收益率的各种可能值与其期望值之间的离散程度的一个指标。其计算公式如下：

$$\sigma^2=\sum_{i=1}^{n}[R_i-E(R)]^2\times P_i$$

式中，$E(R)$表示预期收益率；R_i表示第 i 种情况下的收益率；P_i表示第 i 种情况出现的概率。

【例 2-3】以【例 2-2】中的数据为例，试求 A 公司的股票收益率的方差。

解：
$$\begin{aligned}\sigma^2&=\sum_{i=1}^{n}[R_i-E(R)]^2\times P_i\\&=(0-0.15)^2\times0.1+(0.05-0.15)^2\times0.2+(0.15-0.15)^2\times0.4+\\&\quad(0.25-0.15)^2\times0.2+(0.3-0.15)^2\times0.1\\&=0.0085\end{aligned}$$

（2）收益率的标准差（σ）。收益率的标准差是用来表示资产收益率的各种可能值与其期望值之间的偏离程度的一个指标。其计算公式如下：

$$\sigma=\sqrt{\sum_{i=1}^{n}[R-E(R)]^2\times P_i}$$

收益率的方差和标准差都是以绝对数衡量某资产的全部风险。这两个指标与风险程度正相关，在预期收益率相同的情况下，方差或标准差越大，则风险越大；相反，方差或标准差越小，则风险越小。一般情况下可根据收益率的方差和标准差评价某项资产的风险，也可用于预期收益率相同的不同投资项目的风险程度比较。但是对预期收益率不同的投资项目，就不能用收益率的方差和标准差进行风险比较。因为方差或标准差衡量的是风险的绝对大小，如果预期收益率这一基数不同，就无法比较，这时我们可用收益率的标准离差率进行比较。

【例 2－4】以【例 2－2】中的数据为例，试求 A 公司的股票收益率的标准差。

解：$\sigma=\sqrt{\sum_{i=1}^{n}[R-E(R)]^2\times P_i}$

$=[(0-0.15)^2\times0.1+(0.05-0.15)^2\times0.2+(0.15-0.15)^2\times0.4+(0.25-0.15)^2\times0.2+(0.3-0.15)^2\times0.1]^{1/2}$

$=0.0085^{1/2}=0.0922=9.22\%$

（3）收益率的标准离差率（V）。标准离差率是资产收益率的标准差与期望值之比，也称为变异系数。其计算公式如下：

$V=\sigma/E(R)$

标准离差率是一个相对数指标，它代表每单位预期收益所包含的风险，即每一元预期收益所承担的风险大小。一般情况下，标准离差率越大，资产的相对风险越大；标准离差率越小，资产的相对风险越小。标准离差率可用来比较预期收益率不同的资产之间的风险大小。

【例 2－5】以【例 2－2】中的数据为例，试求 A 公司的股票收益率的标准离差率。

解：$V=\sigma/E(R)=9.22\%/15\%=0.615$

3. 风险控制对策

（1）规避风险。当风险所造成的损失不能由该项目可能获得的收益予以抵消时，应当放弃该项目，以规避风险。例如，拒绝与不守信用的厂商业务往来；放弃可能明显导致亏损的投资项目。

（2）减少风险。企业可从两方面着手来减少风险：①控制风险因素，减少风险的发生。②控制风险发生的频率和降低风险损害程度。

企业减少风险的常用方法有：进行准确的预测；对决策进行多方案优选和替代；及时与政府部门沟通获取政策信息；在发展新产品前，充分进行市场调研；采用多领域、多地域、多项目、多品种的经营或投资以分散风险。

（3）转移风险。对可能给企业带来灾难性损失的项目，企业应以一定代价，采取某种方式转移风险。例如向保险公司投保；采取合资、联营、联合开发等措施实现风险共担；通过技术转让、租赁经营和业务外包等实现风险转移。

（4）接受风险。接受风险包括风险自担和风险自保两种。风险自担，是指风险损失发生时，直接将损失摊入成本或费用，或冲减利润；风险自保，是指企业预留一笔风险金或随着生产经营的进行，有计划地计提资产减值准备等。

4. 风险偏好

根据人们对风险的偏好，可将其分为风险回避者、风险追求者和风险中立者。

（1）风险回避者。风险回避是指考虑到影响预定目标达成的诸多风险因素，结合决策者自身的风险偏好性和风险承受能力，从而做出的中止、放弃某种决策方案或调整、改变某种决策方案的风险处理方式。风险回避的前提在于，企业能够准确对企业自身条件和外部形势、客观存在的风险属性和大小有准确的认识。风险回避者选择投资的态度是：当预期收益率相同时，选择低风险的投资；当风险相同时，选择高预期收益率的投资。

一般的投资者和企业管理者都是风险回避者，因此财务管理的理论框架和实务方法都是针对风险回避者的。

（2）风险追求者。与风险回避者恰恰相反，风险追求者通常主动追求风险，喜欢收益的不确定性胜于喜欢收益的稳定性。他们选择投资的原则是：当预期收益相同时，选择风险大的，因为这会给他们带来更大的效用。

（3）风险中立者。风险中立者通常既不回避风险，也不主动追求风险。他们选择投资的唯一标准是预期收益的大小，而不管风险状况如何。

第二节 资产组合的风险与收益分析

一、资产组合的风险与收益

1. 资产组合

资产组合是指两个或两个以上资产所构成的集合。如果资产组合中的资产均为有价证券，则该资产组合也可称为证券组合。

2. 资产组合的预期收益率

资产组合的预期收益率就是组成资产组合的各种资产的预期收益率的加权平均数，其权数等于各种投资项目在整个投资组合总额中所占的比例。其计算公式如下：

$$E(R_p)=\sum_{i=1}^{n}P_i E(R_i) \qquad (0\leqslant P_i\leqslant 1, \sum_{i=1}^{n}P_i=1)$$

式中，$E(R_p)$ 表示资产组合的预期收益率；P_i 表示第 i 项资产在整个组合总额中所占的比例；$E(R_i)$ 表示第 i 项资产的预期收益率。研究资产组合的预期收益率的目的是为了将其与资产组合的必要收益率相比较。只有当预期收益率高于资产组合的必要收益率时，投资者才会投资这一资产组合。

【例 2－6】某公司的投资组合由 A、B、C 三种证券组成，三种证券的预期收益率及三种证券投资在整个组合总额中所占的比例如表 2－2 所示，那么该资产组合的预期收益率是多少？

表 2－2 投资组合收益情况

	预期收益率 $E(R_i)$	P_i
A 证券	10%	0.3
B 证券	15%	0.4
C 证券	12%	0.3

解：预期收益率 $E(R_p)$ ＝0.3×10%＋0.4×15%＋0.3×12%
＝12.6%

3. 资产组合风险的度量

（1）两项资产组合的风险。组合风险的大小与两项资产收益率之间的变动关系（相关性）有关。反映资产收益率之间相关性的指标是协方差或相关系数。

两项资产组合的收益率的方差满足以下关系式：

$$\sigma_p^2 = P_1^2\sigma_1^2 + P_2^2\sigma_2^2 + 2P_1P_2\rho_{1,2}\sigma_1\sigma_2$$

式中，σ_p 表示资产组合的标准差，它用来衡量两项资产组合的风险；σ_1 和 σ_2 分别表示组合中两项资产的标准差；P_1 和 P_2 分别表示组合中两项资产各自所占比重；$\rho_{1,2}$ 反映两项资产收益率的相关程度，称为相关系数。相关系数介于[－1，1]区间内。

1）相关系数 $\rho_{1,2}$ 最大为 1 时，表明两项资产的收益率具有完全正相关关系，即两项资产的收益率变化方向和变化幅度完全相同。此时，$\sigma_p^2=(P_1\sigma_1+P_2\sigma_2)^2$，因此得到的组合方差最大，组合的风险等于组合中各项资产风险的加权平均值，这样的资产组合不能抵消任何风险。

2）相关系数 $\rho_{1,2}$ 最小为－1 时，表明两项资产的收益率具有完全负相关关系，即两项资产的收益率变化方向和变化幅度完全相反。此时，$\sigma_p^2=(P_1\sigma_1-P_2\sigma_2)^2$，因此得到的组合方差最小，这样的资产组合可以最大限度地抵消风险。

3）实际上，绝大多数资产两两之间都具有不完全的相关关系，即相关系数小于 1 且大于－1（多数情况下大于 0）。因此，$0<\sigma_p<(P_1\sigma_1+P_2\sigma_2)$，即资产组合的风险小于组合中各资产风险的加权平均值，资产组合可以分散风险，但不能完全消除风险。

（2）多项资产组合的风险。由于相关系数一般是介于－1～1 之间，所以资产组合的标准差小于组合中各资产标准差的加权平均值，因此资产组合可以分散风险。资产组合分散的是由方差表示的各资产本身的风险，由协方差表示的各资产收益率之间相互作用、共同运动所产生的风险不能被消除。

多项资产组合的风险可分为两类，即非系统风险和系统风险。非系统风险是指可通过增加资产组合中资产的数目而最终消除的风险；而系统风险是指不随着组合中资产数目的增加而消失的始终存在的风险。

二、非系统风险与风险分散

非系统风险又称可分散风险，是指由于某一种特定原因对某一特定资产收益率造成影响的可能性。通过分散投资，非系统性风险能够被降低，如果分散充分有效的话，这种风险就能被完全消除。

从企业的角度来看，风险可分为市场风险和企业特别风险两类。市场风险属于不可分散风险，企业特别风险属于可分散风险。企业特别风险是发生于个别企业的特有事项造成的风险，如原材料涨价、产品滞销、财务状况恶化等。企业特别风险可进一步分为经营风险和财务风险。

经营风险是指因生产经营方面的原因给企业盈利带来的不确定性。企业生产经营的许多方面都会受到来源于企业外部和内部的诸多因素的影响，具有很大的不确定性。例如，由于原材料供应地的政治经济情况变动，运输路线改变，原材料价格变动，新材料、新设备的出现等因素带来的供应方面的风险；由于产品不符合用户需求，新产品开发不成功，生产组织不合理等因素带来的生产方面的风险；由于出现新的竞争对手，用户需求发生变化，销售决策失误，产品推销不力等因素带来的销售方面的风险。所有这些生产经营方面的不确定性，都会引起企业的利润发生变化。

财务风险又称筹资风险，是指由于举债而给企业财务成果带来的不确定性。企业的全部资金中，除了自有资金之外，还有一部分债务资金，这会对自有资金的盈利能力造成影响。由于债务资金需还本付息，一旦企业无力偿还到期债务，就会陷入财务困境甚至破产。当企业息税前资金利润率高于债务资金利息率时，使用债务资金获得的利润除了补偿利息之外还有剩余，因而使自有资金的利润率提高。但是，当企业息税前资金利润率低于债务资金利息率时，使用债务资金获得的利润还不够支付利息，还需运用自有资金的一部分利润来支付利息，从而使自有资金的利润率降低。用自有资金来支付利息，可能使企业发生亏损。如果企业亏损严重，财务状况恶化，丧失支付能力，就会出现无法还本付息甚至破产的危险。总之，由于诸多因素的影响，企业息税前资金利润率和债务资金利息率的差额具有不确定性，从而引起自有资金利润率的高低变化，这种风险就是财务风险。这种风险程度的大小受债务资金与自有资金的比例的影响，债务资金的比例越大，则财务风险的程度越高；相反，债务资金的比例越小，则财务风险的程度越低。

在风险分散的过程中，不应当过分夸大资产多样性和资产数目的作用。在资产组合中的资产数目较低时，增加资产的个数，分散风险的效应较明显。但当资产的数目增加到一定程度时，风险分散的效应就会逐渐减弱。经验数据表明，组合中不同行业的资产个数达到 20 个时，绝大多数非系统风险均已被消除。此时再增加资产数目，对分散风险已没有多大的实际意义，只会增加管理成本。

三、系统风险及其衡量

系统风险又称为市场风险或不可分散风险，是影响所有资产的、不能通过资产组合来消除的风险。这部分风险是由那些影响整个市场的风险因素所引起的，这些因素包括宏观经济形势的变化、国家经济政策的变化、税制、企业会计准则改革、世界能源状况、世界经济状况及政治因素等。尽管绝大多数企业和资产都不可避免地受到系统风险的影响，但并不意味着系统风险对所有企业或所有资产有相同的影响。因而要对单项资产或资产组合受系统风险影响的程度进行衡量。系统性风险对单项资产的影响程度可以用β系数来衡量。

1. 单项资产的β系数

单项资产的β系数是指可以反映单项资产收益率与市场上全部资产的平均收益率之间变动关系的一个量化指标，即单项资产所含的系统风险对市场组合平均风险的影响程度。因此，单项资产的β系数又称为系统风险系数，它是相对于市场组合的平均风险而言，单项资产所含的系统风险的大小。β系数的定义公式如下：

$$\beta_i=\frac{COV(R_i,R_m)}{\sigma_m^2}=\frac{\rho_{i,m}\sigma_i\sigma_m}{\sigma_m^2}=\rho_{i,m}\times\frac{\sigma_i}{\sigma_m}$$

式中，β_i表示第i项资产的风险系数；$\rho_{i,m}$表示第i项资产的收益率与市场组合收益的相关程度；σ_i表示第i项资产收益率的标准差，它用来衡量该项资产的风险；σ_m表示市场组合收益率的标准差，它用于衡量市场组合的风险；$\rho_{i,m}$、σ_i与σ_m的乘积即第i项资产收益率与市场组合收益率的协方差。

2. 市场组合的概念

市场组合是指由市场上所有资产组成的组合，它的收益率就是市场平均收益率。实务中通常用股票价格指数的收益率来代替。而市场组合的方差则代表了市场整体的风险。由于包含了所有的资产，因此市场组合中的非系统风险已经被消除，所以市场组合的风险就是市场风险或系统风险。

整个证券市场的β系数为1。当某资产的β系数等于1时，说明该项资产的系统风险与市场组合的风险一致，即该项资产的收益率与市场平均收益率呈同方向、同比例变动；当某资产的β系数小于1时，说明该项资产的系统风险小于市场组合的风险，即该项资产收益率的变动幅度小于市场组合收益率的变动幅度；当某资产的β系数大于1时，该项资产的系统风险大于市场组合的风险，即该项资产收益率的变动幅度大于市场组合收益率的变动幅度。绝大多数资产的β系数是大于零的（大多数介于0.5和2之间），即绝大多数资产收益率的变化方向与市场平均收益率的变化方向是一致的，只是变化幅度不同。极个别资产的β系数是负数，表明这类资产的收益率与市场平均收益率的变化方向相反。例如西方个别收账公司和个别再保险公司的β系数是接近于零的负数。

现实的情况是，利用定义来计算β系数是非常困难的。β系数通常利用收益率的历史数据来计算，采用线性回归的方法计算得到。实际上，并不需要投资者自己去计算证券的β系数，一些证券咨询机构会定期公布大量交易过的证券的β系数。

表2—3列出了美国几家大公司的β系数。

表 2－3 美国几家公司的 β 系数表

公司名称	2002 年 5 月	2006 年 10 月
Time Warner	1.65	1.94
IBM	1.05	1.00
General Electric	1.30	0.81
Microsoft	1.20	0.94
Coca-Cola	0.85	0.70
Procter & Gamble	0.65	0.27

资料来源：www.nyse.com。

从表 2－3 可以看出，不同公司之间的 β 系数不同，而且同一公司在不同时期的 β 系数也有所差异。在我国，也有一些证券咨询机构定期计算和编制各上市公司的 β 系数，人们可通过中国证券市场数据库进行查询。

3. 资产组合的 β_p 系数

资产组合的系统风险可以用 β_p 系数来衡量。资产组合的 β_p 系数是所有单项资产 β 系数的加权平均数，权数为各种资产在资产组合中所占的价值比例。β_p 系数的计算公式如下：

$$\beta_p = \sum_{i=1}^{n} P_i\beta_i \qquad (0 \leqslant P_i \leqslant 1, \ \sum_{i=1}^{n} P_i = 1)$$

式中，β_p 表示资产组合的系统风险系数；P_i 表示第 i 项资产在组合中所占的价值比例；β_i 表示第 i 项资产的 β 系数。

由于单项资产的 β 系数不尽相同，因此通过替换资产组合中的资产或改变不同资产在组合中的价值比例可以改变资产组合的风险特性。

【例 2－7】B 公司的资产组合由 A、B、C 三种证券组成，三种证券的 β 系数及三种证券投资在整个组合中所占的价值比例如表 2－4 所示，那么该资产组合的风险系数是多少？

表 2－4 资产组合的相关信息

	β_i	P_i
A 证券	2.0	0.3
B 证券	1.5	0.4
C 证券	1.0	0.3

解：β_p＝0.3×2.0＋0.4×1.5＋0.3×1.0＝1.5

第三节 证券市场理论

证券市场理论是指在市场机制的作用下，证券市场自发地对各种证券的风险与收益进行动态均衡而形成的一些理论。本节将介绍风险与收益的关系，以及描述风险与收益之间关系的一些重要模型。

一、风险与收益的关系

风险与收益呈正相关关系，即投资风险越大，投资的收益往往就越高。因此，假定资产交易的参与者都是风险回避者，他们都会寻求风险和收益的一种权衡。投资者对于其所承担的风险，要求有一定的额外收益作为补偿，其要求的必要收益应包括无风险收益率和风险收益率。投资者所要求的补偿就是超过货币时间价值的风险收益。假设风险与额外收益率呈线性相关关系，则风险与收益的关系如图 2-1 所示。

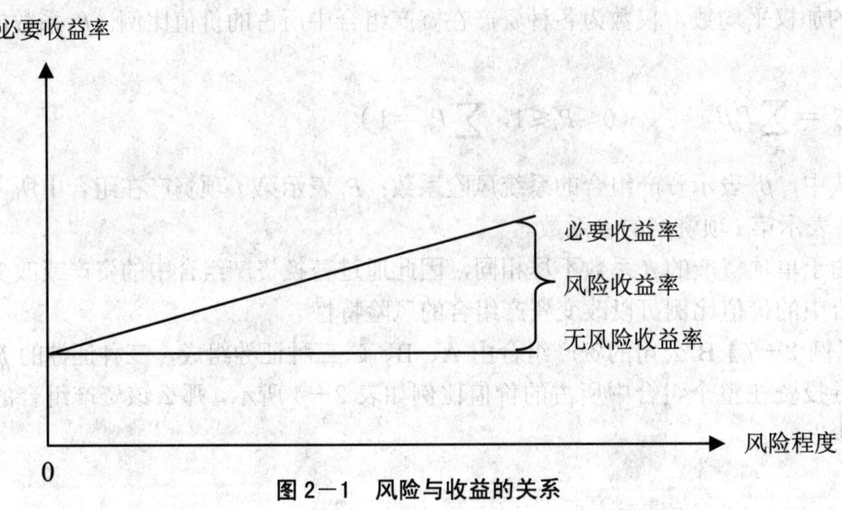

图 2-1 风险与收益的关系

由图 2-1 可得以下公式：

必要收益率=无风险收益率+风险收益率

式中，无风险收益率是纯利率与通货膨胀补偿率之和，通常用短期国债的收益率来替代；风险收益率表示因承担该项资产的风险而要求的额外补偿，其大小根据所承担风险的大小及投资者对风险的偏好程度来确定。

假设风险和收益率成正比，则可得以下公式：

风险收益率 $=b\times V$

式中，b 表示风险价值系数，此系数取决于投资者对风险的偏好。投资者对风险的态度越是回避，则要求的补偿越高，因而风险价值系数 b 就越大；反之，如果对风险的容忍程度越高，风险价值系数 b 就会较小。V 表示标准离差率，反映资产全部风险的相对大小。

由于风险价值系数 b 取决于全体投资者的风险回避态度，因此可以通过统计方法来测定。但由于风险价值系数受风险偏好的影响，而风险偏好又受风险种类、风险大小及投资者的心理因素的影响，因此，对于风险价值系数的准确估计相当困难。

无风险收益率通常用 R_f 来表示，因此风险与收益的关系可表示为：

必要收益率 $R=R_f+b\times V$

二、资本资产定价模型

1. 资本资产定价模型（CAPM 模型）

（1）资本资产定价模型的基本原理。资本资产定价模型（The Capital Assets Pricing Model，CAPM）是一种纯交换经济中的均衡定价模型，它是在收益和风险均衡的条件下，确定资本资产投资必要收益率的模型。资本资产定价模型是由美国经济学家 Harry Markowitz 和 William F. Sharpe 在 20 世纪 60 年代提出的实证型模型。CAPM 的核心思想是在一个竞争均衡中对有价证券的定价。CAPM 认为非系统性风险可通过投资多元化加以消除，只有系统风险才在股票定价中起作用，股票的收益与股票系统风险的度量 β 成正比。

资本资产定价模型的主要贡献是解释了风险收益率的决定因素和度量方法，并给出了下面的一个简单易用的关系式：

$R=R_f+\beta\times(R_m-R_f)$

式中，R 表示某资产的必要收益率；β 表示该项资产的系统风险系数；R_f 表示无风险收益率（通常以短期国债的利率来近似替代）；R_m 表示市场组合的平均收益率（通常用股票价格指数的平均收益率来代替），(R_m-R_f) 称为市场风险溢酬，它是附加在无风险收益率之上的，由于承担了市场平均风险所要求获得的补偿。它反映的是市场作为整体对风险的平均容忍程度，也就是市场整体对风险的厌恶程度。市场整体对风险的平均容忍程度越低，越厌恶风险，要求的收益率就越高，因此，市场风险溢酬的数值就越大；反之，市场整体对风险的平均容忍程度越高，越追求风险，要求的收益率就越低，因此，市场风险溢酬的数值就越小。

根据风险与收益的关系式，以及资本资产定价模型的核心关系式，可得以下公式：

风险收益率 $=\beta\times(R_m-R_f)$

【例 2－8】某公司股票的 β 系数为 1.5，目前的短期国库券利率为 4%，股票价格指数的平均收益率为 10%，那么，该股票的必要收益率是多少？

解：$R=R_f+\beta\times(R_m-R_f)=4\%+1.5\times(10\%-4\%)=13\%$

（2）证券市场线（SML）。资本市场线（Capital Market Line，CML），是指表明有效组合的预期收益率和标准差之间的一种简单的线性关系的一条射线。它是沿着投资组合的有效边界，由风险资产和无风险资产构成的投资组合。

资本市场线可表达为：

$R=R_f+\beta\times(R_m-R_f)$

式中，β 为自变量（横坐标），必要收益率 R 为因变量（纵坐标），无风险利率 R_f 和市场风险溢酬（R_m-R_f）为已知系数。证券市场上任意一项资产或资产组合的系统风险系数和必要收益率都可以在证券市场线上找到对应点。

虽然资本市场线表示的是风险和收益之间的关系，但是这种关系也决定了证券的价格。因为资本市场线是证券有效组合条件下的风险与收益的均衡，如果脱离了这一均衡，就会在资本市场线之外，形成另一种风险与收益的对应关系。这时，要么风险的报酬偏高，这类证券就会成为市场上的抢手货，造成该证券的价格上涨，投资于该证券的报酬最终会降低下来。要么会造成风险的报酬偏低，这类证券在市场上就会成为投资者大量抛售的目标，造成该证券的价格下跌，投资于该证券的报酬最终会提高。经过一段时间后，所有证券的风险和收益最终会落到资本市场线上来，达到均衡状态。

（3）资产组合的必要收益率。资产组合的必要收益率也可通过证券市场线来描述，其表达式为：

资产组合的必要收益率$=R_f+\beta_p\times(R_m-R_f)$

此公式与资本资产定价模型的核心关系式很相似，唯一不同的是 β 系数。前面的 β 系数是单项资产的 β 系数，而这里的 β_p 是资产组合的 β 系数。

【例 2－9】A、B 两只股票在五种不同经济状况下预测的收益率的分布如表 2－5 所示，已知市场组合的收益率为 12%，无风险利率为 4%。求：（1）计算 A、B 两只股票的 β 系数；（2）若两只股票投资的价值比例为 8：2，计算两只股票组成的证券组合的系数和预期收益率。

表 2－5　投资组合收益情况

经济形势	概率	A 股票的收益率（%）	B 股票的收益率（%）
很不好	0.1	－20	－10
不太好	0.2	－5	－2
正　常	0.4	15	10
比较好	0.2	30	25
很　好	0.1	60	40

解：（1）计算 A 股票和 B 股票的预期收益率：

$E(R_A)=0.1\times(-20\%)+0.2\times(-5\%)+0.4\times15\%+0.2\times30\%+0.1\times60\%$
$=15\%$

$E(R_B)=0.1\times(-10\%)+0.2\times(-2\%)+0.4\times10\%+0.2\times25\%+0.1\times40\%$
$=11.6\%$

根据资本资产定价模型 $R=R_f+\beta\times(R_m-R_f)$，可得：

$15\%=4\%+(12\%-4\%)\times\beta_A$

由此得 $\beta_A=1.375$。

同理得：

$11.6\%=4\%+(12\%-4\%)\times\beta_B$

由此得 β_B＝0.95。

（2）根据资产组合 β_p 系数的计算公式，得：

$$\beta_p=\sum_{i=1}^{n}P_i\beta_i=80\%\times1.375+20\%\times0.95=1.29$$

根据资本资产定价模型：

组合的预期收益率＝4%＋1.29×(12%－4%)＝14.32%

也可以根据资产组合的收益率的计算公式得：

组合的预期收益率＝80%×15%＋20%×11.6%＝14.32%

【例2－10】甲公司持有A、B、C三种股票构成的资产组合，三种股票的 β 系数分别是2.5、1.8、0.9，它们的投资额分别是50万元、30万元和20万元。股票市场平均收益率为10%，无风险利率为5%。假定资本资产定价模型成立，试求该资产组合的 β 系数和预期收益率。

解：计算各股票在资产组合中的价值比例：

A股票的比例＝50/(50＋30＋20)＝50%

B股票的比例＝30/(50＋30＋20)＝30%

C股票的比例＝20/(50＋30＋20)＝20%

再计算该资产组合的 β_p 系数：

$$\beta_p=\sum_{i=1}^{n}P_i\beta_i=50\%\times2.5+30\%\times1.8+20\%\times0.9=1.97$$

最后，计算该资产组合的预期收益率：

资产组合的预期收益率＝5%＋1.97×(10%－5%)＝14.85%

2. 资本资产定价模型的运用及评价

（1）证券市场线是对证券市场的描述。证券市场线对证券市场的描述如下：

市场风险溢酬反映的是市场整体对风险的偏好，如果风险厌恶程度高则市场风险溢酬的值就大，当某项资产的系统风险水平 β 稍有变化时就会导致该项资产的必要收益率以较大幅度变化；相反如果多数市场参与者对风险的关注程度较小，资产的必要收益率受其系统风险的影响则较小。

当无风险收益率上涨而其他条件不变时，所有资产的必要收益率都会上涨同样的数量；反之，当无风险收益率下降且其他条件不变时，所有资产的必要收益率都会下降同样的数量。

在均衡状态下每项资产的预期收益率应该等于证券市场线表示的必要收益率，其大小由证券市场线的核心公式来决定。

（2）资本资产定价模型的有效性和局限性。资本资产定价模型和证券市场线最大的贡献是描述了风险与收益之间的数量关系，首次将高收益伴随着高风险的直观认识用简单的关系式表达出来。到目前为止，资本资产定价模型和证券市场线是对现实中风险与收益关系的最贴切的表述。因此，资本资产定价模型和证券市场线长期被财务人员、金融工作者和经济学家作为处理风险问题的主要工具。

但是，资本资产定价模型在实际运用中也存在着明显的局限性，其局限性主要表现在以下三个方面：

1）某些资产或企业的β值难以估计，特别是对一些缺乏历史数据的新兴行业。

2）由于经济环境的不确定性和不断变化，使得依据历史数据估算出来的β值对未来的指导作用大打折扣。

3）资本资产定价模型和证券市场线是建立在一系列假设之上的，其中一些假设与实际情况有较大的偏差。例如市场均衡假设、市场不存在摩擦、市场参与者都是理性的、不存在交易费用、税收不影响资产的选择和交易等，这些假设均与实际情况不符。

由于资本资产定价模型存在着以上的局限性，因此在具体运用此模型时，应注重其所揭示的规律，还应与实际情况相结合，从而做出与实际情况相符的分析。

三、套利定价理论

1976年，美国学者斯蒂芬·罗斯在《经济理论杂志》上发表了经典论文《资本资产定价的套利理论》，提出了一种新的资产定价模型，即套利定价理论（Arbitrage Pricing Theory，APT）。套利定价理论也是讨论资产的收益率如何受风险因素的影响的理论，是一个多因素的模型。套利定价理论认为，资产的预期收益率并不是受单一风险的影响，而是受若干个相互独立的风险因素如通货膨胀率、利率、石油价格、国民经济的增长指标等的影响。

套利定价理论用套利概念定义均衡，不需要市场组合的存在性，而且所需的假设比资本资产定价模型更少、更合理。与资本资产定价模型一样，套利定价理论假设：①投资者有相同的投资理念。②投资者是回避风险的，并且要效用最大化。③市场是完全的。

与资本资产定价模型不同的是，套利定价理论还包括以下假设：①单一投资期。②不存在税收。③投资者能以无风险利率自由借贷。④投资者以收益率的均值和方差为基础选择投资组合。

APT模型的基本形式为：

$$E(R)=R_f^*+b_1\lambda_1+b_2\lambda_2+\cdots+b_n\lambda_n$$

式中，$E(R)$表示某资产的预期收益率；R_f^*表示不包括通货膨胀因素的无风险收益率，即纯利率；b_i表示风险因素i对该项资产的影响程度，称为资产对风险因素i的响应系数；λ_i表示风险因素i的预期收益率，即该项资产由于承担风险因素i而预期的额外收益率。

从APT模型的基本形式可以看出，套利定价理论试图以多个变量去解释资产的预期收益率。套利定价理论认为，同一个因素所要求的风险收益率（即超过纯利率的部分）对于所有不同的资产来说都是相同的，否则，如果某个风险因素对不同的资产提供了不同的收益，投资者就可以通过适当调整手中资产组合中的资产种类和比例，即通过“套利”活动，投资者就可以在不增加风险的情况下获得额外的收益。而这种套利活动的结果，就会使得这些额外的收益逐渐变小，以致最后消除，达到市场均衡。

套利定价理论的基本机制是：在给定资产收益率计算公式的条件下，根据套利原理推导出资产的价格和均衡关系式。APT 作为描述资本资产价格形成机制的一种新方法，其基础是价值规律：在均衡市场上，两种性质相同的商品不能以不同的价格出售。套利定价理论是一种均衡模型，用来研究证券价格是如何决定的。它假设证券的收益是由一系列产业方面和市场方面的因素确定的。当两种证券的收益受到某种或某些因素的影响时，两种证券收益之间就存在相关性。

套利定价理论的局限性在于，λ_i 和 b_i 难以估计。通常需要对历史收益率数据采用交叉回归分析和因素分析的方法进行估计，但在现实中又难以进行，尤其是对 b_i 的估计，不仅困难，而且可靠性不高。

套利定价理论导出了与资本资产定价模型相似的一种市场关系。套利定价理论以收益率形成过程的多因子模型为基础，认为证券收益率与一组因子线性相关，这组因子代表证券收益率的一些基本因素。事实上，当收益率通过单一因子形成时，将会发现套利定价理论形成了一种与资本资产定价模型相同的关系。因此，套利定价理论可以被认为是一种广义的资本资产定价模型，为投资者提供了一种替代性的方法，来理解市场中的风险与收益率间的均衡关系。套利定价理论与现代资产组合理论、资本资产定价模型、期权定价模型等一起构成了现代金融学的理论基础。

本章复习思考题

一、名词解释

1. 资产收益率　2. 风险　3. 非系统风险　4. 系统风险　5. 资本资产定价模型

二、简答题

1. 资产收益率的类型有哪些？
2. 风险与收益之间存在着什么关系？如何衡量资产的风险程度？
3. 风险控制的对策有哪些？
4. 资本资产定价模型的局限性体现在哪几个方面？

本章自测题

一、单项选择题

1. 在财务管理中，由那些影响所有公司的因素而引起的，不能通过投资组合分散的风险被称为（　　）。

   A. 财务风险　　B. 经营风险　　C. 系统风险　　D. 公司特有风险

2. 某股票本年的股息为每股 0.2 元，当前的市价为 18 元，该股票一年前的市价为 15 元，如果不考虑交易费，一年内该股票的收益率为（　　）。

   A. 1.33%　　B. 20%　　C. 17.78%　　D. 21.33%

3. 在不确定的条件下，预测的某资产未来可能实现的收益率是（　　）。

A. 实际收益率　B. 预期收益率

C. 必要收益率　D. 名义收益率

4. 已知甲方案投资收益率的期望值为 15%，乙方案投资收益率的期望值为 12%，两个方案都存在投资风险。比较甲、乙两方案风险大小应采用的指标是（　　）。

A. 方差　B. 净现值　C. 标准离差　D. 标准离差率

5. 现在甲和乙两个投资项目，已知甲项目的预期收益率为 40%，乙项目的预期收益率为 20%，甲项目的标准差为 40%，乙项目的标准差为 50%，那么（　　）。

A. 甲项目的风险程度大于乙项目的风险程度

B. 甲项目的风险程度小于乙项目的风险程度

C. 甲项目的风险程度等于乙项目的风险程度

D. 不能确定

6. 已知某项资产的β系数等于 1，则表明该项资产（　　）。

A. 无系统风险

B. 有非常低的系统风险

C. 系统风险与市场组合的风险相等

D. 系统风险比市场组合的风险大 1 倍

7. 投资者由于冒风险投资而获得的超过无风险利率的额外收益，称为投资的（　　）。

A. 实际收益　B. 预期收益　C. 风险收益　D. 必要收益

8. 企业欲开发某种新产品，开发成功的概率为 80%，成功后的投资收益率为 40%；开发失败的概率为 20%，失败后的投资收益率为 -100%，则该产品开发方案的预期收益率为（　　）。

A. 12%　B. 20%　C. 18%　D. 40%

二、判断题

1. 预期收益率是指在资产合约上表明的收益率，即票面利率。（　　）

2. 违约风险、流动性风险和破产风险均属于证券投资的非系统风险。（　　）

3. 根据人们对风险的偏好将其分为风险回避者、风险追求者和风险中立者。风险中立者选择资产的态度是：当预期收益率相同时，偏好于具有低风险的资产；而对于具有同样风险的资产，则钟情于具有高预期收益率的资产。（　　）

4. 风险既可能带来超出预期的损失，也可能带来超出预期的收益。（　　）

5. 标准差反映风险的大小，可以用来比较各种不同投资方案的风险程度。（　　）

6. 对于多个投资方案而言，无论各方案的预期收益率是否相同，标准离差率最大的方案一定是风险最大的方案。（　　）

7. 当某项资产的β系数等于 0 时，表明该项资产无风险，预期收益率等于市场平均收益率。（　　）

8. 资本资产定价模型是讨论资产的收益率如何受风险因素的影响的理论，是一个多因素的模型。（　　）

三、计算分析题

1. 某企业准备对外投资，现有三家公司可供选择，这三家公司的年收益率的估值及其概率的资料如下表所示：

市场状况	概率	年收益率估计值		
		A公司	B公司	C公司
较好	0.3	40%	50%	80%
一般	0.5	20%	20%	5%
较差	0.2	5%	-5%	-30%

试分析各投资方案的风险程度。

2. 甲公司股票的β系数为2，如果此时无风险收益率为5%，整个股票市场的平均收益率为10%，那么该股票的必要收益率是多少？

第三章　货币时间价值与证券估价

【本章学习目标】

- 了解货币时间价值的含义；
- 掌握复利终值和现值、年金终值和现值的计算；
- 了解证券的分类，并掌握股票和债券的估价模型。

第一节　货币时间价值

一、货币时间价值的含义

货币时间价值又称资金时间价值，是指货币资金随着时间推移而形成的增值。

货币之所以具有时间价值，根源在于其在再生产过程中的运动和转化，它是生产的产物，是劳动的产物。时间价值是资金在周转使用中产生的。由此可见，单纯的货币不会产生时间价值，因而货币的时间价值的概念不能成立。如果货币所有者把钱闲置在家中，就不能带来增值。只有将货币投入到再生产过程中去，即转化为生产资金，并且再生产活动要能够正常运作，时间价值才会产生。

货币的时间价值有绝对数和相对数两种表示方法。所谓用绝对数表示，就是指用资金在周转过程中的增加额来表示；用相对数表示指用增加价值占投入货币的百分数来表示。在实务中，人们习惯使用相对数表示货币的时间价值。在利润平均化规律的影响下，等量货币资本在相同时间内应获得等量利润，因此货币时间价值的一般表现形式从相对量来看就是不考虑风险和通货膨胀条件下社会平均的资本利润率，在一定条件下可视同存款利率。

货币时间价值是财务活动中的一个重要价值观念，并作为一个重要的经济杠杆发挥着作用，贯穿于企业筹资决策和投资决策的全过程。假如银行存款的年利率为5%，作为企业投放在生产经营上的一定量资金，企业至少也应要求能得到5%的年收益率。因为企业已放弃了5%的增值机会，如果无法从已实施的投资项目中得到补偿，就意味着企业遭受了不应有的损失。由此可见，银行利率是企业投资收益率的最低界限。根据货币时间价值理论，可以把不同时点的货币资金折算为同一时点的货币资金，可以把不同投资项目的现金流量折算到同一时点进行比较，从而有利于企业做出正确的投资决策。正确地认识货币的时间价值，有利于资金使用者经济、有效地利用资金。

二、货币时间价值的计算

在货币时间价值的计算中涉及终值、现值和年金等概念。终值又称将来值，是现在一定量的资金折算到未来某一时点所对应的金额，通常记作 F。现值是指未来某一时点上的一定量资金折算到现在所对应的金额，通常记作 P。现值和终值是一定量资金在前后两个不同时点上对应的价值，其差额即为货币的时间价值。现实生活中所称本金、本利和的概念相当于货币时间价值理论中的现值和终值。年金是指在相同的间隔期收到（或付出）的一系列等额的款项。例如付款赊购，分期偿还贷款，发放养老金等都属于年金。

货币时间价值的计算有单利和复利两种方法。单利计算法是一种在规定期限内获得的利息均不计算利息，只就本金计算利息的一种方法。复利计算法是指不仅对本金计息，而且将本期所生的利息在下期转为本金再生利息的一种计算方法，俗称“利滚利”。

货币时间价值的具体表现形式是利率，货币时间价值的计算主要包括单利终值和现值、复利终值和现值、年金终值和现值的计算。

1. 单利终值和现值的计算

以银行存款为例，开始存入的本钱叫本金，它是计算利息的基础。利息是按照事先确定的日利率（或月利率、年利率）和存款期的长短，通过一定方法计算出来的存款报酬，一定时期后的本金和利息的合计数叫本利和。

（1）单利终值的计算。以单利计算利息时，仅按本金计算利息，而上期的利息不再计算利息。单利终值是指现在的一笔收到（或付出）款项到未来一定时期后，按单利计算的本利之和。其计算公式为：

$$F=P(1+i\times n)$$

式中，P 为现值；F 为终值；n 为计算期数；i 为利率。$(1+i\times n)$ 称为单利终值系数。

【例 3－1】某人将 10000 元存入银行，已知银行存款利率为 4%，如果按单利来计算，那么 5 年后的终值是多少？

解：$F=10000\times(1+4\%\times5)=10000\times1.2=12000$(元)

（2）单利现值的计算。单利现值是指预计未来某一时间收到（或付出）的一笔款项按单利法折合的现在的价值。其计算公式为：

解：$$P=\frac{F}{(1+i\times n)}$$

式中，$1/(1+i\times n)$ 称为单利现值系数。由终值求现值，也称为贴现或折现，它是以利率作为贴现率来确定将来收到或支付一笔款项的现在价值。

由此可见，单利现值和单利终值互为逆运算，单利终值系数 $(1+i\times n)$ 和单利现值系数 $1/(1+i\times n)$ 互为倒数。

【例 3－2】某人准备 5 年后支付一笔 12000 元款项，设银行存款利率为 4%，如果这笔存款是按单利来计息的，那么现在应在银行存入的金额是多少？

解：$$P=\frac{12000}{(1+4\%\times5)}=10000\text{(元)}$$

2. 复利终值和现值的计算

在扩大再生产的条件下，企业运用资本所取得的收益往往要再投入到经营周转中去（至少要存入银行，参加社会资金周转），不使之闲置。因此，按复利来计算和评价货币的时间价值比使用单利要相对准确一些。

用复利法计算利息，不仅涉及本金的利息，而且还包括上期利息产生的利息，复利计算方法是，每经过一个计算期，要将该期所派生的利息加入本金再计算利息，逐期滚动计算。这里所说的计算期，是指相邻两次计算的间隔，如年、月、日等。除非特别说明，计算期一般为一年。

（1）复利终值的计算。复利终值是指现在的一笔收到（或付出）款项，到未来一定时期后按复利法计算的本利之和。其计算公式为：

$F=P(1+i)^n$

式中，$(1+i)^n$称为“复利终值系数”，记为$(F/P，i，n)$，可以从“复利终值系数表”（见附录）中直接查找。利用复利终值系数表，可根据已知的i，n的数值查出对应的复利终值系数。复利终值的计算公式也可写为：

$F=P\times(F/P, i, n)$

【例 3－3】某人将 10000 元存入银行，设银行存款复利率为 4%，那么 5 年后的终值是多少？

解：$F=P(1+i)^n=10000\times(1+4\%)^5=12167$(元)

或 $F=P\times(F/P, 4\%, 5)=10000\times1.2167=12167$(元)

【例 3－4】某人把 100000 元用于投资，预计 10 年后这笔资金将升值为 619170 元，那么该投资的年收益率是多少？

解：$619170=100000\times(F/P, i, n)$

由此得（$F/P, i, n$）$=6.1917$

已知$n=10$，查表可得$i=20\%$

或 $619170=100000\times(1+i)^{10}$

$$i=\sqrt[10]{\frac{619170}{100000}}-1=20\%$$

（2）复利现值的计算。复利现值是指未来某一时间收到（或付出）的一笔款项，按复利法折成现在的价值。其计算公式为：

$$P=\frac{F}{(1+i)^n}$$

式中，$1/(1+i)^n$称“复利现值系数”，记为$(P/F，i，n)$，可以从“复利现值系数表”（见附录）中直接查找。复利现值的计算公式也可写为：

$P=F\times(P/F, i, n)$

由此可见，复利现值和复利终值互为逆运算，复利终值系数$(1+i)^n$和复利现值系数$1/(1+i)^n$互为倒数。

【例 3-5】某项投资预计 5 年后可得收益 100000 元，按年利率 10%折算现在价值是多少？

解：$P=\frac{100000}{(1+10\%)^{5}}=62090$（元）

或 $P=F\times(P/F, 10\%, 5)=100000\times0.6209=62090$（元）

【例 3-6】李先生计划投入一笔资金到某一投资项目，投资的本金和收益可在 10 年后为子女提供教育经费，预计教育经费需 200000 元，假定该投资项目的年收益率为 15%，那么李先生应在该投资项目投入多少资金？

解：$P=\frac{200000}{(1+15\%)^{10}}=49440$（元）

或 $P=F\times(P/F, 15\%, 10)=200000\times0.2472=49440$（元）

3. 年金终值和现值的计算

在实际工作中，分期收付款、分期偿还贷款、发放养老金、分期支付工程款，就属于年金收付形式。按照收付的次数和支付的时间划分，年金有以下几类：普通年金（后付年金）、预付年金（即付年金或先付年金）、递延年金和永续年金等几种形式。

在年金中，系列等额收付的间隔期只需满足“相等”的条件即可，间隔期完全可以不是一年。例如养老金是按月发放的，购房贷款是按月偿还给银行的，这些都属于年金。

（1）普通年金终值与现值的计算。

1）普通年金终值的计算。普通年金终值是指一定时期内，每期期末等额系列收款（或付款）的复利终值之和。例如，每年年末均存款 1 元，年利率 10%，5 年期的年金终值计算如图 3-1 所示。

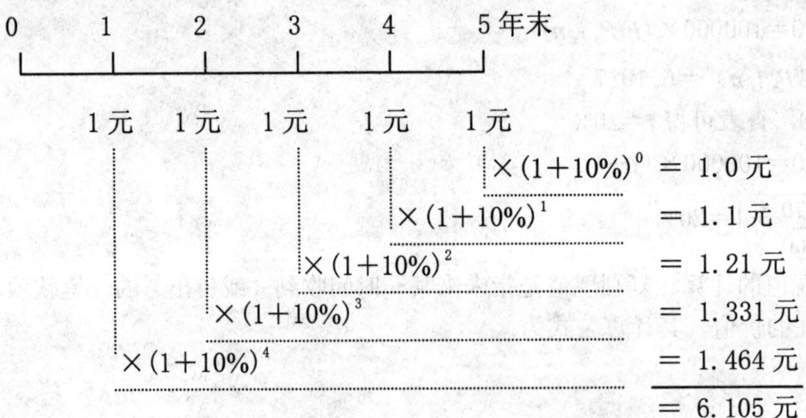

图 3-1 普通年金终值计算示意图

设 A 为每期期末的收付款项，i 为利率，n 为年金发生次数。普通年金终值 F 的计算公式为：

$$F=A(1+i)^{n-1}+A(1+i)^{n-2}+\cdots+A(1+i)^{1}+A(1+i)^{0}$$

$$=A\sum_{t=1}^{n}(1+i)^{t-1}$$

$$=A\times\frac{(1+i)^n-1}{i}$$

式中，$\frac{(1+i)^n-1}{i}$称为“年金终值系数”，记为$(F/A,\ i,\ n)$，可以从“年金终值系数表”（见附录）中直接查找。普通年金终值的计算公式也可写为：

$$F=A\times(F/A,i,n)$$

【例 3－7】某企业将闲置设备出租，租期 5 年，每年年末将收取的租金 20000 元送存银行。若年利率为 4%，那么第 5 年末的年金终值为多少？

解：$F=20000\times\frac{(1+4\%)^5-1}{4\%}=20000\times5.4163=108326$(元)

或　$F=20000\times(F/A,\ 4\%,\ 5)=20000\times5.4163=108326$(元)

【例 3－8】某人想在 5 年后还清 100000 元的债务，从现在起每年末等额存入银行一笔款项。设银行存款复利率为 4%，那么每年需存入多少元？

解：$F=A\times(F/A,\ i,\ n)$

$100000=A\times(F/A,\ 4\%,\ 5)=A\times5.4163$

由此得 $A=18463$ 元。

2）普通年金现值的计算。普通年金现值是指一定时期内，每期期末等额系列收款（或付款）的复利现值之和。例如，每年年末均存款 1 元，按 10%年利率折现，5 年期年金现值的计算如图 3－2 所示。

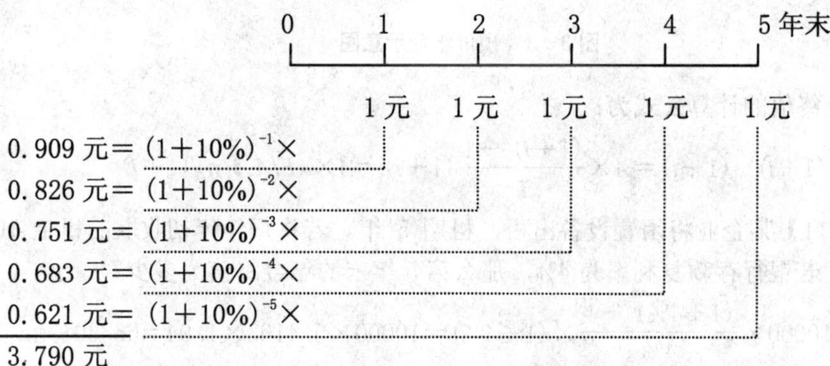

图 3－2　普通年金现值计算示意图

普通年金现值的计算公式为：

$$P=\frac{A}{(1+i)^1}+\frac{A}{(1+i)^2}+\cdots+\frac{A}{(1+i)^{n-2}}+\frac{A}{(1+i)^{n-1}}+\frac{A}{(1+i)^n}$$

$$=A\sum_{t=1}^{n}\frac{1}{(1+i)^1}=A\times\frac{(1+i)^n-1}{i(1+i)^n}$$

式中，$\frac{(1+i)^n-1}{i(1+i)^n}$ 称为“年金现值系数”，记为（P/A，i，n），可以从“年金现值系数表”（见附录）直接查找。普通年金现值的计算公式也可写为：

$P=A\times(P/A, i, n)$

【例 3－9】为了以后 10 年每年年末都能从银行取得 10000 元，设银行存款复利率为 4%，问现在应往银行存多少钱？

解：$P=A\times\frac{(1+i)^n-1}{i(1+i)^n}=A\times(P/A, 4\%, 10)=10000\times8.1109=81109$（元）

【例 3－10】某人购房时从银行贷款 1000000 元，在 30 年内以年利率 7%等额偿还，那么每年需偿还银行多少钱？

解：$P=A\times(P/A, i, n)$

$1000000=A\times(P/A, 7\%, 30)=A\times12.4090$

由此得 $A=80587$ 元。

（2）预付年金终值与现值的计算。

1）预付年金终值的计算。预付年金终值是指一定时期内，每期期初等额系列收款（或付款）的复利终值之和。由于年金终值系数表是按普通年金编制的，因此，为了查表的方便，可将预付年金转化为普通年金形式，即某年年初的收、付款项，可理解为上年末的收付，而后在普通年金终值的计算公式上稍做调整。

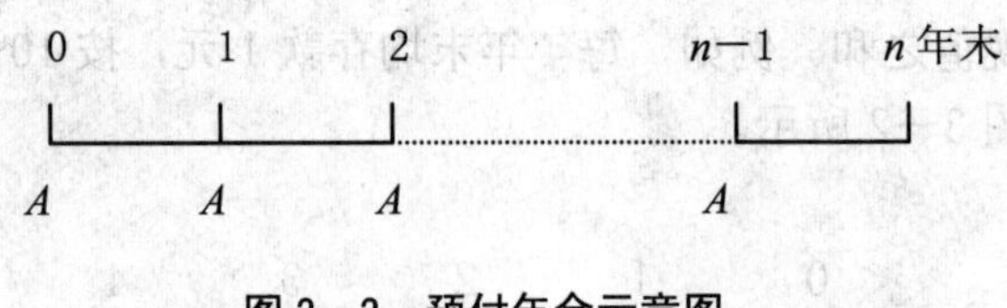

图 3－3 预付年金示意图

预付年金终值的计算公式为：

$$F=A\sum_{t=1}^{n}(1+i)^{t-1}(1+i)=A\times\frac{(1+i)^n-1}{i}(1+i)=A\times(F/A, i, n)(1+i)$$

【例 3－11】某企业将闲置设备出租，租期 5 年。若将每年年初收取的租金 10000 元送存银行，若银行存款复利率为 4%，那么第 5 年末的年金终值为多少？

解：$F=10000\times\frac{(1+4\%)^5-1}{4\%}\times(1+4\%)=10000\times5.4163\times1.04=56330$（元）

或 $F=10000\times(F/A, 4\%, 5)\times(1+4\%)=10000\times5.4163\times1.04=56330$（元）

2）预付年金现值的计算。预付年金现值是指一定时期内，每期期初等额系列收款（或付款）的复利现值之和。由于年金现值系数表是按普通年金编制的，因此，为了查表的方便，可将预付年金转化为普通年金形式，即某年年初的收、付款项，可理解为上年年末的收付，而后在普通年金现值的计算公式上稍做调整。

预付年金现值的计算公式为：

$$P=A\sum_{t=1}^{n}\frac{1}{(1+i)^{1}}(1+i)=A\times\frac{(1+i)^{n}-1}{i(1+i)^{n}}(1+i)=A\times(P/A,i,n)(1+i)$$

【例 3－12】6 年期分期付款购物，每年年初支付 4000 元，设银行复利率为 4%，问该项分期付款相当于一次性现金支付的购价是多少？

解：$P=A\times(P/A,4\%,6)(1+4\%)=4000\times5.2421\times1.04=21807$(元)

【例 3－13】某公司在引进高级管理人员时将给予住房补贴，住房补贴有两种领取方式：第一种领取方式是，进公司时一次性领取 48 万元住房补贴；第二种领取方式是，在进公司的前 5 年每年年初领取 10 万元住房补贴。若银行存款复利率为 4%，请问引进的高级管理人员应选取哪种领取方式？

解：如果选择第二种领取方式，住房补贴的现值的计算如下：

$P=A\times(P/A,4\%,5)(1+4\%)=10\times4.4518\times1.04=46.30$(万元)

因为第二种领取方式下的住房补贴的现值为 46.30 万元，小于第一种领取方式下的 48 万元，所以应选择第一种领取方式。

（3）递延年金。递延年金是指第一次收付发生在第二期或以后各期的年金。递延年金的支付形式如图 3－4 所示。

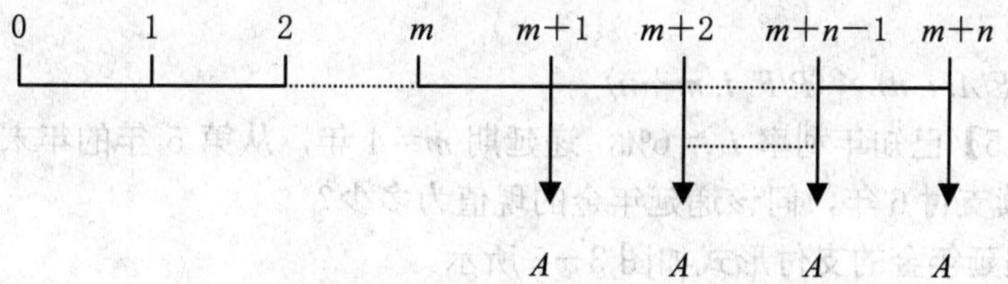

图 3－4 递延年金示意图

该图表示第一次支付发生在第 $m+1$ 期期末，连续支付 n 次，m 表示递延期数。

1）递延年金终值的计算。递延年金终值的计算与普通年金的终值计算一样，只需注意年金收付的次数。递延年金终值的计算公式如下：

$F=A\times(F/A,i,n)$

式中的 n 表示收付年金的次数，与递延期无关。

【例 3－14】某人想购买一处房产，开发商提出了三种付款方式：

付款方式 1：从购房之日起 20 年内，每年年末支付 10 万元；

付款方式 2：从购房之日起 20 年内，每年年初支付 9.5 万元；

付款方式 3：从购房之日起的前 5 年不支付，从第 6 年至第 20 年的每年年末支付 16 万元。

假设银行贷款利率按 8%复利计息，试采用终值方式比较哪种付款方式更划算？

解：付款方式 1：

$F=A\times(F/A,i,n)=10\times(F/A,8\%,20)=10\times45.752=457.52$(万元)

付款方式 2：

$F=A\times(F/A,i,n)(1+i)$

$=9.5\times(F/A,8\%,20)\times(1+8\%)$

$=9.5\times45.752\times1.08$

$=469.42$(万元)

付款方式3：

$F=A\times(F/A,i,n)(1+i)=16\times(F/A,8\%,15)=16\times27.152=434.43$(万元)

从以上计算可知，对购房者来说，采用付款方式3更划算。

2）递延年金现值的计算。递延年金现值的计算有三种方法：

① 假设递延期也有年金收付，先求出（$m+n$）期的年金现值，再减去实际未收付的递延期（m）的年金现值。其计算公式如下：

$P_n=P_{m+n}-P_m=A\times(P/A,i,m+n)-A\times(P/A,i,m)$

式中，m为递延期数；n为连续收付次数。

② 先把递延年金视为普通年金，求出递延期末的现值，再将此现值调整到第一期期初。其计算公式如下：

$P=A\times(P/A,i,n)\times(P/F,i,m)$

③ 先把递延年金视为普通年金，求出其终值，然后再将终值换算成期初现值。其计算公式如下：

$P=A\times(F/A,i,n)\times(P/F,i,m+n)$

【例3－15】已知年利率$i=6\%$，递延期$m=4$年，从第5年的年末开始支付年金1000元，连续支付6年，问该递延年金的现值为多少？

解：该递延年金的支付形式如图3－5所示。

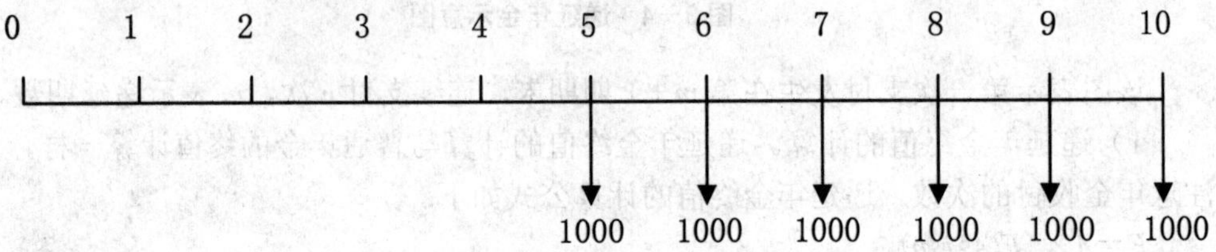

图3－5 递延年金支付形式图

解法一：

$P_{m+n}=A\times(P/A,i,m+n)=1000\times(P/A,6\%,4+6)=1000\times7.3601=7360.1$(元)

$P_m=A\times(P/A,i,m)=1000\times(P/A,6\%,4)=1000\times3.4651=3465.1$(元)

$P_n=P_{m+n}-P_m=7360.1-3465.1=3895.0$(元)

解法二：

$P_4=A\times(P/A,i,n)=1000\times(P/A,6\%,6)=1000\times4.9173=4917.3$(元)

$P=P_4\times(P/F,i,m)=4917.3\times(P/F,6\%,4)=4917.3\times0.7921=3894.99$(元)

解法三：

$F_{10}=A\times(F/A,i,n)=1000\times(F/A,6\%,6)=1000\times6.9753=6975.3$(元)

$P=F_{10}\times(P/F,i,m+n)$

$=6975.3\times(P/F,6\%,4+6)$

$=6975.3\times0.5584$

$=3895.01$(元)

（4）永续年金。永续年金是指无限期收付的年金。例如用于长期投资的股票股利、永久性债券利息和收益稳定的超长期投资项目等，都可以视为永续年金。

由于永续年金没有终止的时间，因此没有终值。永续年金的现值可以视为 n 趋于无穷大的普通年金的现值，永续年金的现值可以通过普通年金的计算公式推导出，推导过程如下：

普通年金现值的计算公式为：

$$P=A\times\frac{(1+i)^n-1}{i(1+i)^n}=A\times\frac{1-(1+i)^{-n}}{i}$$

当 $n\to\infty$ 时，$(1+i)^n\to0$

因此，永续年金的现值公式为：

$P=A/i$

【例 3－16】企业持有 A 公司的股票，这些股票每年的股利收益为 10 万元。假定 A 公司的预期效益良好而且稳定，企业打算长期持有 A 公司的股票。已知年利率为 6%，那么此项股票投资的现值是多少？

解：这是一个求永续年金现值的问题。

$P=A/i=10/6\%=166.67$(万元)

【例 3－17】企业家张先生想在某高校设立奖学金，以奖励学习优秀的学生。奖学金每年发放一次，每年设立的名额为 60 人，每人奖励 5000 元。奖学金的基金保存在银行，已知银行一年的定期存款利率为 4%，那么张先生需投入多少资金作为奖励基金？

解：每年需拿出的奖励金额为：5000×60＝300000(元)

由于奖学金需每年付出一次，而且每年的金额相同，因此奖学金可视为一项永续年金，其现值为：

$P=A/i=300000/4\%=7500000$(元)

也就是说，张先生需存入 750 万元作为奖励基金。

第二节　证券估价

一、证券的分类

按照证券的筹资性质的不同，可以把证券分为股票、债券和基金。

1. 股票

股票是股份有限公司为筹集权益资金而发行的、用以证明投资者的股东身份和权益，并据以获得股利的一种可转让的凭证。

（1）股票的价格。股票价格有广义和狭义之分，狭义的股票价格就是股票交易价格；广义的股票价格则包括股票的发行价格和交易价格两种形式。股票交易价格具有事先的不确定性和市场性的特点。

（2）股票的价值形式。股票的价值，就是用货币的形式来衡量股票作为获利手段的价值。股票的价值形式有票面价值、账面价值、清算价值、市场价值和内在价值。

1）股票的票面价值。股票的票面价值，是股份公司在所发行的股票上标明的票面金额，其作用是用来表明每张股票所包含的资本数额。股票的面值一般都印在股票的正面，且基本都是整数，在上海和深圳证券交易所流通的股票，其面值都统一定为一元，即每股一元。股票票面价值的最初目的，是保证股票持有者在退股之时能够收回票面所标明的资产。随着股票的发展，购买股票后将不能再退股，所以股票面值现在的作用一方面是表明股票的认购者在股份公司投资中所占的比例，作为确认股东权利的根据。另一方面的作用就是在首次发行股票时，将股票的面值作为发行定价的一个依据。

一般来说，股票的发行价都将会高于面值。当股票进入二级市场流通后，股票的价格就与股票的面值相分离了，彼此之间并没有直接的联系。例如，有些股票的价格达80多元，但其面值也就仅为一元。

2）股票的账面价值。股票的账面价值，又称为净值，也称为每股净资产，指的是用会计的方法计算出来的每股股票所包含的资产净值。其计算方法是将公司的注册资本加上各种公积金、累积盈余，也就是通常所说的股东权益，将净资产再除以总股本就是每股的净值。股票的账面价值是股份公司剔除了一切债务后的实际资产，是股份公司的净资产。

由于账面价值是财会计算的结果，其数字准确程度较高，可信度较强，所以它是股票投资者评估和分析上市公司经营实力的重要依据之一。股份公司的账面价值高，则股东实际所拥有的财产就多；反之，股票的账面价值低，股东拥有的财产就少。股票的账面价值虽然只是一个会计概念，但它对于投资者进行投资分析具有较大的参考作用，也是产生股票价格的直接根据，因为股票价格越贴近每股净资产，股票的价格就越接近于股票的账面价值。

在股票市场中，股民除了要关注股份公司的经营状况和盈利水平外，还需特别注意股票的净资产含量。净资产含量越高，公司自己所拥有的本钱就越大，抗拒各种风险的能力也就越强。

3）股票的清算价值。股票的清算价值，是指股份公司破产或倒闭后进行清算之时每股股票所代表的实际价值。从理论上讲，股票的每股清算价值应当与股票的账面价值相一致，但实际上大多数公司的实际清算价值总是低于账面价值。这是因为企业在进行破产清算时，其财产价值是以实际的销售价格来计算的，而在进行财产处置时，其售价都低于实际价值。所以股票的清算值一般都要小于股票的净值。股票的清算价值只是在股份公司因破产或因其他原因丧失法人资格而进行清算时，才被作为确定股票价格的根据，在股票发行和流通过程中没有什么意义。

4）股票的市场价值。股票的市场价值，又称为股票的市值，是指股票在交易过程中交易双方达成的成交价。由于受众多因素的影响，股票的市场价值处于经常性的变化之中。股票的市场价值是与股票价格紧密相连的，股票价格是股票市场价值的集中表现，股票价格随后者的变化发生相应的波动。在股票市场中，股民是根据股票的市场价值的高低变化来分析判断和确定股票价格的，所以通常所说的股票价格也就是股票的市场价值。

5）股票的内在价值。股票的内在价值，是股票提供的所有未来收益的现值，它也是股票的投资价值。通常所说的股票价值就是指股票的内在价值，所以对股票价值进行评估就是对股票的内在价值进行估价，股票估价将在后面进行介绍。

（3）股价指数。股价指数是指金融机构通过对股票市场上一些有代表性的公司发行的股票价格进行平均计算和动态对比后得出的数值，它是用以表示多种股票平均价格水平及其变动，并权衡股市行情的指标。股价指数是运用统计学中的指数方法编制而成的。根据股价指数反映的价格走势所涵盖的范围，可以将股价指数划分为反映整个市场走势的综合性指数和反映某一行业或某一类股票价格走势的分类指数。例如，深证综合指数反映的是深圳股市整体走势，而深圳B股指数反映的是在深交所上市的B股价格走势，深圳行业分类指数则反映深圳股市中分类行业的价格走势。股价指数的计算方法主要有算术平均法和加权平均法两种。世界主要市场股价指数有道·琼斯股票价格平均指数、标准普尔指数、恒生指数、日经指数、金融时报指数、上证股价指数和深证股价指数等。

2. 债券

债券是发行者为筹集借入资金而发行的，承诺按约定的利率和日期支付利息，并在到期日偿还面值的书面债务凭证。债券的发行者可以是政府、金融机构、企业等机构。债券是债的证明书，具有法律效力。债券购买者与发行者之间是一种债权债务关系，债券发行人即债务人，投资者（或债券持有人）即债权人。

债券的基本要素主要由以下几个方面构成：

（1）债券的面值。债券面值包括两个基本内容：币种和票面金额。票面金额通常都是整数。发行者可根据资金市场情况和自身需要选择适合的币种。

（2）债券的价格。债券是一种可以买卖的有价证券，因而有价格。债券的价格可分成发行价格与市场交易价格两类。

1）债券的发行价格。债券的发行价格是指在发行市场（一级市场）上，投资者在购买债券时实际支付的价格。目前通常有三种不同情况：一是按面值发行、面值收回，其间按期支付利息；二是按面值发行，按本息相加额到期一次偿还，我国目前发行债券大多数是这种形式；三是以低于面值的价格发行，到期按面值偿还，面值与发行价之间的差额，即为债券利息。

2）债券的市场交易价格。债券发行后，一部分可流通债券在流通市场（二级市场）上按不同的价格进行交易。交易价格的高低，取决于公众对该债券的评价、市场利率以及人们对通货膨胀率的预期等。

（3）债券的期限。债券从发行之日起至到期日之间的时间称为债券的期限。债券到期必须还本付息。

（4）债券的利率。债券上标明的利率一般是年利率，债券的票面利率是债券年利息额与债券面值的比率，通常用百分比表示。债券的利率可以是固定利率，也可以是浮动利率。此外，也有的债券不标明利率，发行价低于面值，到期按面值偿还。

3. 基金

基金又称投资基金，是指由基金发起人发行的，表示持有人按其所持份额享有资产所有权、收益分配权和剩余资产分配权的凭证。

基金通常交由基金托管人托管，由基金管理人管理，主要从事股票、债券等金融工具的投资。基金与股票、债券的最大区别是，它是一种间接投资工具。按照不同的标准划分，基金有以下几种分类：

（1）按组织形式的不同，基金可分为公司型基金和契约型基金。公司型基金是通过组建股份公司的形式，以发行股份的方式发行基金份额，募集众多投资者的资金，再委托基金管理公司进行投资操作，基金的资产则委托保管公司保管。公司型基金的特点是基金的本身即为股份公司型的投资公司，基金持有者即为公司股东，凭其持有的基金份额依法享有投资收益。

契约型基金，又称信托型基金，是指基金发起人依据其与基金管理人、基金托管人订立的基金契约，发行基金单位而组建的基金。契约型基金通过信托契约的形式募集投资者的资金，由基金管理人进行投资操作，由基金托管人作为基金资产的名义持有人，负责基金资产的保管和处置，对基金管理人进行监督。基金持有者作为契约的当事人一方，享有相应的各项权利。

（2）按基金是否可以随时赎回，基金可分为开放式基金和封闭式基金。开放式基金是指基金设立后，投资者可以随时申购或赎回基金单位，基金规模不固定的基金。封闭式基金是指基金规模在发行前已确定，在发行完毕后的规定期限内，基金规模固定不变的基金。封闭式基金的发行份额是固定的，在规定期限内不能随时增加或赎回基金份额。

（3）按投资标的的不同，基金可分为股票基金、债券基金、货币基金、期货基金、期权基金、认股权证基金和专门基金。

股票基金是指以股票为投资对象的基金，其投资对象包括普通股和优先股，其风险程度较个人投资股票市场要小得多，且具有较强的变现性和流动性。股票基金是所有基金品种中最为流行的一种类型。

债券基金是指以债券为投资对象的基金，其投资对象包括政府债券、市政公债、企业债券等各类债券。债券基金一般情况下定期派息，其风险和收益水平通常较股票基金低。

货币基金是指以货币存款构成投资组合，协助投资者参与外汇市场投资，赚取较高利息的基金。其投资对象包括国库券、大额银行可转让存单、商业票据、公司债券等。这类基金的投资风险小，投资成本低，安全性和流动性较高，在整个基金市场上属于低风险的安全基金。

期货基金是指以各类期货品种为主要投资对象的基金。由于期货市场具有高风险和高回报的特点，因此投资期货基金既可能获得较高的投资收益，同时也面临着较大的投资风险。

期权基金是指以期权为投资对象的基金。期权交易是指期权购买者向期权出售者支付一定费用后，取得在规定时期内的任何时候，以事先确定好的协定价格，向期权出售者购买或出售一定数量的某种商品合约的权利的一种买卖。

认股权证基金是指以认股权证为投资对象的基金。认股权证是指由股份有限公司发行的、能够按照特定的价格，在特定的时间内购买一定数量该公司股票的选择权凭证。认股权证基金也属于高风险基金。

专门基金由股票基金发展演化而来，属于分类行业股票基金或次级股票基金，包括黄金基金、资源基金、科技基金、地产基金等，这类基金的投资风险较大，收益水平易受到市场行情的影响。

二、股票估价

股票估价是对股票的内在价值进行评估，而股票的内在价值是由股票带来的所有未来收益的现值决定的。股票内在价值的计算是股票投资的基础，投资者应将股票的内在价值和股票的市场价值进行对比，以决定是否买入、卖出或继续持有股票。下面介绍股票估价的基本模型和几个常用的估价模型。

1. 股票估价的基本模型

股票带给持有者的现金流入包括两部分：股利收入和出售时的收入。股票的内在价值由一系列的股利和将来出售股票时售价的现值所构成。投资者持有股票分两种情况：一种情况是投资者永远持有股票；另一种情况是持有一段时间后出售。

（1）投资者永远持有股票。如果投资者打算永远持有股票，那么他每年可以获得股利，但没有出售股票的收入。其所得股利是一个永续的现金流入，这个现金流入的现值就是股票的价值。其计算公式如下：

$$P_0=\frac{D_1}{(1+K)}+\frac{D_2}{(1+K)^2}+\cdots+\frac{D_n}{(1+K)^n}=\sum_{t=1}^{\infty}\frac{D_t}{(1+K)^t}$$

式中，P_0表示股票价值；D_t表示股票第 t 年的股利；K 表示贴现率，即投资者的必要收益率；t 表示年份。

（2）投资者在持有股票一段时间后出售。如果投资者不打算永久地持有股票，而是在一段时间后出售，那么其未来现金流入是股票持有期的每期股利和出售时的股价之和。其计算公式如下：

$$P_0=\sum_{t=1}^{n}\frac{D_t}{(1+K)^t}+\frac{P_n}{(1+K)^n}$$

式中，n 表示股票持有年限；P_n表示 n 年后股票的出售价格。其他字母的含义与上面的公式相同。

在以上两个公式中，公式 $P_0=\sum_{t=1}^{\infty}\frac{D_t}{(1+K)^t}$是股票估价的基本模式，它在实际应用中面临的主要问题是如何预计未来每年的股利，以及如何确定贴现率。

股票评价的基本模型要求无限期地预计未来各年的股利，但实际上不可能做到。因此，应用的模型都是各种简化形式，如每年股利相同或固定比例增长等。

贴现率的主要作用是把所有未来不同时期的现金流入折算为现时的价值。贴现率的实质是投资者所要求的收益率。贴现率可以参照债券的收益率，也可以直接使用市场利率。

2. 股利固定模型（股利增长率为零的股票价值）

股利固定模型假设投资者永远持有股票，而且未来各年的股利固定不变，那么其支付过程是一个永续年金。股票价值的计算公式如下：

$$P_0=\frac{D}{K}$$

【例 3－18】某公司股票每年分配股利 1 元，若投资者的必要收益率为 10%，要求计算该股票的价值。

解：$P=\frac{1}{10\%}=10$(元)

也就是说，该股票每年给你带来 1 元的收益，在市场利率为 10%的条件下，它相当于 10 元资本的收益，所以其价值为 10 元。当然，由于多种因素的影响，股票的市价可能高于或低于 10 元。如果股票的市价为 9 元，那么其预期收益率为：

$$K=\frac{1}{9}\times100\%=1.11\%$$

由此可见，当股票的市价低于股票价值时，预期收益率高于必要收益率；相反，当股票的市价高于股票价值时，预期收益率低于必要收益率。

3. 股利固定增长模型

就成长性好的公司而言，其股票股利不是固定不变的，而是不断增长的。股利固定增长模型假设投资者永远持有股票，而且各年的股利按照固定比例增长，那么其股票价值的计算公式如下：

$$P_0=\sum_{t=1}^{\infty}\frac{D_0(1+g)^t}{(1+K)^t}$$

式中，D_0 表示上年末股利；g 表示股利的年增长率。其他字母的含义与基本公式相同。当股利的年增长率 g 为常数，并且 $K>g$ 时，从上式可推导出：

$$P_0=\frac{D_0(1+g)^t}{K-g}=\frac{D_1}{K-g}$$

【例 3－19】甲公司上年末每股股利为 1 元，股利年增长率为 5%，假设市场利率为 10%，要求计算甲公司股票的内在价值。

解：$P_0=\frac{D_0(1+g)}{K-g}=\frac{1\times(1+5\%)}{10\%-5\%}=21$(元)

4. 分阶段模型（股利增长率不固定的股票价值）

实际上，大部分公司的股利是不固定的，可能既不是一成不变，也不是按照固定比率持续增长，而是不规则地变化。例如，有的股票在一段时间里高速增长，在另一段时间里固定增长或固定不变。在这种情况下，就要分阶段计算未来收益的现值，各阶段现值之和就是股票价值。分阶段模型的计算公式如下：

P_0＝股利高速增长阶段现值＋固定增长阶段现值＋固定不变阶段现值

【例 3－20】某投资人持有 A 公司股票，投资的必要收益率为 8%，预计 A 公司未来 3 年的股利将高速增长，增长率为 10%，在此后转为正常增长，增长率为 7%，公司上年支付的股利为 1 元，要求计算该公司股票的内在价值。

解：$P_0=\frac{1\times1.1}{1+8\%}+\frac{1\times1.1^2}{(1+8\%)^2}+\frac{1\times1.1^3}{(1+8\%)^3}+\frac{1\times1.1^3\times(1+7\%)}{8\%-7\%}\times\frac{1}{(1+8\%)^3}$

$=116.17$（元）

5. 市盈率模型

以上几种股票估价模型在理论上较健全，但由于未来股利的预测很困难，因而其实际应用性较差。还有一种粗略衡量股票内在价值的方法，就是市盈率分析法。市盈率是股票市价和每股收益之比，可以粗略反映股价高低，表明投资人愿意用盈利的多少倍的价格来购买这种股票，是市场对该股票的评价。

市盈率＝股票市价÷每股收益

股票价格＝该股票市盈率×该股票每股收益

股票价值＝行业平均市盈率×该股票每股收益

【例 3－21】A 公司的股票每股收益为 2 元，同行业类似股票的市盈率是 11，要求计算 A 公司股票的内在价值。

解：股票价值＝11×2＝22（元）

表明该股票的合理价格在 22 元左右。

6. 股票估价模型的局限性

虽然股票估价模型在理论上已很完善，但这些模型仍存在着一些局限性：

（1）未来收益的现值只是决定股票价值的基本因素，而不是全部因素，其他很多因素（如政治因素、经济因素、人为操纵因素等）可能会导致股票的市场价格大大偏离根据模型计算得出的价值。

（2）模型对未来股利预测的依赖性很强，而这些数据很难准确地预测。股利固定不变、股利固定增长等假设与现实情况可能存在一定的差距。

（3）股利固定模型、股利固定增长模型的计算结果受上年末股利和本年股利的影响很大，而这两个数据可能具有人为性、短期性和偶然性，模型放大了这些不可靠因素的影响力。

（4）市盈率模型的局限性在于：①计算方法本身的缺陷。成份股指数样本股的选择具有随意性。各国各市场计算的平均市盈率与其选取的样本股有关，样本调整一下，平均市盈率也跟着变动。即使是综合指数，也存在亏损股与微利股对市盈率的影响不连续的问题。②市盈率指标很不稳定。随着经济的周期性波动，上市公司每股收益会大起大落，这样算出的平均市盈率也大起大落。③每股收益只是股票投资价值的一个影响因素。投资者选择股票，不一定要看市盈率。

三、债券估价

1. 影响债券价值的因素

债券未来现金流入的现值，称为债券的价值或债券的内在价值。只有债券的价值不低于购买价格时，才值得购买。计算现值时使用的折现率，主要取决于当时的市场利率。影响债券价值的因素包括：

（1）债券面值。债券面值是指债券票面上注明的价值，也是债券到期时所要偿还的数额。债券面值越大，发行价格越高。

（2）债券票面利率。票面利率也称名义利率，是指债券发行者向投资者支付利息时所用的利率。一般而言，债券票面利率越高，发行价格也越高。

（3）市场利率。市场利率是指由市场供求关系所决定的利率。市场利率越高，债券的发行价格就越低。

（4）债券的期限。债券的期限是指债券发行日至偿还面值所需要的时间。债券的期限越长，债权人的风险越大，要求的利率越高，债券的发行价格就可能越低。

2. 债券估价的基本模型

典型的债券是票面利率固定，每年支付利息，到期归还面值。这种债券价值计算的基本公式如下：

$$P=\sum_{t=1}^{n}\frac{I}{(1+K)^{t}}+\frac{F}{(1+K)^{n}}$$

$$=I\frac{(1+K)^{n}-1}{K(1+K)^{n}}+\frac{F}{(1+K)^{n}}$$

$$=I\times(P/A, K, n)+F\times(P/F, K, n)$$

式中，P 表示债券价值；I 表示每年的利息；F 表示债券面值；n 表示债券持有期限；K 表示折现率，一般采用当时的市场利率或投资人要求的报酬率。

【例 3－22】甲公司发行票面价值为 1000 元的债券，其票面利率为 8%，每年付息一次，发行期为 5 年。已知目前的市场利率为 12%，要求计算该债券的价值。

解：$P=I\times(P/A,K,n)+F\times(P/F,K,n)$

$=1000\times8\%\times(P/A, 12\%, 5)+1000\times(P/F, 12\%, 5)$

$=80\times3.6048+1000\times0.5674=855.78$（元）

【例 3－23】A 公司欲对一种票面价值为 1000 元，票面利率为 6%，每年付息一次的 6 年期债券进行投资。已知该债券已发行 2 年，目前的市场利率为 10%，要求计算该债券的价值。

解：$P=I\times(P/A,K,n)+F\times(P/F,K,n)$

$=1000\times6\%\times(P/A,10\%,4)+1000\times(P/F,10\%,4)$

$=60\times3.1699+1000\times0.6830=873.19$（元）

计算结果说明，A 公司买入该种债券的价格应不超过 873.19 元。

3. 到期一次还本付息债券的估价模型

到期一次还本付息债券是指发行人在债券到期之前不支付利息，等到债券到期时一次性支付全部利息，并归还面值。这种债券的估价公式如下：

$$P=\frac{I+F}{(1+K)^n}=(I+F)\times(P/F,K,n)$$

式中字母的含义与基本模型相同。

【例 3－24】某债券面额为 1000 元，年单利利率为 4%，3 年到期一次还本付息，市场利率为 8%，要求计算该债券的价值。

解：$P=(I+F)\times(P/F,K,n)$

$=(1000\times4\%\times3+1000)\times(P/F,8\%,3)$

$=(120+1000)\times0.7938$（元）

$=889.06$（元）

根据计算结果，该债券的价值为 889.06 元，其理论发行价格应为 889.06 元。

【例 3－25】上例中，如果债券已发行 1 年，在贴现率不变的情况下，要求计算该债券的价值。

解：$P=(I+F)\times(P/F,K,n)$

$=(1000\times4\%\times3+1000)\times(P/F,8\%,2)$

$=(120+1000)\times0.8573$

$=960.18$

计算结果说明，投资者此时买入该种债券的价格应不超过 960.18 元。

4. 贴现债券的估价模型

贴现债券以低于面值的价格发行，到期支付面值，面值与发行价的差额即为债券利息。其价值计算公式如下：

$$P=\frac{F}{(1+K)^n}=F\times(P/F,K,n)$$

式中字母的含义与基本模型相同。

【例 3－26】某贴现国债面值为 1000 元，期限为 3 年，目前的市场利率为 8%，投资者应以多少价格购买此国债？

解：$P=F\times(P/F,K,n)$

$=1000\times(P/F, 8\%, 3)$

$=1000\times0.7938$

$=793.8$

计算结果说明，投资者应以低于 793.8 元的价格购买该种债券。

5. 永久债券的估价模型

永久债券是指一种不规定本金返还期限，可以无限期地按期取得利息的债券。永久债券的利息一般高于浮动利息，债券的发行人一般多为商业银行。其发行目的是为了扩充银行的自有资金实力。永久债券与股票的性质相近，可以获得长期投资资本，但持有者购买的不是股票，因此不能参与企业的经营管理和利润分配。从债务偿还地位来讲，当永久债券发行人发生债务危机时，一般债务偿还在先，永久债券偿还在后。

由于永久债券没有最终还本期限，因此，其现值是各期利息的贴现值，其价值计算公式和增长率为零的股票估价模式相似：

$$P=\frac{I}{K}$$

【例 3－27】某国政府发行无偿还期的公债，票面利率为 9%，面值为 1000 元，假设当时的市场利率为 10%，要求计算此公债的价值。

$$P=\frac{I}{K}=\frac{1000\times9\%}{10\%}=900(\text{元})$$

四、基金估价

基金的估价涉及三个概念：基金资产总值、基金单位资产净值和基金报价。此外，基金的估价还应根据基金的类型来进行。这里主要介绍开放式基金和封闭式基金的估价。

1. 基金资产总值的估算

（1）基金资产总值的含义。基金资产总值是指一个基金所拥有的资产（包括现金、股票、债券和其他有价证券及其他资产）于每个营业日收市后，根据收盘价格计算出来的总资产价值。

由于基金的资产总值伴随着基金持有证券的价格的变动而变动，因此，为了能正确反映基金资产总值，就必须在某时点上对基金资产总值进行估算。

（2）基金资产总值的估算步骤。首先，确定估算日；其次，根据基金所持证券估算日的收盘价，分别计算其市值并汇总，再加上基金的库存现金，即为基金资产总值。基金资产总值的计算公式如下：

基金资产总值＝所持证券市值总额＋现金

2. 基金单位资产净值的估算

基金单位资产净值是指在某一时点上每基金单位实际代表的净资产价值。它是基金的资产总值扣除各项负债，再除以该基金的单位总数所得出的单位价值。基金单位资产净值是基金经营业绩的指示器，也是进行基金价值分析的重要依据之一。

在基金的运作过程中，基金单位价格会随着基金资产值和收益的变化而变化。为了比较准确地对基金进行计价和报价，使基金价格能较准确地反映基金的真实价值，就必须对某个时点上每基金单位实际代表的价值予以估算，并将估值结果以资产净值公布。综观世界各国的各种基金，因其管理制度的不同而对基金资产净值的估值日的具体规定也不尽相同。不过通常都规定，基金管理人必须在每一个营业日或每周一次或至少每月一次计算并公布基金的资产净值。

不管是开放式基金还是封闭式基金，在发行基金份额时，其单位基金是等额的，代表着发行时每份基金的价值量，因此都需要计算基金单位资产净值。基金单位资产净值的计算公式如下：

基金单位资产净值＝（基金资产总值－总负债）/基金单位总数

式中，总负债是指基金运作及融资时所形成的负债，包括应付税金、应付利息以及应付基金资产管理的佣金等；基金单位总数是指当时发行在外的基金单位的总量。

3. 基金报价

基金的报价理论上是由基金的单位资产净值决定的，基金单位资产净值越高，则基金的交易价格越高。由于开放式基金和封闭式基金的变现方式不同，因此应分别讨论这两种基金的报价。

（1）开放式基金的报价。开放式基金的发行总额不固定，由于经常不断地按客户的要求购回或者卖出基金单位，因此，开放式基金的报价分为两种：认购价（卖出价）和赎回价（买入价）。开放式基金的认购价包括单位资产净值和一定的附加费用。开放式基金的赎回价等于基金资产净值减去按一定赎回费率计算的赎回费用。

承销机构每天公开报出的认购价和赎回价，以基金单位净资产为计价基础。认购价和赎回价的计算公式如下：

基金认购价＝基金单位资产净值＋认购费

基金赎回价＝基金单位资产净值－赎回费

（2）封闭式基金的报价。封闭式基金的价格和股票价格一样，可以分为发行价格和交易价格。封闭式基金的发行价格由两部分组成：一部分是基金的面值；另一部分是基金的发行费用，包括律师费、会计师费等。封闭式基金发行期满后一般都申请上市交易，因此，它的交易价格和股票价格的表现形式一样，可以分为开盘价、收盘价、最高价、最低价、成交价等。封闭式基金的持有者不能赎回，只能在证券流通市场进行交易，这些特点使封闭式基金的定价类似于股票，但基金有存续期，而股票无存续期，所以两者有所区别。

封闭式基金的收益来自于每期的现金分红，以及到期清盘的每份净资产价值。封闭式基金的价格的计算公式如下：

$$P=\sum_{t=1}^{n}\frac{D_t}{(1+K)^t}+\frac{A_n}{(1+K)^n}$$

式中，D_t表示每期现金分红；A_n表示期末单位基金净资产；n表示封闭期限；K表示必要收益率。

无论是开放式基金还是封闭式基金，由于存在较高的管理费用和交易费用等因素，所以基金的交易价格通常低于其单位资产净值或理论价格。

本章复习思考题

一、名词解释

1. 货币的时间价值 2. 年金 3. 股票 4. 股价指数 5. 债券 6. 基金 7. 市盈率

二、简答题

1. 简述年金的分类。
2. 简述股票的价值形式。
3. 债券的基本要素包括哪几个方面？
4. 股票估价模型存在着哪些局限性？
5. 影响债券价值的因素有哪些？

本章自测题

一、单项选择题

1. 有人在期初存入一笔资金，存满6年后每年初取出1000元，则年金递延期为（　　）。
   A. 7　　B. 6　　C. 5　　D. 4
2. 下列各项年金中，只有现值没有终值的年金是（　　）。
   A. 预付年金　　B. 普通年金　　C. 递延年金　　D. 永续年金
3. 在利息不断资本化的条件下，资金时间价值的计算应采用（　　）。
   A. 单利　　B. 复利　　C. 年金　　D. 普通年金
4. 股票的（　　）指的是用会计的方法计算出来的每股股票所包含的资产净值。
   A. 票面价值　　B. 账面价值　　C. 清算价值　　D. 市场价值
5. （　　）的发行份额是固定的，在规定期限内不能随时增加或赎回基金份额。
   A. 公司型基金　　B. 契约型基金　　C. 开放式基金　　D. 封闭式基金
6. 某公司的普通股基年股利为每股2元，预计年股利增长率为4%，如果企业期望的收益率为12%。则该普通股的内在价值是（　　）。
   A. 17.33元　　B. 25元　　C. 26元　　D. 52元
7. 有一项年金，前3年无现金流入，后5年每年年初流入500万元，假设年利率为

10%，那么其现值为（　　）万元。

A. 1566.4　　B. 1895.4　　C. 1424.0　　D. 1995.9

8. 当银行年利率为10%时，一项6年后付款800元的货款，若按单利计算，相当于第一年年初一次性现金支付购价为（　　）元。

A. 451.6　　B. 500　　C. 800　　D. 480

9. 某项永久性奖学金，计划每年末颁发50000元。假设年复利率为8%，那么该奖学金的本金为（　　）元。

A. 125000　　B. 400000　　C. 500000　　D. 625000

二、判断题

1. 货币的时间价值的相对数表示方法是，用增加价值占投入货币的百分数来表示。（　　）
2. 债券价格由面值和票面利率决定。（　　）
3. 封闭式基金通常有固定的封闭期，而开放式基金没有固定期限，投资者可随时向基金管理人赎回。（　　）
4. 债券的价值会随着市场利率的变化而变化。当市场利率上升时，债券价值下降；当市场利率下降时，债券价值上升。（　　）
5. 预付年金与普通年金的区别在于计息时间的不同。（　　）
6. 货币的时间价值中包含着风险因素。（　　）
7. 按是否能够赎回，可将基金分为封闭式基金和开放式基金两种类型。（　　）
8. 市盈率是股票市价和每股收益之比。（　　）

三、计算分析题

1. 某人存入银行2000元，存期5年，年利率为6%，要求分别用单利和复利计算5年后的本利和。
2. 有一笔存期为3年的存款，年复利率为4%，这笔存款3年后的本利和为56242.97元，要求计算这笔存款的本金。
3. 某人每年初存入银行5000元，连存10年，已知存款复利率为6%，要求计算这笔存款的终值和现值。
4. 企业向银行借入一笔款项，借款利率为10%，借款后每年末等额归还本息，每次归还1318982.80元，5年还清。要求计算借款本金。
5. 某企业向银行贷入一笔资金，年利率为8%，银行规定前5年不用还本付息，从第6年至第15年每年年末归还本息875868.80元，要求计算贷款本金。
6. 某项永久性投资，每年末能获得2500元净收入。若市场利率为5%，要求计算该项投资所有收益的现值。
7. A公司上年末每股股利2元，股利年增长率为4%，市场利率为6%，要求计算A公司股票的内在价值。
8. B公司欲对一种票面价值为1000元，票面利率为5%，每年付息一次的6年期债券进行投资。已知该债券已发行2年，目前的市场利率为6%，要求计算该债券的价值。

第四章　筹资方式

【本章学习目标】

- 了解筹资渠道、方式和类型；
- 了解股票的分类，理解普通股筹资、优先股筹资和留存收益筹资的优缺点；
- 了解短期负债筹资和长期负债筹资的主要方式，理解长期借款、发行债券和融资租赁等筹资方式的优缺点；
- 了解发行可转换公司债券和认股权证筹资方式。

第一节　企业筹资概述

一、企业筹资的含义及意义

企业筹资是指企业作为筹资主体根据其生产经营、对外投资和调整资本结构等需要，通过筹资渠道和金融市场，运用筹资方式，积极有效地筹措和集中资金的活动。

资金是企业进行生产经营活动的必要条件。企业创建，开展日常生产经营，购置设备，材料等生产要素，需要一定数量的生产经营资金；扩大生产规模，开发新产品，提高技术水平，更要追加投资。筹集资金是企业资金运动的起点，是决定资金运动规模和生产经营发展程度的重要环节。通过一定的资金渠道，采用一定的筹资方式，组织资金的供应，保证企业生产经营活动的需要，是企业财务管理的一项重要内容。

二、筹资渠道和筹资方式

1．筹资渠道

筹资渠道是指企业筹措资金来源的方向与通道，体现资金的来源与流量。目前，我国企业的筹资渠道主要有以下几种：

（1）国家财政资金。国家对企业的直接投资历来是我国国有企业，特别是国有独资企业的主要资金来源。国家财政资金具有广阔的来源和稳固的基础，它在国有企业的各种资金来源中占有重要的地位。对原有国有大中型企业进行股份制改造后，国家财政投入的资金即形成国家股。从产权关系来看，国家财政资金属于国家投入的资金，产权归国家所有。

（2）银行信贷资金。银行信贷资金是指各商业银行贷放给企业使用的资金，它是我国目前各类企业最为重要的资金来源。我国银行分为商业性银行和政策性银行。商业性银行是以营利为目的、从事信贷投放的金融机构，它主要为企业提供各种商业借款。政策性银行主要为特定企业提供政策性借款。

（3）其他金融机构资金。其他金融机构包括保险公司、证券公司、金融资产管理公司、信托投资公司、财务公司和金融租赁公司等。其他金融机构也可以为企业提供一定的资金来源。它们所提供的各种金融服务既包括信贷资金投放，也包括物资的融通，还包括为企业承销证券等金融服务。

（4）其他企业资金。其他企业在生产经营过程中，往往有部分暂时或长期闲置的资金，可在企业之间相互融通。随着横向联合和企业集团的发展，企业之间资金联合和资金融通得到了广泛而深入的发展。从其他企业通过联营、入股、债券及商业信用等方式获得的资金既有长期的、稳定的资金联合，又有短期的、临时的资金融通。企业间相互融资是一条具有很大潜力的筹资渠道。

（5）企业自留资金。企业自留资金是指企业内部形成的资金，主要包括企业提取的盈余公积金和未分配的利润等。企业自留资金的特征是，企业不需要通过一定的方式筹集，而是直接由企业内部自动形成。

（6）居民个人资金。居民个人资金是指企业职工和城乡居民个人闲置的资金。随着我国经济的发展，居民收入的增长以及金融市场的不断发展和完善，居民个人资金已成为企业不可忽视的一项资金来源。居民个人资金可用于对企业的投资，形成民间资金来源渠道。

（7）国外资金。利用外资是企业筹资的另一条重要渠道。从范围上讲，有我国香港、澳门和台湾地区投资者投资的资金，也有外国投资的资金。从具体形式上说，有向国外银行或国际金融机构借款，向境外发行股票、债券、租赁、信贷、补偿贸易，与外商合资经营和合作经营等。

2．筹资方式

筹资方式是指企业筹集资金所采用的具体形式。目前我国企业的筹资方式主要有以下几种：

（1）吸收直接投资。吸收直接投资是企业以协议等形式吸收国家、其他企业、居民个人等直接投入的资金，形成企业实收资本的一种筹资方式。它不以股票为媒介，是非股份有限公司制企业筹集权益资金的主要方式。

（2）发行股票。发行股票是指股份公司通过发行股票筹集权益资金的一种筹资方式。发行股票筹资又可分为发行普通股筹资和发行优先股筹资两种方式。

（3）利用留存收益。留存收益包括企业按规定从税后利润中提取的盈余公积金、公益金和未分配利润。利用留存收益筹资是指企业将留存收益转化为投资的过程，它是企业筹集权益资金的一种重要方式。

（4）向银行和其他金融机构借款。企业可以向银行和其他金融机构借款以满足筹资的需要。这一方式手续简便，企业可以在较短时间内取得所需的资金，保密性也很好。但企业需要负担固定利息，到期必须还本归息，如果企业不能合理安排还贷资金就会引起企业财务状况的恶化。

（5）利用商业信用。商业信用是指在商品交易中，企业由于延期付款或预收货款而形成的借贷关系，它是企业筹集短期资金的重要方式。

（6）发行公司债券。发行公司债券是企业通过发行债券筹集负债资金的一种筹资方式。这一方式与借款有很大的共同点，但发行公司债券筹资的来源更广，筹集资金的余地更大。

（7）融资租赁。融资租赁，又称为资本性租赁，是由出租人按照承租人的要求，出资购入预定的资产设备，然后租给承租人长期使用的一种筹资方式。它是企业筹集长期负债资金的一种方式。

以上七种筹资方式中，前三种方式筹措的资金为权益资金，后四种方式筹措的资金为负债资金。

3. 筹资渠道与筹资方式的对应关系

筹资渠道解决的是资金来源问题，筹资方式则解决通过何种方式取得资金的问题，它们之间存在一定的对应关系。资金从哪里来和如何取得资金，既有联系，又有区别。同一渠道的资金往往可以采用不同的方式取得，而同一筹资方式又往往可适用于不同的筹资渠道。因此，企业在筹资时，应实现两者的合理配合。筹资渠道与筹资方式的对应关系如表 4—1 所示。

表 4—1　筹资渠道与筹资方式的对应关系

筹资方式 / 筹资渠道	吸收直接投资	发行股票	利用留存收益	向银行和其他金融机构借款	利用商业信用	发行公司债券	融资租赁
国家财政资金	√	√					
银行信贷资金				√			
其他金融机构资金	√	√		√		√	√
其他企业资金	√	√			√	√	√
企业自留资金	√		√				
居民个人资金	√	√				√	
国外资金	√	√		√	√	√	√

三、企业筹资的类型

企业筹集的资金可按不同的标准进行分类，企业筹资的主要类型如下：

1. 按照资金产权关系的不同，可将企业筹资分为权益性筹资和负债性筹资

权益性筹资又称自有资金筹资，是指企业通过吸收直接投资、发行股票和利用留存收益等方式筹集资金。权益资金是企业一项最基本的资金来源。在财务报表中指实收资本（或股本）、资本公积、盈余公积和未分配利润等项目的总和。权益资金所有权属于投

资者，在企业经营期内可长期自主安排使用，不需要归还，筹资风险小。一个企业拥有权益资金的多少代表了该企业的资金实力，是企业组织生产经营活动和举借债务的基础。

负债性筹资又称借入资金筹资，是指企业通过向银行和其他金融机构借款、发行债券和融资租赁等方式筹集资金。负债资金是债权人提供的资金，在财务报表上表现为流动负债和长期负债。负债资金的所有权属于债权人，要求按期偿还本金和利息，有一定的风险。如果企业负债资金过多，可能会陷入债务危机而导致破产。

2. 按照所筹资金使用期限的长短，可将企业筹资分为短期资金筹集和长期资金筹集

短期资金筹集是指企业通过商业信用、短期银行借款、短期融资、应收账款转让等方式筹集短期资金。短期资金是指使用期限在一年或超过一年的一个经营周期以内的资金。企业筹集短期资金来源的主要目的，是为了满足短期资产占用。

长期资金筹集是指企业通过吸收直接投资、利用留存收益、发行股票、发行债券、长期借款和融资租赁等方式筹集长期资金。长期资金是指使用期限在一年以上的资金。企业筹集长期资金来源主要是为了满足长期资产占用资金的需要，可用于新产品的开发和推广、生产规模的扩大、厂房和设备更新等。

3. 按照是否以金融机构为媒介，可将企业筹资分为直接筹资和间接筹资

直接筹资是指企业不通过银行和其他金融机构，而是通过发行股票、发行债券等办法直接筹集资金。间接筹资是指企业借助银行或其他金融机构等而进行的筹资。

随着我国资本市场的发展，企业的筹资方式趋于多元化，许多企业开始利用直接筹资获取所需要的资金，直接筹资已逐渐成为企业获取所需要的长期资金的一种主要方式。但是，大部分企业的资金来源仍旧以银行为主，尤其是在解决中小企业筹资问题上，中小型企业基本与上市无缘，就使得通过银行的间接筹资成为中小企业筹资的主要方式。

四、筹集资金的要求

为了自身的维持和发展，企业筹集资金时要认真研究筹资的数量、何时筹资、通过什么渠道、采用何种方式、筹资的成本和使用条件等，以求最大限度地获取资金筹集的经济效益。

1. 确定合理的资金需要量，确保资金高效运行

企业筹资的目的在于保证生产经营机体的正常运行。资金不足固然会影响生产经营发展，而资金过剩也会影响资金的使用效果。因此，企业筹集资金应确定一个合理的资金需用量界限，即按企业最低必要资金需用量进行筹集，使资金的筹集量与需求量基本达到平衡，尽可能做到资金低耗、高效运行。

2. 认真选择资金来源，力求降低资本成本

资本成本是指企业为筹集和使用资金而付出的代价。包括筹集资金阶段支付的费用，如股票发行费、债券注册费等手续费用；使用资金阶段支付的费用，如支付给股东的股利、债权人的利息等。

企业筹集资金的渠道有多种，筹资方式也有多样，不同筹资渠道和方式的资本成本和风险程度各不相同。因此，在选择资金的来源和决定筹资方式时，应根据资金需要量研究各种资金来源的构成，综合考虑各种渠道的约束条款、资本成本、风险程度和投资效益等多方面因素，力求最优的筹资组合，降低综合资本的成本。

3. 合理安排资金结构，适度举债经营

企业资本结构一般由权益资金和负债资金构成。权益资金指企业资本金、资本公积金和留存收益等；负债资金包括企业长期借款和发行长期债券形成的资金。通常情况下企业不会以权益资金作为唯一的资本来源，举债经营以期获得在负债资金利息率低于投资利润率时的差额收益，是企业最乐于采用的筹资方式之一。但是，企业经营的收益大小与财务风险程度是并存的，负债越多、财务风险就越大，严重情况下将导致企业由于减弱甚至丧失偿债能力而濒临破产。因此，企业在筹集资金时要正确运用负债经营策略，确定举债资本的合理比例，既要提高企业权益资金的收益水平，又要维护企业的财务信誉。

4. 防范各种筹资风险

筹资风险是指筹资效果的不确定性，包括利率变动风险、偿债能力风险、削弱经营自主权风险和长期资金过度短期使用风险等。筹资安全性要求必须合理确定资本结构，一方面，避免借入资金过多增加财务风险；另一方面，合理确定企业全部资本的期限结构，使之与企业资产持有的期限相匹配。

第二节 权益资金筹资

权益资金又称自有资金、净资产，属于可供企业长期使用的资金，具体包括企业资本金、资本公积、盈余公积和未分配利润。权益资金的筹集方式包括吸收直接投资、发行股票和利用留存收益。

一、吸收直接投资

吸收直接投资是指企业按照“共同投资、共同经营、共担风险、共享利润”的原则直接吸收国家、法人、个人投入资金的一种筹资方式。吸收直接投资是企业筹集权益资金的重要方式。

1. 吸收直接投资的种类

企业采用吸收直接投资方式筹资一般可分为以下三类：

（1）吸收国家直接投资。国家直接投资是指有权代表国家投资的政府部门或者机构以国有资产直接投入企业，这种情况下形成的资本称为国有资本。吸收国家直接投资是国有企业筹集权益资金的主要方式，也是其权益资金的重要来源。国家对企业注册的国有资本实行保全原则。企业在持续经营期间，对注册的国有资本除依法转让外，不得抽回，并且以出资额为限承担责任。随着国有资本在竞争行业的退出和对民营资本和外资的进一步开放，该筹资方式将逐渐减少。

（2）吸收法人直接投资。法人直接投资是指法人单位以其依法可以支配的资产投入企业，这种情况下形成的资本称为法人资本。随着企业对外投资、相互持股的增多，吸收法人投资这种筹资方式的运用也越来越广泛。这种投资发生在法人单位之间，以参与企业利润分配或获得控制权为目的，出资方式灵活多样。对于投资企业来说，可以加强与被投资企业的经济联系，达到降低风险、获取投资收益的目的。

（3）吸收个人直接投资。个人直接投资是指社会个人或本公司内部职工以个人合法财产投入企业，这种情况下形成的资本称为个人资本。它的特点是参加投资的人员较多，但每人投资的数额相对较小，以参与利润分配为目的。

2. 吸收直接投资中的出资方式

企业在采用吸收直接投资方式筹集资金时，投资者可以使用的出资方式有货币、实物、工业产权和土地使用权等。

（1）以货币出资。以货币出资是指投资者直接用货币资金向企业投资的方式。以货币出资是吸收直接投资中最主要的一种出资方式。货币可直接用于购买物质资源，如生产所需的原材料、机器设备等。因此，企业更希望投资方采用货币出资方式。我国公司法规定，全体股东的货币出资金额不得低于有限责任公司注册资本的30%。

（2）以实物出资。以实物出资是指投资者以机器设备、厂房、建筑物、原材料、产成品等进行投资。实物必须是公司生产经营所必需的建筑物、设备、原材料或者其他物资，非公司生产经营活动所需要的物资，不得作为实物入股公司。根据公司法的规定，以实物出资的，应当到有关部门办理转移财产的法定手续。对于实物出资，必须评估作价，核实财产，不得高估或者低估作价。对于国家行政事业单位、社会团体、企业以国有资产为实物出资的，实物作价结果应由国有资产管理部门核资、确认。股东以实物作价出资，应在办理公司登记后办理实物出资的转移手续，并由有关验资机构验证。

（3）以工业产权出资。以工业产权出资是指投资者以专利权、专有技术、商标权、非专利技术、商誉等无形资产进行投资。工业产权是一种无形的知识资产，它与有形资产不同，它是一种使用权。股东以工业产权作为出资向公司入股，股东必须是该工业产权的合法拥有者，并经过法律程序的确认。股东以工业产权作价出资，必须对工业产权、非专利技术进行评估作价，不得高估或者低估作价，并应在公司办理登记注册之前办妥其转让手续。

（4）以土地使用权出资。在我国，根据法律的规定，土地归国家和集体所有。股东以土地出资入股，只能是以土地使用权出资入股。土地使用权是按有关法规和合同的规定使用土地的权利。企业吸收土地使用权投资应符合以下条件：①符合企业科研、生产、销售等活动的需要。②地区、交通条件比较适宜。③作价公平合理。

3. 吸收直接投资的优缺点

（1）吸收直接投资的优点。

1）有利于尽快形成生产能力。吸收直接投资可以直接获得企业发展所需的先进设备和先进技术，有利于尽快形成生产经营规模，尽快开拓市场，也有利于提高企业的生产水平。

2）有利于增强企业信誉。吸收直接投资所筹集的资金属于自有资金，能增强企业的信誉和举债能力，对于扩大企业规模、壮大企业实力具有重要作用。

3）有利于降低财务风险。企业所吸收的直接投资可以根据企业经营状况向投资者进行回报，企业经营状况好，可以向投资者多支付报酬；企业经营状况不好，则可以不向投资者支付报酬或少支付报酬。因此，企业吸收直接投资的财务风险较小。

（2）吸收直接投资的缺点。

1）资本成本较高。与负债筹资相比，吸收直接投资的资本成本较高。特别是企业经营状况较好和盈利较多时，向投资者支付的报酬是根据其出资的数额多少和企业实现利润的多少来计算的，因而向投资者支付的报酬较高。

2）容易分散控制权。采用吸收直接投资，投资者一般都要求获得与投资数量相适应的经营管理权。企业吸收外来直接投资的数量越多，企业的控制权越分散。如果某个投资者的直接投资达到一定的比例，就能拥有对企业的完全控制权，这可能不利于企业的长期规划与发展。

4. 吸收直接投资的程序

企业吸收直接投资，一般应遵循下列程序：

（1）确定筹资数量。吸收直接投资通常是在企业开办时所采用的一种筹资方式。在吸收投资以前，必须根据企业的经营范围、生产性质、投资规模、最低注册资金要求、信贷筹资的可能性等情况，确定合理的筹资数量。

（2）寻找投资者。企业在吸收直接投资以前，必须做一些宣传推广工作，让投资者充分了解企业的发展方向和前景、经营性质和规模、获利能力和分配等，以找到合适的合作伙伴。

（3）协商投资事项。投资者找到后，双方应就有关的出资方式、出资比例、出资数量以及参与管理的形式等进行协商。在出资方式上，除了企业特定需要外，一般情况下尽量说服投资者以货币方式出资。如果投资者确实拥有先进的，且适用的固定资产和无形资产，也可以用实物、工业产权和土地使用权进行投资。

（4）签署投资协议。企业与出资者确定好投资意向和具体条件后，应按公平合理的原则协商确定实物投资、工业产权投资、土地使用权投资的作价。也可以聘请双方认可并具有专业资质的资产评估机构进行评定。当投资者的出资资产定价确定后，应签署投资协议或合同，从法律上明确双方的义务、权利和责任。

（5）共享投资利润。出资各方有权对企业进行经营管理。但如果投资者的投资占企业资金总额的比例较低，一般不参与经营管理。企业根据投资协议中规定的出资期限、出资方式、出资比例、出资数额等，按规定获取资金。投资者通常根据其出资比例共享投资利润。

二、发行股票筹资

股票持有者为企业的股东。股东按照企业组织章程，参加或监督企业的经营管理，分享红利，并依法承担以购股额为限的企业经营亏损的责任。发行股票使得大量社会游资得到集中和运用，是企业筹集长期资金的一个重要途径。

1. 股票的种类

股份有限公司发行的股票种类很多，各种股票具有不同的特点，筹资企业可根据自身利益的需要，发行不同类的股票。股票按不同的标志进行分类，通常有以下几种：

（1）按股东的权利和义务的不同，可将股票分为普通股和优先股。

1）普通股。普通股是股份有限公司最主要的一种股份，是构成公司权益资金的主体。普通股是股份公司依法发行的具有平等的权利、义务、股利不固定的股票。普通股的主要特点是：①普通股股东享有公司的经营管理权，股东享有表决权。②普通股股利分配在优先股之后进行，并依公司的盈利情况而定。③公司解散清算时，普通股股东对公司剩余财产的请求权位于优先股股东之后。④公司增发新股时，普通股股东具有优先认购权。

2）优先股。优先股是指优先于普通股股东获取股利和公司剩余财产的股票。但优先股股东无表决权。发行优先股一般要以发行普通股为前提。优先股的特点是：①优先分配固定的股利，受公司盈利情况影响较小。②公司解散清算时，对公司剩余财产的请求权优先于普通股股东。③股东对公司没有经营管理权，发行优先股不影响普通股股东的收益权和控制权。④有些公司规定，可以根据需要赎回发行的优先股，以调整公司的资本结构。

（2）按投资主体的不同，可将股票分为国家股、法人股、个人股和外资股。

国家股是指有权代表国家投资的政府部门或机构以国有资产投入公司形成的股份。

法人股是指其他企业法人以其依法可以支配的资产投入公司形成的股份，或具有法人资格的事业单位和社会团体以国家允许用于经营的资产向公司投资形成的股份。

个人股是指社会个人或本公司内部职工以个人合法财产投入公司所形成的股份。

外资股是指外国和我国港、澳、台地区投资者以购买人民币特种股票形式向公司投资形成的股份。

（3）按股票票面是否记名，可将股票分为记名股票和无记名股票。

记名股票在股票票面上记载股东的姓名或名称，并记入公司的股东名册。记名股票转让、继承时必须办理过户手续。

无记名股票在股票票面上不记载股东的姓名或名称，也不记入公司的股东名册，公司只记载股票的数量、编号及发行日期。无记名股票转让、继承时无须办理过户手续，只需买卖双方认可，即实现股权的转移。

我国《公司法》规定，股份有限公司向发起人、国家授权投资的机构、法人发行的股票应为记名股票。对社会公众发行的股票可以为记名股票，也可以是无记名股票。

（4）按发行对象和上市地区的不同，可将股票分为A股、B股、H股、N股和S股等。

在我国内地上市交易的股票主要有A股和B股。A股的正式名称是人民币普通股票。它是由我国境内的公司发行，供境内机构、组织、或个人（不含台、港、澳投资者）以人民币认购和交易的普通股票。B股的正式名称是人民币特种股票。它是以人民币标明面值，以外币认购和买卖，在境内（上海、深圳）证券交易所上市交易的。H 股是在香港上市的股票，N 股是在纽约上市的股票，S 股是在新加坡上市的股票。

2. 股票发行的基本原则及其上市规定

（1）基本原则。为了保护投资者的合法权益，维护社会经济秩序，根据《中华人民共和国公司法》规定，股份公司发行股票的基本原则是：

1）将资本划分为股份，每一股金额相等。

2）本着公开、公平、公正的原则，股票发行必须同股同权、同股同利。同次发行的股票，每股的发行条件和价格应当相同，任何单位或个人所认购的股份，每股应支付相同的价格。

3）股票发行的价格可以按票面金额或超票面金额，但不得低于票面金额。

（2）股票上市规定。股票上市是指股份有限公司公开发行的股票经批准在证券交易所挂牌交易。2006 年 5 月修订的《上海证券交易所股票上市规则》和《深圳证券交易所股票上市规则》中规定，发行人首次公开发行股票后申请其股票在上海证券交易所或深圳证券交易所上市，应当符合下列条件：

1）股票经中国证监会核准已公开发行。

2）公司股本总额不少于人民币 5000 万元。

3）公开发行的股份达到公司股份总数的 25%以上；公司股本总额超过人民币 4 亿元的，公开发行股份的比例为 10%以上。

4）公司在最近 3 年内无重大违法行为，财务会计报告无虚假记载。

3. 股票上市对公司的影响

（1）股票上市对公司的有利影响。

1）有利于提高公司的知名度。股票上市的公司为社会公众所知，并被认为经营状况较好，这会给公司带来良好的声誉，吸引更多的客户，从而提高公司的销售额。

2）有利于改善公司的财务状况。公司公开发行股票所筹集的是权益资金，而且所筹集的资金量非常大。此外，上市公司更易于筹措新资金，也有条件获得利率更低的借款。因此，股票上市有利于改善公司的财务状况。

3）可利用股票收购其他公司。一些公司常用出让股票的方式对其他企业进行收购，被收购企业也乐意接受上市公司的股票，因为上市的股票具有良好的流通性。

4）有利于确定公司的价值。对于已上市的公司来说，股市行情就是对企业客观的市场估价。

5）可利用股票激励员工。员工持股是公司常用的激励方式，而公开的股票市场提供了股票的准确价值，也可兑现员工手中的股票。由于员工持有股票，因此对员工的物质激励与公司的发展可紧密地联系在一起。

（2）股票上市对公司的不利影响。

1）信息公开的要求可能会暴露公司的商业秘密。国家证券管理机构要求上市公司及时披露公司的财务信息和其他重要信息，上市公司的关键经营情况必须向社会公众公开，因而有可能会暴露公司的商业秘密。

2）公开上市的费用高。公司股票上市需负担大量的费用，包括资产评估费、股票承销费、律师费、注册会计师费、登记费等。公司上市后还需花费一些费用，如聘请注册会计师、律师，为证券交易所、股东等提供资料。

3）股价有时会扭曲公司的实际情况，从而影响公司的声誉。股价并不能真实反映公司的实际价值，由于股价受诸多因素的影响，有时可能受炒作的影响造成股价的暴跌，从而给公众留下不良的影响。

4）限制经理人员操作的自由度。公司上市后，其所有重要决策都需要经董事会讨论通过，有些重要的决策需全体股东投票决定，从而造成公司管理人员决策的自由度受限。此外，股东们通常以公司盈利、分红、股价等来判断经理人员的业绩，这些压力会使得经理人员只注重短期效益。

4. 股票发行的方式和价格

（1）股票发行方式。股票发行方式是指发行公司采用什么方法、通过何种渠道或途径将自己的股票投入市场，并为广大投资者所接受。股票的发行方式可分为两类：

1）公募。公募是指通过中介机构，公开向社会公众发行股票。我国《公司法》规定，股份有限公司向社会公开发行股票必须与依法设立的证券经营机构签订承销协议，由证券公司经营机构承销。股票承销又分为包销和代销两种方式。

所谓包销，是根据承销协议商定的价格，证券经营机构一次性全部购进发行公司公开募集的全部股份，然后以较高的价格出售给社会上的认购者。

对发行公司来说，包销可及时募足资本，免予承担发行风险；但股票以较低的价格售给承销商会损失部分溢价。

所谓代销，是证券经营机构代替发行公司销售股票，并由此获取一定的佣金，但不承担股款未募足的风险。

公募发行方式的优点是：①发行范围广、发行对象多，易于足额募集资本。②股票的变现性强，流通性好。③股票的公开发行还有助于提高发行公司的知名度和扩大其影响力。

但公募发行也存在着缺点，其主要缺点是：手续繁杂，发行成本高。

2）私募。私募是指不经中介机构承销，由发行公司向少数特定的对象直接发行股票。

私募发行方式的优点是：由发行公司直接控制发行过程，实现发行意图，并可以节省发行费用。

私募发行的缺点是：筹资时间长，发行公司要承担全部发行风险，并需要发行公司有较高的知名度、信誉和实力。

（2）股票发行价格。股票发行价格是投资者认购股票时所支付的价格。股票发行价格通常由发行公司根据股票面额、公司盈利状况、股市行情和其他有关因素决定。以募集设立方式发行的股票价格由发起人决定；公司增资发行新股的价格由股东大会决定。股票发行价格一般有三种：

1）面额发行。面额发行也称等价发行或平价发行。它是指按股票面额出售其新发行的股票，即股票发行价格等于面额。这种发行方式较为简便易行，且不受股市变动影响，但缺乏灵活性和市场性。面额发行，由于市场价格往往高于股票面额，因而可使得认购者获得差价收益，绝大多数投资者都乐于认购。所以，这种方式一般在股东配股时采用。

2）时价发行。时价发行也称市价发行。它是企业发行新股时，以已发行的流通中的股票或同类股票现行价格为基准来确定股票发行价格的一种发行方式。采用时价发行时，股票面额与发行价格之间差异归发行者所有，并转入公司资本公积金。因此，发行公司用较少的发行股数即可得到与采用面额发行等额的资金，同时还可以降低股票发行成本。时价发行方式通常在股票公开招股和第三者配股发行时采用。

3）中间价发行。中间价发行是指以介于股票面额和股票市价之间的价格发行股票的一种发行方式。中间价发行通常在股东配股发行股票时采用。采用中间价发行并不改变原有股东的构成，而且由于是对原有股东的分配，不需要支付承销手续费，可以降低股票发行成本。

我国《公司法》规定，股票发行价格可以按票面金额，也可以超过票面金额，但不得低于票面金额。

5. 普通股筹资的优缺点

（1）普通股筹资的优点。

1）稳定公司资金来源。股票一经购买就不得退还本金。此一特点使公司的生产经营有了可供长期支配使用、相对持久的资本，这种稳定的资金来源是公司保持持续发展的基本保障。

2）提高公司信用地位。用普通股筹集的资本是公司的主权资本，它反映了公司的资本实力。增加普通股可以提高公司的信用地位，为债权人提供更多的安全保障，同时也增强了公司的举债能力。

3）筹资风险小。由于普通股既没有到期还本日，也没有固定的股利负担，因此不存在还本付息风险。股份公司的股利分配可根据其盈利水平、资金余缺和投资机会来确定少派股利或不派股利，从而减轻财务负担。

（2）普通股筹资的缺点。

1）资金成本高。由于股份公司的股东即投资者，投入的本金无法收回，并以其认购的股份对公司承担有限责任，而且股利分配具有不确定性等，均使得投资于普通股的风险相对较大。所以，股东要求获得相应的较高投资报酬率。此外，股利的支付需取自企业的税后利润，也增加了企业的负担。

2）影响公司控股权。增加普通股发行，可能会影响，甚至改变原股东对公司的控股权。如果公司增加的普通股数额与公司的盈利不能成比例增加，势必会稀释每股净收益，从而影响到股票市场，引发股价下跌。

6. 优先股筹资的优缺点

（1）优先股筹资的优点。

1）发行优先股增加企业股本，与普通股一样，可以稳定公司资金来源、提高公司信誉和增强举债能力。

2）优先股股利不是发行公司在法律上必须偿付的一项债务，股利支付既可固定，也可灵活，当公司财务状况不佳时，可暂不支付股利，不会出现债权人迫使公司破产的窘境。

3）由于优先股股东一般无表决权，所以发行优先股既可增加公司的资本金，又能够维持原股东的控股格局，使公司可按预定规划稳定发展。

（2）优先股筹资的缺点。

1）优先股股利的支付相对固定，而且是从公司的税后利润支付，这样当公司盈利水平下降时，就可能给公司造成较重的财务负担。

2）发行优先股对公司的经营会有某些限制，比如规定了企业留存盈利的标准和某些财务比率的水平，若公司未能达到这些标准和水平，就不能分配普通股股利等。

三、留存收益筹资

企业通常愿意采用内部留存收益筹集资金，这是因为这种筹资方式不会发出任何可能对股价产生不利影响的信号，而且利用留存收益筹集资金不用支付筹资费用，其资金成本低于普通股筹资成本。

1. 留存收益筹资的渠道

（1）盈余公积。盈余公积是指有指定用途的留存净利润，包括法定盈余公积金和任意盈余公积金。盈余公积是按《公司法》的规定从净利润中提取的积累资金。

（2）未分配利润。未分配利润是指未做分配的净利润。它有两层含义：一是这部分净利润没有分配给公司投资者；二是这部分净利润未指定用途。

2. 留存收益筹资的优缺点

（1）留存收益筹资的优点。

1）资金成本较普通股低。企业筹集长期资本，不论是发行股票、债券，还是向银行申请借款，均须支付一定的筹资费用。而留存收益不需支付任何筹资费用，因此其资金成本较低。

2）保持普通股股东的控制权。利用留存收益筹集权益资金，不需对外发行股票，由此增加的权益资金不会改变企业的股权结构，不会稀释原有股东的控制权。

3）增强公司的信誉。利用留存收益筹集权益资金不仅能增强企业的资金实力，还能增强企业的举债能力，降低财务风险。

（2）留存收益筹资的缺点。

1）筹资数额有限制。留存收益筹资的数额受企业所积累的盈余公积金和未分配利润的限制。如果企业经营连年亏损，则无法利用留存收益筹集资金。此外，利用留存收益筹资也可能会受到某些股东的反对，有些股东可能要求多发放股利，因而利用留存收益筹资的数额就会受到限制。

2）资金使用受制约。留存收益中公积金的使用受国家有关规定的制约。

第三节 负债资金筹资

负债资金是指企业向银行、其他金融机构、其他企业单位等吸收的资金。它反映债权人的权益，也称借入资金。按可使用时间的长短，分为短期负债资金和长期负债资金。负债资金的出资人是企业的债权人，对企业拥有债权，有权要求企业按期还本付息。企业负债资金的筹资方式，又称债务性筹资。

一、短期负债筹资

短期负债筹资是指使用期限在一年或超过一年的一个经营周期以内、用于满足生产经营过程中季节性和暂时性需要所筹措的资金。短期负债资金筹集的主要方式是商业信用、短期借款、发行短期融资券和应收账款转让。

1. 商业信用

商业信用是指商品交易中，企业由于延期付款或预收货款而形成的借贷关系，它是商品交易过程中货物与货币在时间和空间上分离而形成的企业之间的直接信用行为。商业信用存在的客观基础是商品生产和商品流通。随着市场经济的发展，商业信用交易行为在生产经营活动中将普遍运用并广泛发展，自然地形成企业短期资金的一种来源。

（1）延期付款。延期付款是指企业在购买商品时，卖方允许企业在交易发生后一定时期内按发票金额支付货款的情况。这是卖方提供给买方的商业信用。买方在延期付款的这段时间内等于向卖方借了款，这种负债形成的资金来源一般不出具正式借据，是由卖方根据买方的信誉条件而提供的信贷。例如，卖方根据其信用条件和收账效率，提供给买方的延期付款的优惠为“2/10、*n*/30”，意思就是买方若能购货后 10 天内支付货款，可享受 2%的现金折扣，超过 10 天则无此折扣，但允许买方付款期限最长为 30 天。还有一种延期付款方式是没有现金折扣的，如“net45”，是指在 45 天内按发票金额付款。企业采用这些延期付款方式既有利于推销商品，又可为买方提供暂时的短期资金来源。

（2）预收货款。预收货款是指销售方按照双方签订的合同和协议，在发出商品之前，预先向购货方收取部分或全部货款。销售方尚未发出商品即获取一笔款项，等于向买方借入了一笔资金。预收货款适用于两种情况：①企业已知买方的信用不好。②销售的商品价值高或供不应求，或是生产周期长的建筑、安装和重型机械制造企业等。

2. 短期借款

短期借款是指企业向银行和其他金融机构借入的、还款期限在一年或超过一年的一个经营周期内的各种借款。

（1）短期借款的类型。短期借款是企业融通资金的又一重要来源。短期借款的主要类型有：

1）经营周转借款。经营周转借款又称生产周转借款或商品周转借款。企业因流动资金不能满足正常生产经营需要，而向银行或其他金融机构取得的借款。办理该项借款时，企业应按有关规定向银行或其他金融机构提出年度、季度借款计划，经审核后，借款企业根据借款协议办理借款。

2）临时借款。企业因季节性和临时性客观原因，正常周转的资金不能满足需要时而向银行或其他金融机构申请的借款。临时借款实行"逐笔核贷"的办法，借款期限一般为3～6个月，按规定用途使用，并按核定期限归还。此类借款一般由企业财务主管部门预估季节性资金需要量，并与金融机构共同协商来确定借款额度。企业只要有足够的物资做信用保证，即可在限额内获得所需资金。

3）结算借款。在采用托收承付结算方式办理销售货款结算的情况下，企业为解决商品发出后至收到托收货款前所需要的在途资金而借入的款项。企业在发货后的规定期间内（一般为3天，特殊情况最长不超过7天）向银行托收的，可申请托收承付结算借款。借款金额通常按托收金额和商定的折扣率进行计算，大致相当于发出商品销售成本加代垫运杂费。企业的货款收回后，银行将自行扣回其借款。

4）票据贴现借款。持有银行承兑汇票或商业承兑汇票的，发生经营周转困难时，申请票据贴现的借款，期限一般不超过3个月。贴现借款额一般是票据的票面金额扣除贴现息后的金额，贴现借款的利息即为票据贴现息，由银行办理贴现时进行扣除。

（2）短期借款的信用条件。按照国际通行做法，银行和其他金融机构发放短期借款往往带有一些信用条件，主要有以下几个方面：

1）信贷限额。信贷限额是银行对借款企业规定的无担保贷款的最高额。信贷限额的有效期限通常为一年，但根据情况也可延期一年。一般来讲，企业在批准的信贷限额内，可随时使用银行借款。但是，银行并不承担必须提供全部信贷限额的义务。如果企业信誉恶化，即使银行曾同意过按信贷限额提供贷款，也可能得不到借款，此时银行不会承担法律责任。

2）周转信贷协定。周转信贷协定是银行具有法律义务地承诺提供不超过某一最高限额的贷款协定。在协定的有效期内，只要企业的借款总额未超过最高限额，银行必须满足企业任何时候提出的借款要求。企业享用周转信贷协定，通常要就贷款限额的未使用部分付给银行一笔承诺费。这是银行向企业提供此项贷款的一种附加条件。

【例4—1】某企业与银行商定的周转信贷额为1000万元，承诺费率为0.5%，借款企业年度内使用了800万元，余额为200万元，那么借款企业该年度就要向银行支付承诺费的金额是多少？

解：承诺费＝200×0.5%＝1(万元)

周转信贷协定的有效期通常超过一年，但实际上贷款每几个月发放一次，所以这种信贷具有短期和长期借款的双重特点。

3）补偿性余额。补偿性余额是银行要求借款企业在银行中保持按贷款限额或实际借用额一定百分比（一般为10%～20%）的最低存款余额。从银行的角度讲，补偿性余额可降低贷款风险，补偿遭受的贷款损失。对于借款企业来讲，补偿性余额则提高了借款的实际利率。其实际利率的计算公式为：

$$\text{补偿性余额借款的实际利率}=\frac{\text{名义借款金额}\times\text{名义利率}}{\text{名义借款金额}\times(1-\text{补偿性余额占借款总额的比例})}$$

$$=\frac{\text{名义利率}}{1-\text{补偿性余额占借款总额的比例}}$$

【例 4—2】某企业按年利率 10%向银行借款 1000 万元，银行要求保留 20%的补偿性余额，那么该项借款的实际利率是多少？

解：$\text{补偿性余额借款的实际利率}=\frac{\text{名义利率}}{1-\text{补偿性余额占借款总额的比例}}$

$$=\frac{10\%}{1-20\%}=12.5\%$$

4）借款抵押。银行向财务风险较大的企业或对其信誉不甚把握的企业发放贷款，有时需要有抵押品担保，以减少自己蒙受损失的风险。短期借款的抵押品经常是借款企业的固定资产（如厂房、办公楼等）、应收账款、存货、股票、债券等。银行接受抵押品后，将根据抵押品的价值决定贷款金额，一般为抵押品价值的 30%～90%。这一比例的高低，取决于抵押品的变现能力和银行的风险偏好。

5）偿还条件。贷款的偿还有到期一次偿还和在贷款期内定期（每月、季）等额偿还两种方式。企业应严格按照借款协议中规定的偿还方式偿还本金和利息。

6）其他承诺。银行有时还要求企业为取得贷款而做出其他承诺，如及时提供财务报表，保持适当的财务水平（如特定的流动比率）等。如企业违背做出的承诺，银行可要求企业立即偿还全部贷款。

（3）短期借款筹资的优缺点。

1）短期借款筹资的优点。①筹资速度快。企业获得短期借款的速度比长期借款快得多，因为银行发放长期借款前，通常要对企业进行比较全面的调查分析，花费的时间较长。而发放短期借款的手续相对简单，因而发放的速度较快。②筹资弹性大。短期借款的数额与借款时间的弹性较大，企业可在需要资金时借入，在资金充足时还款，便于企业灵活安排。

2）短期借款筹资的缺点。①筹资风险大。由于短期借款的偿还期短。因此，在筹资数额较大的情况下，如果企业的资金周转不灵，就有可能出现无力按时还本付息的情况，企业就会面临较大的财务风险。②与其他短期筹资方式相比，资金成本较高。尤其是存在补偿性余额和附加利率的情况下，实际利率通常高于名义利率。

3. 发行短期融资券

（1）短期融资券的含义。短期融资券又称商业票据或短期债券，是企业为筹措短期资金而发行的无担保短期本票。在我国，短期融资券是指企业依照《短期融资券管理办法》的条件和程序在银行间债券市场发行和交易并约定在一定期限内还本付息的有价证券，是企业筹措短期资金的直接融资方式。

（2）短期融资券的特征。我国短期融资券具有以下特征：

1）发行人为非金融企业。

2）它是一种短期债券品种，期限不超过 365 天。

3）发行利率由发行人和承销商协商确定。

4）发行对象为银行间债券市场的机构投资者，不向社会公众发行。

5）实行余额管理，待偿还融资券余额不超过企业净资产的 40%。

6）可以在全国银行间债券市场机构投资人之间流通转让。

（3）短期融资券的种类。

1）按发行方式分类，可将短期融资券分为经纪人代销的融资券和直接销售的融资券。

经纪人代销的融资券又称间接销售融资券，是指先由发行人卖给经纪人，再由经纪人卖给投资者的融资券。经纪人主要有银行、信托投资公司、证券公司等。企业委托经纪人代销融资券，需支付一定数额的手续费。

直接销售的融资券是指发行人直接销售给最终投资者的融资券。直接发行融资券的公司通常是经营金融业务的公司或自己有附属金融机构的公司，它们有力量自己组织推销工作。

2）按发行人的不同分类，可将短期融资券分为金融企业的融资券和非金融企业的融资券。

金融企业的融资券主要是指各大公司所属的财务公司、各种信托投资公司、银行控股公司等发行的融资券。这类融资券通常采用直接发行的方式。

非金融企业的融资券是指那些没有设立财务公司的工商企业所发行的融资券。这类企业一般规模不大，多数采用间接发行的方式。

3）按融资券的发行和流通范围分类，可将短期融资券分为国内融资券和国际融资券。

国内融资券是指一国发行者在其国内金融市场上发行的融资券。发行这种融资券一般只要遵循本国法规和金融市场惯例即可。

国际融资券是指一国发行者在其本国以外的金融市场上发行的融资券。发行这种融资券必须遵循发行所在国的法律和国际金融市场上的惯例。

（4）短期融资券的发行。

1）短期融资券发行的条件。通常只有实力雄厚、资信程度很高的大企业才有资格发行短期融资券。在我国，短期融资券的发行必须符合《短期融资券管理办法》中规定的发行条件。

2）短期融资券的发行程序。①公司做出发行短期融资券的决策。②办理发行短期融资券的信用评级。③向有关审批机构提出发行申请。④审批机关对企业提出的申请进行审查和批准。⑤正式发行短期融资券，取得资金。

（5）短期融资券筹资的优点。

1）短期融资券的筹资成本较低。在西方国家，短期融资券的利率加上发行成本，通常要低于银行的同期借款利率。因此，其筹资成本相对较低。

2）短期融资券筹资数额比较大。一般来说，银行不会向企业发放巨额的短期借款，因此，企业难以通过短期借款筹集大额的资金。而发行短期融资券可筹集巨额的资金。

3）发行短期融资券可以提高企业信誉和知名度。由于能在货币市场上发行短期融资券的都是著名的大公司，因此投资者通常认为发行融资券的企业是信誉好的企业。此外，短期融资券的发行与流通也能提高公司的信誉和知名度。

（6）短期融资券筹资的缺点。

1）发行短期融资券的风险比较大。短期融资券必须到期归还，一般不能延期。如果到期不能归还，则会严重影响到企业的信誉，而且面临财务风险。

2）发行短期融资券的弹性比较小。只有当企业的资金需求达到一定数量时才能使用短期融资券，如果数量较小，则会加大单位资金的筹资成本。此外，短期融资券一般不能提前偿还，即使企业的资金充足，也无法提前偿还。

3）发行短期融资券的条件比较严格。并不是任何企业都能发行短期融资券，只有信誉好、实力强的企业才能使用，而一些小企业或信誉不够好的企业则不能利用短期融资券来筹集资金。

4. 应收账款转让

（1）应收账款转让的含义。应收账款转让，是指企业将应收账款出让给银行等金融机构以获取资金的一种筹资方式。应收账款转让筹资数额一般为应收账款扣减以下内容后的余额：①允许客户在付款时扣除的现金折扣。②贷款机构扣除的准备金、利息费用和手续费。其中准备金是指因在应收账款收回过程中可能发生销货退回和折让等而保留的扣存款。

（2）应收账款转让的分类。应收账款转让按是否具有追索权可分为附加追索权的应收账款转让和不附加追索权的应收账款转让。

附加追索权的应收账款转让，是指企业将应收账款转让给银行等金融机构，在有关应收账款到期无法从债务人处收回时，银行等金融机构有权向转让应收账款的企业追偿，或按照协议规定，企业有义务按照约定金额从银行等金融机构回购部分应收账款，应收账款的坏账风险由企业承担。

不附加追索权的应收账款转让，是指企业将应收账款转让给银行等金融机构，在有关应收账款到期无法从债务人处收回时，银行等金融机构不能向转让应收账款的企业追偿，应收账款的坏账风险由银行承担。

（3）应收账款转让的具体方式及其特点。利用应收账款转让融资主要有两种方式，即以应收账款为抵押借款和应收账款让售。

1）以应收账款抵押借款。以应收账款抵押借款是指持有应收账款的企业与信贷机构或代理商订立合同，以应收账款作为担保品，在规定的期限内企业有权以一定额度为限借用资金的一种融资方式。合同明确规定信贷机构或代理商借给企业资金所占应收账款的比率，一般为应收账款的 70%～90%不等，借款企业在借款时，除以应收账款为担保外，还需按实际借款数据出具借据，如果作为担保品的应收账款中某一账款到期收不回来，银行有权向借款企业追索。

抵押借款方式的特点：①是一种循环的自我清偿的贷款，在会计意义上是短期借款，但在财务概念中却可以是长期借款。②抵押方继续保留应收账款的权益，同时也要承担坏账的责任。

2）应收账款让售。应收账款让售是指企业将应收账款出让给信贷机构，筹集所需资金的一种方式。企业筹措的资金是根据销售发票金额减去允许客户在付款时扣除的现金折扣、信贷机构收取的佣金以及在应收账款上可能发生的销售退回和折让而保留的扣存款后的余额确定。扣存款占的比例由双方协商确定，一般为10%左右。应收账款让售后，假若出现应收账款拖欠或客户无力清偿，则企业无须承担任何责任，信贷机构不能向企业追索，只能自己追索或承担损失。

让售方式的特点：①让售方式相当于一种销售行为，要确认损益。②让售既转移了收款权利，同时也转移了坏账风险。

（4）应收账款转让筹资的优点。

1）及时回笼资金，避免企业因赊销造成的现金流量不足。通过应收账款转让筹资，企业可以及时地收回销售商品和提供劳务的资金，增加现金流，缓解因应收账款带来的资金紧张程度，从而避免企业因赊销不能及时收账而造成的现金流量不足的问题。

2）节省收账成本，降低坏账损失风险，有利于改善企业的财务状况、提高资产的流动性。应收账款转让时，银行等金融机构均要掌握购货方的资信情况，而银行等金融机构只对有相当资信度的应收账款提供资金。所以，应收账款转让在一定程度上保证了账款的安全，防止了坏账的发生。

（5）应收账款转让筹资的缺点。

1）筹资成本较高。应收账款转让筹资的手续费和利息都很高，从而增加了企业的筹资成本。

2）限制条件较多。应收账款转让时，贷款机构对转让的应收账款和转让应收账款的公司都有一定的条件限制，不符合条件的，则不接受转让。

5. 短期负债筹资评价

（1）短期负债筹资的优点。

1）筹资成本低。由于短期负债使用期短，投资者投资风险较小，因此要求报酬率相对低些；另外，商业信用形成的资金来源一般是不必支付利息的，所以融资成本较低。

2）筹资灵活性大。企业办理短期借款程序简单，约束条款较少，手续简便，这样就使得企业能及时取得借款，以调剂资金的短缺。

（2）短期负债筹资的缺点。

短期负债筹资的缺点主要表现在筹资风险高，实际利率也较高，而且银行借款的附加条件尤其突出。

二、长期负债筹资

长期负债筹资是指企业筹措使用期限在一年以上的资金，它是企业生产经营资金的主要来源。长期负债资金的筹集方式主要有长期借款、发行债券和融资租赁等。

1. 长期借款筹资

长期借款筹资是企业向银行和其他金融机构借入的、使用期限在一年以上的各种借款。

（1）长期借款的种类。长期借款的种类可按不同标志进行划分：

1）按借款有无担保可分为：抵押借款、信用借款和担保借款。

抵押借款是指以企业特定的抵押品为担保的借款，它既可以是房屋、建筑物和机器设备等资产，也可以是股票和债券等有价证券。

信用借款是指企业不需提供抵押品，仅凭其良好的信誉而取得的借款。

担保借款是指企业通过其他具有法人资格的单位做担保而取得的借款。

2）按借款用途可分为生产性经营借款、基本建设借款和技术改造借款。

生产性经营借款是指用于企业生产经营中正常周转资金不足的借款。

基本建设借款是指新建、扩建和改建企业用于购建固定资产等有关支出的借款。

技术改造借款是指企业因固定资产更新改造而申请的借款。

3）按借款币别可分为人民币借款和外币借款。

4）按借款偿还方式可分为到期一次性偿还和分期偿还。

（2）长期借款合同的内容。企业向金融机构申请长期借款，经银行审核批准后，借贷双方必须签订借款合同。借款合同是规定借贷各方的权利、义务和经济责任的契约。借款合同一经签订，即具有法律约束力，当事人双方都必须严格遵守合同条款，履行合同义务。借款合同通常包括基本条款和限制性条款两方面：

1）借款合同的基本条款。

借款合同应采用书面形式，并同时写明以下内容：①借款的金额、币种。②借款的用途。③借款的期限。④借款利息率。⑤还款资金来源及还款方式。⑥借款的担保方式。⑦违约责任及其他。

2）借款合同的限制性条款。

金融机构为避免借款企业在取得长期借款的使用期内财务状况发生变化，对金融机构造成不利影响而冒到期不能收回借款的风险，通常在借款合同中都附有各种限制性条款，以确保借款企业财务状况的稳定性和金融机构自身的安全性。这些限制性条款主要有一般性限制条款和例行性限制条款两种：①一般性限制条款。这是对借款企业资产流动性和偿债能力方面的要求条款，主要包括：A. 营运资本的限制。借款企业的资产配置保持应有的流动性，对于分期偿还借款十分重要。因此，金融机构要求借款企业应保持最低的营运资本净额，并可能规定一个最低的流动比率。B. 现金流动的限制。为了保持企业资产应有的流动性，借款协议除了规定最低营运资本净额外，通常还包括限制企业某些现金支出的契约条款。这些条款主要表现为股利支出、工资支出等，只能占企业净利润一定的百分比。有时可能规定每年的股利、还债、薪金等限制在某一最低限额之内。C. 资本支出的限制。为了防止借款企业把资金冻结在非流动性投资上面，金融机构有时会限制借款企业为购置新固定资产而追加资本支出。通常的做法是要求借款企业在借款期内将每年资本支出限制在一定金额之内，如每年资本支出不能超过某一最低固定金额。D. 长期负债的限制。一般的借款协议中，往往包括限制增借长期借款的条款，即有时规定限制增借任何债款或至少须经金融机构同意后才能借款的契约条款。即使是经金融机构同意而增借的任何债款，也只能是处于从属地位的借款，以确保金融机构在借款企业为了清偿借款而清理时，拥有优先要求清偿借款金额的权利，借以减少其所冒的风险。②例行性限制条款。这是作为所有借款企业均应遵守的条款，主要包括：A. 定期提供财务报表。借款企业应定期向金融机构提供经注册会计师审计的财务报表，以便金融机构能经常了解企业的财务状况。B. 及时支付到期债务。由于任何到期债务的拖欠都有可能导致债务企业的破产，因此，金融机构不仅关心自身到期借款的收回，同时也要求借款企业及时付清其他负债。

此外，要求借款企业应做好固定资产的维护保养工作，使之处于良好运转状况，以确保生产经营持续进行。

（3）长期借款的偿还方式。长期借款的偿还方式不一，主要包括：定期支付利息、到期一次偿还本金的方式；定期等额偿还方式；平时逐期偿还小额本金和利息、期末偿还余下的大额部分的方式。第一种偿还方式会加大企业到期时的还款压力；而定期等额偿还又会提高企业使用借款的实际利率。

（4）长期借款筹资的优点。

1）长期借款的成本低。长期借款利息率一般低于债券利息率，而且长期借款利息可以抵减企业税负。此外，长期借款也不需支付发行费。

2）长期借款筹资速度快。长期借款是由借贷双方直接协商确定的，一般所需时间较短，程序较为简单，企业可快速获得现金。而发行债券、股票，筹资程序就相对复杂得多。

3）长期借款弹性较大。借款时，企业可与银行商定借款金额、使用期限、偿还方式等，借款期间如果企业由于某种原因引起财务状况发生变化，可与银行协商调整、修改负债契约条款。所以长期借款筹资具有较大灵活性。

（5）长期借款筹资的缺点。

1）筹资风险较高。长期借款必须定期还本付息，企业如果不能履行借款的契约条款，就有可能陷于财务困境甚至破产。

2）长期借款金额有限。金融机构通常不愿借出巨额的长期资金，长期借款筹资一般不如发行股票、债券那样可筹集到大笔资金。

3）长期借款限制性条款较多。如定期报送财务报表、不准改变借款用途等，这些限制性条款在一定程度上会影响企业今后的筹资和投资活动。

2. 发行债券筹资

债券是企业为取得长期负债资金而发行的有价证券，是承诺在将来每间隔一定期间按规定利率支付一定金额的利息，并于约定的到期日，一次或多次偿还本金的书面证明。公司债券一般都载明具体的到期日、票面金额以及利息率。它既是公司到期还本的依据，也是计算支付利息的基础。公司债券可以在证券市场上自由转让，是企业筹集长期资金常用的方式。

（1）债券的种类。公司债券种类较多，可按不同标志进行分类，主要的分类方式如下：

1）按发行主体的不同，可将债券分为政府债券、金融债券和公司债券。

政府债券是指由政府发行的债券，它的利息享受免税待遇。其中由中央政府发行的债券也称公债或国库券，其发行债券的目的都是为了弥补财政赤字或投资于大型建设项目；而由各级地方政府机构如市、县、镇等发行的债券就称为地方政府债券，其发行目的主要是为地方建设筹集资金，因此都是一些期限较长的债券。

金融债券是指由银行或其他金融机构发行的债券。金融债券发行的目的一般是为了筹集长期资金，其利率也一般要高于同期银行存款利率，而且持券者需要资金时可以随时转让。

公司债券是指由非金融性质的企业发行的债券，其发行目的是为了筹集长期建设资金。一般都有特定用途。因为企业的资信水平比不上金融机构和政府，所以公司债券的风险相对较大，因而其利率一般也较高。

2）按发行的区域划分，可将债券分为国内债券和国际债券。

国内债券是指由本国的发行主体以本国货币为单位在国内金融市场上发行的债券；国际债券则是本国的发行主体到别国或国际金融组织等以外国货币为单位在国际金融市场上发行的债券。由于国际债券属于国家的对外负债，所以本国的企业如到国外发行债券需事先征得政府主管部门的同意。

3）按有无抵押担保，可将债券分为信用债券和抵押债券。

信用债券是指仅凭债券发行者的信用而发行的、没有抵押品做担保的债券。一般政府债券及金融债券都为信用债券。少数信用良好的公司也可发行信用债券，但在发行时须签订信托契约，对发行者的有关行为进行约束限制，由受托的信托投资公司监督执行，以保障投资者的利益。

抵押债券是指以抵押财产为担保而发行的债券。抵押债券按抵押物品的不同，又可分为不动产抵押债券、设备抵押债券和证券信托债券。

4）按是否记名，可将债券分为记名债券和无记名债券。

记名债券是指在券面上注明债权人姓名，同时在发行公司的账簿上做同样登记的债券。转让记名债券时，除要交付债券外，还要在债券上背书和在公司账簿上更换债权人姓名。

无记名债券是指券面未注明债权人姓名，也不在公司账簿上登记其姓名的债券。现在市面上流通的一般都是无记名债券。

5）按是否可转换来区分，可将债券分为可转换债券与不可转换债券。

可转换债券是指债券持有人在一定时期内，可按给定的价格比例调换同一公司的普通股。债券持有人本着自愿原则，可伺机选择是否转换为股票。

不可转换债券就是不能转化为普通股的债券。

（2）发行债券的条件。按照国际惯例，发行债券需要符合规定的条件。一般包括发行债券最高限额、发行公司自有资本最低限额、公司获利能力、债券利率水平等。

根据我国《证券法》第十六条的规定，公开发行公司债券，应当符合下列条件：①股份有限公司的净资产额不低于人民币 3000 万元，有限责任公司的净资产额不低于人民币 6000 万元。②累计债券总额不超过公司净资产额的 40%。③最近三年平均可分配利润足以支付公司债券一年的利息。④筹集的资金投向符合国家产业政策。⑤债券的利率不得超过国务院限定的利率水平。⑥国务院规定的其他条件。

此外，公开发行公司债券筹集的资金，必须用于核准的用途，不得用于弥补亏损和非生产性支出。

如果发行可转换公司债券，还应当符合股票发行的条件。

发行公司发生下列情形之一的，不得再次发行公司债券：①前一次发行的公司债券尚未募足的。②对已发行的公司债券或者其债务有违约或者延迟支付本息的事实，且仍处于继续状态的。

（3）债券的发行价格。债券的发行价格有三种：溢价发行、折价发行和平价发行。债券价格的形成受多种因素的影响，主要包括票面金额、票面利率、市场利率和债券期限等。一般而言，债券发行价格与票面金额和票面利率成正比关系，与市场利率和债券期限成反比关系，即票面金额越大，票面利率越高，债券发行价格越高；市场利率越高，债券期限越长，债券发行价格越低。

债券发行价格的计算公式如下：

$$P=\sum_{t=1}^{n}\frac{i\times F}{(1+K)^{t}}+\frac{F}{(1+K)^{n}}$$

$$=\sum_{t=1}^{n}\frac{I}{(1+K)^{t}}+\frac{F}{(1+K)^{n}}$$

$$=I\times(P/A,K,n)+F\times(P/F,K,n)$$

式中，P 表示债券价格；i 表示债券票面利率；I 表示每年的利息；F 表示债券面值；n 表示债券付息期数；K 表示债券发行时的市场利率。

【例 4－3】A 公司发行面额为 1000 元、票面利率为 8%、期限为 5 年的债券，每年末付息一次。已知发行时市场利率为 5%，那么债券的发行价格是多少？

解：$P=I\times(P/A,K,n)+F\times(P/F,K,n)$

$=1000\times8\%\times(P/A,5\%,5)+1000\times(P/F,5\%,5)$

$=80\times4.3295+1000\times0.7835=1129.86$（元）

【例 4－4】同上例，如果市场利率为 8%，那么债券的发行价格是多少？

解：$P=I\times(P/A,K,n)+F\times(P/F,K,n)$

$=1000\times8\%\times(P/A,8\%,5)+1000\times(P/F,8\%,5)$

$=80\times3.9927+1000\times0.6806=1000$（元）

【例 4－5】同上例，如果市场利率为 10%，那么债券的发行价格是多少？

解：$P=I\times(P/A,K,n)+F\times(P/F,K,n)$

$=1000\times8\%\times(P/A,10\%,5)+1000\times(P/F,10\%,5)$

$=80\times3.7908+1000\times0.6209=924.16$（元）

由以上例题可见，当票面利率高于市场利率时，债券溢价发行；当票面利率低于市场利率时，债券折价发行；当票面利率等于市场利率时，债券等价发行。

（4）债券的信用等级。公司公开发行债券通常需要由债券评信机构评定等级，债券的信用等级对发行公司和投资者都有重要影响。

国际上流行的债券等级是3等9级。AAA级为最高级，AA级为高级，A级为上中级，BBB级为中级，BB级为中下级，B级为投机级，CCC级为完全投机级，CC级为最大投机级，C级为最低级。

我国的债券评级工作正在开展，但尚无统一的债券等级标准和系统评级制度。根据中国人民银行的有关规定，凡是向社会公开发行的企业债券，需要由经中国人民银行认可的资信评级机构进行评信。

（5）债券筹资的优点。

1）资金成本较低。债券的利息费用属于企业经营费用，可抵减企业所得税负担，因此债券筹资的成本比股票筹资的成本低。

2）可以发挥财务杠杆作用。企业债券利息固定，债券持有人不参与公司分配。随着企业盈利水平的提高，企业所有者能从中获得更多的净收益好处。

3）可避免分散股东控股权。公司债券持有人没有投票权和管理权，从而保障了原股东对公司的控股权。

（6）债券筹资的缺点。

1）筹资风险高。债券有固定的到期日和利息，企业应承担到期还本付息的义务。当企业经营状况不佳时，极易陷入财务困境，甚至导致破产。

2）限制条款较多。企业发行债券筹资往往要受诸多条款的约束，从而限制了企业财务活动的灵活性。

3）筹资额有限。利用债券筹资有一定的限度，如果公司的负债比率过高，则债券筹资的成本会迅速上升，有时甚至会发行不出去。

3. 融资租赁

租赁是出租人以收取租金为条件，在合同或契约规定的期限内，将资产租让给承租人使用的一种交易行为。租赁有经营性和融资性两种形式。经营性租赁是指由出租人向承租人提供租用资产设备，并承担其维修保养、人员培训等专门技术服务，此类租赁一般用于满足承租人对资产的临时性需要，它具有短期筹资功能。而融资租赁属于长期租赁，是一种特殊的筹资方式。

（1）融资租赁的定义与特点。

1）融资租赁的定义。融资租赁又称为资本性租赁，是由出租人按照承租人的要求，出资购入预定的资产设备，然后租给承租人长期使用。承租人采用这种承租方式主要目的是为了融资，但它有别于一般的资金融通：一般融资对象是资金，而融资租赁是以“融物”代替“融资”。由于出租人预先支付了设备的全部价款，这等于向承租人提供百分之百的长期信贷，因此同样具有长期信贷资金的性质。

2）融资租赁的特点。①租赁物一般由承租人亲自挑选，并与出租方签订租赁合同后，由出租人出资购入给承租人使用。②融资租赁合同规定的租赁有效期内，未经双方同意，任何一方均不得中途解约。③租赁期一般与设备有效寿命期相同，租赁物的维修、保养、保险等费用由承租人负担。④租约期满时，承租人有权选择降低租金续租、退还或购进设备三种处置方式。

由此可见，融资租赁既可以使承租人获得所需的机器设备，又可以解决其资金上困难。适用于融资性租赁的设备主要有：不动产、医疗设备、机械、轮船和飞机等。

（2）融资租赁的形式。融资租赁有直接租赁、售后租回和杠杆租赁三种形式。

直接租赁，是指承租人直接向出租人租入所需的资产，并付出租金。

售后租回，是指企业将自己拥有的资产出售给出租人，而后以承租人身份再向出租人租回其所售出的资产，并按约定合同分期支付租金。承租方采用这种形式不仅可获得出售资产的现金收入，解决企业资金周转困难，而且还可将其租回继续使用，这一点与抵押借款的融资方式相似。从事此项售后租回活动的出租方主要有租赁公司、保险公司和投资机构等。

杠杆租赁，也称借款租赁，这种租赁方式要涉及承租人、出租人和资金出借者三方人员的参与。由出租人出资购买的资产租给承租人使用时，出租人只需出资该项资产价款的 20%～40%，其余资金则通过由出租方将其待购资产作为抵押品，并以转让收取租金的权利为附加担保，向资金出借者借资支付来解决。这样一来，出租人也是贷款人，既要收取租金，又要偿付债务。如果出租人不能按期偿还借款，资产的所有权就要归资金的出借者所有。

（3）融资租赁的程序。

1）选择租赁公司。企业决定采用租赁方式获取某项设备的使用权时，首先应了解各家租赁公司的经营范围、业务能力、资信情况以及与其他金融机构的合作关系、融资条件和租赁费率等，并进行比较与分析，选择最适合本企业的租赁公司。

2）办理租赁委托。承租企业可向选定的租赁公司提出申请，办理委托。承租企业需填写《租赁申请书》，说明所需设备的具体要求，同时向租赁公司提供本企业的财务报表。

3）签订购货协议。承租企业与租赁公司一起选定供货厂商，在技术和商务谈判的基础上签订购货协议。

4）签订租赁合同。购货之后承租企业与租赁公司签订具有法律效力的租赁合同，它是租赁业务的证明文件，记载租赁的具体条件和双方的权利与义务。

5）办理验货与保险。承租企业按购货协议收到租赁设备时，要进行验收，验收合格后签发交货和验收证书，并提交租赁公司，租赁公司据此向供货公司支付设备价款。同时，承租企业向保险公司办理投保事宜。

6）支付租金。承租企业在租赁期内按租赁合同规定的时间、数额、支付方式等向租赁公司支付租金。

7）处理合同期满的设备。租赁期满后，承租企业根据合同约定，对设备实行退租或留购。

（4）融资租赁筹资的优点。

1）可迅速获得所需设备。企业购买设备一般是先筹资而后购买，而融资租赁是将融资与购物并行，企业可迅速获得所需设备投入运营，并很快形成生产能力。

2）增加筹资灵活性。与发行债券、长期借款相比，融资租赁可避免许多限制性条款，从而为企业经营活动提供了更大的弹性空间。

3）避免设备陈旧过时风险。采用融资租赁方式后，承租方可根据设备的技术状况、产品的市场前景等因素确定设备租赁期，并在租赁期内充分利用设备潜力，加速提取折旧，尽早收回资金。而若采用经营性租赁方式，其租赁期更短，避免设备陈旧过时的风险就表现得更为明显，但出租人也会要求承租人支付更多的租金来保护自己的利益。

4）减轻财务负担。由于租金可在整个租赁期内分期支付，所以能够降低企业财务负担、稳定收益水平。

5）税收负担轻。租金可在税前扣除，具有抵免所得税的作用。

（5）融资租赁筹资的缺点。

1）租金高。出租人通过租金获得的报酬率一般要高于债券利息率。

2）丧失资产的残值。租赁期满后，租赁的资产一般归出租方。如果租用资产的残值仍较大，这对承租方而言无疑将是一个损失。但若承租方购买资产，则可享有残值。

第四节 混合筹资

混合筹资是指所筹集的资金既具有股权资金的特征又具有债权资金的特征。企业常见的混合筹资方式包括发行可转换公司债券和认股权证。

一、发行可转换公司债券

1. 可转换公司债券的转换价格和转换比率

可转换公司债券是指可以按照债券发行时所规定的条件在将来特定期间内转换为公司普通股的公司债券。我国目前规定：上市公司经股东大会决议，可以发行可转换股票的公司债券，并在公司债券募集办法中规定具体的转换办法。由于可转换股票的公司债券兼有公司债券和潜在的普通股票的双重性质，所以发行公司除应当具备发行公司债券的条件外，还应当符合发行新普通股股票的条件，并报请国务院证券管理部门批准，方可发行。

可转换债券发行时，对转换价格都有明确规定。证券持有者在行使转换权的有效期内，可按一固定转换价格将可转换债券转换成普通股。

【例 4－6】某公司发行期限为 20 年、面值为 1000 元的可转换债券，债券持有者可在 20 年内的任何时间，以每股 50 元的固定转换价格将每张债券转换成 20 股该公司的普通股。

公司发行可转换债券，转换价格的确定一般高于股票的市场价格，转换价格高于股票市场价格的差额即为公司的转换溢价。例如，当前公司普通股市场价格是 45 元，而转换价格规定为 50 元，则转换溢价率为 11.1%。

转换价格也可以是变动的，通常是随可转换债券转换时间的推迟而定期提高转换价格。例如，某公司可在发行可转换债券时规定：发行后第一个五年期间按每股 50 元转换价格、第二个五年期间按每股55元转换价格、第三个五年期间按每股60元转换价格，将可转换债券转换成公司普通股。

逐步提高转换价格，相应减少每张债券转换普通股股数，其目的在于促使可转换债券持有者尽可能早些进行转换，以减少损失。同时也可减轻股东股权受稀释时对每股收益的影响。

转换比率是指可转换债券转换成普通股股数的交换率。其计算公式如下：

转换比率＝可转换债券面值/普通股转换价格

由于转换价格既有固定的，也有逐期提高的，因此转换比率可以是固定的和逐期降低的。沿用前例，固定转换比率为：

转换比率＝1000/50＝20(股)

逐期降低的转换比率为：

第一个五年期间：转换比率＝1000/50＝20(股)

第二个五年期间：转换比率＝1000/55＝18.18(股)

2. 可转换债券筹资的优缺点

（1）可转换债券筹资的优点。

1）降低筹资成本。可转换债券在发行初期为投资者提供了固定的利息收益，同时给予持券人在股票价格上进行转换、分享公司经营成果的权利。因此，可转换债券利息率低于同一条件下不可转换债券的利息率。

2）减轻股东股权稀释时对每股收益的影响。有些公司采用先发行可转换债券筹集长期资本，主要是当前公司普通股市价偏低的原因。如果直接发行新普通股，会使原股东遭受损失。在预计将来随着企业盈利潜力的发挥、每股盈利额的增长，普通股将会上升后，再发行普通股换回债券，这样对公司股东有利。

【例4－7】某公司要筹资5000000元，目前公司普通股每股市价10.5元，公司财务经理认为目前市价偏低，预计公司盈利潜能充分发挥后，普通股市价会上升。如果通过发行普通股来筹资5000000元，若市价每股10.5元，发行费用0.5元，要筹资5000000元就需要新发行普通股50万股。若以8%利率按面额发行5000000元可转换债券，五年后公司盈利提高，股价上升，则公司可提出按转换价格每股12.5元转换为普通股，预计投资者均乐意将债券转换为普通股，这时公司只要新发行普通股40万股，就可以收回全部可转换公司债券，即可以少发行10万股。

3）降低财务风险，提高公司资本实力。当可转换债券转换为公司普通股后，公司不仅无须承担还本付息的义务，而且可以在不追加资金总量的情况下调整资本结构。

（2）可转换债券筹资的缺点。

1）股价上扬风险。虽然可转换债券的转换价格高于其发行时的股票价格，但如果转换时股票价格大幅度上扬，公司只能以较低的固定转换价格换出股票，便会降低公司的股权筹资额。

2）财务风险。发行可转换债券之后，如果公司业绩不佳，股价长期低迷；或虽然公司业绩尚可，但股价随大盘下跌，持有者没有如期转换普通股，则会增加公司偿还债务的压力，加大公司的财务风险。

3）丧失低息优势。可转换债券转换成普通股后，其原有的低息优势不复存在，公司将要承担较高的普通股成本，从而导致公司的综合资本成本上升。

二、发行认股权证

1. 认股权证的定义

认股权证是国际证券市场上近年来流行的一种最初级的股票衍生产品。它是由发行人发行的、能够按照特定的价格在特定的时间内购买一定数量该公司普通股票的选择权凭证，实质上它类似于普通股票的看涨期权。

用认股权证购买发行公司的股票，其价格一般低于市场价格，因此，股份公司发行认股权证可增加其所发行股票对投资者的吸引力。发行依附于公司债券、优先股或短期票据的认股权证，可起到明显的促销作用。

2. 认股权证的种类

(1) 按允许购买的期限长短分类，可将认股权证分为长期认股权证与短期认股权证。

短期认股权证的认股期限一般在 90 天以内，而长期认股权证的认股期限一般在 90 天以上，更有长达数年或永久。

(2) 按认股权证的发行方式分类，可将认股权证分为单独发行认股权证与附带发行认股权证。认股权证一般有两种基本发行方式。最常见的是附带发行，即在公司新发行优先股或公司债券时对优先股或公司债的投资者无偿配送认股权证，从而增强公司优先股或债券对投资者的吸引力；另一种方式为单独发行，具体做法是按老股东持股数量以一定比例对其无偿发放，或对公众有偿发放。

(3) 按认股权证认购数量的约定方式，可将认股权证分为备兑认股权证与配股权证。

备兑认股权证是一种新型的权证，是目前国际认股权市场的主流。备兑认股权证是指由标的股票公司之外的机构（通常为证券公司）发行的一种权利证书，约定购买认股权证的投资者在一定期限后，可以按某一价格购买上市公司股票（或一篮子股票），备兑认股权证在到期执行认股时，发行人可以向权证投资者交付股票，或按市场股价与认股权证的差价向投资者支付现金。备兑认股权证是证券发行人以外的第三方发行的认股权证，其认兑的股票是已经存在的股票，不会造成总股本的增加。

配股权证是上市公司在增资扩股时发给老股东的一种优先认购新股的证明。配股权证按照股东持股比例定向派发，赋予其以优惠价格认购公司一定份数的新股。

3. 认股权证筹资的优缺点

(1) 认股权证筹资的优点。

1）为公司筹集额外的资金。认股权证不论是单独发行还是附带发行，都为发行公司筹集到一笔额外的资金。

2）促进其他筹资方式的运用。单独发行的认股权证有利于将来发售股票，而附带发行的认股权证可以促进其所依附证券的发行效率。而且由于认股权证具有价值，附认股权证的债券票面利率和优先股股利率通常较低。

（2）认股权证筹资的缺点。

1）稀释普通股收益。当认股权证执行时，提供给投资者的股票是新发行的股票，而并非二级市场的股票。这样，当认股权证执行时，普通股股份增多，每股收益会下降。

2）容易分散企业的控制权。由于认股权证通常随债券一起发售，以吸引投资者，因此，当认股权证行使时，企业的股权结构会发生改变，稀释了原有股东的控制权。

本章复习思考题

一、名词解释

1. 权益资金　2. 负债资金　3. 短期融资券　4. 融资租赁
5. 可转换公司债券　6. 认股权证

二、简答题

1. 我国企业的筹资方式主要有哪几种？
2. 企业筹资主要有哪些类型？
3. 企业筹资应符合哪些要求？
4. 吸收直接投资中的出资方式有哪些？
5. 普通股股票和优先股股票各有哪些特点？
6. 股票上市对公司有哪些影响？
7. 简述公募发行方式的优缺点。
8. 简述普通股筹资的优缺点。
9. 简述长期借款筹资的优缺点。
10. 简述债券筹资的优缺点。
11. 融资租赁有哪些特点？

本章自测题

一、填空题

1. 按照资金产权关系的不同，可将企业筹资分为________和________。
2. 以________出资是指投资者以专利权、专有技术、商标权、非专利技术、商誉等无形资产进行投资。
3. 股票发行价格有________、________和________三种。
4. 短期负债资金筹集的主要方式是________、________、________和________。
5. 债券的发行价格有三种：________、________和________。
6. 融资租赁有________、________和________三种形式。

7. 企业常见的混合筹资方式包括＿＿＿＿＿＿＿＿和＿＿＿＿＿＿＿＿。

二、单项选择题

1. 在下列筹资方式中，属于企业权益资金筹资方式的是（　　）。
   A.发行债券　B.发行股票　C.融资租赁　D.银行借款
2. 相对于发行股票而言，发行公司债券筹资的优点为（　　）。
   A.筹资风险小　B. 限制条款少　C. 筹资额度大　D. 资金成本低
3. 相对于发行债券和利用银行借款购买设备而言，通过融资租赁方式取得设备的主要缺点是（　　）。
   A.限制条款多　B. 筹资速度慢　C. 资金成本高　D. 财务风险大
4. 企业在选择筹资渠道时，下列各项中需要优先考虑的因素是（　　）。
   A.资金成本　B. 企业类型　C.筹资期限　D.偿还方式
5. 下列经济活动中，不属于筹资活动的是（　　）。
   A. 向银行借款　B. 发行企业债券
   C. 融资租赁　D. 经营租赁
6. 按（　　）不同，股票一般可分为普通股和优先股。
   A. 发行对象　B. 投资主体
   C. 股东的权利和义务　D. 票面是否记名
7. 下列筹资方式中，财务风险最大的是（　　）。
   A. 融资租赁　B. 发行企业长期债券
   C. 发行普通股股票　D. 发行优先股
8. （　　）筹资具有债务和权益筹资的双重性，属于一种混合性筹资方式。
   A. 留存收益　B. 融资租赁
   C. 可转换公司债券　D. 商业信用
9. 可转换公司债券对投资者的吸引力在于，当企业经营前景看好时，可转换公司债券可以转换为（　　）。
   A. 其他债券　B. 优先股
   C. 普通股　D. 企业发行的任何一种证券
10. 与其他权益筹集方式相比，通过留存收益筹资的独特优点是（　　）。
   A. 形成权益资本，提高企业信誉　B. 提高企业举例能力
   C. 不发生筹资费用　D. 不发生资金成本

三、判断题

1. 我国《公司法》规定，股票发行价格可以按票面金额，也可以超过票面金额，还可以低于票面金额。（　　）
2. 对于发行公司来讲，采用代销方式发行股票具有可及时筹足资本，免予承担发行风险等特点。（　　）
3. 发行可转换债券与发行一般债券相比，筹资成本较低。（　　）
4. 企业发行公司债券所筹集的资金不得用于弥补亏损和非生产性支出。（　　）
5. 在市场利率大于票面利率的情况下，公司一般溢价发行债券。（　　）

6. 留存收益筹资不需要任何筹资费用，因此筹资成本最低。(　　)
7. 发行短期融资券筹资的主要缺点是其筹资成本较高。(　　)
8. 从出租人的角度来看，杠杆租赁与售后租回或直接租赁并无区别。(　　)

四、计算分析题

1. 某企业按年利率 12%向银行借款 45000 万元资金，银行要求保留 10%的补偿性余额，那么该项借款的实际利率是多少？
2. 甲公司发行面额为 1000 元、票面利率为 10%、期限为 10 年的债券，每年年末付息一次。试分别确定：当市场利率为 9%、10%、12%时该公司债券的发行价格。

第五章　资金成本和资本结构

【本章学习目标】

- 了解资金成本的含义，并掌握个别资金成本和综合资金成本的计算；
- 理解经营杠杆、财务杠杆和复合杠杆的概念，并掌握计算方法；
- 理解资本结构的影响因素及其理论，并掌握资本结构决策方法。

第一节　资金成本

一、资金成本的含义

资金成本又称资本成本，是指企业筹集和使用资金所支付的代价。

资金成本包括狭义和广义两种概念。狭义的资金成本指企业筹集和使用长期资金所支付的代价；广义的资金成本指企业筹集和使用全部资金所支付的代价。本教材采用广义概念。

资金成本包括筹资费用和用资费用。

1. 筹资费用

筹资费用是指企业在资金筹措过程中为取得资金而支付的各种费用，如支付银行借款手续费，因发行股票、债券而支付的发行费用、承销机构手续费等。这些费用通常在筹资时一次性支付，相应减少了企业筹资可动用的金额，所以计算资金成本时应一并考虑。

2. 用资费用

用资费用是指企业在生产经营和投资过程中因使用资金而付出的费用。例如，向股东支付的股利，向债权人支付的利息等，这是资金成本的主要内容。

资金成本一般用相对数来表示。资金成本可用以下公式计算：

$$资金成本=\frac{年用资费用}{筹资总额-筹资费用}$$

即用企业使用资金所负担的费用同筹集资金净额的比率来反映。

二、个别资金成本

一般来说，企业筹集和使用的各种资金都要计算资金成本，但由于短期资金（主要是流动负债）占用的时间有限，且大部分是没有资金成本的（如应付账款、应付工资等），因而筹资决策中主要是计算长期资金的成本。

个别资金成本是指某种特定筹资方式下的资金成本，主要包括长期借款成本、债券成本、优先股成本、普通股成本和留存收益成本。前两者属负债资金成本，后三者属于权益资金成本。

1．负债资金成本

负债资金成本包括长期借款成本和债券成本，其筹资和用资费用均在税前支付，具有节税效应。

（1）长期借款成本。

长期借款成本的计算公式：

$$长期借款成本率=\frac{年利息\times(1-所得税税率)}{长期借款筹资总额\times(1-长期借款筹资费率)}$$

$$=\frac{年利率\times(1-所得税税率)}{1-长期借款筹资费率}$$

【例 5-1】某企业从银行取得一笔长期借款 1000 万元，筹资费率为 0.1%，年利率为 8%，期限为 3 年，每年结息一次，到期一次还本。如果企业所得税税率为 25%，求这笔借款的资金成本率。

$$解：长期借款成本率=\frac{1000\times8\%\times(1-25\%)}{1000\times(1-25\%)}$$

$$=\frac{8\%\times(1-25\%)}{1-0.1\%}=6.01\%$$

由于银行借款的手续费率很低，上式中的筹资费率常常可以忽略不计，则上式可以简化为：

$$长期借款成本率=借款利率\times(1-所得税税率)$$

$$=8\%\times(1-25\%)=6.00\%$$

（2）债券成本。

债券的筹资费用一般较高，主要包括申请发行债券的手续费、债券注册费、印刷费、上市费用和推销费用等。债券成本的计算公式：

$$债券成本率=\frac{年利息\times(1-所得税税率)}{债券筹资总额\times(1-债券筹资费率)}$$

【例 5－2】某企业拟发行面额 1000 元、期限 5 年、票面利率 10%的债券，每年结息一次，到期归还面额。发行费率为 5%，企业所得税税率为 25%。如果平价发行，求该批债券的资金成本率。

$$解：债券成本率=\frac{1000\times 10\%\times (1-25\%)}{1000\times (1-5\%)}=7.89\%$$

【例 5－3】如果【例 5－2】中的债券溢价 100 元发行，求该批债券的资金成本率。

$$解：债券成本率=\frac{1000\times 10\%\times (1-25\%)}{1100\times (1-5\%)}=7.18\%$$

【例 5－4】如果【例 5－2】中的债券折价 100 元发行，求该批债券的资金成本率。

$$解：债券成本率=\frac{1000\times 10\%\times (1-25\%)}{900\times (1-5\%)}=8.77\%$$

由于企业的负债资金成本可以冲减应税收入，具有节税效应。因此，在经营与风险不变的前提下，利息的节税效应往往激励企业在资本结构中更多地使用负债资金。

2. 权益资金成本

股份公司增加权益资金的途径有三种：①将当年税后利润的一部分或全部留存。②发行优先股股票。③发行普通股股票。

（1）优先股成本。

优先股的资金成本是指企业支付给优先股股东的股利。该股利是固定的、定期支付的，而且无到期日。优先股成本的计算公式如下：

$$优先股成本率=\frac{年股息}{优先股筹资总额\times (1-优先股筹资费率)}$$

其中，筹资总额应按优先股的发行价格确定。

【例 5－5】某公司平价发行优先股 5000 万元，股息率为 14%，筹资费率为 3%，求该优先股的资金成本率。

$$解：优先股成本率=\frac{5000\times 14\%}{5000\times (1-3\%)}=14.43\%$$

企业破产时，优先股的求偿权位于债券持有人之后，优先股股东的风险大于债券持有人的风险，这就使得优先股的股利率通常高于债券的利息率。另外，优先股股利要从税后利润中支付，不具有节税效应，所以，优先股的成本明显高于债券成本。

（2）普通股成本。普通股资金成本的计算方法与优先股基本相同，但普通股的股利不固定，随着企业经营状况的变动而变动。

普通股资金成本的计算方法主要有三种：股利增长模型、资本资产定价模型和无风险收益率加风险溢价法。

1）股利增长模型。该模型假设年股利增长率保持不变，则普通股成本的计算公式如下：

$$普通股成本率=\frac{第一年预期股利}{普通股筹资总额\times(1-普通股筹资费率)}+股利年增长率$$

【例 5−6】某企业欲发行普通股股票，每股发行价为 10 元，筹资费率为 4%，预计第一年每股红利为 1 元，以后将保持 6%的增长速度，求该普通股的资金成本率。

解：$普通股成本率=\frac{1}{10\times(1-4\%)}+6\%=16.42\%$

2）资本资产定价模型（CAPM）。该模型认为，普通股投资的必要收益率（即公司的普通股成本）等于无风险收益率加适当的风险收益率。用公式表示如下：

$K_e=R_f+\beta\times(R_m-R_f)$

式中，K_e表示普通股成本率；R_f表示无风险收益率，通常以短期国债的利率来近似替代；β表示该公司股票的系统风险系数；R_m表示市场组合的平均收益率，通常用股票价格指数的平均收益率来代替。

【例 5−7】某公司股票的 β 系数为 2.0，无风险收益率为 6%，市场平均收益率为 12%，那么，该公司股票的资金成本率。

解：$K_e=R_f+\beta\times(K_m-R_f)$

$=6\%+2.0\times(12\%-6\%)=18\%$

3）无风险收益率加风险溢价法。无风险收益率加风险溢价法认为，由于普通股的求偿权不仅在债权之后，而且还次于优先股，因此，持有普通股股票的风险大于持有债券和优先股的风险。这样，普通股股票持有者就必然要求一定的风险补偿。一般情况来看，通过一段时间的统计数据，可以测算出某公司普通股股票预期收益率超出无风险收益率的大小，即风险溢价。无风险收益率 R_f通常以短期国债的利率来近似替代，因此，用无风险收益率加风险溢价法计算普通股的资金成本率的公式如下：

普通股成本率＝无风险收益率＋风险溢价

【例 5−8】某公司普通股股票的风险溢价预计为 9%，而目前的无风险收益率为 6%，求该普通股的资金成本率。

解：普通股成本率＝6%＋9%＝15%

（3）留存收益成本。留存收益是经股东同意，不作为股利分配、留在企业供生产经营继续使用的那部分税后净利润。它是股东对企业追加的投资，股东对这部分追加的投资也要求与直接购买普通股股票一样，获取相同的报酬率。因此，留存收益成本的确定方法与普通股成本基本相同，只是不考虑筹资费用。其计算公式如下：

$$留存收益成本率=\frac{第一年预期股利}{普通股筹资总额}+股利年增长率$$

【例 5−9】某企业的普通股股票目前的股价为 10 元，筹资费率为 4%，预计留存收益第一年的每股红利为 1 元，以后将保持 6%的增长速度，求该留存收益的资金成本率。

解：留存收益成本率$=\frac{1}{10}+6\%=16\%$

普通股和留存收益都属于所有者权益，股利的支付不固定。与其他投资者相比，股东所承担的风险最大，所以，在企业的全部资金中，普通股及留存收益的风险最大，投资者要求的报酬率也相应最高，因此普通股和留存收益的资金成本也最高。但与普通股筹资相比，由于留存收益不需筹资费用，因此留存收益筹资的资金成本通常低于普通股筹资的资金成本。

三、综合资金成本

企业从不同渠道筹资的资金成本各不相同，由于受多种因素的相互制约、相互影响，企业不可能只从某种成本较低的来源筹集资本。因此，采用多元化的资本组合形成企业总资本，才是现实有效的、更为有利的筹资策略。

为了进行筹资决策和投资决策，首先必须计算企业全部资本的综合成本。综合资金成本是指企业全部资金的平均成本，通常是以各种资金占全部资金的比重为权数，对个别资金成本进行加权计算得来，所以也称为加权平均资金成本（Weighted Average Cost of Capital，WACC）。

综合资金成本由个别资金成本和各资金权重两个因素决定，其计算公式如下：

$$WACC=\sum_{i=1}^{n}W_iK_i \qquad \left(\sum_{i=1}^{n}W_i=1\right)$$

式中，K_i表示第i种个别资金成本；W_i表示第i种资金占全部资金的比重，即权数。

【例5－10】G公司的资本结构如表5－1所示。G公司管理当局已计算出公司各单项资金的成本率分别是：债券7%，优先股13%，普通股16%。要求计算该公司的综合资金成本率。

表5－1　G公司资本结构

资金类型	融资规模（万元）	在全部融资中的比重（%）
债券	1750	35
优先股	250	5
普通股	3000	60
融资总规模	5000	100

解：$WACC=7\%\times35\%+13\%\times5\%+16\%\times60\%=12.70\%$

在测算综合资金成本时，企业各种资金在总资金中所占的比重取决于各种资金价值的确定。各种资金价值的确定基础主要有三种选择：

1. 按账面价值确定资金比重

账面价值体现为财务核算上的资产总额或净资产额。个别资金占全部资金的比重是按账面价值确定的，其资料容易取得。但是，如果债券和股票的市场价值脱离账面价值太多，计算结果会与实际不符，不利于筹资决策。为了克服这一缺陷，加权平均资金成本的权数还可以按市场价值或目标价值确定，即市场价值权数、目标价值权数。

2. 按市场价值确定资金比重

市场价值是一种“公允价值”，是指债券和股票等以现行市场价格为基础确定其资金比重。这样计算的综合资金成本能反映企业目前的实际情况。同时，为了弥补证券市场价格频繁变动带来的不便，一般可选用市场的平均价格。

3. 按目标价值确定资金比重

目标价值权数是指债券、股票以未来预计的目标市场价值确定权数，从而估计加权平均资金成本。它不像账面价值权数和市场价值权数那样，只反映过去和现在的资本结构，而是体现出期望的资本结构，所以，这种方法更适合于企业筹措新资金时的决策。但是企业很难客观合理地确定证券的目标价值，因而这种方法也不易推广。

在实务中，通常以账面价值为基础确定各种资金在总资金中所占的比重。

【例 5－11】A 企业的资产总额为 20000 万元，其中长期借款为 4000 万元，年利率为 7%，筹资费率为 0.2%；按面值发行的债券为 6000 万元，筹资费率为 3%，债券年利率为 10%；以 5 元/股的价格发行普通股股票 1600 万股，筹资费率为 4%。发行股票第一年股利为 0.8 元/股，以后每年的增长率为 5%；留存收益为 2000 万元。企业所得税税率为 25%。求 A 企业的综合资金成本率。

解：长期借款占资金总额的比重 $=\frac{4000}{20000}\times 100\%=20\%$

债券占资金总额的比重 $=\frac{6000}{20000}\times 100\%=30\%$

普通股占资金总额的比重 $=\frac{8000}{20000}\times 100\%=40\%$

留存收益占资金总额的比重 $=\frac{2000}{20000}\times 100\%=10\%$

长期借款成本率 $=\frac{7\%\times(1-25\%)}{1-0.2\%}=5.26\%$

债券成本率 $=\frac{6000\times 10\%\times(1-25\%)}{6000\times(1-3\%)}=7.73\%$

普通股成本率 $=\frac{0.8}{5\times(1-4\%)}+5\%=21.67\%$

留存收益成本率 $=\frac{0.8}{5}+5\%=21\%$

综合资金成本率 $=5.26\%\times 20\%+7.73\%\times 30\%+21.67\%\times 40\%+21\%\times 10\%$

$=14.14\%$

四、边际资金成本

1. 边际资金成本的概念

边际资金成本是指资金每增加一个单位而增加的成本。由于任何一个企业都不可能以单一的筹资方式筹集到所需资金，因此必须采用多种筹资方式，而且每种筹资方式筹资超过一定限度后，边际资金成本会提高。此时，即使企业保持原有的资本结构，也仍有可能导致综合资金成本上升。

前面所探讨的综合资金成本是以企业目前已筹措并正在使用的资金成本，是以现实的资金成本结构来计算的。然而，随着企业生产经营活动的深入开展，不可避免地需要不断追加投入新资本。为了有效地进行筹资和投资决策，企业应更注重考虑每一次新筹措资本的成本，此时需计算边际资金成本。

在追加筹资中，如果只有一种筹资方式，边际资金成本即为新筹资金的个别成本；如有多种筹资方式，则边际资金成本为新筹资金的加权平均成本，而且各种资金在总资金中所占的比重必须以市场价值来确定。当企业拟筹资进行某项目投资时，应以边际资金成本作为评价该投资项目可行性的经济指标。

2. 边际资金成本的计算

计算确定边际资金成本可按如下步骤进行：

（1）确定目标资本结构。可以根据企业的最优资本结构来确定目标资本结构。

（2）确定各种筹资方式的资金成本。

（3）计算筹资总额分界点。筹资总额分界点是某种筹资方式的成本分界点与目标资本结构中该种筹资方式所占比重的比值，反映了在保持某资金成本的条件下，可以筹集到的资金总限度。一旦筹资额超过筹资分界点，即使维持现有的资本结构，其资金成本也会增加。

$$筹资总额分界点=\frac{某种筹资方式的成本分界点}{目标资本结构中该种筹资方式所占比重}$$

（4）计算边际资金成本。根据计算出的分界点，可得出若干组新的筹资范围，对各筹资范围分别计算加权平均资金成本，即可得到各种筹资范围的边际资金成本。

【例5－12】S公司目前有资金1000万元，其资本结构为：长期债务400万元，普通股市值600万元。该公司为满足投资需要，准备筹措新资金。求追加筹资的边际资金成本。

解：（1）确定目标资本结构。公司管理层认为目前的资本结构较为合理，增资时以目前的资本结构作为目标资本结构。因此，目标资本结构为：长期债务占40%，普通股占60%。

（2）确定各种筹资方式的资金成本。经公司财务人员分析，随着公司增资额的增加，各种筹资方式的资金成本将会增加，具体测算结果如表5－2所示。

（3）计算筹资总额分界点。S公司计算的筹资总额分界点如表5－3所示。

在表5－3中，分界点是指特定筹资方式下成本变化的分界点。例如，对长期债务而言，筹资金额在10万元以下的资金成本为5%。由于目标资本结构中的债务比重为40%，

表 5－2　S 公司资金成本变化表

筹资方式	追加筹资金额范围（万元）	资金成本（%）
长期债务	10 以下 10～50 50 以上	7 8 9
普 通 股	30 以下 30～90 90 以上	15 16 17

表 5－3　S 公司筹资总额分界点计算表

筹资方式	资金成本（%）	追加筹资金额范围（万元）	筹资总额分界点（万元）	筹资总额范围（万元）
长期债务	7 8 9	10 以下 10～50 50 以上	10/0.4＝25 50/0.4＝125 —	25 以下 25～125 125 以上
普 通 股	15 16 17	30 以下 30～90 90 以上	30/0.6＝50 90/0.6＝150 —	50 以下 50～150 150 以上

因此公司的筹资总额在 25 万元以内时，长期债务的资金成本为 5%。

（4）计算边际资金成本。根据表 5－3 计算的筹资总额分界点，可得出五个新的筹资范围。对这五个新的筹资范围分别计算其加权平均资金成本，可以得到各种筹资范围下资金的边际成本。计算过程如表 5－4 所示。

表 5－4　S 公司边际资金成本计算表

筹资总额范围（万元）	筹资方式	目标资本结构（%）	个别资金成本（%）	边际资金成本（%）
0～25	长期债务 普通股	40 60	7 15	2.8 9
		第一个范围的边际资金成本＝11.8%		
25～50	长期债务 普通股	40 60	8 15	3.2 9
		第二个范围的边际资金成本＝12.2%		
50～125	长期债务 普通股	40 60	8 16	3.2 9.6
		第三个范围的边际资金成本＝12.8%		
125～150	长期债务 普通股	40 60	9 16	3.6 9.6
		第四个范围的边际资金成本＝13.2%		
150 以上	长期债务 普通股	40 60	9 17	3.6 10.2
		第五个范围的边际资金成本＝13.8%		

第二节　杠杆原理

一、杠杆效应的含义

财务中的杠杆效应是指由于固定费用的存在而导致的，当某一财务变量以较小幅度变动时，另一相关变量会以较大幅度变动的现象。也就是指在企业运用负债筹资方式（如银行借款、发行债券、优先股）时所产生的普通股每股收益变动率大于息税前利润变动率的现象。由于利息费用、优先股股利等财务费用是固定不变的，因此当息税前利润增加时，每股普通股负担的固定财务费用将相对减少，从而给投资者带来额外的好处。

财务杠杆效应包含三种形式：经营杠杆、财务杠杆和复合杠杆。要了解这些杠杆的原理，应先了解成本的分类、边际贡献和息税前利润等概念。

二、成本的分类、边际贡献和息税前利润

1. 成本的分类及总成本习性模型

成本习性是指成本总额与业务量之间在数量上的依存关系。成本按习性可分为固定成本、变动成本和混合成本三类。

（1）固定成本。固定成本是指成本总额在一定时期和一定业务量范围内，不受业务量增减变动影响而能保持不变的成本。属于固定成本的主要有固定资产折旧费、管理人员的工资、借款利息、设备租金、财产保险费和财产税金等。固定成本的特征是，它在一定时间范围和业务量范围内其总额维持不变，但是，相对于单位业务量而言，单位业务量所分摊的固定成本与业务量的增减呈反向变动，即单位固定成本随着业务量的增加而减小。

固定成本总额只有在一定时期和一定业务量范围内才是固定的，这就是说固定成本的固定性是有条件的。这里所说的一定范围叫做相关范围，如业务量的变动超过这个范围，固定成本就会发生变动。

固定成本又可区分为约束性固定成本和酌量性固定成本。

1）约束性固定成本。约束性固定成本是指为维持企业提供产品和服务的经营能力而必须开支的成本，如厂房和机器设备的折旧、财产税、房屋租金、管理人员的工资等。由于这类成本与维持企业的经营能力相关联，也称为经营能力成本。这类成本的数额一经确定，不能轻易加以改变，因而具有相当程度的约束性。

2）酌量性固定成本。酌量性固定成本是指企业管理当局在会计年度开始前，根据经营、财力等情况确定的计划期间的预算额而形成的固定成本，如新产品开发费、广告

费、职工培训费等。由于这类成本的预算数只在预算期内有效，企业管理层可以根据具体情况的变化，确定不同预算期的预算数，所以，也称为自定性固定成本。这类成本的数额不具有约束性，可以斟酌不同的情况加以确定。

（2）变动成本。变动成本是指成本总额随着业务量的变动而成正比例变动的成本。这里的变动成本是就总业务量的成本总额而言。若从单位业务量的变动成本来看，它是固定的，即不受业务量增减变动的影响。

变动成本也存在相关范围，即成本总额随着业务量变动并成正比例变动的这种完全的线性联系，只有在一定的相关范围内存在。超出了相关范围，它们之间的线性关系可能就不存在了。企业的直接材料、直接人工、流转税金和销售佣金等都属于变动成本。

（3）混合成本。有些成本虽然也随业务量的变动而变动，但不成同比例变动，这类成本称为混合成本。混合成本按其与业务量的关系又可分为半变动成本和半固定成本。

1）半变动成本。半变动成本通常有一个初始量，类似于固定成本，在这个初始量的基础上随业务量的增长而增长，又类似于变动成本。例如企业的电话费，每月需支付一笔固定的费用，此外还需按通话时间支付通话费。

2）半固定成本。半固定成本随业务量的变化而呈阶梯型增长，业务量在一定限度内，这种成本不变，当业务量增长到一定限度后，这种成本就跳跃到一个新水平。

（4）总成本习性模型。总成本习性模型可以表示为：

$$y=a+bx$$

式中，y 表示总成本，a 表示固定成本，b 表示单位变动成本，x 表示业务量（如产销量，这里假定产量与销量相等）。

在这个模型中，如果能确定 a 与 b 的值，就可以利用这个模型来进行成本预测。

2. 边际贡献

边际贡献是指销售收入减去变动成本之后的余额。企业取得的边际贡献，首先用于补偿固定成本，剩余部分则形成税前利润。其计算公式如下：

$$M=QP-QV=Q\times(P-V)$$

式中，M 表示边际贡献总额；P 表示销售单价；V 表示单位变动成本；Q 表示产销量；$(P-V)$ 表示单位边际贡献。

3. 息税前利润

息税前利润是指支付借款利息和缴纳所得税之前的利润。其计算公式如下：

$$EBIT=QP-QV-F=M-F$$

式中，$EBIT$ 表示息税前利润；F 表示固定成本。

由于利息支出是企业利润的一种转化形式，是借贷资本对企业利润的一种分割，因此，息税前利润实际是企业创造的全部利润额，该指标在财务分析中具有重要作用。息税前利润也可以用利润总额加上利息费用求得。

【例 5－13】A 公司 2007 年销售产品 100 万件，单价 800 元，单位变动成本 500 元，固定成本总额 1500 万元。要求：（1）计算 2007 年该公司的边际贡献总额；（2）计算 2007 年该公司的息税前利润。

解：（1）2007 年的边际贡献总额

边际贡献总额＝销售量×（单价－单位变动成本）＝100×（800－500）＝30000(万元)

（2）2007 年的息税前利润总额。

息税前利润＝边际贡献总额－固定成本＝30000－1500＝28500(万元)

三、经营杠杆

1. 经营风险

企业经营面临两类风险，分别是经营风险和财务风险。经营风险是指企业在未来经营活动中，由于经营环境及经营状况发生变化而影响企业息税前利润的不确定性。影响企业经营风险的因素有：

（1）销售量。产品的销售量与市场的产品需求相关，需求越稳定，销售量越大，经营风险越小；反之，经营风险越大。

（2）销售价格。产品销售价格变动不大，经营风险就小；否则，经营风险则大。当产品成本发生变动时，若企业有较强的调整价格的能力，经营风险就小；反之，经营风险则大。

（3）销售成本。销售成本是收入的抵减，成本不稳定会导致利润不稳定，因此，销售成本变动大的，经营风险就大；反之，经营风险就小。

（4）成本结构。在企业全部成本中，固定成本所占比重较大时，息税前利润相应较少，经营风险就大；反之，经营风险就小。

2. 经营杠杆的概念

在企业的经营风险中，企业利用固定成本的程度对经营风险具有重要影响。在其他条件不变的情况下，产销量的增加会降低单位固定成本，从而提高单位利润，并使息税前利润的增长率超过产销量的增长率。相反，产销量的减少会增加单位固定成本，从而降低了单位利润，并使息税前利润的下降率也超过产销量的下降率。经营杠杆就是指由于固定成本的存在而导致息税前利润变动大于产销业务量变动的杠杆效应。

经营杠杆可以使企业获得一定的经营杠杆利益，同时，也使企业承担相应的经营风险。经营杠杆作用的大小可用经营杠杆系数来表示。

3. 经营杠杆系数

经营杠杆系数（Degree of Operating Leverage，DOL），也称为经营杠杆程度，是息税前利润的变动率对销售收入变动率的倍数，反映息税前利润对销售收入变动的敏感程度。

经营杠杆系数越大，则企业的经营风险越大。用公式表示如下：

$$DOL = \text{息税前利润变动率} / \text{销售收入变动率}$$

$$= \frac{\Delta Q(P-V)/(QP-QV-F)}{\Delta QP/QP}$$

$$=\frac{QP-QV}{QP-QV-F}$$

式中，Q 表示基期销售量；ΔQ 表示计算期销售变动量；P 表示销售单价；V 表示单位变动成本；F 表示固定成本。

【例 5－14】甲企业生产 A 产品，固定成本 80 万元，变动成本率为 50%，当企业的产销额分别为：(1) 600 万元、(2) 300 万元、(3) 160 万元时，其经营杠杆系数分别为多少？

解：$DOL_1=\frac{600\times(1-50\%)}{600\times(1-50\%)-80}=1.36$

$$DOL_2=\frac{300\times(1-50\%)}{300\times(1-50\%)-80}=2.14$$

$$DOL_3=\frac{160\times(1-50\%)}{160\times(1-50\%)-80}=\infty$$

在第一种情况下，经营杠杆系数为 1.36，其经济意义是：在产销额为 600 万元的基础上，产销额每变动 1%，企业息税前利润将同方向变动 1.36%。在第二种、第三种情况下，经营杠杆系数变大，所以经营风险增大。

4. 经营杠杆与经营风险的关系

引起企业经营风险的主要原因是市场需求和成本的不确定性，经营杠杆本身并不是利润不稳定的根源。但是，经营杠杆扩大了市场和生产等不确定性因素对利润变动的影响。而且，经营杠杆系数越高，则利润变动越剧烈，企业的经营风险就越大。经营杠杆系数、固定成本和经营风险三者呈同方向变化，即在其他因素一定的情况下，固定成本越高，经营杠杆系数越大，企业经营风险也就越大。

由经营杠杆与经营风险的关系，可以得出以下结论：

(1) 固定成本占总成本的比重越大，经营杠杆系数值也越大，企业经营风险也越大。随着销售收入的增大，经营风险趋于减少。

(2) 资本密集型企业固定成本比重大，经营杠杆系数值也大，必须实行规模经营；反之，资本密集程度较低的企业，经营杠杆系数值较小，经营规模可适当缩减。

企业可通过增加销售额、降低产品单位变动成本、降低固定成本比重等方法来控制企业的经营风险。

四、财务杠杆

1. 财务风险

财务风险是指企业由于举债筹资而产生的、由普通股股东承担的附加风险。企业在生产经营过程中存在着固有的经营风险，如果经营的资本均来自普通股股东的投入，那么普通股股东只需承担经营风险。一旦企业负债经营，则普通股股东不仅要承担经营风险，还要承担企业因支付负债的固定利息而造成的股东收益不确定性所形成的附加风险。

财务风险的表现形式为：①导致企业利润下降。②现金不足，不能偿还到期债务。

2. 财务杠杆的概念

在资本总额及其结构既定的情况下，企业需要从息税前利润中支付的债务利息通常都是固定的。当息税前利润减少时，每一元盈余所负担的固定财务费用就会相对增加，从而使普通股每股收益下降，而且普通股每股收益的下降率超过息税前利润的下降率。相反，当息税前利润增加时，每一元盈余所负担的固定财务费用就会相对减少，从而使普通股每股收益增加，而且普通股每股收益的增长率超过息税前利润的增长率。这种由于债务的存在而导致普通股每股收益变动率大于息税前利润变动率的杠杆效应，就是财务杠杆。

财务杠杆利益是指企业利用债务筹资这个财务杠杆而给股权资本带来的额外收益。财务杠杆作用的大小可用财务杠杆系数来表示。

3. 财务杠杆系数

财务杠杆系数（Degree of Financial Leverage，DFL），是普通股每股收益变动率相当于息税前利润变动率的倍数，反映了前者对后者变动的敏感程度。其计算公式如下：

$$DFL=\frac{\text{每股收益变动率}}{\text{息税前利润变动率}}$$

$$=\frac{\dfrac{\Delta Q(P-V)(1-T)}{N}\Big/\dfrac{(QP-QV-F-I)(1-T)}{N}}{\Delta Q(P-V)/(QP-QV-F)}$$

$$=\frac{QP-QV-F}{QP-QV-F-I}$$

式中，I 表示利息支出；N 表示普通股股数；T 表示所得税税率。

【例 5－15】有甲、乙、丙三家经营业务相同的公司，资本总额均为 3000 万元。三家公司的资本结构不同。甲公司无负债；乙公司负债比例为 40%，负债的年利率为 7%；丙公司负债比例为 60%，负债的年利率为 10%。假定三家公司的产销量相同，息税前利润都是 300 万元，求三家公司的财务杠杆系数分别为多少？

解：$DFL_{\text{甲}}=\frac{300}{300-0}=1$

$$DFL_{\text{乙}}=\frac{300}{300-3000\times40\%\times7\%}=1.39$$

$$DFL_{\text{丙}}=\frac{300}{300-3000\times60\%\times10\%}=2.5$$

计算结果表明，在息税前利润都是 300 万元时，甲公司由于没有负债，净利润或每股收益的变动幅度将与息税前利润相同；乙、丙两公司息税前利润每变动 1%，净利润或每股收益将同方向分别变动 1.39%和 2.5%。当息税前利润增长时，丙公司每股收益的增长幅度最大；但是当息税前利润减少时，丙公司每股收益的下降幅度也最大。因此，当公司的息税前利润增长较快时，适当地利用负债性资金发挥财务杠杆的作用，可增加每股收益，从而使股票价格上涨，增加企业价值。

4. 财务杠杆与财务风险的关系

由于财务杠杆的作用，当息税前利润下降时，普通股每股收益下降得更快，从而给企业股权资本所有者造成财务风险。财务杠杆会加大财务风险，企业举债比重越大，财务杠杆效应越强，财务风险越大。

由财务杠杆与财务风险的关系，可以得出以下结论：

（1）企业负债比例越高、利息率越高，财务杠杆系数值越大，财务风险也越大。随着销售收入和息税前利润的增大，财务风险趋于减少。

（2）市场销售和现金收入稳定、盈利率较高的企业可以具有较高的负债比例，以充分利用财务杠杆作用；反之，则应降低负债比率。

企业可通过控制负债比重，即合理安排资本结构的方法来控制财务风险。

五、复合杠杆

1. 复合杠杆的概念

复合杠杆也称联合杠杆，是指经营杠杆与财务杠杆的综合。复合杠杆是指由于固定生产经营成本和固定财务费用的共同存在而导致的普通股每股收益变动率大于产销量变动率的杠杆效应。

经营杠杆作用探讨的是销量变化对息税前利润产生的影响，而财务杠杆作用探讨的是息税前利润的变化对企业普通股每股利润产生多少的影响。两者联合作用下销售量变动对企业普通股每股利润产生的影响，必须用复合杠杆系数来测量。

2. 复合杠杆系数

复合杠杆系数（Degree of Total Leverage，DTL），也称总杠杆系数，是指普通股每股收益变动率相当于营业总额变动率的倍数。它是营业杠杆系数与财务杠杆系数的乘积。用公式表示如下：

$$DTL=DOL\times DFL$$

$$=\frac{QP-QV}{QP-QV-F-I}$$

【例 5－16】A 公司上年产销量为 12 万件，单位产品售价为 100 元，单位产品变动成本为 50 元，固定成本总额为 300 万元，利息费用为 100 万元，求 A 公司的复合杠杆系数。

解：$DTL=\dfrac{QP-QV}{QP-QV-F-I}$

$$=\frac{12\times(100-50)}{12\times(100-50)-300-100}$$

$$=3$$

该系数值的经济意义是：在产销量为 12 万件的基础上，公司销售收入每变动 1%，公司净利润或每股收益同方向变动 3%。

3. 复合杠杆与企业风险的关系

由于复合杠杆作用使普通股每股利润大幅度波动而造成的风险，称为复合风险。复合风险直接反映企业的整体风险。在其他因素不变的情况下，复合杠杆系数越大，复合风险越大；复合杠杆系数越小，复合风险越小。

由复合杠杆与企业风险的关系，可以得出以下结论：

（1）复合杠杆揭示了提高企业净利润、净资产收益率和每股收益的途径：①扩大产品销售量。企业必须通过提高产品质量、改进销售服务等多种途径，努力扩大产品销售量。②控制固定成本和单位变动成本，提高单位产品的息税前利润。③控制利息费用支出，提高单位产品的净利润水平，从而使公司的净利润、净资产收益率和每股收益都得到大幅度提高。

（2）由于经营杠杆和财务杠杆的双重作用，企业经营面临着较大的综合性风险。随着企业销售收入和息税前利润的提高，风险趋于减小。

第三节　资本结构

资本结构决策是企业筹资决策的核心。企业应综合考虑各影响因素，运用恰当的方法确定最优资本结构，并在以后追加投资时保持该资本结构；如果现有资本结构不合理，则应通过筹资活动进行调整和优化，使其趋于合理化。

一、资本结构的概念

资本结构是指企业各种资金的构成与比例关系。由于企业各种资金最终可归结为权益资金和负债资金两类，因此，资本结构问题总的来说是负债资金的比例问题，即负债在企业全部资本中所占的比重问题。

在企业筹资管理活动中，资本结构有广义与狭义之分。广义的资本结构是指企业全部资金来源的构成与比例关系，不仅包括权益资金和长期负债资金，还包括短期负债资金。狭义的资本结构是指企业长期资金来源的构成与比例，仅包括权益资金和长期负债资金，而不包括短期负债资金。短期负债资金作为营运资本来管理。由于对企业长期资金来源的构成与比例的研究更具有现实意义，因此本教材采用广义的资本结构观点。

二、影响资本结构的因素

在实际工作中，大多数管理人员并不关心最佳资本结构的具体数值，而是关心企业资本结构的合理范围，不使资产负债率过高或过低。确定企业资本结构通常要考虑以下因素：

1. 资金成本

资金成本是决定企业资本结构的重要因素之一。在各种筹资方式中，采用债务筹资的资金成本较低，而权益筹资的资金成本较高。如果从资金成本方面考虑，企业应尽可能采用债务筹资方式，当然也要注意控制财务风险。

2. 财务风险

增加负债将增加企业的财务风险，影响企业经营的稳定性。在决定企业的资本结构时，必须考虑企业的风险承受能力和由此带来的相关成本。因此，企业在努力降低综合资金成本的同时，必须考虑企业所能承受的财务风险。

一般而言，息税前利润稳定、经营风险低的企业可以承受较高的财务风险，从而可以有较高的资产负债率；反之，则资产负债率较低。

3. 企业财务状况

企业的获利能力越强、息税前利润越稳定、资产变现能力越强、财务状况越好，则越有能力承担财务风险，对外举债筹资的能力越强。这类企业的资产负债率往往较高。

4. 现金流量

现金流量也是影响企业资本结构的重要因素之一。如果企业现金流量充分，企业可以适当提高资本结构中负债的比例，而不会影响企业的偿债能力；如果企业的现金流量不足，则最好采用较高的权益比例，降低偿债风险。

5. 投资者和管理人员的态度

如果企业所有者不希望企业控制权分散，则会更多采用发行优先股或负债筹资方式来增加资本；相反，如果企业所有者不担心企业控制权分散，则会更多采用发行普通股股票筹资方式来增加资本。如果管理人员不愿承担财务风险，则会较多采用权益筹资方式，较少地利用财务杠杆；如果管理人员喜欢冒险，则会较多采用负债筹资方式，安排较高的负债比例，较多地利用财务杠杆。

6. 筹资的灵活性

企业的筹资灵活性是指企业从不同筹资渠道筹措资金的能力。由于企业每个筹资渠道的筹资数量都有限，而且相互影响，所以，现行筹资决策和资本结构的确定必然会对未来的筹资方式和筹资渠道产生影响。

与发行普通股这个筹资渠道相比，债务筹资的速度快，手续简单，所以，希望保持较高筹资灵活性的企业的资产负债率通常会低一些，以保留一定的债务筹资能力在需要时使用。

7. 企业的资产结构

在破产清算时，实物资产的价值损失将低于无形资产，因此，实物性资产占总资产比例较高的企业破产成本相对较低，负债能力较强，资产负债率可以高些；反之，资产负债率会相应低些。

8. 企业信用等级

企业能否举债筹资和能筹措到多少负债资金，不仅取决于企业管理人员和股东的态度，而且取决于企业的信用等级和债权人的态度。如果企业的信用等级较高，则能较多采用负债筹资方式；相反，如果企业的信用等级不高，则债权人将不愿意借债给企业，企业将无法达到它所希望达到的负债水平。

三、资本结构理论

资本结构理论是关于公司资本结构、综合资金成本和公司价值三者关系的理论，是公司财务理论的重要内容，也是资本结构决策的重要理论基础。最早提出资本结构理论的是美国经济学家戴维·杜兰德，杜兰德认为，早期企业的资本结构是按照净收益法、净营业收益法和传统折中法建立的。后来又有很多学者提出了各种资本结构理论，下面逐一介绍。

1. 净收益理论

净收益理论认为，在公司的资本结构中，负债资金的比例越大，公司的净收益或税后利润就越多，公司的价值就越高。按照这种观点，公司获取资金的来源和数量不受限制，并且负债资金成本率和权益资金成本率都是固定不变的，不受财务杠杆的影响。因此，只要负债资金成本低于权益成本，那么负债越多，企业的价值就越大。

这是一种极端的资本结构理论。该理论虽然考虑到财务杠杆利益，但忽略了财务风险。实际情况是，如果公司的负债资金比例过高，财务风险就会很高，公司的综合资金成本就会上升，公司价值反而下降。

2. 净营业收益理论

这种理论认为，在公司的资本结构中，负债资金比例的高低与公司的价值没有关系。因此，资本结构与公司价值无关。从而，决定公司价值的真正因素应该是公司的净营业收益。这是因为，如果企业增加成本较低的负债资金，即使负债资金成本本身不变，但由于加大了权益的风险，也会使权益成本上升，于是加权平均资金成本不会因为负债比率的提高而降低。因此，资本结构与公司价值无关，决定公司价值的是其净营业收益。

这种理论与净收益理论恰好相反，是另一种极端的资本结构理论。这种理论过分夸大了财务风险的作用。实际上公司的综合资金成本不可能是一个常数。此外，公司净营业收益确实会影响公司价值，但它不是决定公司价值的唯一因素。

3. 传统理论

除了上述两种极端的理论以外，还有一种介于这两种极端理论之间的折中理论，即传统理论。该理论认为，企业利用财务杠杆尽管会导致权益成本的上升，但在一定程度内却不会完全抵消利用成本低的债务所获得的好处，因此，会使加权平均资金成本降低，企业总价值上升。但是，过度地利用财务杠杆，超过一定程度，权益成本的上升就不再能为债务的低成本所抵消，加权平均资金成本便会上升。按照这种观点，增加负债资金对提高公司价值是有利的，但负债资金规模必须适度。

加权平均资金成本从下降变为上升的转折点，是加权平均资金成本的最低点，这时的负债比率就是企业的最佳资本结构。

4. MM 理论

MM 理论是指两位美国学者莫迪格利尼（Franco Modigliani）和米勒（Mertor Miller）于 1958 年提出的学说。

最初的 MM 理论有一系列严格的假设条件，假设无税收、资本可以自由流通、充分竞争、预期报酬率相同的证券价格相同、完全信息、利率一致、资本市场高度完善和均衡，在符合这些假设之下，公司的价值与其资本结构无关。公司的价值取决于其实际资产，而不是其各类债权和股权的市场价值。但在现实生活中，有的假设不成立，因此，早期的 MM 理论推导出的结论并不完全符合现实情况。

此后，莫迪格利尼和米勒在早期 MM 理论的基础上不断放宽假设，提出了修正的 MM 资本结构理论。MM 修正理论认为，如果考虑公司所得税的因素，则公司价值与资本结构相关，有债务公司的价值等于有相同风险但无债务公司的价值加上债务的节税利益。但随着公司债务比例的提高，公司的风险也会上升，因而公司陷入财务危机甚至破产的可能性也就越大，由此会增加公司的额外成本，降低公司的价值。因此，公司最佳资本结构应当是节税利益和债权资本比例上升而带来的财务危机与破产成本之间的平衡点，此时公司的价值达到最大。

5. 代理成本理论

代理成本理论是经过研究代理成本与资本结构的关系而形成的。这种理论通过分析指出，公司债务的违约风险是财务杠杆系数的增函数，随着公司负债资金的增加，债权人的监督成本随之上升，债权人会要求更高的利率。这种代理成本最终要由股东承担，公司资本结构中债权比率过高会导致股东价值的降低。根据代理成本理论，债权资本适度的资本结构会增加股东的价值。

6. 信号传递理论

信号传递理论认为，公司可以通过调整资本结构来传递有关获利能力和风险方面的信息，以及公司如何看待股票市价的信息。

按照资本结构的信号传递理论，公司价值被低估时会增加负债资金；反之，公司价值被高估时会增加权益资金。

7. 优序筹资理论

20 世纪 60 年代初期，美国哈佛大学的戈登·当纳森教授对企业债务融资调查时发现，大部分公司只是在内部资金不足时才使用外部融资。外部资金不被看好主要是因为管理者与投资人之间的信息不对称，导致外部资金由于这种不对称而被低估。那么，如果企业使用外部资金，他们会首先使用债务、可转换债券，最后才是发行股票。当纳森教授将以上的发现称为融资的选择顺序。

1984 年，梅耶斯在当纳森的融资选择顺序理论的基础上，提出了新的优序筹资理论。该理论认为，由于信息不对称地存在，企业在决定筹资顺序和资本结构时，应当考虑投资者对企业价值的不同预期这一重要因素。因此，公司倾向于首先采用内部筹资，即留存利润、折旧基金等。如果需要外部筹资，公司将先选择债务筹资，一是发行普通债券；二是发行可转换债券。最后，才是选择外部股权筹资，发行普通股票。这种筹资顺序的选择不会传递对公司股价产生不利影响的信息。

按照优序筹资理论，不存在明显的目标资本结构，因为虽然留存收益和增发新股均属股权筹资，但前者最先选用，后者最后选用。获利能力强的公司之所以安排较低的债权比率，并不是因为要确立较低的目标债权比率，而是不需要外部筹资。获利能力较差的公司选用负债筹资是因为没有足够的留存收益，而且在外部筹资选择中负债筹资为首选。

四、最优资本结构的决策方法

企业的资本构成可分为负债资金和权益资金。适当地利用负债筹资可以减轻企业税负，从而降低综合资金成本。但是，如果企业负债筹资在资本总额中超过一定的限度，就必然会加大财务风险，引起各种资金来源的成本发生变动，并可能最终导致企业综合资金成本逐步上升、企业价值则逐渐下降。因此，企业必须权衡财务风险和资金成本的关系，确定最优资本结构。最优资本结构是指企业在一定时期内筹措的资金的加权平均资金成本最低，使企业的价值达到最大化。

从理论上讲，最优资本结构是存在的，但由于影响资本结构的因素有很多，企业内外部环境又经常发生变化，因此，寻找最优资本结构十分困难，目前还没有一种最优资本结构理论和方法被普遍接受。在实际工作中，可以采用资金成本比较法、每股收益无差别点法和公司价值分析法。

1. 资金成本比较法

资金成本比较法是指企业在筹资决策时，首先拟订多个备选方案，分别计算各个方案的加权平均资金成本，并相互比较来确定最优资本结构。即通过计算不同资本结构的加权平均资金成本率，并以此为标准相互比较，选择加权平均资金成本率最低的资本结构作为最佳资本结构的方法。运用资金成本比较法必须具备两个前提条件：①企业能够通过债务筹资。②充分考虑财务风险。

（1）运用资金成本比较法的步骤。

1）拟订几个筹资方案。

2）确定各方案的资本结构。

3）计算各方案的加权平均资金成本。

4）通过比较，选择加权平均资金成本最低的结构为最优资本结构。

【例 5－17】B 公司创建时，拟筹资 5000 万元，现有两个筹资方案可供选择，如表 5－5 所示。假设该公司可以承受这两个筹资组合方案的风险。要求分别计算这两个筹资组合方案的加权平均资金成本，并确定最优资本结构。

表 5－5　筹资组合方案表

筹资方式	初始筹资额(万元)	筹资方案 1 资金成本(%)	初始筹资额(万元)	筹资方案 2 资金成本(%)
长期借款	1000	7	500	7
长期债券	1000	10	2000	11
普通股	3000	15	2500	14
合计	5000	—	5000	—

解：(1) 计算各方案各种筹资方式的筹资额占筹资总额的比例及加权平均资金成本。

方案 1：各种筹资方式的筹资比例：

长期借款：1000/5000＝20%

长期债券：1000/5000＝20%

普通股：3000/5000＝60%

加权平均资金成本＝7%×20%＋10%×20%＋15%×60%＝12.4%

方案 2：各种筹资方式的筹资比例：

长期借款：500/5000＝10%

长期债券：2000/5000＝40%

普通股：2500/5000＝50%

加权平均资金成本＝7%×10%＋11%×40%＋14%×50%＝12.1%

(2) 比较各个筹资方案的加权平均资金成本，并做出选择。

根据计算结果，方案 2 的加权平均资金成本率小于方案 1，在适度财务风险的条件下，应选择筹资方案 2 作为最优筹资组合方案，由此形成的资本结构可确定为最优资本结构。

【例 5－18】C 公司目前拥有资金 2000 万元，其中，长期借款 800 万元，年利率 10%；普通股 1200 万元，上年支付的每股股利 2 元，预计股利增长率为 5%，发行价格 20 元，目前价格也为 20 元，该公司计划筹集资金 100 万元，企业所得税税率为 25%，有两种筹资方案：

方案 1：增加长期借款 100 万元，借款利率上升到 12%，假设公司其他条件不变。

方案 2：增发普通股 40000 股，普通股市价增加到每股 25 元，假设公司其他条件不变。

要求：(1) 计算该公司筹资前加权平均资金成本。

(2) 用比较资金成本法确定该公司的最优资本结构。

解：(1) 目前资本结构为：长期借款：800/2000＝40%，普通股：1200/2000＝60%。

借款成本＝10%×(1－25%)＝7.5%

普通股成本＝2×(1＋5%)/20＋5%＝15.5%

加权平均资金成本＝7.5%×40%＋15.5%×60%＝12.3%

(2) 方案1:

新借款成本＝12%×(1－25%)＝9%

普通股成本＝2×(1＋5%)/20＋5%＝15.5%

方案1的加权平均资金成本＝7.5%×(800/2100)＋9%×(100/2100)＋15.5%×(1200/2100)＝12.14%

(3) 方案2:

原借款成本＝10%×(1－25%)＝7.5%

普通股资金成本＝[2×(1＋5%)]/25＋5%＝13.4%

方案2的加权平均资金成本＝7.5%×(800/2100)＋13.4%×(1200＋100)/2100＝11.15%

从计算结果可以看出，方案2的加权平均资金成本率小于方案1，因此，应选择筹资方案2，即选择普通股筹资。

(2) 资金成本比较法的优点。

1) 此方法简单易懂，是确定资本结构常用的方法之一。

2) 资金成本的降低必然给企业财务带来良好的影响，一定条件下也可以使企业的市场价值增大。

(3) 资金成本比较法的缺点。

1) 由于拟订的方案有限，有可能把最优方案漏掉。

2) 仅仅以加权平均资金成本最低作为唯一标准，没有具体测算财务风险，有可能使企业蒙受较大的财务损失，并可能导致企业市场价值的波动。

2. 每股收益无差别点法

(1) 每股收益无差别点法的原理及应用。

每股收益无差别点法又称为息税前利润－每股收益分析法（EBIT－EPS 分析法），是利用每股收益（即每股税后利润）无差别点进行资本结构决策的方法。根据这一分析方法，可以分析判断在什么样的息税前利润水平下适于采用何种筹资方式来安排和调整资本结构。这种方法确定的最优资本结构即为每股收益最大的资本结构。

每股收益无差别点又称每股盈余无差别点，是指普通股每股收益不受筹资方式影响的销售收入或息税前利润水平。

每股收益无差别点处息税前利润的计算公式如下：

$$\frac{(EBIT-I_1)(1-T)-D_1}{N_1}=\frac{(EBIT-I_1)(1-T)-D_2}{N_2}$$

式中，$EBIT$ 表示每股税后收益无差别点处的息税前利润；I_1，I_2 表示两种筹资方式下的年利息费用；T 表示企业所得税税率；D_1，D_2 表示两种筹资方式下的优先股年股利；N_1，N_2 表示两种筹资方式下的普通股股数。

通过以上方程式的计算，可以求出每股收益无差别点处的息税前利润。进行每股收益分析时，当销售额（或息税前利润）大于每股收益无差别点的销售额（或息税前利润）时，采用负债筹资方式可获得较高的每股收益；反之，当销售额（或息税前利润）小于每股收益无差别点的销售额（或息税前利润）时，采用权益筹资方式可获得较高的每股收益。

【例 5－19】A 公司原有资本 15000 万元，其中，负债资金 6000 万元，优先股资本 1500 万元，普通股资本 7500 万元，每年负担的利息费用 600 万元，优先股股利 165 万元。普通股 300 万股，每股净资产 25 元。企业所得税税率为 25%。公司为扩大生产经营规模需要追加 7500 万元长期资金。

方案 1：全部筹措负债资金，债务利率 12%，年利息 900 万元。

方案 2：全部发行普通股，增发 300 万股，每股发行价 25 元。

解：$I_1=600+900=1500$(万元)

$I_2=600$(万元)

$N_1=300$(万股)

$N_2=300+300=600$(万股)

每股收益无差别点为 *EBIT*，则有：

$$\frac{(EBIT-1500)(1-25\%)-165}{300}=\frac{(EBIT-600)(1-25\%)-165}{600}$$

$EBIT=2620$(万元)

此时，每股收益为：

$$\frac{(2620-1500)(1-25\%)-165}{300}=2.25(元)$$

即当息税前利润为 2620 万元时，两种筹资方式下的每股收益相同，可采纳其中任何一种方式；当息税前利润高于 2620 万元时，应采用负债筹资方式，以获取较高的普通股每股收益；当息税前利润低于 2620 万元时，则应采用权益筹资方式，以获取较高的普通股每股收益。

（2）每股收益无差别点法的优点。

每股收益无差别点法的优点是，其原理较易理解，计算过程也较简单。在资本市场不完善时，投资人主要根据每股收益的多少来做出投资决策，每股收益的增加的确有利于股票价格的上升。此方法的决策目标实际上是每股收益最大化，可用于资本规模不大、资本结构不太复杂的股份有限公司。

（3）每股收益无差别点法的缺点。

1）每股收益最大不代表公司净利润最大，也不表示公司市场价值最大。由于在不同筹资方案中，公司股份数量不同，每股净资产值也不同，所以每股收益最大既不代表公司净利润最大，也不表示公司市场价值最大。因此，难以作为判断资本结构是否合理的标准。

2）没有考虑权益资金成本。在认为可以采用普通股筹资的条件下，权益资金的收益率可能低于其资金成本，这有损于股东利益。

3）没有考虑增加负债的风险。在负债筹资能提高每股收益的情况下，如果企业已经有很高的负债比率或者现金流量不足，此时，企业如果仍然负债筹资，那么将面临很高的财务风险。这时企业实际上不应该负债筹资。

由于每股收益无差别点法存在以上缺点，所以单纯用每股收益无差别点法有时会做出错误的决策。

3. 公司价值分析法

（1）公司价值分析法概述。公司价值分析法也称比较公司价值法，是通过计算和比较各种资本结构下公司的市场总价值来确定最优资本结构的方法。最优资本结构即为公司市场价值最大的资本结构。这里假定公司的总资本只包括长期债务和普通股。

比较公司价值法根据资本结构的理论进行最优资本结构决策时，应综合考虑资本成本和财务风险对企业价值的影响，通过比较不同资本结构下的公司价值，选择公司价值最大时的资本结构。由于比较公司价值法全面考虑了资本成本和财务风险对公司价值的影响，以公司价值最大化作为确定最优资本结构的目标，因此符合现代公司财务管理的基本目标。但其测算原理及测算过程较复杂，通常用于资本规模较大的上市公司。

（2）公司价值分析法的步骤。

1）测算公司价值。根据资本结构理论的有关假设，公司价值实际上是其未来现金流量的现值。相应地，长期债务和股票的价值都应按其未来现金流量进行折现。公司价值的计算公式如下：

公司价值＝公司股票的现值＋公司长期债务的现值

为简化起见，假定长期债务的现值等于其面值（或本金），股票的现值按公司未来净收益的折现现值计算，计算公式如下：

$$公司股票现值=\frac{(息税前利润-利息)\times(1-所得税税率)}{普通股资金成本率}$$

2）测算公司资金成本率。根据前述假定，在公司的总资本只包括长期债券和普通股的情况下，公司的综合资金成本就是长期债务资金成本和普通股资金成本的加权平均数。

3）公司最优资本结构的测算与判断。分别测算不同资本结构下的公司价值和综合资本成本，选择公司价值最大、综合资金成本最低的资本结构作为企业最优的资本结构。

本章复习思考题

一、名词解释

1. 资金成本　2. 杠杆效应　3. 经营杠杆　4. 财务杠杆　5. 复合杠杆
6. 最优资本结构　7. 每股收益无差别点法

二、简答题

1. 什么是资本结构？影响资本结构的因素有哪些？
2. 关于资本结构的理论有哪些？
3. 简述每股收益无差别点法的优缺点。

本章自测题

一、单项选择题

1. 筹资费用是指（　　）。
   A. 企业在生产经营和投资过程中因使用资金而付出的费用
   B. 企业在筹资过程中，为获取资金一次性支付的费用
   C. 企业筹集和使用全部资金所支付的代价
   D. 企业筹集和使用长期资金所支付的代价
2. 下列筹资方式中，资金成本最高的是（　　）。
   A. 银行借款　　B. 发行企业长期债券
   C. 发行普通股股票　　D. 发行可转换公司债券
3. 某公司发行债券面值为1000万元，票面利率为12%，偿还期限5年，每年付息一次。债券溢价发行，发行收入为1050万元，发行费用率为3%，所得税率为25%，则该批债券的资金成本率为（　　）。
   A. 11.78%　B. 8.84%　C. 9.28%　D. 8.57%
4. 某企业平价发行债券100万元，筹资费率4%，债券年利率为6%，企业所得税税率为25%，则债券的资金成本率为（　　）。
   A. 6.25%　B. 4.5%　C. 4.26%　D. 4.69%
5. 已知某企业目标资本结构中长期债务的比重为20%，债务资金的增加额在0~10000元范围内，其利率维持5%不变。该企业与此相关的筹资总额分界点为（　　）元。
   A. 5000　B. 20000　C. 50000　D. 200000
6. 某企业欲发行普通股股票，每股发行价为25元，筹资费率为4%，预计第一年的每股红利为3元，以后将保持5%的增长速度，那么该普通股的资金成本率为（　　）。
   A. 13.38%　B. 15.4%　C. 12.5%　D. 17.5%
7. 某公司股票的β系数为1.5，无风险收益率为8%，市场平均收益率为14%，那么，该公司股票的资金成本率为（　　）。
   A. 15%　B. 17%　C. 18%　D. 19%
8. 以下关于边际贡献的描述正确的是（　　）。
   A. 边际贡献是指销售收入减去全部成本后的余额
   B. 企业取得的边际贡献首先用于补偿固定成本，剩余部分则形成税前利润

C. 边际贡献是指企业支付借款利息和缴纳所得税之前的利润

D. 边际贡献是企业创造的全部利润额

9. 如果企业一定期间内的固定生产成本和固定财务费用均不为零，则由上述因素共同作用而导致的杠杆效应属于（　　）。

A. 经营杠杆效应　　B. 财务杠杆效应

C. 复合杠杆效应　　D. 风险杠杆效应

10. 在销售水平相同的情况下，固定经营成本占总成本比重越大的企业，其经营杠杆系数越（　　），经营风险越（　　）。

A. 大，低　　B. 小，高　　C. 大，高　　D. 小，低

11. 降低财务风险的主要措施是（　　）。

A. 降低固定成本总额

B. 降低变动成本总额

C. 提高产品销售价格

D. 合理安排资本结构，适度负债

12. 根据资本结构的净收益理论，如果企业的债务成本低于权益成本，那么企业价值最大时，企业的负债比例将达到（　　）。

A. 0%　　B. 100%　　C. 50%　　D. 不确定

13. 根据资本结构的优序筹资理论，公司在进行筹资决策时，应首先考虑（　　）。

A. 留存收益筹资　　B. 发行债券筹资

C. 发行优先股筹资　　D. 发行普通股筹资

14. 用每股收益分析法进行最优资本结构决策时，选择筹资方案的主要依据是筹资方案（　　）的大小。

A. 综合资金成本水平　　B. 筹资风险

C. 企业总价值　　D. 每股收益值

二、判断题

1. 资金成本是指企业筹资实际付出的代价，一般用相对数表示，即资金使用费加上资金筹集费之和与筹集资金额的比率。（　　）

2. 债务资本的筹资费用和用资费用均在税前支付，具有节税效应。（　　）

3. 只要企业存在固定成本，就存在经营杠杆作用。（　　）

4. 最优资金结构是使企业筹资能力最强、财务风险最小的资金结构。（　　）

5. 留存收益不需要任何筹资费用，因此与普通股筹资相比其资金成本最低。（　　）

6. 企业取得的边际贡献直接形成企业的税前利润。（　　）

7. 经营杠杆是指由于债务的存在而导致普通股每股收益变动率大于息税前利润变动率的杠杆效应。（　　）

8. 复合杠杆系数越大，则企业经营风险越大。（　　）

9. 利用每股收益无差别点法进行企业资本结构分析时，当预计销售额低于每股收益、无差别点的销售额时，采用权益筹资方式比采用负债筹资方式有利。（　　）

10. 每股收益无差别点法可以准确地反映一个公司的财务杠杆、每股收益、资本成本与企业价值之间的关系。(　　)

三、计算分析题

1. 某公司拥有长期资金 400 万元，其中长期借款 100 万元，普通股 300 万元。该资本结构为公司理想的目标结构。公司拟筹集新的资金 200 万元，并维持目前的资本结构。随筹资额增加，各种资金成本的变化如下表：

筹资方式	新筹资额（万元）	个别资金成本（%）
长期借款	40 以下	4
	40 以上	8
普通股	75 以下	10
	75 以上	12

要求：计算各筹资总额分界点及相应各筹资范围的边际资金成本。

2. A 公司某年的销售收入为 3000 万元，固定成本费用支出为 700 万元（不包括利息支出），变动成本率为 60%，资产总额为 2500 万元，资产负债率为 65%，负债的年利率为 10%，试求 A 公司的营业杠杆系数、财务杠杆系数和复合杠杆系数。

3. 某企业在初创时拟筹资 500 万元，现有甲、乙两个备选筹资方案，有关资料如下：

单位：万元

筹资方式	甲筹资方案		乙筹资方案	
	筹资额	资金成本 (%)	筹资额	资金成本 (%)
长期借款	80	7	110	7.5
长期债券	120	8.5	40	8
普通股	300	14	350	14
合　计	500		500	

要求：分别计算甲、乙两个筹资方案的平均资金成本，并确定最优筹资方案。

4. 某企业目前拥有资本 1000 万元，其结构为：负债资金 20%（年利息为 20 万元），普通股权益资金 80%（发行普通股 10 万股，每股面值 80 元），所得税率为 33%。现准备追加筹资 400 万元，有两种筹资方案可供选择：

（1）全部发行普通股，增发 5 万股，每股面值 80 元；

（2）全部筹借长期债务，利率为 10%，利息为 40 万元。

要求：

（1）计算每股收益无差别点及无差别点的每股收益。

（2）如果企业追加筹资后，税息前利润预计为 160 万元，应采用哪个方案筹资？

第六章 项目投资

【本章学习目标】

● 了解项目投资的类型和特点；
● 理解现金流量的概念及构成内容；
● 掌握现金净流量、各种贴现与非贴现指标的含义及计算方法；
● 掌握项目投资决策评价指标的应用，并能做出项目投资决策。

第一节 项目投资概述

这里所说的项目投资，是指企业以扩大生产能力和改善生产条件为目的的资本性支出。与证券投资相比，项目投资的支出是对企业自身的投入，与其他经济实体不发生资本收支的经济往来关系，是一种对内投资。

一、项目投资的含义与类型

项目投资是以特定项目为对象，直接与新建项目或更新改造项目有关的长期投资行为。新建项目是以新建生产能力为目的的外延式扩大再生产（如增加设备数量、新建车间、分厂等）。更新改造项目是以恢复和改善生产能力为目的的内含式扩大再生产（如修理设备、以新型号替换旧型号设备）。

二、项目投资的特点

1. 投资数额大

项目投资所形成的资产是固定资产及其相关资产。因而项目投资需要投入大量的资金，对企业未来现金流量和财务状况具有决定性的影响。

2. 作用时间长

项目投资发挥作用的时间较长，需要几年甚至几十年才能收回投资。对企业未来的经济效益产生重大影响。

3. 变现能力差

项目投资所形成的资产不是为销售而持有的，一般都不会在短期内变现。而且，项目投资的对象也大多是变现能力较差的长期资产，变现相当困难。

4. 投资风险大

由于项目投资数额大、作用时间长和变现能力差，必然造成投资风险大，对企业的经营和发展都有决定性影响，必须认真进行可行性研究，一旦失误会给企业带来巨大损失。

三、项目投资的种类

1. 维持性投资与扩大生产能力投资

项目投资按其与企业未来经营活动的关系分为维持性投资和扩大生产能力投资。维持性投资是为维持企业正常经营，保持现有生产能力而投入的财力。扩大生产能力投资是企业为扩大生产规模，增加生产能力或改变企业经营方向，对企业今后的经营与发展有重大影响的各种投资。

2. 固定资产投资、无形资产投资和递延资产投资

项目投资按投资对象可分为固定资产投资、无形资产投资和递延资产投资。固定资产投资是指投资于企业固定资产，特别是生产经营用固定资产的投资。无形资产投资是指投资于企业长期使用没有实物形态的资产上的投资，如专利、商标和非专利技术等。递延资产投资主要是指在新建项目上的开办费投资。

3. 战术性投资和战略性投资

项目投资按其对企业前途的影响分为战术性投资和战略性投资。战术性投资是指不牵涉整个企业前途的投资。战略性投资是指对企业全局有重大影响的投资。

4. 相关性投资和非相关性投资

项目投资按其相互关系分为相关性投资和非相关性投资。如果采纳或放弃某一项目并不显著地影响另一项目，则可说两个项目在经济上是不相关的，二者互为非相关性投资。如果采纳或放弃某个投资项目可以显著地影响另外一个投资项目，则可以说这两个项目在经济上是相关的。

5. 扩大收入投资和降低成本投资

项目投资按其增加利润的途径可分为扩大收入投资与降低成本投资两类。扩大收入投资是指通过扩大企业生产经营规模，以便增加利润的投资；降低成本投资是指通过降低生产经营中的各种耗费，以便增加利润的投资。

6. 采纳与否投资与互斥选择投资

项目投资按决策的角度分为采纳与否投资和互斥选择投资。采纳与否投资是指决定

是否投资于某一项目的投资。在两个或两个以上的项目中，只能选择其中之一的投资，叫互斥选择投资。

四、项目投资的程序

1. 项目提出

项目投资的提出是根据企业的长远发展战略、中长期投资计划和投资环境的变化，在把握良好投资机会的情况下提出的。它是项目投资程序的第一步。

2. 项目评价

项目投资的评价有以下工作:

（1）对提出的投资项目进行适当的分类。

（2）计算有关项目的建设周期、投产后的收入、费用和经济效益，预测现金流入和现金流出。

（3）运用各种指标把各项投资进行排序。

（4）写出详细的评价报告。

3. 投资决策

项目评价后应按分权管理的决策权限，由企业高层管理人员或相关部门经理做出最后的决策。

4. 项目执行

决定对某项目进行投资后，要积极筹措资金，实施项目投资。

5. 项目投资的再评价

在投资项目的执行过程中应注意原来做出的投资决策是否合理，是否正确。一旦出现新的情况，就要随时根据变化的情况做出新的评价，以避免造成更大的损失。

五、项目计算期及资金构成

1. 项目计算期

项目计算期是指项目从投资建设开始到最终清理结束整个过程的全部时间，包括建设期和生产经营期，用 n 表示。项目计算期通常以年为单位。其中，建设期（记作 s，$s \geqslant 0$，若建设期不足半年，可假定建设期为零）的第一年初称为建设起点，建设期的最后一年末称为投产日；项目计算期的最后一年末称为终结点，从投产日到终结点之间的时间间隔称为生产经营期（记作 p），生产经营期包括试产期和达产期（完全达到设计生产能力）。项目计算期、建设期和生产经营期之间存在以下关系：

$n=s+p$

【例 6－1】某企业拟购建一项固定资产，预计使用寿命为 10 年。

要求：下列分别确定两种不相关情况下该项目的项目计算期。

①在建设起点投资并投产。②建设期为一年。

解：①项目计算期＝0＋10＝10(年)

②项目计算期＝1＋10＝11(年)

2. 项目资金构成

（1）原始总投资。原始总投资又称初始投资，是企业为使项目完全达到设计生产能力、开展生产经营而投入的全部现实货币资金，包括建设投资和流动资金投资两部分内容。

建设投资是指在建设期内按一定生产经营规模和建设内容进行的投资，包括固定资产投资、无形资产投资和开办费投资三项。

（2）投资总额。投资总额是一个反映项目投资总体规模的价值指标，它等于原始总投资与建设期资本化利息之和。其中，建设期资本化利息是指建设期发生的与建设项目所需的固定资产、无形资产等长期资产有关的借款利息。

固定资产投资是项目用于购置或安装固定资产应当发生的投资，也是任何类型项目投资中不可缺少的投资内容。计算折旧的固定资产原值与固定资产投资之间可能存在差异，原因在于固定资产原值可能包括应构成固定资产成本的建设期内资本化了的借款利息。两者的关系是:

固定资产原值＝固定资产投资＋建设期资本化借款利息

无形资产投资是指项目用于取得无形资产而发生的投资。

开办费投资，是指为组织项目投资的企业，在其筹建期内①发生的，不能计入固定资产和无形资产价值的那部分投资。

流动资产投资，是指项目投产前后分次或一次投放于流动资产项目的投资增加额，又称垫支流动资金或营运资金投资。其计算公式为：

本年流动资金增加额（垫支数）＝本年流动资金需用数－截至上年的流动资金投资额

经营期流动资金需用数＝该年流动资产需用数－该年流动负债运用数

【例6－2】企业拟新建一条生产线，需要在建设起点一次投入固定资产100万元，无形资产10万元。建设期为1年，建设期资本化利息为6万元，全部计入固定资产原值。投产第一年预计资本化利息为6万元，全部计入固定资产原值。投产第一年预付流动资金需用额为30万元，流动负债运用额为15万元；投产第二年预计流动资金需用额为40万元，流动负债运用额为20万元。根据上述资料计算该项目有关指标如下：

（1）固定资产原值＝100＋6＝106(万元)

（2）投产第一年的流动资金需用额＝30－15＝15(万元)

投产第二年的流动资金需用额＝(40－30)－(20－15)＝10－5＝5(万元)

流动资金投资合计＝15＋5＝20(万元)

（3）建设投资额＝100＋10＝110(万元)

（4）原始总投资额＝110＋20＝130(万元)

（5）投资总额＝130＋6＝136(万元)

① 新建企业的筹建期是指取得工商营业执照依法成立之日起到企业正式建成投产之日止的时间间隔。

六、项目投资资金的投入方式

从时间特征上看，投资主体将原始总投资注入具体项目的投入方式，包括一次投入和分次投入两种形式。一次投入方式是指投资行为集中一次发生在项目计算期第一个年度的年初或年末；如果投资行为涉及两个或两个以上年度，或虽然只涉及一个年度但在该年的年初和年末发生，则属于分次投入方式。

资金投入方式与项目计算期的构成情况有关，同时也受投资项目具体内容的制约。建设投资既可以采用年初预付的方式，也可以采用年末结算的方式，因此，该项投资必须在建设期内一次或分次投入。就单纯固定资产投资项目而言，如果建设期等于零，说明固定资产投资的投资方式是一次投入；如果固定资产投资是分次投入的，则意味着该项目的建设期一定大于一年。

流动资金投资必须采取预付的方式，因此，其首次投资最迟必须在建设期末（即投产日）完成，也可在试产期内有关年份的年初分次追加投入。因此，实务中，即使某工业项目的建设期为零，其原始投资也可能采用分次投入的方式。

【例 6-3】有关资料同例【例 6-2】。

要求：确定支出流动资金投资的投资方式和在项目计算期内的投资时间。

解：依题意，可知该项目的流动资金分两次投入，第一次是在项目计算期的第二年年初投入的，第二次是在项目计算期的第三年年初投入的。

第二节 项目投资的现金流量分析和计算

一、现金流量是项目投资的决策依据

1. 现金流量的含义

现金流量，是指投资项目在其计算期内各项现金流入和现金流出量的统称。这里的“现金”概念是广义的，包括各种货币资金及与投资项目有关的非货币资产的变现价值。

2. 投资中使用现金流量的原因

财务会计按权责发生制计算企业的收入和成本，并以收入减去成本后的利润作为收益，用来评价企业的经济效益。在项目投资决策中则不能以按这种方法计算的收入和支出作为评价项目经济效益高低的基础，而应以现金流入作为项目的收入，以现金流出作为项目的支出，以净现金流量作为项目的净收益，并据此评价投资项目的经济效益。投资决策按收付实现制计算的现金流量作为评价项目经济效益的基础的原因有以下几个方面：

（1）采用现金流量有利于科学地考虑时间价值因素。科学的投资决策必须认真考虑资金的时间价值，这就要求在决策时一定要弄清每笔预期收入款项和支出款项的具体时间，因为不同时间的资金具有不同的价值。因此，在衡量方案优劣时，应根据各投资项目寿命周期内各年的现金流量，按照资本成本，结合资金的时间价值来确定。而以权责发生制为基础的利润的计算，并不考虑资金收付的时间。利润与现金流量的差异主要有以下几个方面：

1）购置固定资产付出大量现金时不计入成本。

2）将固定资产的价值以折旧或折耗的形式逐期计入成本时，却又不需要付出现金。

3）计算利润时不考虑垫支的流动资产的数量和回收的时间。

4）只要销售行为已经确定，就计算为当期的销售收入，尽管其中一部分并未于当期收到现金。可见，要在投资决策中考虑时间价值的因素，就不能利用利润来衡量项目的优劣，而必须采用现金流量。

（2）采用现金流量才能使投资决策更符合客观实际情况。在长期投资决策中，应用现金流量能科学、客观地评价投资方案的优劣，而利润则明显地存在不科学、不客观的成分。这是因为：

1）利润的计算没有一个统一的标准，在一定程度上要受存货估价、费用摊配和折旧计提等因素的影响。因此，利润的计算比现金流量的计算有更大的主观随意性，作为决策的主要依据不太可靠。

2）利润反映的是某一会计期间"应计"的现金流量，而不是实际的现金流量。若以未实际收到的现金收入作为收益，容易高估投资项目的经济效益，存在不科学、不合理的成分。

因此，投资决策中不采用风险较大的期间利润作为决策依据，而重视现金流量的取得。

3. 现金流量的构成

投资决策中的现金流量，从时间特征上看包括以下三个组成部分：

（1）初始现金流量。初始现金流量，是指开始投资时发生的现金流量，一般包括固定资产投资、无形资产投资、开办费投资、流动资金投资和原有固定资产的变价收入等。

（2）营业现金流量。营业现金流量，是指投资项目投入使用后，在其寿命周期内由于生产经营所带来的现金流入和流出的数量。

（3）终结现金流量。终结现金流量，是指投资项目终结时所发生的现金流量，主要包括：固定资产的残值收入或变价收入、收回垫支的流动资金和停止使用的土地变价收入等。

4. 确定现金流量的假设

（1）投资项目类型的假设。假设投资项目只包括单纯固定资产投资项目、完整工业投资项目和更新改造投资项目三种类型，这些项目又可进一步分为不考虑所得税因素和考虑所得税因素的项目。

（2）财务可行性分析假设。假设投资决策是从企业投资者的立场出发，投资决策者确定现金流量就是为了进行项目财务可行性研究，该项目已经具备国民经济可行性和技术可行性。

（3）全投资假设。假设在确定项目的现金流量时，只考虑全部投资的运动情况，而不具体区分自有资金和借入资金等具体形式的现金流量。即使实际存在借入资金也将其作为自有资金对待。

（4）建设期投入全部资金假设。不论项目的原始总投资是一次投入还是分次投入，除个别情况外，假设都是在建设期内投入的。

（5）经营期与折旧年限一致假设。假设该项固定资产的折旧年限或使用年限与经营期相同。

（6）时点指标假设。为便于利用资金时间价值的形式，不论现金流量具体内容所涉及的价值指标实际上是时点指标还是时期指标，均假设按照年初或年末的时点指标处理。其中，建设投资在建设期内有关年度的年初或年末发生，流动资金投资则在经营期期初（年初）发生；经营期内各年的收入、成本、折旧、摊销、利润、税金等项目的确认均在年末发生；项目最终报废或清理均发生在终结点(但更新改造项目除外)。

（7）确定性假设。假设与项目现金流量有关的价格、产销量、成本水平、企业所得税税率等因素均为已知常数。

二、现金流量的内容

1. 单纯固定资产投资项目的现金流量

单纯固定资产投资项目，是指只涉及固定资产投资而不涉及无形资产投资、其他资产投资和流动资产投资的建设项目。它以新增生产能力，提高生产效率为特征。其现金流入量包括增加的营业收入和回收固定资产余值等内容;现金流出量包括固定资产投资、新增经营成本和增加的各项税款等内容。

2. 完整工业投资项目的现金流量

完整工业投资项目，是以新增工业生产能力为主的投资项目，其投资内容不仅包括固定资产投资而且还包括流动资金投资。

（1）现金流入量：营业收入、补贴收入、回收固定资产余值和回收流动资金。

（2）现金流出量：建设投资、流动资产投资、经营成本、营业税金及附加、维持运营投资和调整的所得税。

3. 固定资产更新改造投资项目的现金流量

固定资产更新改造投资项目，可分为以恢复固定资产生产效率为目的的更新项目和以改善企业经营条件为目的的改造项目两种类型。

（1）现金流入量：因使用新固定资产而增加的营业收入、处置旧固定资产的变现净收入和新旧固定资产回收固定资产余值的差额等内容。

（2）现金流出量：购置固定资产的投资、因使用新固定资产而增加的经营成本、因使用新固定资产而增加的流动资产投资和增加的各项税款等内容。其中，因固定资产提前报废发生的清理净损失而产生的抵减当期所得税额用负值表示。

三、现金流量的估算

在估算现金流量时，为防止多算或漏算有关内容，需要注意：①必须考虑现金流量的增量。②尽力利用现有的会计利润数据。③不能考虑沉没成本因素。④充分关注机会成本。⑤考虑项目对企业其他部门的影响。

1. 现金流入量的估算

（1）营业收入是运营期最主要的现金流入量，应按项目在运营期内有关产品的各年预计单价和预测销售量（假定运营期每期均可以自动实现产销平衡）进行估算。

（2）补贴收入是与运营期收益有关的政府补贴，可根据按政策退还的增值税、按销量或工作量分期计算的定额补贴和财政补贴等予以估算。

（3）在终结点一次回收的流动资金等于各年垫支的流动资金投资额的合计数。回收流动资金和回收固定资产余值统称为回收额，假定新建项目的回收额都发生在终结点。

2. 现金流出量的估算

（1）建设投资的估算。固定资产投资是所有类型的项目投资在建设期必然会发生的现金流出量，应按项目规模和投资计划所确定的各项建筑工程费用、设备购置费用、安装工程费用和其他费用来估算。

在估算构成固定资产原值的资本化利息时，可根据长期借款本金、建设期年数和借款利息率按复利计算，且假定建设期资本化利息只计入固定资产的原值。

（2）流动资产投资的估算。在项目投资决策中，流动资产是指在运营期内长期占用并周转使用的营运资金。估算可按下式进行：

本年流动资金投资额（垫支数）＝本年流动资金需用数－截至上年的流动资金投资额

＝本年流动资金需用数－上年流动资金实有数

或

本年流动资金需用数＝该年流动资产需用数－该年流动负债运用数

上式中的流动资产只考虑存货、货币资金、应收账款和预付账款等项内容；流动负债只考虑应付账款和预收账款。

为简化计算，我国有关建设项目评估制度假定流动资产投资可从投产第一年开始安排。因此，投产第一年所需的流动资金应在项目投产前安排。

（3）经营成本的估算。经营成本又称付现的营运成本（或简称付现成本），是指在运营期内为满足正常生产经营而动用现实货币资金支付的成本费用。经营成本是所有类型的项目投资在运营期都要发生的主要现金流出量，它与融资方案无关。其估算公式如下：

某年经营成本＝该年外购原材料燃料和动力费＋该年工资及福利费

＋该年修理费＋该年其他费用

上式中，其他费用是指从制造费用、管理费用和营业费用中扣除了折旧费、摊销费、修理费、工资及福利费以后的剩余部分。

（4）营业税金及附加的估算。在项目投资决策中，应按在运营期内应交纳的营业税、消费税、土地增值税、资源税、城市维护建设税和教育费附加等估算。

（5）维持运营投资的估算。本项投资是指矿山、油田等行业为维持正常运营而需要在运营期投入的固定资产投资，应根据特定行业的实际需要估算。

（6）调整所得税的估算。为了简化计算，调整所得税等于息税前利润与适用的企业所得税税率的乘积。

3. 关于增值税因素的估算

增值税属于价外税，在估算项目投资的现金流量时，可分别采取两种方式处理：

（1）销项税额不作为现金流入项目，进项税额和应交增值税也不作为现金流出项目处理。这种方式的优点是比较简单，也不会影响净现金流量的计算，但不利于城市维护建设税和教育费附加的估算。

（2）将销项税额单独列作现金流入量，同时分别把进项税额和应交增值税分别列作现金流出量。这种方式的优点是有助于城市维护建设税和教育费附加的估算。

四、净现金流量的确定

1. 净现金流量的含义

净现金流量又称现金净流量，是指在项目计算期内由每年现金流入量与同年现金流出量之间的差额所形成的序列指标。其计算公式为：

某年净现金流量＝该年现金流入量－该年现金流出量

净现金流量又包括所得税前净现金流量和所得税后净现金流量两种形式。其中，所得税前净现金流量不受融资方案和所得税政策变化的影响，是全面反映投资项目本身盈利能力的基础数据。计算时，现金流出量的内容中不包括调整所得税因素；所得税后净现金流量则将所得税视为现金流出，可用于评价在考虑融资条件下项目投资对企业价值所做的贡献。可以在所得税前净现金流量的基础上，直接扣除调整所得税求得。

2. 现金流量表及其特点

在项目投资决策中使用的现金流量表，是用于全面反映某投资项目在其未来项目计算期内每年的现金流入量和现金流出量的具体构成内容以及净现金流量水平的分析报表。[①]

现金流量表包括“项目投资现金流量表”、“项目资本金现金流量表”和“投资各方现金流量表”等不同形式。

项目投资现金流量表要详细列示所得税前净现金流量、累计所得税前净现金流量、

① 它与财务会计的现金流量表的区别有：反映对象不同；期间特征不同；勾稽关系不同；信息属性不同。

所得税后净现金流量和累计所得税后净现金流量，并要求根据所得税前后的净现金流量分别计算两套内部收益率、净现值和投资回收期指标。

与全部投资的现金流量表相比，项目资本金现金流量表的现金流入项目没有变化，但现金流出项目不同，其具体内容包括：项目资本金投资、借款本金偿还、借款利息支付、经营成本、营业税金及附加、所得税和维持运营投资等。此外，该表只计算所得税后净现金流量，并据此计算资本金内部收益率指标。

3. 项目投资净现金流量的简化计算方法

（1）单纯固定资产投资项目。

建设期某年净现金流量＝－该年发生的固定资产投资额

运营期某年所得税前净现金流量＝该年因使用该固定资产新增的息税前利润＋该年因使用该固定资产新增的折旧＋该年回收的固定资产净残值

运营期某年所得税后净现金流量＝运营期某年所得税前净现金流量－该年因使用该固定资产新增的所得税

【例 6－4】某固定资产项目需要一次投入价款 1000 万元，资金来源为银行借款，年利息率 10%，建设期为 1 年。该固定资产可使用 10 年，按直线法折旧，期满有净残值 100 万元。投入使用后，可使经营期第 1～7 年每年产品销售收入（不合增值税）增加 803.9 万元，第 8～10 年每年产品销售收入（不含增值税）增加 693.9 万元，同时使第 1～10 年每年的经营成本增加 370 万元。该企业的所得税率为 33%，不享受减免税待遇。投产后第 7 年末，用税后利润归还借款的本金，[①] 在还本之前的经营期内每年末支付借款利息 110 万元，连续归还 7 年。

要求：分别按简化公式计算和编制现金流量表，用两种方法计算该项目净现金流量（计算结果保留一位小数）。

解：计算以下相关指标：

（1）项目计算期＝1＋10＝11(年)

（2）建设期资本化利息＝1000×10%×1＝100(万元)

固定资产原值＝1000＋100＝1100(万元)

（3）年折旧＝（1100－100）÷10＝100(万元)

（4）经营期第 1～7 年每年总成本增加额＝370＋100＋0＋110＝580(万元)

经营期第 8～10 年每年总成本增加额＝370＋100＋0＋0＝470(万元)

（5）经营期第 1～7 年每年营业利润增加额＝803.9－580＝223.9(万元)

经营期第 8～10 年每年营业利润增加额＝693.9－470＝223.9(万元)

（6）每年应交所得税增加额＝223.9×33%≈73.9(万元)

（7）每年净利润增加额＝223.9－73.9＝150(万元)

① 在全投资假定条件下，无论按哪种方法确定的经营净现金流量，都不包括归还借款本金的内容。因为借款的取得和本金的归还均属于筹资行为。既然当初在取得用于固定资产投资的借款时，没有作为现金流入量处理，那么，归还本金也不能作为现金流出量处理。

净现金流量计算方法一：

按简化公式计算的建设期净现金流量为

NCF_0＝－1000(万元)

NCF_1＝0

按简化公式计算的经营期净现金流量为

$NCF_{2\sim8}$＝150＋100＋110＝360(万元)

$NCF_{9\sim10}$＝150＋100＋0＝250(万元)

NCF_{11}＝150＋100＋100＝350(万元)

净现金流量计算方法二：

编制该项目的现金流量表，如表 6－1 所示。

由此可见，两种计算方法的结果完全一致。

表 6－1 某固定资产投资项目现金流量表（全部投资） 单位：万元

项目计算期	建设期		经营期							合计
（第 t 年）	0	1	2	3	……	8	9	10	11	
1.0 现金流入量										
1.1 营业收入	0	0	803.9	803.9	……	803.9	693.9	693.9	693.9	7709
1.2 回收固定资产余	0	0	0	0	……	0	0	0	100.0	100
1.3 现金流入量合计	0	0	803.9	803.9	……	803.9	693.9	693.9	693.9	7809
2.0 现金流出量										
2.1 固定资产投资	1000	0	0	0	……	0	0	0	0	1000
2.2 经营成本	0	0	370.0	370.0	……	370.0	370.0	370.0	370.0	3700
2.3 所得税	0	0	73.9	73.9	……	73.9	73.9	73.9	73.9	739
2.4 现金流出量合计	1000	0	443.9	443.9	……	443.9	443.9	443.9	443.9	5439
3.0 净现金流量	-1000	0	360.0	360.0	……	360.0	250.0	250.0	350.0	2370

（2）完整工业投资项目。

建设期某年净现金流量＝－该年原始投资额

如果项目在运营期内不追加流动资金投资，则完整工业投资项目的运营期所得税前净现金流量可以按以下简化公式计算：

运营期某年所得税前净现金流量＝该年息税前利润＋该年折旧＋该年摊销＋该年回收额－该年维持运营投资

完整工业投资项目的运营期所得税后净现金流量可按以下简化公式计算：

运营期某年所得税后净现金流量＝该年息税前利润×（1－所得税税率）＋该年折旧＋该年摊销＋该年回收额－该年维持运营投资＝该年自由现金流量

所谓运营期自由现金流量，是指投资者可以作为偿还借款利息、本金、分配利润、对外投资等财务活动资金来源的净现金流量。

如果不考虑维持运营投资，而且回收额为零，则运营期所得税后净现金流量又成为经营净现金流量。按照有关回收额均发生在终结点上的假设，运营期内回收额不为零时的所得税后净现金流量也称为终结点所得税后净现金流量；显然终结点所得税后净现金流量等于终结点那一年的经营净现金流量与该期回收额之和减去维持运营投资。

【例 6－5】某工业项目需要原始投资 1250 万元，其中固定资产投资 1000 万元，开办费投资 50 万元，流动资金投资 200 万元。建设期为 1 年，建设期发生与购建固定资产有关的资本化利息 100 万元。固定资产投资和开办费投资于建设起点投入，流动资金于完工时，即第 1 年末投入。该项目寿命期 10 年，固定资产按直线折旧，期满有 100 万元净残值；开办费于投产当年一次摊销完。从经营期第 1 年起连续 4 年每年归还借款利息 110 万元：流动资金于终结点一次回收。投产后每年获净利润分别为 10 万元、110 万元、160 万元、210 万元、260 万元、300 万元、350 万元、400 万元、450 万元和 500 万元。

要求：按简化公式计算项目各年净现金流量。

解：依题意计算如下指标：

①项目计算期＝1＋10＝11(年)

②固定资产原值＝1000＋100＝1100(万元)

③固定资产年折旧＝(1100－100)÷10＝100(万元)

④建设期净现金流量：

NCF_0＝(1000＋50)＝-1050(万元)

NCF_1＝-200(万元)

⑤经营期净现金流量：

NCF_2＝10＋100＋50＋110＋0＝270(万元)

NCF_3＝110＋100＋0＋110＋0＝320(万元)

NCF_4＝160＋100＋0＋110＋0＝370(万元)

NCF_5＝210＋100＋0＋110＋0＝420(万元)

NCF_6＝260＋100＋0＋0＋0＝360(万元)

NCF_7＝300＋100＋0＋0＋0＝400(万元)

NCF_8＝350＋100＋0＋0＋0＝450(万元)

NCF_9＝400＋100＋0＋0＋0＝500(万元)

NCF_{10}＝450＋100＋0＋0＋0＝550(万元)

NCF_{11}＝500＋100＋0＋0＋(100＋200)＝900(万元)

（3）更新改造投资项目。

建设期某年净现金流量＝－(该年发生的新固定资产投资－该年就固定资产变价净收入)

如果建设期为零，则运营期所得税后净现金流量的简化公式为：

运营期第一年净现金流量＝该年因更新改造而增加的息税前利润＋该年因更新改造而增加的折旧额＋因旧固定资产提前报废发生净损失而抵减的所得税额

运营期第一年所得税后净现金流量＝该年因更新改造而增加的息税前利润×(1－所得税税率）＋该年因更新改造而增加的折旧额＋因旧固定资产提前报废发生净损失而抵减的所得税额

运营期其他各年所得税后净现金流量＝该年因更新改造而增加的息税前利润×（1－所得税税率）＋该年因更新改造而增加的折旧额＋该年回收新固定资产净残值超过假定继续使用的旧固定资产净残值之差额

【例 6－6】某企业打算变卖一套尚可使用 5 年的旧设备，另购置一套新设备来替换它。取得新设备的投资额为 180000 元，旧设备的折旧余值为 90151 元，其变价净收入为 80000 元，到第 5 年末新设备与旧设备的预计净残值相等。新旧设备的替换将在当年内完成（即更新设备的建设期为零）。使用新设备可使企业在第 1 年增加营业收入 50000 元，增加经营成本 25000 元；第 2～5 年每年增加营业收入 60000 元，增加经营成本 30000 元。设备采用直线法计提折旧。企业所得税率为 33%，假设处理旧设备不涉及营业税金，全部资金来源均为自有资金。

要求：用简算法计算该更新设备项目的项目计算期内各年的差量净现金流量（NCF_t）（不保留小数）。

解：计算以下相关指标：

（1）更新设备比继续使用旧设备增加的投资额＝新设备的投资－旧设备的变价净收入
＝180000－80000＝100000（元）

（2）经营期第 1～5 年每年因更新改造而增加的折旧＝100000÷5＝20000（元）

（3）经营期第 1 年总成本的变动额＝该年增加的经营成本＋该年增加的折旧
＝25000＋20000＝45000（元）

（4）经营期第 2～5 年每年总成本的变动额＝30000＋20000＝50000（元）

（5）经营期第 1 年营业利润的变动额＝50000－45000＝5000（元）

（6）经营期第 2～5 年每年营业利润的变动额＝60000－50000＝10000（元）

（7）因旧设备提前报废发生的处理固定资产净损失为：
旧固定资产折余价值－变价净收入＝90151－80000＝10151（元）

（8）经营期第 1 年因营业利润增加而导致所得税变动额＝5000×33％＝1650（元）

（9）经营期第 2～5 年每年因营业利润增加而导致的所得税变动额＝10000×33%＝3300（元）

（10）经营期第 1 年因旧固定资产提前报废发生净损失而抵减的所得税额＝10151×33%≈3350（元）

（11）经营期第 1 年因营业利润增加而增加的净利润＝5000－1650＝3350（元）

（12）经营期第 2～5 年每年因营业利润增加而增加的净利润＝10000－3300
＝6700（元）

按简化公式确定的建设期差量净现金流量为：

ΔNCF_0＝-（180000－80000）＝-100000（元）

按简化公式计算的经营期差量净现金流量为：

ΔNCF_1＝3350＋20000＋3350＝26700（元）

$\Delta NCF_{2\sim5}$＝6700＋20000＝26700（元）

第三节　项目投资决策评价指标及其计算

一、项目投资决策评价指标的类型

投资决策评价指标是判断项目财务可行性的标准与尺度，主要包括静态投资回收期、投资收益率、净现值、净现值率、获利指数和内部收益率。

（1）按是否考虑时间价值分类，可分为静态评价指标（计算过程不考虑时间价值），又称非折现评价指标，包括投资收益率和静态投资回收期；动态评价指标（计算过程考虑时间价值），又称折现评价指标，包括净现值、净现值率、获利指数和内部收益率。

（2）按指标性质不同分类，分为正指标（越大越好）和反指标（越小越好）。投资利润率、净现值、净现值率、获利指数和内部收益率属于正指标；静态投资回收期属于反指标。

（3）按指标数量特征分类，分为绝对量指标和相对量指标。绝对量指标包括静态投资回收期和净现值；相对量指标包括投资收益率、净现值率、获利指数和内部收益率。

（4）按指标重要性分类，分为主要指标、次要指标和辅助指标。主要指标包括净现值、获利指数和内部收益率；次要指标指静态投资回收期；辅助指标指投资利润率。

二、静态投资指标

1. 投资回收期

（1）投资回收期的含义。投资回收期，是指自投资方案实施起，至收回初始投入资本所需的时间，即能够使与此方案相关的累计现金流入量等于累计现金流出量的时间，满足公式：

$$\sum_{t=1}^{n} I_t = \sum_{t=1}^{n} O_t$$

式中，I_t表示在项目实施第 n 年的净现金流入值；O_t表示在项目实施第 t 年的净现金流出值。

投资回收期一般以年为单位，包括以下两种形式：包括建设期的投资回收期（记作PP）和不包括建设期的投资回收期（记作 PP′）。显然，在建设期为 s 时，PP′＋s＝PP。

（2）投资回收期的决策规则。应用静态回收期进行决策时，投资回收期越短越好，表明投资收回的速度越快，项目经济效益越好。

（3）投资回收期的计算。下面举例说明投资回收期的计算方法。

【例 6－7】现有三个投资机会，其有关数据如表 6－2 所示。投资回收期的计算一般可以用列表的方式进行，如表 6－3 所示。

表 6－2　投资方案基本资料　单位：万元

时间（年）	0	1	2	3	4
方案 A：净收益 净现金流量	(10000)	500 5500	500 5500		
方案 B：净收益 净现金流量	(10000)	1000 3500	1000 3500	1000 3500	1000 3500
方案 C：净收益 净现金流量	(20000)	2000 7000	2000 7000	1500 6500	1500 6500

表 6－3　投资回收期计算表　单位：万元

	时间（年）	净现金流量	回收额	未收回数	回收时间
方案 A	0	(10000)		10000	
	1	5500	5500	4500	1
	2	5500	4500		0.82
合计回收时间（回收期）＝1＋4500／5500＝1.82					
方案 B	0	(10000)		10000	
	1	3500	3500	6500	1
	2	3500	3500	3000	1
	3	3500	3000		0.86
合计回收时间（回收期）＝1＋1＋3000／3500＝2.86					
方案 C	0	(20000)		20000	
	1	7000	7000	13000	1
	2	7000	7000	6000	1
	3	7000	6000		0.86
合计回收时间（回收期）＝1＋1＋6000／7000＝2.86					

从表 6－3 可见，方案 A 的回收期最短，能最快收回投资，而方案 B 与方案 C 的回收期相同。

（4）静态投资回收期的评价。

1）优点。①能够直观地反映原始投资的返本期限。②便于理解，计算简单。③可以直接利用回收期之前的净现金流量的信息。

2）缺点。①没有考虑资金时间价值。②不能反映投资方式不同对项目的影响。③未考虑投资回收期后的净现金流量的情况。

2. 投资报酬率

（1）投资报酬率的含义。投资报酬率（ROI ），是指投资项目达产期正常年份的年息税前利润或年均息前利润占项目总投资的百分比。

（2）投资报酬率法的决策规则。投资项目的投资报酬率越高越好，大于或等于无风险投资收益率的项目才有财务可行性。

（3）投资收益率的计算。投资报酬率的计算公式为：

投资报酬率＝年利润或年平均利润/投资总额

根据【例 6－7】的资料，方案 A、B、C 的投资报酬率分别为：

投资报酬率（A）＝[(500＋500)/2]/10000＝5%

投资报酬率（B）＝[(1000＋1000＋1000＋1000)/4]/10000＝10%

投资报酬率（C）＝[(2000＋2000＋1500＋1500)/4]/20000＝8.75%

方案 A 的回收期虽然最短，但它的投资报酬率最低。方案 B 与方案 C 的回收期相同，因此无法用回收期法来判断它们的优劣。但是方案 B 的投资报酬率高于方案 C，因此在三个方案中，按照投资报酬率法来判断，应是方案 B 最优。方案 C 次之，方案 A 最差。

（4）投资报酬率的评价。

1）优点。计算简便，并且使用的是普通会计学上的收益和成本的概念，容易被接受和掌握。

2）缺点。①没有考虑资金的时间价值因素。②不能正确反映建设期长短、投资方式的不同和回收额的有无等条件对项目的影响。③无法直接利用净现金流量的信息。④计算公式中的分子、分母的时间特征不同，不具有可比性。

三、动态投资指标

与静态投资决策指标不同，动态投资决策指标是在充分考虑货币的时间价值的基础上，对方案的优劣取舍进行判断。动态投资决策指标主要有净现值、净现值率、获利指数和内含报酬率指标。

1. 净现值

（1）净现值的含义。净现值（NPV）指的是在方案的整个实施运行过程中，所有现金净流入年份的现值之和与所有现金净流出年份的现值之和的差额。所用的贴现率可以是企业的资本成本，也可以是企业所要求的最低报酬率水平。

（2）净现值法的决策规则。如果投资方案的净现值大于或等于零，该方案为可行方案；如果投资方案的净现值小于零，该方案为不可行方案；如果几个方案的投资额相同，项目计算期相等且净现值均大于零，那么净现值最大的方案为最优方案。所以，净现值大于或等于零是项目可行的必要条件。

（3）净现值的计算。

净现值的计算公式为：

$$净现值=\sum_{t=1}^{n}\frac{I_t}{(1+i)^t}-\sum_{t=0}^{n}\frac{O_t}{(1+i)^t}$$

$$=\sum_{t=0}^{n}NCF_t\times(P/F,i,t)$$

式中，n 表示项目的实施运行时间（年份）；I_t表示在项目实施第 n 年的净现金流入值；O_t表示在项目实施第 t 年的净现金流出值；i 表示预定的贴现率；NCF 表示第 t 年的现金净流量；（P/F，I，t）表示第 t 年、贴现率为 i 的复利现值系数。

（如果第 t 年的净现金流量为正值，即表示该年有净现金流入，反之则表示有净现金流出）

用净现值指标评价方案时，首先要将各年的净现值流量按预定的贴现率折算成现值，然后再计算出它们的和。若净现值大于或等于零，表明该项目的报酬率大于或等于预定的报酬率，方案可取；反之，则方案不可取。

根据表 6－2 的资料，假设贴现率 i＝10%，则三个方案的净现值为：

净现值(A)＝5500×(P / A，10%，2)－10000＝5500×1.7533－10000＝-454.75

净现值(B)＝3500×(P / A，10%，4)－10000＝3500×3.169 9－10000＝1094.65

净现值(C)＝7000×(P / A，10%，2)＋6500×(P / A，10%，2)×(P，10%，2)－20000

＝7000×1.7355＋6500×1.7355×0.8264－20000

＝1470.91

方案 A 的净现值小于零。说明该方案的报酬率小于预定报酬率 10%，如果项目要求的最低报酬率或资金成本率为 10%，则此方案无法给企业最终带来收益，因此应该放弃该方案。方案 B 和 C 的净现值均大于零，这两个方案都可取。但是我们很难对方案 B 和 C 进行优劣比较，因为虽然方案 C 的净现值大于方案 B，但它的投资额同时也大于方案 B。如果仅用净现值法来判断评价方案，就显得过分片面了。

（4）净现值法的评价。

1）优点。①考虑到资金的时间价值。②能够利用项目计算期内全部的净现金流量信息。③考虑了投资风险。

2）缺点。①无法直接反映投资项目的实际收益率水平。②计算较麻烦。

2. 净现值率

净现值率（NPVR）是指投资项目的净现值与投资现值合计的比值，亦可理解为单位原始投资现值所创造的净现值。其计算公式为：

净现值率＝项目的净现值÷原始投资的现值合计

净现值率法的优点是可以从动态的角度反映项目的资金投入与净产出之间的关系，计算过程比较简单；缺点是无法直接反映投资项目的实际收益率。

只有净现值率指标大于或等于零的投资项目才具有财务可行性。

3. 获利指数

获利指数（PI）也叫现值指数，其内容为在整个方案的实施运行过程中，所有现金净流入年份的现值之和与所有现金净流出年份的现值之和的比值，即

$$获利指数=\frac{\sum_{t=1}^{n}\frac{I_t}{(1+i)^t}}{\sum_{t=1}^{n}\frac{O_t}{(1+i)^t}}$$

式中，n、I、I_t、O_t和 i 所代表的内容与净现值公式中的相同。获利指数的经济意义是每元投资在未来获得的现金流入量的现值数与净现值相比，获利指数是一个相对数，因此解决了不同投资额方案间的净现值缺乏可比性的问题。

净现值与获利指数有如下关系：

获利指数=净现值率+1

根据表 6－2 的资料，假定贴现率仍为 10%，则三个方案的获利指数如下：

获利指数(A)＝5500×(P / A，10%，2) / 10000＝5500×1.7533 / 10000＝0.95

获利指数(B)＝3500×(P / A，10%，4) / 10000＝3500×3.1699 / 10000＝1.11

获利指数(C)＝[7000×(P / A，10%，2)＋6500×(P / A，10%，2)]×(P，10%，2)] / 20000

＝[7000×1.7355＋6500×1.7355×0.8264] / 20000

＝1.07

方案 A 的获利指数小于 1，表明其报酬率没有达到预定的贴现率；方案 B 和 C 的获利指数均大于 1，说明它们的贴现率均已超过预定的贴现率，两个方案都可以接受。另外，方案 B 的获利指数大于方案 C，则表明方案 B 的报酬率高于方案 C。

净现值和获利指数的计算都是在假定贴现率的基础上进行的，但是如何确定贴现率却有一定的难度。而且选择不同的贴现率，也会引起净现值和获利指数发生变化，有时甚至会影响到判断结果。

净现值率大于零，现值指数大于 1，表明项目的报酬率高于贴现率，存在额外收益；净现值率等于零，现值指数等于 1，表明项目的报酬率等于贴现率，收益只能抵补资本成本；净现值率小于零，现值指数小于 1，表明项目的报酬率小于贴现率，收益不能抵补资本成本。所以，对于单一方案的项目来说，净现值率大于或等于零，现值指数大于或等于 1 是项目可行的必要条件。当有多个投资项目可供选择时，由于净现值率或现值指数越大，企业的投资报酬水平就越高，所以应采用净现值率大于零或现值指数大于 1 中的最大者。

4. 内含报酬率

（1）内含报酬率的含义。内含报酬率（IRR）反映的是方案本身实际达到的报酬率，它是在整个方案的实施运行过程中能够使得项目的净现值为零时的报酬率。它是一个相对数指标，反映项目的实际收益水平，便于不同投资规模的项目比较。

(2) 内含报酬率法的决策规则。只有内含报酬率大于或等于基准收益率或资金成本的投资项目才具有财务可行性。内含报酬率越大说明项目的实际收益水平越高，项目的经济效益越好。

(3) 内含报酬率的计算。内含报酬率应满足方程：

$$\sum_{t=1}^{n}\frac{I_t}{(1+i)^t}=\sum_{t=1}^{n}\frac{O_t}{(1+i)^t}$$

内含报酬率的计算比较复杂，通常采用“逐步测算法”，经过多次运算，才能够求得其近似值。下面仍然以表 6－2 的数据为例，求取三个方案的内含报酬率。

假设 A 方案的贴现率为 7%，此时它的净现值为：

净现值（A）＝5500×(*P* / *A*，7%，2)－10000＝5500×1.808－10000＝-56

再假设贴现率为 6%，此时：

净现值（A）＝5500×(*P* / *A*，6%，2)－10000＝5500×1.8334－10000＝83.7

以上计算说明 A 方案的内含报酬率大于 6%，小于 7%。为了更精确地求取 A 项目的内含报酬率 IRR（A），可采用“内插法”：

[IRR(A)－6%]/(83.7－0)＝(7%－6%)/[83.7－(-56)]

IRR(A)＝6%＋(7%－6%)×83.7/(83.7＋56)＝6.6%

用同样的方法，可以确定 B 项目的内含报酬率 IRR（B）为 15.93%，C 项目的内含报酬率 IRR（C）为 13.43%。

(4) 内含报酬率的优缺点。内含报酬率是个动态相对量正指标，它既考虑了资金时间价值，又能从动态的角度直接反映投资项目的实际报酬率，且不受贴现率高低的影响，比较客观，但该指标的计算过程比较复杂。

四、动态评价指标之间的关系

净现值（NPV），净现值率（NPVR），获利指数（PI）和内含报酬率（IRR）指标之间存在以下数量关系，即：

当 NPV＞0 时，NPVR＞0，PI＞1， IRR＞i；

当 NPV＝0 时，NPVR＝0，PI＝1， IRR＝i；

当 NPV＜0 时，NPVR＜0，PI＜1， IRR＜i。

这些指标的计算结果都受到建设期和经营期的长短、投资金额及方式，以及各年现金净流量的影响。不同的是净现值（NPV）为绝对数指标，其余为相对数指标。计算净现值、净现值率和现值指数所依据的贴现率（i）都是已知的，而内含收益率（IRR）的计算本身与贴现率（i）的高低无关，只是采用这一指标的决策标准是将所测算的内部收益率与其贴现率进行对比，当 IRR＞i 时该方案是可行的。

前面根据表 6－2 提供的数据，已经计算出了三个方案的动态投资决策指标，如表 6－4 所示。

表 6－4　动态投资指标列表

	净现值（i=10%）	获利指数（%）（i=10%）	内含报酬率（%）
A 方案	454.75	0.95	6.6
B 方案	1094.65	1.11	15.93
C 方案	1470.91	1.07	13.43

从表 6－4 可见，净现值指标是一个绝对数，它可以反映采取某方案时，企业具体可得到的收益数，因此该指标常常被用来筛选项目，即企业只选择净现值大于零的项目进行投资。如果企业有若干个净现值大于零的方案，而这些方案间并不相互排斥，这时企业就应当首先满足最大净现值方案的投资需要。

但是净现值指标无法反映方案间投资报酬率的差异。如果企业评价方案的目的不仅是筛选项目，而且还要在所有净现值大于零的项目中只选择一个报酬率最高的项目来进行投资，就必须使用相对数指标来进行判断了，获利指数和内含报酬率指标都适合用来判断，两者的不同之处在于前者需事先确定一个贴现率，该贴现率一般可以通过资金成本或企业要求的最低资金利润率来确定，但是不仅计算比较复杂，而且也含有较多的主观因素。内含报酬率指标计算的是方案自身的报酬率，因此可回避上述问题。

内含报酬率指标也存在着一个重要的弱点：如果方案在运行过程中，净现金流量不是持续地大于零，而是反复出现隔若干年就会有一个净现金流量小于零的阶段，此时根据内含报酬率的数学模型，就可能得到若干个内含报酬率，它们都能够满足使方案的净现值等于零的条件。在这种情况下，一般就只能根据经验并结合其他指标进行判断了。

第四节　项目投资决策评价指标的运用

计算评价指标的目的，是为了进行项目投资方案的对比与选优，使它们在方案的对比与选优中正确地发挥作用，为项目投资方案提供决策的定量依据。但投资方案对比与选优的方法会因项目投资方案的不同而有区别。

项目投资方案可分为独立方案和互斥方案两大类，这种分类是以两个以上投资项目的相对关系而言的。所谓独立方案，是指两个以上的投资项目互不依赖，可以同时并存。例如，投资兴建一个饮料厂和一个纺织厂，它们之间并不冲突，可以同时进行，是完全独立的投资项目。所谓互斥方案，是指两个以上投资项目之间不能同时并存，必须相互代替。例如，以旧设备换取新设备进行更新，保留旧设备就不能购入新设备，购买新设备就必须出售或报废旧设备，它们是互斥的。

一、独立方案的对比与选优

独立方案是指方案之间存在着相互依赖的关系，但又不能相互取代的方案。在只有一个投资项目可供选择的条件下，只需评价其财务上是否可行。

1. 判断方案完全具备财务可行性的条件

（1）净现值 NPV≥0。
（2）净现值率 NPVR≥0。
（3）获利指数 PI≥1。
（4）内含报酬率 IRR≥行业基准折现率。
（5）包括建设期的静态投资回收期 PP≤项目计算期的一半。
（6）不包括建设期的静态投资回收期 PP′≤经营期的一半。
（7）投资利润率≥基准投资收益率 i（事先给定）。

2. 判断方案完全不具备财务可行性的条件

（1）净现值 NPV＜0。
（2）净现值率 NPVR＜0。
（3）获利指数 PI＜1。
（4）内含报酬率 IRR＜行业基准折现率。
（5）包括建设期的静态投资回收期＞项目计算期的一半。
（6）不包括建设期的静态投资回收期 PP′＞经营期的一半。
（7）投资利润率＜基准投资利润率 i（事先给定）。

3. 判断方案基本具备财务可行性的条件

（1）净现值 NPV≥0。
（2）净现值率 NPVR≥0。
（3）获利指数 PI＞1。
（4）内含报酬率 IRR≥行业基准折现率。
（5）包括建设期的静态投资回收期＞项目计算期的一半。
（6）不包括建设期的静态投资回收期 PP′＞经营期的一半。
（7）投资利润率＜基准投资利润率 i（事先给定）。

当主要指标可行而次要或辅助指标不可行时，以主要指标的结论为准。[①]

4. 判断方案基本不具备财务可行性的条件

（1）净现值 NPV＜0。
（2）净现值率 NPVR＜0。
（3）获利指数 PI＜1。

① 主要指标包括 NPV、IRR 和 PI，次要指标指静态投资回收期，辅助指标指投资利润率。

（4）内含报酬率 IRR＜行业基准折现率。

（5）包括建设期的静态投资回收期＜项目计算期的一半。

（6）不包括建设期的静态投资回收期 PP′＜经营期的一半。

（7）投资利润率＞基准投资利润率 i（事先给定）。

当主要指标不可行而次要或辅助指标可行时，以主要指标的结论为准。

二、互斥方案的对比与选优

互斥方案决策过程就是在每一个入选方案已具备项目可行性的前提下，利用具体决策方法比较各个方案的优劣，利用评价指标从各个备选方案中最终选出一个最优方案的过程。项目投资决策多方案比较的方法较多，本书只介绍两种简单常用的方法。

1. 净现值法

净现值法，是指通过比较所有已具备财务可行性的投资方案的净现值指标的大小来选择最优方案的方法。该法适用于原始投资相同且项目计算期相等的多方案比较。在此法下，净现值最大的方案为优。

2. 净现值率法

净现值率法，是指通过比较所有已具备财务可行性的投资方案的净现值率指标的大小来选择最优方案的方法。

在此法下，净现值率最大的方案为优。

在投资额相同的互斥方案比较决策中，采用净现值法和净现值率法会得到完全相同的结论；但投资额不同时，情况就会不同。

【例 6－8】假定某企业准备投资一个项目有 A、B、C 三个方案，A 方投资 10000 元，期限 5 年；B 方案需投资 18000 元，期限 5 年；C 方案 18000 元，期限 5 年。假定资本成本率为 10%，其余资料如表 6－5 所示。

问：企业应该如何决策？

表 6－5 投资方案的基本指标 单位：元

项 目	A 项目	B 项目	C 项目
原始投资额	－10000	－18000	－18000
每年 NCF	4000（5 年）	6500（5 年）	5000（5 年）
净现值（NPV）	5164	6642	954
净现值率（NPVR）	0.52	0.37	0.053

由于 A、B、C 三个方案的净现值均大于零，因此三个方案已具备财务可行性。

净现值法适用于原始投资相同且项目计算期相等的多方案比较。对 B、C 方案比较，

B 方案的净现值大于 C 方案，所以 B 方案较优。

应用净现值率法可以比较原始投资不等的方案，A、B、C 三个方案的净现值 B 方案最大，但 B 方案的投资较大，因而应用相对数的形式比较即净现值率，依次为 A＞B＞C，所以 A 方案最优。

第五节　几种典型的项目投资决策

一、固定资产最佳更新期决策

首先，我们来了解固定资产更新的有关内容。固定资产更新是对技术上或经济上不宜继续使用的旧资产，用新的资产更换，或用先进的技术对原有设备进行局部改造。

固定资产更新决策主要研究两个问题：一个是决定固定资产的最佳更新时间；另一个是决定选择什么样的资产来更新。实际上，这两个问题是结合在一起考虑的，如果市场上没有比现有设备更适用的设备，那么就继续使用旧设备。由于旧设备总可以通过修理继续使用，所以更新决策是继续使用旧设备与购置新设备的选择。

1. 更新决策的现金流量分析

更新决策不同于一般的投资决策。一般说来，设备更换并不改变企业的生产能力，不增加企业的现金流入。更新决策的现金流量主要是现金流出。即使有少量的残值变价收入，也属于支出抵减，而非实质上的流入增加。由于只有现金流出，而没有现金流入，就给采用贴现现金流量分析带来了困难。

【例 6－9】某企业考虑购置 1 台新设备替换旧设备，以降低其生产成本。旧设备原值 97000 元，账面净值 57000 元，每年折旧额 10000 元，估计还可用 5 年，5 年后残值 7000 元，若现在变卖可获 40000 元（使用该设备所生产产品每年营业收入为 100000 元，经营成本为 70000 元）。新设备买价、运费及安装费共 130000 元，可用 6 年，残值为 10000 元，无清理费，年折旧额 20000 元。使用新设备不会增加收入，但可使每年经营成本降低 28000 元（新设备每年经营成本 42000 元）。设备替换不会影响生产计划，所得税税率 33%。

要求：分别确定新旧设备有关期间的 NCF。

解：更新改造时，新设备的现金流出为 130000 元，即 NCF_0＝-130000 元；若继续使用旧设备，其第 0 年变现价值 40000 元视为现金流出，而不是其原值或净值，则 NCF_0＝-40000 元。由于设备替换不会改变生产计划，因此不要考虑新旧设备的营业收入，此外，新旧设备未来的生产经营期分别为 6 年和 5 年，因此新设备的年净现金流量为：

新 $NCF_{1\sim5}$＝-经营成本×（1－所得税税率）＋折旧×所得税税率

＝-42000×（1－33%）＋20000×33%

=-21540（元）

新 NCF_6=-21540＋10000=-11540（元）

与此相对应旧设备的年净现金流量为：

旧 $NCF_{1\sim4}$=-70000×（1－33%）＋10000×33%=-43600（元）

旧 NCF_5=-43600＋7000=-36600（元）

由于没有适当的现金流入，无论哪个方案都不能计算其净现值和内含报酬率。通常，在收入相同时，我们认为成本较低的方案是好方案。那么，我们可否通过比较两个方案的总成本来判别方案的优劣呢?仍然不妥。因为旧设备尚可使用 5 年，而新设备可使用 6 年，两个方案取得的“产出”并不相同。

那我们可否使用差额分析法，根据实际的现金流量进行分析呢?仍然有问题。两个方案投资相差 90000 元（130000－40000），作为更新的现金流出；每年营运成本相差 28000 元（70000－42000），是更新带来的成本节约额，视同现金流入。问题在于旧设备第 5 年报废，新设备第 6 年仍可使用，后 1 年无法确定成本节约额。因此，这种办法仍然不妥。除非新、旧设备未来使用年限相同（这种情况十分罕见）。因此，我们应当比较其 1 年的成本，即获得 1 年的生产能力所付出的代价，以较低的作为好方案。

2. 固定资产的平均年成本

固定资产的平均年成本，是指该资产引起的现金流出的年平均值。如果不考虑货币的时间价值，它是未来使用年限内的现金流出总额与使用年限的比值。如果考虑货币的时间价值，它是未来使用年限内现金流出总现值与年金现值系数的比值，即平均每年的现金流出。在不考虑所得税影响的情况下，其具体计算公式为：

$$UAC=\frac{C-\dfrac{S_n}{(1+i)^n}+\sum\limits_{t=1}^{n}\dfrac{C_n}{(1+i)^t}}{(P/A,i,n)}$$

式中，UAC 表示设备的平均成本；C 表示设备原值；S_n 表示第 n 年（设备被更新年）时的设备余值；C_n 表示第 n 年设备的营运成本；n 表示设备被更新的年份；i 表示设定的投资报酬率。

平均年成本法是把继续使用旧设备和购置新设备看成是两个互斥的方案，而不是一个更换设备的特定方案。也就是说，要有正确的“局外观”。即从局外人角度来考察：一个方案是用 40000 元购置旧设备，可使用 5 年；另一个方案是用 130000 元购置新设备，可使用 6 年。在此基础上比较获得 1 年服务的成本孰高孰低，并做出选择。由于两者的使用年限不同，前一个方案只有 5 年的现金流动数据，后一个方案持续 6 年，因此不能根据各年现金流量的差额计算净现值和内含报酬率。因此对于更新决策来说，除非未来使用年限相同，否则不能根据实际现金流量分析的净现值法或内含报酬率法解决问题。

3. 固定资产的最佳更新期

通过固定资产的平均年成本概念，我们很容易发现，固定资产的使用初期运行费比较低，以后随着设备逐渐陈旧，性能变差，维护费用、修理费用、能源消耗等会逐步增加。与此同时，固定资产的价值逐渐减少，资产占用的资金应计利息也会逐步减少。随着时间的递延，运行成本和持有成本呈反方向变化，这样必然存在一个最经济的使用年限，一般称为设备的最佳更新期。设备最佳更新期决策通常是计算出若干个不同更新期的平均年成本进行比较，然后从中找出最小的平均成本及其年限。

【例 6－10】设某项资产原值为 1400 万元，运行成本逐年增加，折余价值逐年下降。有关数据见下表：

表 6－6　固定资产经济寿命　　单位：万元

更新年限	原值①	余值②	贴现系数③ i＝8%	余值现值④＝②×③	运行成本⑤	运行成本现值⑥＝⑤×③	更新时运行成本现值⑦＝∑⑥	现值总成本⑧＝①－④＋⑦	年金现值系数⑨	平均成本＝⑧÷⑨
1	1400	1000	0.926	926	200	185	185	659	0.926	711.7
2	1400	760	0.857	651	220	189	374	1123	1.783	629.8
3	1400	600	0.794	476	250	199	573	1497	2.577	580.9
4	1400	460	0.735	338	290	213	786	1848	3.312	558.0
5	1400	340	0.681	232	340	232	1018	2186	3.993	547.5
6	1400	240	0.630	151	400	252	1270	2519	4.623	544.9
7	1400	160	0.583	93	450	262	1532	2839	5.206	545.3
8	1400	100	0.541	54	500	271	1803	3149	5.749	547.8

该项资产如果使用 6 年后更新，每年的平均成本是 544.9 元，比其他时间更新的成本低，因此 6 年是其最佳更新期。

二、固定资产修理和更新的决策

固定资产修理和更新的决策是在假设维持现有生产能力水平不变的情况下，选择继续使用旧设备（包括对其进行大修理）还是将其淘汰，而重新选择性能更优异、运行费用更低廉的新设备的决策。由于新旧设备的生产能力相同，对企业而言，现金流入量未发生变化，但是生产成本却发生了变化。另外，新旧设备的使用寿命往往不同，因此固定资产修理和更新决策实际上也是比较两个方案的年平均成本。

新旧设备的总成本都包括两个组成部分：即设备的资本成本和运行成本。在计算新旧设备的年平均成本时，要特别注意运行成本、设备大修理费和折旧费对所得税的影响。大家都知道，加大成本会减少利润，从而使所得税减少。如果不计提折旧，企业的所得税将会增加许多。折旧可以起到减少税负的作用，这种作用称之为“折旧抵税”或“税收挡板”。

【例 6－11】设某企业有一台旧设备，重置成本为 8000 元，年运行成本 3000 元，可大修 2 次，每次大修理费为 8000 元，4 年后报废无残值。如果用 40000 元购买一台新设备，年运行成本为6000元，使用寿命8年，不需大修，8年后残值2000元。新旧设备的产量及产品销售价格相同。另外企业计提折旧的方法为直线法，企业的资本成本率为10%，企业所得税税率为33%。问企业是继续使用旧设备，还是将其更新为新设备？

解：1. 如果继续使用旧设备。

（1）设备重置成本＝8000(元)

（2）大修费用现值＝8000＋8000×(P/A，10%，2)＝14611.20(元)

（3）大修费用及折旧费对所得税的影响现值。因为设备的大修费用可以按预提费用摊销的方式，在设备的使用年限内计入成本，减少企业的利润，从而减少企业应交纳的所得税。而固定资产则是以计提折旧的方式进行补偿，折旧费作为一项成本，也将减少企业的利润，进而减少企业应交纳的所得税。因此大修理费用及折旧费用对所得税的影响现值为：

(8000＋8000＋8000)/4×33%×(P/A，10%，4)＝6000×33%×3.1699＝6276.40(元)

（4）总运行成本现值＝3000×(1－33%)×(P／A，10%，4)＝6371.50(元)

（5）平均年成本＝总成本现值／(P／A，10%，4)＝[（1）＋（2）－（3）＋（4）]／(P／A，10%，4)＝(8000＋14611.20－6276.40＋6371.50)/3.1699

＝7163.10(元)

2. 改用新设备。

（1）新设备采购成本＝40000(元)

（2）残值回收现值＝2000×(P，10%，8)＝2000×0.4665＝933(元)

（3）折旧费对所得税的影响现值＝(40000－2000)／8×33%×(P／A，10%，8)

＝38000／8×33%×5.3349

＝8362.46(元)

（4）总运行成本现值＝6000×(1－33%)×(P／A，10%，8)＝6000×0.67×5.3349

＝21446.30(元)

（5）平均年成本＝总成本现值／(P／A，10%，8)＝[（1）－（2）－（3）＋（4）]／5.3349

＝(40000－933－8362.46＋21446.30)／5.3349＝9775.41(元)

由上述结果可知，继续使用旧设备的年均成本低于更新设备的年均成本，因此不应当更新。

三、固定资产租赁或购买的决策

在进行固定资产租赁或购买的决策时，由于假设所用设备相同，即设备的生产能力与产品的销售价格相同，同时设备的运行费用也相同，因此只需比较两种方案的成本差异及成本对企业所得税所产生的影响差异即可。

这里所说的固定资产租赁指的是固定资产的经营性租赁，与购买设备相比，每年将多支付一定的租赁费用。另外由于租赁费用是在成本中列支的，因此企业还可抵减所得税。购买固定资产是一种投资行为，企业将支出一笔可观的设备款，但同时每年可计提折旧费进行补偿，折旧费作为一项成本，也能使企业得到纳税抵减，并且企业在项目结束或设备使用寿命到期时，还能够得到设备的残值变现收入。

【例 6－12】设某企业在生产中需要一种设备，若企业自己购买，需支付设备买入价 200000 元，该设备使用寿命 10 年，预计净残值 10000 元；企业若采用租赁的方式进行生产，每年将支付 40000 元的租赁费用，租赁期 10 年。假设贴现率为 10%，所得税税率为 33%。试分析应采用哪种方式？

解：现分析计算如下：

1. 购买设备。

年折旧额＝(200000－10000)／10＝19000(元)

(1) 购买设备支出＝200000(元)

(2) 因折旧税负减少现值＝19000×33%×(P/A，10%，10)＝19000×33%×6.1446
＝38526.64(元)

(3) 设备残值变现现值＝10000×(P，10%，10)＝3855(元)

现值合计＝(1)－(2)－(3)＝200000－38526.64－3855＝157618.36(元)

2. 租赁设备。

租赁费支出现值总计＝40000×(1－33%)×(P/A，10%，10)＝40000×67%×6.1446＝164675.28(元)

由于购买设备的总支出数小于租赁费的总支出数，因此企业应采取购买设备的方式。

本章复习思考题

一、名词解释

1. 现金流量　2. 净现值　3. 内部报酬率　4. 获利指数

二、简述题

1. 试述项目投资的特点、种类及其程序。
2. 简述现金流量的含义及其构成。
3. 理想的投资项目评价方法应该满足怎样的标准？
4. 投资决策评价指标有哪些？各有怎样的优缺点？
5. 选择互斥项目时，净现值法和内部报酬率法可能会产生不同的决策。造成这种矛盾的原因是什么？

本章自测题

一、单项选择题

1. 在全部投资均于建设起点一次投入，建设期为零，在投产后每年净现金流量相等的条件下，为计算内部收益率 IRR 所求得的年金现值系数的数值应等于项目的（　）。

A. 回收系数　　B. 净现值率指标的值

C. 静态投资回收期指标的值　　D. 投资利润率指标的值

2. 在财务管理中，将以特定项目为对象，直接与新建项目或更新改造项目有关的长期投资行为称做（　）。

A. 项目投资　　B. 证券投资

C. 固定资产投资　　D. 流动资产投资

3. 某投资项目在建设期内投入全部原始投资，该项目的净现值率为 15%，则该项目的获利指数为（　）。

A. 0.15　B. 0.85　C. 1.15　D. 3

4. 如果其他因素不变，一旦折现率提高，则下列指标数值会变小的有（　）。

A. 净现值率　B. 投资利润率　C. 内部收益率　D. 投资回收期

5. 一个投资方案年销售收入 300 万元，年销售成本 210 万元，其中折旧 85 万元，所得税税率为 40%，则该方案年现金流量净额（　）万元。

A. 90　B. 139　C. 175　D. 54

6. 下列指标的计算中，没有直接利用净现金流量的是（　）。

A. 内部收益率　B. 投资利润率　C. 净现值率　D. 获利指数

7. 甲投资项目原始投资额为 150 万元，使用寿命 10 年，已知该项目第 10 年的经营净现金流量为 37.5 万元，期满处置固定资产残值收入及回收流动资金共 12 万元，则该投资项目第 10 年的净现金流量为（　）万元。

A. 12　B. 37.5　C. 49.5　D. 43

8. 长期投资决策中，不宜作为折现率进行投资项目评价的是（　）。

A. 行业平均资金收益率　　B. 投资项目的资金成本

C. 投资的机会成本　　D. 利率活期存款

9. A 公司有一投资方案，该方案的年销售收入为 90 万元，年销售成本和费用为 60 万元，其中折旧为 10 万元，所得税税率为 33%，则此方案的年现金净流量为（　）万元。

A. 20　B. 40　C. 30.1　D. 35

10. 下列投资项目评价指标中，不受建设期长短，投资回收时间先后及现金流量大小影响的评价指标是（　）。

A. 投资回收期　B. 投资利润率　C. 净现值率　D. 内部收益

二、判断题

1. 在对同一个独立投资项目进行评价时，用净现值、净现值率、获利指数和内部收益率指标会得出完全相同的决策结论，而采用静态投资回收期则有可能得出与上述结论相反的决策结论。（ ）
2. 一般情况下，使某投资方案的净现值小于零的折现率，一定高于该投资方案的内含报酬率。（ ）
3. 在不考虑时间价值的前提下，投资回收期越短，投资获利能力越强。（ ）
4. 获利指数法可从动态的角度反映项目投资的资金投入与总产出之间的关系，可以使投资额不同的方案之间直接用获利指数进行对比。（ ）
5. 投资利润率、净现值率、获利指数对同一个项目进行评价时，得出的结果一定完全相同。（ ）

三、计算分析题

1. 某工业投资项目的 A 方案如下：项目原始投资额为 650 万元，其中，固定资产投资为 500 万元，流动资产投资为 100 万元，其余为无形资产投资。全部资金的来源均为自有资金。该项目建设期为 2 年，经营期为 10 年。除流动资金投资于项目完工时（第 2 年末）投入外，其余投资均于建设起点一次投入。

   固定资产的寿命期为 10 年，按直线法计提折旧，期满有 40 万元的净残值；无形资产从投产年份起分 10 年摊销完毕；流动资金于终点时一次收回。

   预计项目投产后，每年发生的相关营业收入（不含增值税）和经营成本分别为 380 万元和 129 万元，所得税税率为 33%，该项目不享受减免所得税的待遇。

   要求：

   （1）计算该项目 A 方案的下列指标：

   ①项目计算期；

   ②固定资产原值；

   ③固定资产年折旧；

   ④无形资产投资额；

   ⑤无形资产年摊销额；

   ⑥经营期每年总成本；

   ⑦经营期每年营业净利润；

   ⑧经营期每年净利润。

   （2）计算该项目 A 方案的下列净现金流量指标：

   ①建设期各年的净现金流量；

   ②投产后 1～10 年每年的经营现金流量；

   ③项目计算期期末回收额；

   ④终结点净现金流量。

   （3）按 14%的行业基准折现率计算的 A 方案净现值指标为 145 万元，请据此评价该方案的财务可行性。

（4）该项目的B方案比A方案多投入50万元的原始投资，建设期为零年，经营期不变，其净现金流量为NCF_0=-700万元，NCF_{1-10}=161.04万元，请计算该项目B方案的净现值指标，并据此评价该方案的财务可行性。

2. 已知宏达公司拟于2000年年初用自有资金购置设备一台，需一次性投资100万元。经测算，该设备使用寿命为5年，税法亦允许按5年计提折旧；设备投入运营后每年可新增利润20万元。假定该设备按直线法折旧，预计的净残值率为5%；已知，（P/A，10%，5）=3.7908，（P/F，10%，5）=0.6209。不考虑建设安装期和企业所得税。

要求：

（1）计算使用期内各年净现金流量；

（2）计算该设备的静态投资回收期；

（3）计算该投资项目的投资利润率（ROI）；

（4）如果以10%作为折现率，计算其净现值。

第七章 证券投资

【本章学习目标】

- 理解证券投资的种类、特点与原因；
- 了解证券的风险和收益，及风险收益间的关系；
- 掌握股票和债券的价值及收益率计算；
- 理解证券投资组合的策略和方法；
- 掌握基金的价值和收益率的计算；
- 了解衍生金融工具的种类和功能。

第一节 证券投资目的、特点与程序

一、证券投资的概念和目的

1. 证券的概念及特点

证券是指具有一定票面金额，代表财产所有权和债权，可以有偿转让的书面凭证，如股票、债券等。

作为证券，必须具备两个最基本的特征：一是法律特征，本身必须具有合法性，同时，它所包含的特定内容具有法律效力；二是书面特征，必须按照特定的格式进行书写或制定，载明有关法规规定的全部事项。凡同时具备上述两个特征的书面凭证才可称之为证券。

证券具有流动性、收益性和风险性三个特点。

流动性又称变现性，是指证券可以随时抛售取得现金的特性。

收益性是指证券持有者凭借证券可以获得相应的报酬。证券收益一般由当前收益和资本利得构成。以股息、红利或利息所表示的收益称为当前收益。由证券价格上升（或下降）而产生的收益（或亏损），称为资本利得或差价收益。

风险性是指证券投资者达不到预期的收益或遭受各种损失的可能性。证券投资既有可能获得收益，更有可能带来损失，具有很强的不确定性。

流动性与收益性往往成反比，而风险性则一般与收益性成正比。

2. 证券投资的概念和目的

证券投资是指企业为获取投资收益或特定经营目的而买卖有价证券的一种投资行为。

企业进行证券投资的目的主要有以下几个方面：

（1）暂时存放闲置资金，并获取投资收益

企业正常经营过程中有时会有一些暂时多余的资金闲置，为了充分有效地利用这些资金，可购入一些有价证券，在价位较高时抛售，以获取较高的投资收益。

（2）与筹集长期资金相配合

处于成长期或扩张期的公司一般每隔一段时间就会发行长期证券（股票或公司债券）。但发行长期证券所获得的资金一般并不一次用完，这样，暂时不用的资金可投资于有价证券，以获取一定收益，而当企业进行投资需要资金时，则可出售有价证券，以获得现金。

（3）为了积累发展基金或偿债基金，满足未来的财务需求

企业如欲在将来扩建厂房或归还到期债务，可按期拨出一定数额的资金投资一些风险较小的证券，以便到时售出，满足所需资金的需求。

（4）满足季节性经营对现金的需求

季节性经营的公司在某些月份资金有余，而有些月份则会出现短缺，可在资金剩余时购入有价证券，短缺时售出。

（5）获得对相关企业的控制权

企业有时从经营战略上考虑需要控制某些相关企业，可通过购买该企业大量股票，从而取得对被投资企业的控制权，以增强企业的竞争能力。

二、证券投资的种类

要了解证券投资的种类，首先要了解证券的种类。

1. 证券的种类

（1）按证券的性质分类。证券按其性质不同，可分为凭证证券和有价证券。

1）凭证证券。凭证证券又称无价证券，是指本身不能使持券人或第三者取得一定收入的证券。它可分为两个大类：一类是证据书面凭证，即为单纯证明某一特定事实的书面凭证，如借据、收据等；另一类是某种私权的合法占有者的书面凭证，即占有权证券，如购物券、供应证等。

2）有价证券。有价证券是指标有票面金额，证明持券人有权按期取得一定收入并可自由转让和买卖的所有权或债权凭证，这类证券本身没有价值，但由于它代表着一定量的财产权利，持有者可以直接取得一定量的商品、货币，或是取得利息、股息等收入，因而可以在证券市场上买卖和流通，客观上具有了交易价格。影响有证券价格的因素很多，主要是预期收入和市场利率，因此，有价证券价格实际上是资本化了的收入。

有价证券有广义与狭义两种概念，广义的有价证券包括商品证券、货币证券和资本证券。

商品证券是证明持券人有商品所有权或使用权的凭证。取得这种证券就等于取得这种商品的所有权，持券者对这种证券所代表的商品所有权受法律保护。属于商品证券的

有提货单、运货单、仓库栈单等。

货币证券是指本身能使持券人或第三者取得货币索取权的有价证券。货币证券主要包括两大类：一类是商业证券，主要包括商业汇票和商业本票；另一类是银行证券，主要包括银行汇票、银行本票和支票。

资本证券是指由证券投资或与证券投资有直接联系的活动而产生的证券。持券人对发行人有一定的收入请求权，它包括股票、债券及其衍生品种如基金证券、可转换证券等。

资本证券是有价证券的主要形式，狭义的有价证券即指资本证券。在日常生活中，人们通常把狭义的有价证券——资本证券直接称为有价证券乃至证券。

（2）按证券的发行主体分类。按照证券发行主体的不同，可分为政府证券、金融证券和公司证券。

政府证券是指中央政府或地方政府为筹集资金而发行的证券。金融证券是指银行或其他金融机构为筹措资金而发行的证券。公司证券又称企业证券，是指工商企业为筹集资金而发行的证券。政府证券的风险较小，金融证券次之，公司证券的风险则视企业的规模、财务状况和其他情况而定。

（3）按证券体现的权益关系分类。按照证券所体现的权益关系，可分为所有权证券、信托投资证券和债权证券。

所有权证券是指证券的持有人便是证券发行单位的所有者的证券，这种证券的持有人一般对发行单位都有一定的管理和控制权。股票是典型的所有权证券，股东便是发行股票的企业的所有者。

信托投资证券是由公众投资者共同筹集、委托专门的证券投资机构投资于各种证券，以获取收益的股份或收益凭证，如投资基金。

债权证券是指证券的持有人是发行单位的债权人的证券，这种证券的持有人一般无权对发行单位进行管理和控制。当发行单位破产时，债权证券要优先清偿，而所有权证券要在最后清偿，所以所有权证券一般都要承担比较大的风险。

（4）按证券收益的决定因素分类。按证券的收益决定因素不同，可将证券分为原生证券和衍生证券。

原生证券是指其收益的大小主要取决于发行者的财务状况的证券，如债券承诺的利息支付有赖于发债主体的偿债能力；股东的股息支付取决于董事会对公司财务状况的评价。

衍生证券是从原生证券演化而来的，其收益取决于原生证券的价格。衍生证券包括期货合约和期权合约两种基本类型。期货合约是指依双方协商同意的价格，即期货价格，在约定的交割日或到期日，对某项资产进行交割的合约。同意在交割日购买商品的交易者称为多头，同意在合约到期时交割商品的交易者称为空头。期权合约赋予合约的持有者或购买者在一定期限内，以一定的协议价格或执行价格向合约出具者买进或卖出一项资产的权利。衍生证券已成为投资环境中不可或缺的一部分，其功能之一是可以为投资者的资产提供最原始的套期保值，此外，衍生证券还可用于从事较高风险的投机活动。

（5）按证券的收益稳定状况分类。按照证券收益稳定状况的不同，可分为固定收益证券和变动收益证券。

固定收益证券是指在证券的票面上规定有固定收益率的证券，如债券票面上一般有固定的利息率，优先股票面一般有固定的股息率，这些证券都属于有固定收益的证券。

变动收益的证券是指证券的票面不标明固定的收益率，收益情况随企业经营状况而变动的证券，普通股股票是最典型的变动收益证券。一般来说，固定收益证券风险较小，但报酬不高；变动收益证券风险大，但报酬较高。

（6）按证券的到期日分类。按照证券到期日的长短，可分为短期证券和长期证券。

短期证券是指到期日短于一年的证券，如一年期国库券、商业票据、银行承兑汇票等。一般而言，短期证券的风险小，变现能力强，但收益率相对较低。

长期证券是指到期日长于一年的证券，如股票、债券等长期证券的收益一般较高，但时间长，风险大。

（7）按证券是否在证券交易所挂牌交易分类。按证券是否在证券交易所挂牌交易，证券可分为上市证券和非上市证券。

证券上市是指已经发行的证券经证券交易所批准后，在交易所公开挂牌交易的法律行为。上市证券即可在交易所公开挂牌交易的证券；非上市证券即不能在交易所公开挂牌交易的证券。

（8）按证券的募集方式分类。按照募集方式的不同，可分为公募证券和私募证券。

公募证券又称公开发行证券，是指发行人向不特定的社会公众广泛发售的证券。在公募发行情况下，所有合法的社会投资者都可以参加认购。采用公募方式发行证券的有利之处在于：①公募以众多的投资者为发行对象，筹集资金潜力大。②公募发行投资者范围大，可避免囤积证券或被少数人操纵。③只有公开发行的证券方可申请在证券交易所上市，因此这种发行方式可增强证券的流动性，有利于提高发行人的社会信誉。公募方式也存在某些缺点，如发行过程比较复杂，登记核准所需时间较长，发行费用也较高。

私募证券又称不公开发行证券或内部发行证券，是指面向少数特定投资者发行的证券。私募证券的持有者主要有两类，一类是个人投资者，例如公司老股东或发行机构自己的员工；另一类是机构投资者，如大的金融机构或与发行人有密切往来关系的企业等。私募发行的优势是发行手续简单，可以节省发行时间和费用；不足之处是投资者数量有限，流通性较差，而且也不利于提高发行人的社会信誉。

2. 证券投资的对象与分类

金融市场上的证券很多，其中可供企业投资的证券主要有国债、短期筹资券、可转让存单、企业股票与债券、投资基金以及期权、期货等衍生证券等。国债具有本金安全、流动性好的特点，并且有多种多样的期限。因此，国债是企业进行短期投资的主要对象。短期筹资券可以直接出售，也可由经纪人出售，但通常按折现的办法出售，其到期日一般在一年以内，利率通常比国库券的利率高。买到手的短期筹资券一般需持有至到期日。因为短期筹资券的流动性较弱，买卖不方便。可转让存单的利率一般比国库券的利率要高。可转让存单有比较活跃的交易市场，流动性很强。企业股票和债券均属于长期证券，但因为股票和债券均可在金融市场上出售，因此，也可用于短期投资。

证券投资按其投资的对象不同，可分为以下几种：

（1）债券投资。债券投资是指投资者购买债券以取得资金收益的一种投资活动。企业将资金投向各种各样的债券，例如，企业购买国库券、公司债券和短期筹资券等都属于债券投资。与股票投资相比，债券投资能获得稳定收益，投资风险较低。当然，也应看到，投资于一些期限长、信用等级低的债券，也会承担较大风险。与股票投资相比，债券投资的风险较小，相应地，其收益也比较低。

（2）股票投资。股票投资是指投资者将资金投向于股票，通过股票的买卖获取收益的投资行为。企业投资股票，尤其是投资于普通股票，要承担较大风险，但通常情况下，也会取得较高收益。根据股票的性质不同，又可分为优先股股票投资和普通股股票投资。

（3）基金投资。基金投资是指投资者通过购买投资基金股份或收益凭证获取收益的投资方式。这种方式可使投资者享受专家服务，有利于分散风险，获得较大投资收益。

（4）期货投资。期货投资是指投资者通过买卖期货合约躲避价格风险或赚取利润的一种投资方式。所谓期货合约是指为在将来一定时期以指定价格买卖一定数量和质量的商品而由商品交易所制定的统一的标准合约，它是确定期货交易关系的一种契约，是期货市场的交易对象。期货投资可以分为商品期货投资和金融期货投资。

一般来讲，期货投资有两种方式：一是套期交易，也称套期保值；二是投机性交易。随着商品经济的发展，期货投资已成为一种重要的投资方式，并在许多国家和地区都得到了普遍、迅速的发展。与其他投资方式相比，期货投资具有如下一些特点：①期货投资采取交纳保证金的形式，所需资金少、见效快、方便灵活。②期货投资的对象是标准期货合约，对于交易商品的质量和数量、交易地点、方式、环境等都有严格的限制。③期货投资在多数情况下根本无须进行商品的实际交割，而是经过“对冲”，进行差额结算。④期货投资可以转移价格波动的风险，起到套期保值的作用，并有利于推动市场竞争，形成商品公正价格。⑤期货投资具有较大的投机性，且易发生欺诈行为，因此，受到法律和规则的严格限制。

（5）期权投资。期权投资是指为了实现营利的目的或避免风险而进行期权买卖的一种投资方式。根据期权买进卖出的性质划分，期权投资可分为看涨期权、看跌期权和双向期权；根据期权合同买卖的对象划分，期权投资又可分为商品期权、股票期权、债券期权、期货期权等的投资。

期权投资与期货投资作为两种投资方式，在投资方法、特点与作用上有许多相似之处，如两者都有套期交易和投机性交易两种方式；都具有套期保值和价格发现的作用等。然而期权投资同期货投资相比，还具有一些自身的特点，主要表现在：①期权投资买卖的是一种特殊权利，而不必要一定履行合同。投资者在支付期权费、购买期权合同之后，便获得了买或卖的选择权，即可自行决定是否行使该项权利。②期权投资的风险小于期货投资，期权投资者的损失仅限于期权费。③期权投资可在交易所内进行，也可在场外进行。④由于期权合同投资者可以放弃权利，因此其需要真正进行商品交割的比率更低。⑤期权投资可以双向操作，因此，其规避风险的范围比期货投资更广泛。

（6）证券组合投资。证券组合投资，是指企业将资金同时投资于多种证券，例如，既投资于企业债券，又投资于企业股票，还投资于基金。组合投资可以有效地分散证券投资风险，是企业等法人单位进行证券投资时常用的投资方式。

三、证券投资的一般程序

1. 合理选择投资对象

合理选择投资对象是证券投资成败的关键，企业应根据一定的投资原则，认真分析投资对象的收益水平和风险程度，以便合理选择投资对象，将风险降低到最低限度，取得较好的投资收益。

2. 委托买卖

由于投资者无法直接进场交易，买卖证券业务需委托证券商代理。企业可通过电话委托、电脑终端委托、递单委托等方式委托券商代为买卖有关证券。

3. 成交

证券买卖双方通过中介券商的场内交易员分别出价委托，若买卖双方的价位与数量合适，交易即可达成，这个过程叫成交。

4. 清算与交割

企业委托券商买入某种证券成功后，即应解交款项，收取证券。清算即指证券买卖双方结清价款的过程。

5. 办理证券过户

证券过户只限于记名证券的买卖业务。当企业委托买卖某种记名证券成功后，必须办理证券持有人的姓名变更手续。

四、证券投资的风险和收益

1. 证券投资的风险

证券资产是以经济合约为基本存在形式的权利性资产，具有独特的性质：证券资产所代表的是一种契约性权利；周转速度取决于证券的持有目的；其价值取决于证券未来能带来的现金流量。

获取投资收益是证券投资的主要目的，证券投资的风险是投资者无法获得预期投资收益的可能性。证券投资的风险按风险性质划分为系统性风险和非系统性风险两大类别。

（1）证券的系统性风险。证券的系统性风险是由于外部经济环境因素变化引起整个证券市场不确定性加强，从而对市场上所有证券都产生影响的共同性风险。

证券的系统性风险无法通过投资多样化的证券组合而加以避免，也称为不可分散风险。

1）价格风险。价格风险是由于市场利率上升而使证券价格普遍下跌的可能性。

证券市场是一个资本市场，价格风险来自于资本市场上证券买卖双方供求关系的不平衡。市场利率上升，资本需求量增加，引起整个证券市场所有证券价格的普遍下降。反之，市场利率下降，证券价格上升。

这里，价格风险所指的证券价格波动，并不是指经营业绩变化而引起的个别证券的价格波动。

当证券持有期间的市场利率上升，证券价格就会下跌，证券期限越长，投资者遭受的损失越大。流动性附加率，就是对投资者承担利率变动风险的一种补偿，期限越长的证券，要求的流动性附加率就越大。

2）再投资风险。再投资风险是由于市场利率下降而造成的无法通过再投资而实现预期收益的可能性。

一般来说，短期证券的报酬率会低于长期证券的报酬率。投资者一般都愿意接受短期证券的低报酬率。因为证券期限越长，不确定性就越强，而短期证券较易变现而收回本金。同时，证券发行者一般愿意为长期证券支付较高的报酬率。因为长期证券可以筹集到长期资金，而不必经常面临筹集不到资金的困境。为了避免市场利率上升的价格风险，投资者可能会投资于短期证券，但短期证券又会面临市场利率下降的再投资风险，即无法按预定报酬率进行再投资而实现所要求的预期收益。

3）购买力风险。购买力风险是由于通货膨胀而使货币购买力下降的可能性。

证券资产是一种货币性资产，通货膨胀会使证券投资的本金和收益贬值，名义报酬率不变而实际报酬率降低。购买力风险对具有收款权利性质的资产影响很大，债券投资的购买力风险远大于股票投资。如果通货膨胀长期延续，投资人会把资本投向实体性资产以求保值，对证券资产的需求量减少，引起证券价格下跌。

系统性风险波及所有证券，最终会反映在证券市场平均利率的提高上。因此，所有的系统风险几乎都可以归结为利率风险。利率风险是由于市场利率变动引起证券价值变化的可能性。

（2）证券的非系统性风险。证券的非系统性风险，是由于特定经营环境或特定事件变化引起的不确定性，从而对个别证券产生影响的特有性风险。

非系统性风险源于每个公司自身特有的营业活动和财务活动，与某个具体的证券相关，同整个证券市场无关。非系统性风险可以通过持有证券的投资多样化来抵消，也称为可分散风险。

1）履约风险。履约风险是指证券发行者无法按时兑付证券利息和偿还本金的可能性。

履约风险是投资于收益固定型有价证券的投资者经常面临的风险，多发生于债券投资中。履约风险产生的原因可能是公司产品经销不善，也可能是公司现金周转不灵。

2）变现风险。变现风险是证券持有者无法在市场上以正常的价格平仓出货的可能性。

在同一证券市场上，各种有价证券的变现能力是不同的，交易越频繁的证券，其变现能力越强。

3）破产风险。破产风险是在证券发行者破产清算时投资者无法收回应得权益的可能性。当证券发行者因经营管理不善出现持续亏损、现金周转不畅而无力清偿债务或其他原因导致难以持续经营时，他可能会申请破产保护。破产保护会导致债务清偿的豁免、有限责任的退资，使得投资者无法取得应得的投资收益，甚至无法收回投资的本金。

非系统性风险是公司特有风险，从公司内部管理的角度考察，公司特有风险的主要表现形式是公司经营风险和财务风险。从公司外部的证券市场和投资者的角度考察，公司经营风险和财务风险的特点无法明确区分，公司特有风险是以履约风险、变现风险、破产风险等形式表现出来的。

2. 证券投资的收益

（1）股票投资收益。

1）股息。股息是指股票持有人定期从股份公司取得的一定利润。利润分配的标准以股票的票面资本为依据。股票按股东权利分为普通股和优先股。优先股是按固定的股息率优先取得股息，不以公司利润的多少或有无而变动。普通股通常不获股息，而是取得股利。普通股的股利，一般是支付了优先股的股息之后，根据剩下的利润数额确定和支付。公司发放股息的原则是：①必须依法经必要的扣除后有盈余时才能分配。当公司有盈利时，需缴纳税款、弥补亏损、提取公积金后才能分配股息。②股息的分配，原则上以股东持有的股份比例为依据，公司章程另有规定者除外。③股息的分配要严格遵守平等原则，按股东持有股份的比例进行分配。股息作为股东的投资收益，可以有多种形式，即现金股息、股票股息、财产股息。

2）资本损益。上市股票具有流动性，投资者可以在股票交易市场上出售持有的股票收回投资，赚取盈利，也可以利用股票价格的波动低买高卖赚取差价收入。股票买入价与卖出价之间的差额就是资本收益。

3）资本增值收益。股票投资资本增值收益的形式是送股，但送股的资金不是来自于公司当年的可分配盈利而是公司提取的公积金。公司提取的公积金有法定公积金和任意公积金。公司以法定公积金或任意公积金转入资本时，相应地发行新股并按老股东的持股数平等地摊配，这种做法与股票派息的做法相似。

（2）债券投资收益。

1）债券利息。债券利息是指债券持有人向债券发行人领取的定期利息收入，即债券发行人为筹措资金发行债券而向投资者支付的报酬。债券利息的多少取决于债券利率的高低，而在一般情况下，债券利率在发行债券时已明确规定。

2）资本损益。债券投资的资本损益是指债券买入价与卖出价或买入价与到期偿还额之间的差额。

3. 证券投资中收益与风险之间的关系

投资的收益和风险是证券投资的核心问题。投资者的投资目的是为了得到收益，但与此同时又不可避免地面临着风险。为了合理地反映证券投资风险的大小和收益率的高低，要对证券进行评级，现说明几种主要证券的信用评级方法：

（1）债券的评级。债券的评级是指评级机构根据债券的风险和利息率的高低，对债券的质量做出的评价。在评级时考虑的主要因素是：①违约的可能性。②债务的性质和有关附属条款。③在破产清算时债权人的相对地位。

债券的等级一般分为：AAA、AA、A、BBB、BB、B、CCC、CC和C共9级，从前到后质量依次下降。一般而言，前4个级别的债券质量比较高，大多数投资人都可以接受，因而被称为“投资等级”，后5个级别的债券质量较低，大多数投资人都不愿购买，被称为“投机等级”。

（2）优先股评级。优先股评级是证券评估机构对优先股的质量做出的一种评价。对优先股评级考虑的主要因素是：①支付股息的可能性。②优先股的性质和各种条款。③在破产清算和企业重组时优先股的相对地位。优先股的评级与债券评级大体一致。但优先股的股利分配和对企业财产的要求权都位于债权人之后，因此，优先股的等级一般不能高于同一个企业发行的债券的级别。

（3）短期融资券的评级。短期融资券评级是指对期限在一年以内的债券的一种评级。因为短期融资券又称商业票据，所以短期融资券评级又称商业票据评级。商业票据的等级可按债务人支付商业票据债务的能力划分为A、B、C、D四大类。A级是最高级别的商业票据，表示按时支付能力最强。“A”的后面还可以加上1、2、3以表示安全性的相对程度；B级表示有充分的按时支付能力；但是条件的改变或暂时的逆境会破坏这种能力；C级表示支付能力令人怀疑；D级表示这种商业票据正在被拖欠或者将来到期时将被拖欠。

（4）普通股编类排列。证券评级机构按照各种股票的收益和红利的不同水平对股票进行编类排列。普通股和其他证券不同，它没有事先规定红利的多少，因此，不存在违约风险。这样普通股就不存在评级问题，只是依据普通股红利的增长情况和稳定程度、以往的信息资料以及发行普通股企业的大小进行普通股的编类排列。美国穆迪投资者服务公司把普通股划分为四大类8个等级，其含义分别为：A＋表示股东收益最高；A表示股东收益较高；A－表示股东收益略高于平均水平；B＋表示股东收益相当于平均水平；B表示股东收益略低于平均水平；B－表示股东收益较低；C表示股东收益很低；D表示股东无收益或负收益。

第二节 股票投资

一、股票投资的种类和目的

股票投资主要分为两种：普通股投资和优先股投资。

企业进行股票投资的目的主要有两种：①获利，即作为一般的证券投资，获取股利收入及股票买卖差价。②控股，即通过购买某一企业的大量股票达到控制该企业的目的。在第一种情况下，企业仅将某种股票作为证券组合的一个组成部分，不应冒险将大量资金投资于某一企业的股票上。而在第二种情况下，企业应集中资金投资于被控企业的股票上，这时考虑更多的不是目前利益——股票投资收益的高低，而是长远利益——占有多少股权才能达到控制的目的。

二、股票投资的基本分析法

基本分析法主要是通过对影响证券市场供求关系的基本要素进行分析，评价有价证券的真正价值，判断证券的市场价格走势，为投资者进行证券投资提供参考依据。基本分析法主要适用于周期相对较长的个别股票价格的预测和相对成熟的股票市场。

1. 宏观分析

宏观分析是通过对一国政治形势是否稳定、经济形势是否繁荣等的分析，判断宏观环境对证券市场和证券投资活动的影响。宏观分析包括政治因素分析和宏观经济因素分析。

2. 行业分析

行业分析主要探讨产业和区域经济对股票价格的影响，主要包括行业的市场结构分析、行业经济周期分析、行业生命周期分析等。企业的行业特点直接影响到企业未来的发展前途，行业间竞争程度的强弱依次为完全竞争、垄断竞争、寡头垄断、完全垄断四种。对于公用事业等垄断程度高的行业，企业产品价格和利润受供求关系影响较小，其股票的风险也较小；而对于轻工业等竞争程度较高的行业，企业破产或倒闭的可能性较大，投资于该行业企业的股票风险也较大；另外，行业如同产品一样，也要经历初创期、成长期、成熟期、衰退期。一般来说，处于初创期的行业，受环境变化影响大，风险也较大，而且利润不太高，因此不宜作为投资对象。处于成长期的行业，虽然风险较大，但利润也较高，可考虑投资。处于成熟期的行业，竞争实力强、利润高且稳定，风险小，是比较理想的投资对象。而处于衰退期的行业没有发展前景，一般不宜进行投资。当然，国家政策对行业是限制还是鼓励或扶持，也是选择股票时应考虑的因素。总之，投资者在进行股票投资决策时，应选择最有发展前景、获利能力高、风险相对小的行业进行投资。

3. 公司分析

公司分析主要是对特定上市公司的行业选择、成长周期、内部组织管理、经营状况、财务状况及经营业绩等进行全面分析。

企业选择哪些公司的股票作为长期投资，主要取决于对该公司的财务状况、盈利能力和竞争能力的分析。尽管为保障投资者的权益，上市公司上市时都要经过严格的审查和监管，但这并不能确保上市公司始终保持良好的势头，投资者应根据上市公司提供的各种财务报表和有关资料，综合运用各种方法，对财务状况、盈利能力、竞争能力等方面进行深入、细致的分析：

（1）财务状况分析。主要是通过流动比率、速动比率、存货周转率、应收账款周转率、负债比率等指标进行分析，从而对企业财务状况做出评价。总的说来，财务状况越好，投资风险越低。

（2）盈利能力分析。衡量盈利能力的指标有销售利润率、投资报酬率、每股盈余。一般企业盈利能力越强，其发行的股票报酬率也越高。

（3）竞争能力分析。一般用销售额、销售额增长率、市场占有率来衡量企业的竞争能力。企业的竞争能力越强，越有发展潜力，其发行的股票也会有更高的报酬率。

公司分析是基本分析法的重点。通过对发行证券的公司进行全面分析，能较准确地预测该公司证券的价格及其变动趋势，为证券投资决策提供依据。

4. 了解和掌握股票发行公司的股利发放政策及合理预测股票市价的未来走势

投资股票的报酬主要包括股利收入和资本利得两部分。股利收入的取得与股票发行公司的股利发放政策相关，而资本利得则取决于股票买卖之间的差价。了解发行公司的股利政策不仅可以使投资者对股利收入有合理的预期，同时也使投资者对发行公司的财务状况和经营作风有更深层的了解。要对股票市价的未来走势做出准确的预测是一件较困难的事，但合理分析、预测股票的变动趋势，对股票投资仍显得尤其重要。选择恰当的时机买入或卖出，可保证企业更多的资本利得。

三、股票的收益

1. 股票收益的来源和影响因素

股票的收益是指投资者从购入股票开始到出售股票为止整个持有期间的收入，这种收益由股息和资本利得两方面组成。股票收益主要取决于股份公司的经营业绩和股票市场的价格变化及公司的股利政策，但与投资者的经验与技巧也有一定关系。

2. 股票收益率的计算

（1）本期股票收益率的计算。本期股票收益率是指股份公司以现金派发股利与本期股票价格的比率。用下列公式表示：

本期收益率＝年现金股利÷本期股票价格×100%

本期股票价格是指证券市场上的该股票的当日收盘价，年现金股利是指上年每股股票获得的股利，本期收益率表明以现行价格购买股票的预期收益。

（2）持有期股票收益率的计算。

1）短期持有股票收益率的计算。如果企业购买的股票在一年内出售，其投资收益主要包括股票投资价差及股利两部分，不需考虑货币的时间价值，其收益率计算公式如下：

$$持有期收益率=\frac{(出售价格-购买价格)\div 持有年限+年现金股利}{股票购买价格}\times 100\%$$

$$K=\frac{(S_1-S_0)/n+d}{S_0}$$

式中，K 为短期股票收益率；S_1 为股票出售价格；S_0 为股票购买价格；n 为持有年限；d 为年现金股利。

【例 7－1】2008 年 3 月 10 日，利华公司购买某公司每股市价为 20 元的股票，2009 年 1 月，利华公司每股获现金股利 1 元。2009 年 3 月 10 日，利华公司将该股票以每股 22 元的价格出售，问投资收益率应为多少？

解：$K=(22-20+1)/20\times100\%=15\%$

该股票的收益率为 15%。

若企业持有股票时间为半年，其他条件不变，问投资收益率应为多少？

$K=[(22-20)\div0.5+1]/20\times100\%=25\%$

2）股票长期持有的收益率的计算。如果企业购买的股票持有期超过一年，其投资收益率的计算需考虑货币时间价值，股票投资的收益率是使各期股利及股票售价的复利现值等于股票买价时的贴现率。

现金流出现值（购入价格）＝现金流入现值（每年股利或出售价×复利现值系数）

$$V=\sum_{t=1}^{n}\frac{d_t}{(1+K)^t}+\frac{V_n}{(1+K)^n}$$

式中，V 为股票的购买价格；V_n 为股票的出售价格；n 为持有股票的期数。d_t 为第 t 期的股利；K 为投资收益率。

【例 7－2】利华公司于 2005 年 6 月 1 日投资 600 万元购买某种股票 100 万股，在 2006 年、2007 年和 2008 年的 5 月 30 日分得每股现金股利分别为 0.6 元、0.8 元和 0.9 元，并于 2008 年 5 月 30 日以每股 8 元的价格将股票全部出售，试计算该项投资的收益率。

用逐步测试法计算，先用 20%的收益率进行测算：

解：$V=60\div(1+20\%)+80\div(1+20\%)^2+890\div(1+20\%)^3$

$=60\times0.8333+80\times0.6944+890\times0.5787$

$=620.59$（万元）

由于 620.59 万元比 600 万元大，再用 24%测试：

$V=60\div(1+24\%)+80\div(1+24\%)^2+890\div(1+24\%)^3$

$=60\times0.8065+80\times0.6504+890\times0.5245$

$=567.23$（万元）

然后，用内插法计算如下：

$K=20\%+(620.59-600)\div(620.59-567.23)\times(24\%-20\%)=21.54\%$

四、股票投资策略

股票投资策略，是指在股票投资种类选择的基础上，按照一定的决策方法来选择合适的股票投资时机。决策方法的正确与否，将会直接影响到企业股票投资的成败。对于选择股票买卖的时机，一般有两种基本策略：一是进取性策略，在较有把握预测股票市场变动的情况下，及时抓住股价变动的转折点进行买卖；二是防守策略，就是不受证券市场变动干扰，尤其在对股票市场无法做出正确预测的情况下，设计一种入市或出市基点的机械式操作办法来买卖股票，这样便可以不用费脑筋，仍能获得较高的收益。以下介绍几种基本的股票投资决策的方法。

1. 等额投资成本平均法

在这种方法下能使投资者各期买入的股票的平均成本低于股票的平均价格。在操作中投资者可每期以固定的金额购入所选定的一种或几种股票，这样在股价下跌时，买入的股数就多，而在股价上涨时买入的股数就少。所以在买入的总股数中，自然低价股的数量大于高价股的数量。因此，一定时期后每股的平均成本就会低于股票的平均市场价格。这要求投资者要有一定的信心，不能在股价下跌时便不敢投资或急于抛出，如在股价下跌时以低于平均成本的进价出卖股票，则会使该方法失去效力。采用该方法的好处之一是企业承担的投资风险较小，而且在股票价格涨跌时均可以投资。但使用该法的前提条件是股票价格必须有涨有跌，如持续稳定，则投资者可能没有耐心做较长时间投资。

2. 方程式投资法

这实际是一种“证券组合”方法，分为“固定金额计划”、“固定比率计划”和“变动比率计划”三种。第一种方法是指投资者应持有固定金额的股票。例如，用15000元投资，其中10000元购买股票，5000元购买债券。当股票价格上涨到11000元时，可卖掉1000元股票而购入债券，相反在股价下跌到9000元时，则可卖掉1000元债券来补足股票。按这种程序自动轮番进行，确保证券组合金额的固定性。但其关键要确定这种组合中股票与债券所占金额，这主要根据投资者的投资偏好而定，但是计划一经确定后，就不能因市价稍有涨跌就加以调整，这样会使该方法失效。第二种方法与第一种方法原理相似，只是将固定金额转化为固定比率，不过计划在运用时更为灵活、更适应股票市场的周期变化。第三种方法是指在股价变动较大情况下适当调整证券组合的比率。其实质是在股价明显上升时多出售股票，获得较大收益，适当减少股票比率。相反在股市有下跌趋势时，抛出债券，而适度调高股票投资比率，这符合股票“贱买贵卖”原则。可见此方法的灵活性更大，但要根据具体情况，做一定的控制，不能过于冒进。

3. “渔翁撒网”与“收式渔翁撒网”法

前者指投资者有选择地购入多种股票，哪种股票价格上涨能获利时便抛出哪种股票。这种方法虽然一定时期收益能抵偿损失，但投资者可能在价格稍有上升时便卖出，丧失了更大投资机会，反而将长期劣势股票持在手中。因为在实际中不可能指望各种股票轮番上涨。针对这一点，许多投资者采用后一种方法，就是当一种或几种股票价格上升时，就多购这些股票，这些股票价格不涨或下跌时便卖出，从而使手中长期持有优势股，保持较强的获利能力。使用这种方法时，一定要看准股票的趋势，一旦失误，可能造成较大的损失。这两种方法主要适用较短期的股票投资。

4. 投资长、中、短三分法

这是指应将股票投资分为长期、中期和短期三种，对于有长远发展前途的股票，不以获取短期收益为目的，期间内不出售，以期享受优厚的股利和对企业实施一定的控制。

但如确有迹象表明该企业已一蹶不振时，应及时抛出，以免造成更大损失。对中期投资是以那些业绩稳定的公司为对象，一般可持有几个月，作为企业资金融通手段，一旦需要资金便可迅速出售。短期投资的目的主要是为获得股票价差收益。

5. 顺势投资法

对于投资额较小的投资者，根据股票走势投资也不失为一种简便实用的方法，即在股市趋涨时买进，在股市趋跌时卖出。这种跟随大势的方法一般是相当保险的。然而股市变化扑朔迷离，有时短暂的上扬，会被误认为涨势已到，但不久会很快回落。有时在涨势初起，却犹豫不决而错失良机。待要入市时却已到回落边缘，也有在跌势中抛出，但已到回升边缘，结果卖出了最低价。这些都说明顺势投资法同样应对股市走势做出合理判断。“顺势”是顺“胜势”而不是顺“人势”，人买我买、人卖我卖，则会造成重大损失。

6. “买平均高”和“买平均低”法

前法是指投资者分阶段买进股票，即在股票上涨时先买进第一批，等到股价再上升一段后再分别买进第二、第三批。待其上涨到一定价位后，将其抛出获利。后一种方法是指股票看跌时先买进一批，等到再跌一段后再买进第二、第三批，待股价回升时，将其抛出获利。这两种方法主要用于投资期较长的中长期股票投资，不太适用于短期股票投资。

企业长期股票投资的方法不胜枚举，但在运用中绝不能过于教条，应根据具体市场情况和企业投资目的及能力，做到融会贯通，灵活使用。

五、股票投资的优缺点

股票投资是一种高风险、高收益、价格波动性大的投资，具有以下的优、缺点。

1. 股票投资的优点

股票投资是一种最具有挑战性的投资，其收益和风险都比较高。股票投资的优点主要有：

（1）投资收益高。普通股票的价格虽然变动频繁，但从长期看，优质股票的价格总是上涨的居多，只要选择得当，都能取得优厚的投资收益。

（2）购买力风险低。普通股的股利不固定，在通货膨胀率比较高时，由于物价普遍上涨，股份公司盈利增加，股利的支付也随之增加。因此，与固定收益证券相比，普通股能有效地降低购买力风险。

（3）拥有经营控制权。普通股股东属股份公司的所有者，有权监督和控制企业的生产经营情况。因此，欲控制一家企业，最好是收购这家企业的股票。

2. 股票投资的缺点

股票投资的缺点主要是风险大，这是因为：

（1）求偿权居后。普通股对企业资产和盈利的求偿权均居于最后。企业破产时，股东原来的投资可能得不到全额补偿，甚至一无所有。

（2）价格不稳定。普通股的价格受众多因素影响，很不稳定。政治因素、经济因素、投资人心理因素、企业的盈利情况、风险情况，都会影响股票价格，这也使股票投资具有较高的风险。

（3）收入不稳定。普通股股利的多少，视企业经营状况和财务状况而定，其有无、多寡均无法律上的保证，其收入的风险也远远大于固定收益证券。

第三节　债券投资

一、债券投资的目的和特点

企业进行短期投资的目的主要是为了合理利用暂时闲置资金，调节现金余额，获得收益。当企业现金余额太多时，便投资于债券，使现金余额降低；反之，当现金余额太少时，则出售原来投资的债券，收回现金，使现金余额提高。企业进行长期债券投资的目的主要是为了获得稳定的收益。

债券投资具有以下特点：

（1）不论长期债券投资还是短期债券投资，都有到期日，债券到期应当收回本金，投资应考虑期限的影响。

（2）从投资权利来说，在各种投资方式中，债券投资者的权利最小，无权参与被投资企业经营管理，只有按约定取得利息，到期收回本金的权利。

（3）债券投资收益通常是事前预定的，收益率通常不及股票高，但具有较强的稳定性，投资风险较小。

二、债券的收益率

1. 债券收益的来源及影响因素

投资债券的目的是到期收回本金的同时得到固定的利息。债券的投资收益包含两方面内容：①债券的年利息收入，这是债券发行时就决定的。一般情况下，债券利息收入不会改变，投资者在购买债券前就可得知。②资本损益，指债券买入价与卖出价或偿还额之间的差额，当债券卖出价大于买入价时，为资本收益，当卖出价小于买入价时，为资本损失。由于债券买卖价格受市场利率和供求关系等因素影响，资本损益很难在投资前做准确预测。

衡量债券收益水平的尺度为债券收益率，即在一定时期内所得收益与投入本金的比率。为便于比较，债券收益一般以年率为计算单位。

决定债券收益率的主要因素，有债券的票面利率、期限、面值、持有时间、购买价格和出售价格。这些因素中只要有一个因素发生了变化，债券收益率也会随之发生变化。另外，债券的可赎回条款、税收待遇、流动性及违约风险等属性也会不同程度地影响债券的收益率。一般来说，当债券被赎回时，投资收益率降低。所以，作为补偿，易被赎回的债券的名义收益率比较高，不易被赎回的债券的名义收益率比较低；享受税收优惠待遇的债券的收益率比较低，无税收优惠待遇的债券的收益率比较高；流动性高的债券的收益率比较低，流动性低的债券的收益率比较高；违约风险高的债券的收益率比较高，违约风险低的债券的收益率比较低。

2. 债券收益率的计算

债券的投资收益率是指购进债券后，持有该债券至到期日或中途出售日可获取的收益率。它可以反映债券投资的真实收益率，是指导选购债券的重要标准。如果债券投资收益率高于投资人要求的报酬率，则应买进该债券；否则，就放弃。

债券投资收益率按是否考虑时间价值可分为两种情况：

（1）短期债券收益率的计算。短期债券由于期限较短，一般不用考虑货币的时间价值因素，只需考虑债券价差及利息，将其与投资额相比，即可求出短期债券收益率。其基本计算公式为：

$$K=\frac{S_1-S_0+I}{S_0}$$

式中，S_0表示债券购买价格；S_1表示债券出售价格；I表示债券利息；K表示债券投资收益率。

【例7－3】某企业于2008年5月8日以920元购进一张面值1000元，票面利率5%，每年付息一次的债券，并于2009年5月8日以970元的市价出售，问该债券的投资收益率是多少？

解：$K=(970-920+50)/920\times100\%=10.87\%$

该债券的投资收益率为10.87%。

（2）长期债券收益率的计算。对于长期债券，由于涉及时间较长，需要考虑货币的时间价值，其投资收益率一般是指购进债券后一直持有至到期日可获得的收益率，它是使债券利息的年金现值和债券到期收回本金的复利现值之和等于债券购买价格时的贴现率。

1）一般债券收益率的计算。

一般债券的价值模型为：

现金流出现值＝现金流入现值

购进价格＝每年利息×年金现值系数＋面值或出售价×复利现值系数

$V=I\cdot(P/A, K, n)+F\cdot(P/F, K, n)$

式中，V表示债券的购买价格；I表示每年获得的固定利息；F表示债券到期收回的本金或中途出售收回的资金；K表示债券的投资收益率；n表示投资期限。

由于无法直接计算收益率，必须采用逐步测试法及内插法来计算，即先设定一个贴现率代入上式，如计算出的V正好等于债券买价，该贴现率即为收益率；如计算出的V与债券买价不等，则需继续测试，再用内插法求出收益率。

【例7－4】某公司2004年1月1日用平价购买一张面值为1000元的债券，其票面利率为8%，每年1月1日计算并支付一次利息，该债券于2009年1月1日到期，按面值收回本金，计算其到期收益率。

解：$I=1000\times8\%=80$元，$F=1000$元

设收益率$i=8\%$，

则$V=80\times(P/A,\ 8\%,\ 5)+1000\times(P/F,\ 8\%,\ 5)=1000$(元)

用8%计算出来的债券价值正好等于债券买价，所以该债券的收益率为8%。可见，平价发行的每年复利计息一次的债券，其到期收益率等于票面利率。

如该公司购买该债券的价格为1100元，即高于面值，则该债券收益率应为多少？

要求出收益率，必须使下式成立：

$1100=80\times(P/A,\ i,\ 5)+1000\times(P/F,\ i,\ 5)$

通过前面计算已知，$i=8\%$时，上式等式右边为1000元。由于利率与现值呈反向变化，即现值越大，利率越小。而债券买价为1100元，收益率一定低于8%，需要降低贴现率进一步试算。

用$i_1=6\%$试算：

$$\begin{aligned}V_1&=80\times(P/A,\ 6\%,\ 5)+1000\times(P/F,\ 6\%,\ 5)\\&=80\times4.2124+1000\times0.7473\\&=1084.29\text{（元）}\end{aligned}$$

由于贴现结果仍小于1100元，还应进一步降低贴现率试算。

用$i_2=5\%$试算：

$$\begin{aligned}V_2&=80\times(P/A,\ 5\%,\ 5)+1000\times(P/F,\ 5\%,\ 5)\\&=80\times4.3295+1000\times0.7835\\&=1129.86\text{（元）}\end{aligned}$$

用内插法计算：

$$i=5\%+\frac{1129.86-1100}{1129.86-1084.29}\times(6\%-5\%)=5.66\%$$

所以，如果债券的购买价格为1100元时，债券的收益率为5.66%。

2）一次还本付息的单利债券收益率的计算。

【例7－5】美灵公司2001年1月1日以1020.9元购买一张面值为1000元、票面利率为10%、单利计息的债券，该债券期限5年，到期一次还本付息，计算其到期收益率。

一次还本付息的单利债券价值模型为：

解：$V=F(1+i\cdot n)\cdot(P/F,\ K,\ n)$

$1020.9=1000\times(1+5\times10\%)\times(P/F,\ K,\ 5)$

$(P/F,\ K,\ 5)=1020.9\div1500=0.6806$

查复利现值表，5年期的复利现值系数等于0.6806时，$K=8\%$。如此时查表无法直接求得收益率，则可用内插法计算。

三、债券投资决策

债券投资决策，是指作为投资人的企业根据现有的可支配资金，在风险与收益均衡原则的指导下，通过对债券市场状况的分析研究，对投资时机、投资期限、拟购入的债券等做出选择的过程。

债券组合是回避利率风险和再投资风险，甚至违约风险和变现能力风险的强有力的手段。常见的债券组合主要有以下几种模式：①浮动利率债券与固定利率债券的组合。②短期债券与长期债券的组合。③政府债券、金融债券、企业债券的组合。④信用债券与担保债券的组合。

另外，在单纯的企业债券投资中，还可以进行可转换债券与不可转换债券的组合、附认股权债券与不附认股权债券的组合。

证券市场上发行和流通的债券品种很多，发行单位各异，其质量也良莠不齐，有的投资价值较高，能获取较高的投资收益，有的则无多大投资价值，或虽有一定投资价值，但公司信誉欠佳，从而使投资风险非常大。因此，作为投资者，应综合考虑各种因素，才能做出正确的投资选择。

1. 收益率的测算与比较

投资者在进行债券投资时，要注意不同债券收益率的测算和比较，从而决定投资于哪种债券更为有利。一般来说，在同样信用等级和同样投资期限的情况下，收益率越高，越具有投资价值。但同时也需考虑其他一些因素，如有些债券的利率可随市场利率变化而变化，有的债券按事先约定可根据投资者意愿在一定时期转换为其他债券或股票，这就减少了投资者在市场利率变动时遭受债券价格下降的风险，也使投资者在股票价格上涨时不致错过获取更高收益的机会。

2. 信用情况的调查评价

投资者在购买债券前应对其发行单位的信用情况进行调查、评价。信用等级的评定一般由专门的证券评估机构进行。债券的信用级别直接反映了该发行单位的经济实力、支付能力、盈利能力和偿债能力及在一贯的经营活动中的履行守信程度，因此是一个最综合、客观的评价。信用级别高的单位发行的债券，其投资风险小；反之，投资风险较大。当然，对评估机构的评估结论也不能盲从，要历史、客观地对待。企业经营情况发生变化时，其信用程度也会发生变化，而且有些评估结论有一定的特指性，投资者应在比较分析后，才能接受。

3. 到期日和可变现能力的考虑

企业投资于债券有时是为未来设备的购置或负债的偿还做资金储备。这时债券到期日要能与未来用款日相适应。到期日还是考虑债券利率风险时的一个因素，购买日离到期日越远，其承受的利率风险也越大，即越有可能因为市场利率的变化导致债券价格的下降；反之，利率风险越低。另外，债券的可变现能力也是投资者应予以注意的因素，有的债券有较发达的流通市场，持有者转让时能及时脱手，当然这样的债券投资风险会更小。

四、债券投资策略

债券投资策略分为被动投资策略和主动投资策略两大类。

1. 被动投资策略

被动投资策略的基本思想是相信市场是有效率的，债券的市场价格是其未来期望收益的最好体现，因此，投资者并不主动寻找所谓好的投资机会以求获得超额投资收益。被动投资策略赖以建立的基本思想在很大程度上得到了实际的验证，1981～1985年，美国债券投资机构中大多数投资经理的工作业绩低于债券指数所反映的平均收益水平。当然，被动投资策略并不意味着投资者可以完全不理会自己的债券投资组合，他们仍然需要对债券投资组合的构成和状态进行监督和调整，以适应自身对投资风险和投资目标的要求。当金融市场、债券条件发生不利于自身投资目标的变化时，投资者必须及时调整手中的债券组合以适应新的情况。采用被动投资策略的投资者在进行投资时，要考虑债券的风险性、收益性是否符合自己的需要，要考虑债券的流动性是否容易在证券市场上转手，有些债券较容易按照预期的价格转手，有些债券的价格则不大稳定；有些债券则可以在任何时候转手出售，有些债券的转让则受到某种时间约束，还要考虑债券是否会被发行者提前收回等多种因素。

常用的被动投资策略有购买和持有策略以及免疫策略。

（1）购买和持有策略。这一投资策略的特点是投资者在买入一组债券后将较长时间地持有这组债券，而不是频繁交易以谋求高额投资收益。采用这一策略的关键在于投资者要对债券和债券市场的特性有一定的了解，以选择出一组适合自身投资目的的债券组合。一般来讲，采用这一投资策略的投资者多选择级别较高的债券。购买和持有策略在具体实施时也有较大差异，这个策略的一个极端情形是投资者试图按比例购买市场上的所有债券，自己复制一个债券的市场资产组合。在国外，已有债券指数基金出现，因此，投资者只需投资于债券指数基金即可实现购买和持有策略。有些投资者则根据自己的判断选择某些债券作为自己的债券组合，并根据市场变化适当调整债券组合。

（2）免疫策略。采用这一策略的投资者试图完全避免债券的利率风险。如前所述，债券的利率风险由价格风险和再投资风险两部分组成，而这两部分随市场利率变化的方向其变化恰好相反，即当市场利率上升时，债券的市场价格下降，债券利息的再投资收益上升。因此，市场利率变化带来的债券投资价值在某一方面的不利变化恰好可在一定程度上为另一方面的有利变化所抵消，从而为免疫策略的施行提供了可能。即构造一个债券组合，使市场利率变化时上述两种因素对债券价值的影响正好相互抵消。债券的持续期是实行免疫策略的关键，如果债券组合的持续期与投资者预计的投资期相同，只要市场利率的变化不超过一定的范围，该债券组合就可以保证投资者在投资期结束时得到基本确定的收益。由于债券的持续期与债券的期限是两个不同的概念，后者通常要大于前者，因此，采用免疫策略的投资者持有的债券或债券组合的期限通常也大于其投资期。

必须注意的是，免疫策略的施行是较为复杂的，其操作本身绝不是“被动”的。由于债券的持续期随市场利率的变化而变化，投资者必须根据市场利率的变化适当调整债券组合的构成，使债券组合的持续期始终保持与投资期相等。

2. 主动投资策略

许多债券投资者的投资目的并不仅仅是保值，还希望利用债券投资获取超额投资利润。这些投资者所采用的投资策略多为主动投资策略。主动投资策略的基本出发点是：①设法预测市场利率的变化趋势，利用债券价格随市场利率变化的规律谋利；②设法从债券市场上的各种投资工具中寻找那些定价失误的投资工具作为投资对象。预测市场利率变化需要对宏观经济形势有较强的把握能力，因为市场利率预测的主要依据是对经济周期和通货膨胀率的预测。具体来说，财政赤字、贸易赤字、通货膨胀率、货币供给量等众多因素都可能导致市场利率的变化。投资者根据自己对利率变化趋势的判断，决定何时买入或卖出债券，获取收益。此外，投资者还可以利用债券掉期的方法构造债券组合，通过对债券的买入卖出，利用某一时间内某些债券价格的短暂失衡来谋取收益。

3. 投资策略的选择

出于保值目的的投资者将债券投资作为一种低风险、具有长期固定收益的投资工具，其投资目的是在可以接受的、确定的风险条件下获取尽可能高的收益。遵循这一投资方针的投资者将主要采用被动投资策略，他们将根据自身的风险承受能力选择不同级别的债券（比如，政府债券的风险低于企业债券、AAA 级债券的风险低于 A 级债券、长期债券的风险高于短期债券等）构成所需要的债券组合。

希望利用市场利率变化获取价差收益的投资者又可分为两类：一类更注重短期投机，他们更多地观察市场利率的短期变化，频繁地买入卖出。比如，当他们预测市场利率将降低时，将买入长期低息债券，一旦市场利率下跌，即可获利。另一类投资者则注重整体投资收益的最大化，他们注意观察债券市场的变化，但并不频繁买卖，而是在时机成熟时才采取行动，以期获得较大的收获。

五、债券投资的优缺点

1. 债券投资的优点

（1）本金安全性高。与股票相比，债券投资风险较小。政府发行的债券有国家财力做后盾，其本金的安全性非常高，通常视为无风险证券。企业债券的持有者拥有有限求偿权，即企业破产时，债权人可优先分得企业资产，因此，其本金损失的可能性小。

（2）收入稳定性高。债券票面一般都标有固定利息率，债券的发行人有按时支付利息的法定义务。

（3）市场流动性好。许多债券都具有较好的流动性。政府及大企业发行的债券一般都可在金融市场上迅速出售，流动性很好。

2. 债券投资的缺点

（1）购买力风险较大。债券的面值和利息率在发行时就已确定，如果投资期间的通货膨胀率比较高，则本金和利息的购买力将不同程度地受到侵蚀，在通货膨胀率非常高时，投资者虽然名义上有收益，但实际上却有损失。

（2）没有经营管理权。投资于债券只是获得收益的一种手段，无权对债务发行单位施加影响和控制。

第四节　证券投资组合

一、证券投资组合的策略

证券投资充满了各种各样的风险，为了规避风险，可采用证券投资组合的方式，即投资者在进行证券投资时，不是将所有的资金都投向单一的某种证券，而是有选择地投向多种证券，这种做法就叫证券的投资组合或者投资的多样化。

1. 冒险型策略

冒险型策略认为，只要投资组合科学而有效，就能取得远远高于平均收益水平的收益，这种组合主要选择高风险、高收益的成长性股票，对低风险、低收益的股票不屑一顾。

2. 保守型策略

保守型策略是指购买尽可能多的证券，以便分散掉全部可分散风险，得到市场的平均收益。这种投资组合的优点是：①能分散掉全部可分散风险。②不需要高深的证券投资专业知识。③证券投资管理费较低。这种策略收益不高，风险也不大，故称之为保守型策略。

3. 适中型策略

适中型策略介于保守型与冒险型策略之间，采用这种策略的投资者一般都善于对证券进行分析。通过分析，选择高质量的股票或债券组成投资组合。他们认为，股票价格是由企业经营业绩决定的，市场上价格一时的沉浮并不重要，这种投资策略风险不太大，收益却比较高。但进行这种组合的人必须具备丰富的投资经验及拥有证券投资的各种专业知识。

二、证券投资组合的方法

1. 选择足够数量的证券进行组合

当证券数量增加时，可分散风险会逐步减少，当数量足够时，大部分风险都能分散掉。

2. 把不同风险程度的证券组合在一起

以 1/3 资金投资于风险大的证券，以 1/3 资金投资于风险中等的证券，1/3 资金投资于风险小的证券。这种组合法虽不会获得太高的收益，但也不会承担太大的风险。

3. 把投资收益呈负相关的证券放在一起组合

负相关股票是指一种股票的收益上升而另一种股票的收益下降的两种股票，把收益呈负相关的股票组合在一起，能有效分散风险。

三、资本资产定价模型在证券投资中的应用

在第二章，我们学习了资本资产定价模型，以下我们将重点介绍如何在投资决策过程中运用该模型。

1. 投资组合的 β 系数

对于投资组合来说，其系统风险程度也可以用 β 系数来衡量。投资组合的 β 系数是所有单项资产 β 系数的加权平均数，权数为各种资产在投资组合中所占的比重。其计算公式为：

$$\beta_p=\sum_{i=1}^{n}\omega_i\beta_i$$

式中，β_p 为证券组合的 β 系数；ω_i 为证券组合中第 i 种股票所占的比重；β_i 为第 i 种股票的 β 系数；n 为证券组合中股票的数量。

【例 7－6】某投资组合由 A、B、C 三项资产组成，有关机构公布的各项资产的 β 系数分别为 0.5、1.0 和 1.20。假定各项资产在投资组合中的比重分别为 10%、30%和 60%。

要求：计算该投资组合的 β 系数。

解：依题意，$\beta_1=0.5$，$\beta_2=1.0$，$\beta_3=1.2$；$\omega_1=10\%$，$\omega_2=30\%$，$\omega_3=60\%$，则有：

$$\beta_p=0.5\times10\%+1.0\times30\%+1.2\times60\%=1.07$$

2. 资本资产定价模型的基本表达式

前文指出，资本资产定价模型是指财务管理中为揭示单项资产必要收益率与预期所承担的系统风险之间关系而构建的一个数学模型。

在特定条件下，资本资产定价模型的基本表达式如下：

$$R_p=R_f+\beta\times(R_m-R_f)$$

式中，R_p 为某种资产或某种投资组合的必要收益率；R_f 为无风险收益率；β_p 为某种资产或某种投资组合的风险系数；R_m 为市场组合的平均收益率。

从上式可以看出，单项资产或特定投资组合的必要收益率受到无风险收益率、市场组合的平均收益率和 R 系数三个因素的影响。

【例 7－7】A 股票的 β 系数为 0.5，B 股票的 β 系数为 1.0，C 股票的 β 系数为 2，无风险利率为 6%，假定同期市场上所有股票的平均收益率为 10%。

要求：计算上述三种股票的必要收益率，并判断当这些股票的收益率分别达到多少时，投资者才愿意投资购买。

解：依题意，R_f＝6%，β_1＝0.5，β_2 ＝1，β_3＝3，R_m＝10%，则：

A 股票的必要收益率 R_1＝6%＋0.5×(10%－6%)＝8%

B 股票的必要收益率 R_2＝6%＋1.0×(10%－6%)＝10%

C 股票的必要收益率 R_3＝6%＋2×(10%－6%)＝14%

只有当 A 股票的收益率达到或超过 8%，B 股票的收益率达到或超过 10%，C 股票的收益率达到或超过 14%时，投资者才愿意投资购买。否则，投资者就不会投资。

3. 投资组合风险收益率的计算

根据资本资产定价模型的基本表达式，可以推导出投资组合风险收益率的计算公式为：

$K_p=\beta\times(R_m-R_f)$

式中，K_p 为证券组合的风险收益率；β_p 为证券组合的 β 系数；R_m 为市场收益率，证券市场上所有股票的平均收益率；R_f 为无风险收益率，一般用政府公债的利率来衡量。

从上式中可以看出，投资组合风险收益率也受到市场组合的平均收益率、无风险收益率和投资组合的 β 系数三个因素的影响。在其他因素不变的情况下，风险收益率与投资组合的 β 系数成正比，β 系数越大，风险收益率就越大；反之，亦然。

【例 7－8】某企业目前持有由 A、B、C 三种股票构成的证券组合，每只股票的 β 系数分别是 0.5、1.0 和 1.2，它们在证券组合中所占的比重分别为 10%、30%和 60%，据此计算的证券组合的 β 系数为 1.07，当前股票的市场收益率为 10%，无风险收益率为 6%。

要求：计算投资组合风险收益率及投资组合的必要收益率。

解：$K_p=\beta_p\times(R_m-R_f)$＝1.07×(10%－6%)＝4.28%

$R_p=R_f+\beta_p\times(R_m-R_f)$＝6%＋1.07×(10%－6%)＝10.28%

【例 7－9】仍按【例 7－8】资料，该公司为降低风险，售出部分 C 股票，买进部分 A 股票，使 A、B、C 三种股票在证券组合中所占的比重变为 60%、30%和 10%，其他条件不变。

要求：(1) 计算新证券组合的 β 系数；(2) 计算新证券组合的风险收益率，并与原组合进行比较。

解：(1) 依题意，β_1＝0.5，β_2＝1.0，β_3＝1.2；ω_1 ＝60%，ω_2＝30%，ω_3＝10%，则有：

新证券组合的 β_p＝0.5×60%＋1.0×30%＋1.2×10%＝0.72

(2) 依题意，β_p＝0.72，R_m＝10%，R_f＝6%，则：

新证券组合的风险收益率 $K_p=\beta_p\times(R_m-R_f)$＝0.72×(10%－6%)＝2.88%

因为新证券组合的风险收益率为 2.88%，小于原组合的 4.28%，说明系统风险被降低了。

从本例可以看出，改变投资比重，可以影响投资组合的β_p系数，进而改变其风险收益率。通过减少系统风险大的资产比重，提高系统风险小的资产比重，能达到降低投资组合总体风险水平的目的。

第五节 基金投资

一、投资基金的含义与特征

1. 投资基金和基金证券

投资基金，在美国称为共同基金，它是一种利益共享、风险共担的集合投资制度，由基金发起人以发行基金证券形式汇集一定数量的具有共同投资目的的投资者的资金，委托由投资专家组成的专门投资机构（基金管理人）进行各种分散的投资组合，投资者按出资比例分享投资收益，并共同承担投资风险。

基金证券或称投资基金证券，是指由基金发起人向社会公开发行的，表示持有人按其所持有份额享有资产所有权、收益分配权和剩余资产分配权的凭证。按照基金的发起和建立方式的不同，基金证券可分为“基金受益证券”和“基金股票”两种。

投资基金作为一种集合投资制度，它的创立和运行主要涉及投资人、发起人、管理人和托管人。投资人是出资人，也是受益人，他可以是自然人或者法人，大的投资人往往也是发起人。发起人根据政府主管部门批准的基金章程或基金证券发行办法筹集资金而设立投资基金，将基金委托于管理人管理和运营，委托于托管人保管和进行财务核算，发起人与管理人、托管人之间的权利与义务通过信托契约来规定。

2. 投资基金的特征

一般来说，投资基金的组织与品种包括如下几个方面的内容：

（1）由投资基金的发起人设计、组织各种类型的投资基金。通过向社会发行基金受益凭证或基金股份，将社会上众多投资者的零散资金聚集成一定规模的数额，设立基金。

（2）基金的份额用“基金单位”来表达，基金单位也称为受益权单位，它是确定投资者在某一投资基金中所持有份额的尺度。将初次发行的基金总额分成若干等额的整数份，每一份即为一个基金单位，表明认购基金所要求达到的最低投资金额。例如，某基金发行时要求以 100 元的整倍数认购，表明该基金的单位是 100 元，投资 2000 元即拥有 20 个基金单位。一个基金单位与股份公司一股的含义基本上是相同的。

(3)由指定的信托机构保管和处分基金资产，专款存储以防止基金资产被挪为他用。基金保管机构称为基金保管公司，它接受基金管理人的指令，负责基金的投资操作，处理基金投资的资金拨付、证券交割和过户、利润分配及本金偿付等事项。

(4) 由指定的基金经理公司（也称为基金管理公司）负责基金的投资运作。基金经理公司负责设计基金品种，制订基金投资计划，确定基金的投资目标和投资策略，以基金的名义购买证券资产或其他资产，向基金保管人发出投资操作指令。

3. 投资基金证券与股票、债券的区别

投资基金证券作为一种有价证券，虽然它自身并没有价值，但由于它代表着证券持有人的资产所有权、收益分配权以及剩余财产分配权等诸多权益，因而也能在市场上进行交易，并在交易过程中形成自己的价格。作为有价证券，基金证券与股票、债券有共同的特征；但基金证券与股票、债券之间又有明显的区别，这些区别主要表现在：

(1) 发行的主体不同，体现的权利关系不同。投资基金证券是由基金发起人发行的，如果基金是发起人按照契约形式由发起人发行的，则投资购买基金证券的持有人与发起人之间是一种契约关系；如果基金是按照公司形式发起的，则通常先要组成基金公司，并由发起人组成董事会，由董事会决定基金的发起、设立、终止以及选择管理人和托管人等事项。证券持有人虽然也是公司的股东之一，但都不参与基金的运作。发起人与管理人、托管人之间完全是一种信托契约关系。而股票是由股份公司发行的，股票持有人是股份公司的股东，有权参与公司的经营管理决策，股东对公司是一种股权关系；债券则是由政府、银行及企业等诸家发行主体发行的，债券的投资者与发行者之间形成的是一种债券债务关系。

(2) 投资者的经营管理权不同。通过发行股票筹集到的资金，完全可由发行股票的股份公司掌握和运用，股票持有人也有权参与公司的经营管理决策；通过发行债券筹集到的资金，也是由发行债券的公司自主支配。而投资基金的运作机制则有所不同，无论是哪种类型的基金，其发起人和投资人都不直接从事基金的运作而是委托管理人营运。同时，投资基金信托又不同于个人信托。个人信托是单个投资者委托证券公司买卖证券，这种委托业务完全体现着投资者个人的意志，即完全按照投资者的指令买进或卖出。而投资基金则是一种集中信托，受托的管理人本着“受人之托，代人理财，忠实服务，科学运用”的精神，按照基金章程规定的投资限制，对该基金自主地加以运作，并保证投资者获得丰厚的收益。投资者只分享基金的盈利和分红，不干预基金的管理和操作。

(3) 风险和收益不同。投资基金是委托由投资专家组成的专门投资机构进行分散的投资组合，它可以分散和降低风险，因此，从风险程度上看，投资于基金证券的风险小于股票投资，但大于债券投资。从收益水平上看，投资基金证券的收益是不固定的，一般小于股票投资，而大于债券投资。因此，人们一般认为基金证券是一种风险低于股票、收益高于债券的有价证券。

(4) 存续时间不同。每一种类型的投资基金都规定有一定的存续时间，期满即终止。这一点与债券投资类似。与债券投资不同的是，投资基金经持有人大会或基金公司董事会决议，可以提前终止，也可以期满后再延续。封闭式基金在存续期间不得随意增减基金券，持有人只能通过交易市场买卖基金证券。从这一点看，基金证券投资又类似股票投资。与股票投资不同的是，开放式基金可以随时增加或减少基金证券，持有人可以按基金的资产净值向公司要求申购或赎回其所持有的单位或股份。

二、基金的种类

投资基金是一种利益共享、风险共担的集合投资方式，即通过发行基金股份或受益凭证等有价证券聚集众多的不确定投资者的出资，交由专业投资机构经营运作，以规避投资风险并谋取投资收益的证券投资工具。基金主要有以下分类方法：

1. 根据组织形态不同分类

按照组织形态的不同，可分为契约型基金和公司型基金。

（1）契约型基金。契约型基金又称单位信托基金，是指把受益人（投资者）、管理人、托管人三者作为基金的当事人，由管理人与托管人通过签订信托契约的形式发行受益凭证而设立的一种基金。契约型基金由基金管理人负责基金的管理操作；由基金托管人作为基金资产的名义持有人，负责基金资产的保管和处置，对基金管理人的运作实行监督。

（2）公司型基金。公司型基金，是指按照《公司法》以公司形态组成的，它以发行股份的方式募集资金，一般投资者购买该公司的股份即为认购基金，也就成了该公司的股东，凭持有的基金份额依法享有投资收益。

契约型基金与公司型基金相比：①资金的性质不同。契约型基金的资金是信托财产，公司型基金的资金为公司法人的资本。②投资者的地位不同。契约型基金的投资者购买受益凭证后成为基金契约的当事人之一，公司型基金的投资者购买基金公司的股票后成为该公司的股东，以股息或红利形式取得收益。因此，契约型基金的投资者没有管理基金资产的权利，而公司型基金的股东通过股东大会和董事会享有管理基金资产的权利。③基金的运营依据不同。契约型基金依据基金契约运营基金，公司型基金依据基金公司章程运营基金。

2. 根据变现方式不同分类

按照变现方式的不同，可分为封闭式基金和开放式基金。

（1）封闭式基金。封闭式基金，是指基金的发起人在设立基金时，限定了基金单位的发行总额，筹集到这个总额后，基金即宣告成立，并进行封闭，在一定时期内不再接受新的投资。基金单位的流通采取在交易所上市的办法，通过二级市场进行竞价交易。

（2）开放式基金。开放式基金，是指基金发起人在设立基金时，基金单位的总数是不固定的，可视经营策略和发展需要追加发行。投资者也可根据市场状况和各自的投资决策，要求发行机构按现期净资产值扣除手续费后赎回股份或受益凭证，或者再买入股份或受益凭证，增加基金单位份额的持有比例。

封闭式基金与开放式基金相比：①期限不同。封闭式基金通常有固定的封闭期，而开放式基金没有固定期限，投资者可随时向基金管理人赎回。②基金单位的发行规模要求不同。封闭式基金在招募说明书中需列明其基金规模，而开放式基金没有发行规模限制。③基金单位转让方式不同。封闭式基金的基金单位在封闭期限内不能要求基金公司赎回。开放式基金的投资者则可以在首次发行结束一段时间（多为3个月）后，随时向基金管理人或中介机构提出购买或赎回申请。④基金单位的交易价格计算标准不同。封闭式基金的买卖价格受市场供求关系的影响，并不必然反映公司的净资产值。开放式基金的交易价格则取决于基金的单位净资产值的大小，基本不受市场供求影响。⑤投资策略不同。封闭式基金的基金单位数不变，资本不会减少，因此基金可进行长期投资。开放式基金因基金单位可随时赎回，为使投资者能随时赎回，基金资产不能全部用来投资，更不能把全部资产用来进行长线投资，必须保持基金资产的流动性。

3. 根据投资标的分类

按照投资标的的不同，可分为股票基金、债券基金、货币基金、期货基金、期权基金、认股权证基金、专门基金等。

（1）股票基金。股票基金，是指投资于股票的投资基金，其投资对象通常包括普通股和优先股，其风险程度较个人投资股票市场要低得多，且具有较强的变现性和流动性，因此，它也是一种比较受欢迎的基金类型。

（2）债券基金。债券基金，是指投资管理公司为稳健型投资者设计的，投资于政府债券、市政公债、企业债券等各类债券品种的投资基金。债券基金一般情况下定期派息，其风险和收益水平通常较股票基金低。

（3）货币基金。货币基金，是指投资于货币市场上短期有价证券的一种基金。其投资工具包括银行短期存款、国库券、政府公债、公司债券、银行承兑票据及商业票据等。这类基金的投资风险小，投资成本低，安全性和流动性较高，在整个基金市场上属于低风险的安全基金。

（4）期货基金。期货基金，是指投资于期货市场以获取较高投资回报的投资基金。由于期货市场具有高风险和高回报的特点，因此，投资期货基金既可能获得较高的投资收益，同时也面临着较大的投资风险。

（5）期权基金。期权基金，是指以期权作为主要投资对象的基金。期权交易，是指期权购买者向期权出售者支付一定费用后，取得在规定时期内的任何时候，以事先确定好的协定价格，向期权出售者购买或出售一定数量的某种商品合约的权利的一种买卖。

（6）认股权证基金。认股权证基金，是指以认股权证为主要投资对象的基金。认股权证，是指由股份有限公司发行的、能够按照特定的价格，在特定的时间内购买一定数量该公司股票的选择权凭证。由于认股权证的价格是由公司的股份决定的，一般来说，认股权证的投资风险较通常的股票要大得多。因此，认股权证基金也属于高风险基金。

（7）专门基金。专门基金由股票基金发展演化而成，属于分类行业股票基金或次级股票基金，主要包括黄金基金、资源基金、科技基金、地产基金等，这类基金的投资风险较大，收益水平较易受到市场行情的影响。

三、投资基金的收益

基金投资的主要目的是保值增值。基金过去的经营业绩往往预示着该基金的未来。因此，投资者通常运用一定的指标对投资基金过去和现在的经营业绩进行了解和评价，以便对基金未来业绩做出合理预期，从而做出正确选择。评价基金收益情况的指标主要有单位净资产价值和基金投资报酬率。其计算方法分别为：

$$单位净资产价值=\frac{基金净资产价值}{发行在外的基金单位总数}$$

$$投资报酬率=\frac{期末净资产价值-期初净资产价值}{期初净资产价值}\times 100\%$$

其中，基金净资产价值指基金的总资产减去其总负债的差额，基金的总资产是货币资金和股票、债券等各种证券价值的总和。基金持有的股票价值一般以当天收盘价为准；而债券则以当日的收盘价为计算依据，但也可以按债券面值加上计算日为主的应计利息作为计算依据。基金总负债包括应付买入证券款、应付管理公司的管理费用、应付保管公司的保管费用以及其他一些应付款项等。

单位净资产价值和基金投资报酬率都是以基金净资产价值为计算基础。在实际应用中，往往将两指标结合起来以便全面地了解基金的优劣，投资者可观察投资基金每天公布的净资产价值数据，进行连续的跟踪观察，掌握其增长变动的持续性及幅度，从而正确把握买卖动机，获取满意的投资收益。

四、投资基金的风险

投资基金的风险主要来自于市场风险、管理风险及其他风险。

1. 市场风险

市场风险是市场价格波动所带来的风险。投资基金主要投资于证券市场，而证券价格受到经济因素、政治因素、投资心理和交易制度等各种因素的影响，从而导致基金收益水平变化。市场风险主要包括：①政策风险。它是指因国家宏观政策（如货币政策、财政政策、行业政策）发生变动导致市场波动而产生的风险。②利率风险。它是利率变化带来证券价格波动的风险。一般而言，证券价格变化与利率呈反向关系。利率上升证券价格下降，利率下降则证券价格上升。由证券构成的基金投资组合也必然因此受到利率水平波动的影响。③购买力风险。基金的收益主要通过现金的形式来分配，而现金可能因为通货膨胀的影响而使购买力下降，从而使基金的实际投资收益下降。

通常用β系数来衡量基金市场风险。一般来说，β系数高的投资基金在多头市场时，表现比整个市场好，获利情形与β系数成正比，但在空头市场时，下跌幅度也比整个市场强烈。β系数低的投资基金情形正好相反。因此，一般可在预期将出现多头市场时选择高β系数基金，在预期出现空头市场时选择低β系数基金。

2. 管理风险

管理风险是指投资基金因经营管理不善而带来的风险。在基金运作过程中，由于经验和能力的局限，基金管理人员对经济形势、证券价格走势以及其他相关信息的了解和判断会出现偏差和失误，从而影响投资决策的正确性。另外，基金管理公司管理的基金通常不止一只，因此，在具体操作某一基金时，可能会受到其他基金投资的影响。尽管基金管理公司内部有严格的交易规则来避免不同基金投资的利益冲突，但无法完全避免该影响的产生。

3. 其他风险

投资基金受其他不可抗力（如战争、自然灾害等）的影响，也会导致基金资产的损失，影响基金收益水平，从而带来风险。

五、其他相关情况

在对投资基金的收益和风险进行了解和分析后，投资者还需对投资基金的其他相关情况以及自己的投资动机等情况进行了解。

投资基金支付给基金管理人员的报酬包括两部分：一部分是基金管理费，一般在资产净值的0.5%～20%之间；另一部分是业绩报酬，用于基金在某一时期的收益大于证券市场平均收益时，奖励那些基金管理人员。显然，在投资业绩相同的情况下，投资者应选择基金管理人员报酬较低的基金，使投资成本降低。

基金规模也是一个值得考虑的因素。规模较大能利用资金优势分散投资，减少投资风险，能负担较多的研发费用、管理费用和经营费用；但同时也有一些局限性，如反应灵敏程度、弹性及流动性就较差。反之，小规模基金运作较方便、弹性大，能很快从一种投资方式转移到另一种投资方式；但资产太小又往往不能支撑昂贵的研究开发费用，同时也容易受基金投资者的影响。

投资基金按投资目标侧重点不同分为收入型基金和成长型基金。前者侧重于获取经常收入，后者侧重于获取长期资本利得，投资者可根据自身情况选择相应的基金。另外，通常将投资者按风险承受能力及收益期望值大小划分为乐观型、保守型和中庸型三种。乐观型投资者期望高收益，且能承受较大的风险。保守型投资者则为避免高风险宁愿牺牲高于平均水平的收益。中庸型投资者对风险的态度和收益的期望介于乐观型和保守型之间，投资者通过了解自己属于哪一类型，有助于明确投资动机，并做出相应合理的投资选择。

六、投资基金的优缺点

1. 优点

将资金投向投资基金的最大优点是能够在不承担太大风险的情况下获得较高的收益。这是因为：

（1）投资基金具有专家理财优势。投资基金的管理人都是投资方面的专家，他们在投资前均进行多种研究，这能够降低风险，提高收益。

（2）投资基金具有资金规模优势。我国的投资基金一般拥有资金20亿元以上，西方大型投资基金一般拥有资金百亿美元以上，这种资金优势可以进行充分的投资组合，能够降低风险，提高收益。

2. 缺点

将资金投向投资基金的缺点主要有：

（1）无法获得很高的投资收益。投资基金在投资组合过程中，在降低风险的同时，也丧失了获得巨大收益的机会。

（2）在大盘整体大幅度下跌的情况下，进行基金投资也可能会损失较多，投资人承担较大风险。

第六节　金融衍生工具投资

金融衍生工具是指在股票、债券、利率等基本金融工具的基础上派生出来的一个新的金融合约种类。金融衍生工具的迅速发展及其在风险管理中的重要作用，使其成为企业又一重要的投资方式。金融衍生工具种类繁多，且处于不断的创新发展中。

一、金融衍生工具的种类

1. 金融远期

金融远期，是指交易双方达成的，在未来某一特定日期，以预先商定的价格和方式买卖、交割特定的某种金融资产的协议或合约。如远期外汇合约、远期利率合约、远期股票合约、远期债务合约等，最常见的是远期外汇合约。

2. 金融期货

金融期货，全称金融期货合约，是指买卖双方在有组织的交易所内以公开竞价的形式达成的、在将来某一特定日期交割标准数量的特定金融工具的协议，主要包括货币期货、利率期货、股票指数期货等合约。

较之金融远期，金融期货的最大特点是合约的标准化。相对于金融远期，金融期货的合约金额、交易数量、交割地点、交割日期、交割方式等都规定有标准化的条款；而金融期货的标准化给利用金融期货进行套期保值的企业带来了不便。

3. 金融期权

金融期权也称选择权合约，是指合约双方中支付选择权（期权）购买费的一方有权在合约有效期内按照既定价格与规定数量向选择权（期权）卖出方买入或卖出某种金融工具的合约。这种选择权并非是一种义务，即选择权的购买者根据未来价格的变动可以行使也可以放弃此权利；而当选择权被行使时，选择权的出售者必须履约，无论价格的变动是否对自己有利。

金融期权按购买者的选择行为划分，可分为买入期权（又称看涨期权）和卖出期权（又称看跌期权）；按期权的执行日划分，可分为美式期权和欧式期权。美式期权可以在期权到期日之前的任何一天行使；而欧式期权只能在到期日的当天行使。

二、金融衍生工具的功能

金融衍生工具自出现以来对企业的资产管理产生了重要的影响，因此也使得金融衍生工具得到了迅猛的发展，金融衍生工具的具体作用表现为：

1. 有利于企业规避风险，进行套期保值

规避风险、套期保值是金融衍生工具投资最主要的功能。随着固定汇率制被浮动汇率制的取代，拥有外币收支的企业受汇率影响而导致收益不确定的程度越来越大，而这种不确定更多地表现为净利润减少的风险，因此，迫切需要某种方式来规避风险，金融衍生工具正是为适应这种需要而产生的。

2. 有利于企业在国际市场上进行投资

金融衍生工具是进入国际市场进行投资的有效工具。若投资者想参与国外证券的买卖，并不需要直接购买国外证券，只需通过本国证券交易市场购买期货合约，就可达到目的。这样既避免了跨国交易带来的不便，又大大降低了交易费用。此外，有些国家对外国资本进入国内资本市场有诸多限制，若通过衍生工具的投资则可避免这些障碍，间接自由地进入其中。

3. 有利于投机者进行投机

金融衍生工具的出现一方面成功地避免了投资的风险；另一方面也为投机者制造了许多投机机会。如投机者可利用期权的风险收益不对称性，获取投机收益；也可以利用汇率的升降做外汇期货获取暴利。因此，衍生金融工具的出现，受到了众多金融投机者的青睐。

三、金融衍生工具投资策略

1. 远期合约

远期合约是指一方在未来特定时间以特定价格购买商品，而另一方按统一条件卖出商品。在远期合约下，标的商品要实际交割。远期合约的最大功能体现为套期保值，同时由于其合约的履行方式灵活，大多数企业利用此功能对外币进行套期保值，即远期外汇合约。

【例 7－10】甲公司 3 个月后需要 1000000 美元进行国外投资，目前市场即期汇率为$1＝￥8，根据市场汇率变动预期，3 个月后美元对人民币汇率会上升。这时，对甲公司而言，只有通过签订远期买入美元的外汇合约，才能保证其 3 个月后免受汇率上升造成的巨大损失。分析如下：

假如 3 个月后汇率变为：$1＝￥9，①不签远期合约，甲企业需支付人民币：1000000×9＝9000000(元)；②签远期合约，按合约规定的汇率$1＝￥8，该企业需支付的人民币：1000000×8＝8000000(元)。可见，公司可以利用远期合约“锁住”风险，降低汇率风险造成的不利影响。

2. 期货合约

期货合约是在期货市场上交易的标准的远期合约。期货合约可分为商品期货和金融期货。金融期货是顺应动荡不定的国际金融形势而出现的，其主要功能是规避风险，实现资产的套期保值。金融期货的套期保值有两种形式：①在已知未来要出售一笔外汇资产时，为保证收益，防止价格下跌而在市场上卖出期货，称为空头套期保值。②已知未来要购买一项外汇资产，为控制成本，防止价格上涨而在市场上买进期货，称为多头套期保值。下面我们仅以空头套期保值为例，说明投资者是如何利用期货合约规避风险的。

【例 7－11】美国某出口商将一批货物以赊销的形式出口到英国，出口收入为 25000 英镑，英国进口商需在 6 个月后才能支付全部款项。当日汇率为￡1＝$1.6，美国出口商为避免 6 个月后英镑贬值，会在芝加哥期货市场上卖出 4 份英镑期货合约。假定成交价为￡1＝$1.59，如果 6 个月后英镑对美元的汇率变为￡1＝$1.55，美国出口商会免受损失：

250000×1.59－250000×1.55＝10000(美元)

这样，公司通过利用期货合约将汇率风险控制在一定范围内，实现了对收益不确定因素的控制，加强了对企业资产的管理与控制。同样，进口商也可以利用期货合约进行套期保值。

此外，期货合约也给投机者带来了获取投机收益的便利。如果投机者预测汇率会上升（直接标价法），可利用多头合约买进外汇，在合约到期日再以高价卖出外汇，赚取其中的价差；反之，可利用空头合约获利。

3. 期权合约

期权实际上是一种投机交易工具，只要目标证券存在价格上的起伏波动，权利拥有人就可以抓住机会利用时间差获得巨额收益，但其损失的最大限度却是其购买期权的费用（权利金）。期权具有如下特征：

（1）期权交易是一种非对称性的风险——收益机制。在期权的运行中，合约双方风险——收益的不对称性主要表现在如下方面：①权利义务不对称。期权买入方在合约有效期内的任何时间（欧式期权为到期日）都有权决定是否履约，而期权卖出方只能根据期权合约履行合同内容，且是无条件、无选择的履行。②遭受损失的风险不对称。期权买入方损失的最高限度是付出的权利金，而期权卖出方的损失则没有底线。③收益水平不对称。期权卖出方收益的上限是收取的权利金，而期权买入方则无收益上限。

可见，期权的非对称性风险——收益机制在很大程度上满足了不同投资者的需要。但是，实现收益风险的彼此对称，是投资决策的基本原则。因此，期权这种“风险收益的非对称性”仅限于外在表象。由于期权卖方承受的风险，为取得平衡，在期权设计上，通常要使期权卖方获利的可能性远远大于期权的买方，并借此最终实现交易双方收益——风险关系的相互对称。

（2）期权在合约金融工具的创造上大大优于其他金融工具。期权合约因种类、到期月份和敲定价格等的不同，可以创造出比期货或其他金融合约多数倍的期权合约金融工具，从而演变出繁多的期权投资策略，为投资者提供了更多的投资机会。

（3）期权为投资者提供了保值和投机相结合的可能性。期权的到期交割价格在期权合约推出上市时就是敲定不变的，是合约中的一个常量，期权标准化合约中的唯一变量就是期权权利金，而权利金又是由内涵价值与时间价值两部分构成。内涵价值由标的物的市价与敲定价格相比而得到，只有时间价值难以把握；但是由于标的物的价格会随着市场波动而发生变化，因此，就使得期权具备了保值与投机两方面的功能。期权这种既锁定风险又不放弃盈利机会的设计，很好地迎合了人们的投机心理。可以说，期权的出现为投资者提供了一种近乎完美的保值和投机手段。

这里以欧式买入和卖出期权为例介绍期权的损益情况：

图 7－1 所示为持有一欧式买入期权在到期日的收益与到期日当天的股票价格 S_t 的关系曲线。X 称为行使价格（Exercise Price 或 Strike Price），即买入期权所有者向期权出售方购买股票的执行价格。

显然，如果到期日股票价格低于或等于行使价格 X，即 $S_t<X$，则买权持有者将不会行使该买权，由于在购买这一买权时持有人付出了现金 C（即买权价格），因而其收益为 $-C$。但如果 $S_t>X$，则买权持有人将行使该买权，从而获得净收益 S_t-X-C。

【例 7－12】股票现价 $S=10$ 元，买权定价（权利金）为 1 元，其行使价格 $X=12$ 元，3 个月到期。则在到期日该买权的实际价值 t 为：

$C_t=\max\{0,\ S_t-X\}=\max\{0,\ S_t,\ -12\}$

如果在到期日 $S_t\leqslant 12$ 元，则买权持有者不会行使该买权，其收益为-1 元；如果 $S_t>12$ 元，则该买权将被行使，收益为 $S_t-12-1=S_t-13$ 元。只有 $S_t>13$ 元时，买权持有者才能获得净收益。买权出售者处在买权持有者恰好相反的位置上。

期权市场上关于股票价格 S 与行使价格 X 之间的关系术语如下：

盈价，指买权所对应的标的物——股票的价格高于买权的行使价格。

损价，指股票价格低于买权行使价。

平价，指股票价格和期权价格正好相等。

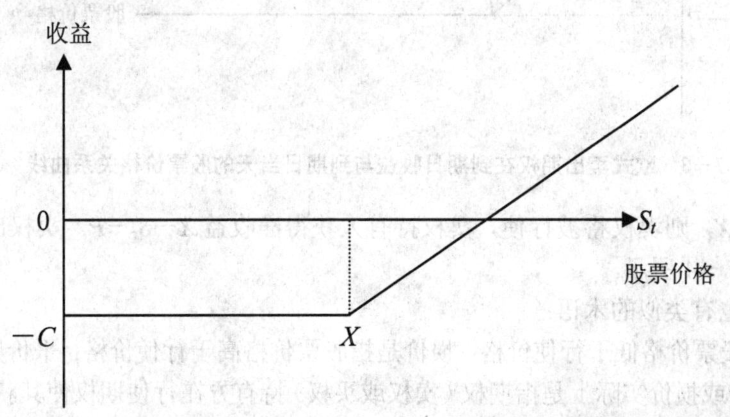

图7－1　欧式买入期权在到期日收益与到期日当天的股票价格关系曲线

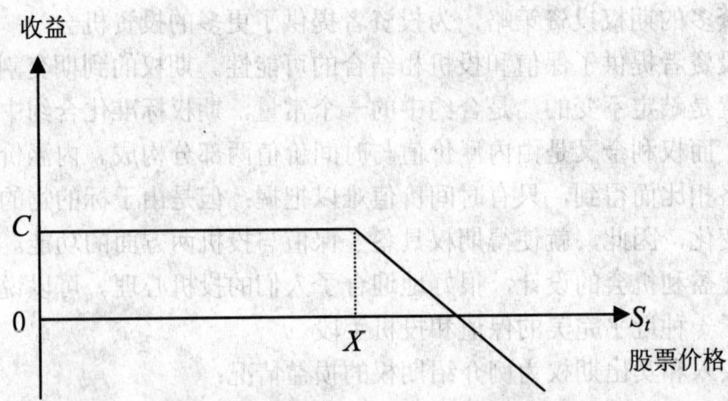

图7－2　欧式买入期权在到期日收益与到期日当天的股票价格关系曲线

美式期权也具有图 7－1 和图 7－2 所示的性质，区别在于 S_t 可以是到期日之前的任何一天的股票价格，因为美式期权可以在到期日前的任何一天行使。

下面我们再来讨论一下卖出期权的收益情况：

图 7－3 所示为持有一欧式卖出期权在到期日的收益与到期日当天股票价格 S_t 的关系曲线。和买入期权情况相反，如果到期日股票价格高于或等于行使价 X，即 $S_t \geq X$，则卖权不会被行使。在这一情况下，卖权持有人净收益为 $-P$（P 为卖权的价格）。

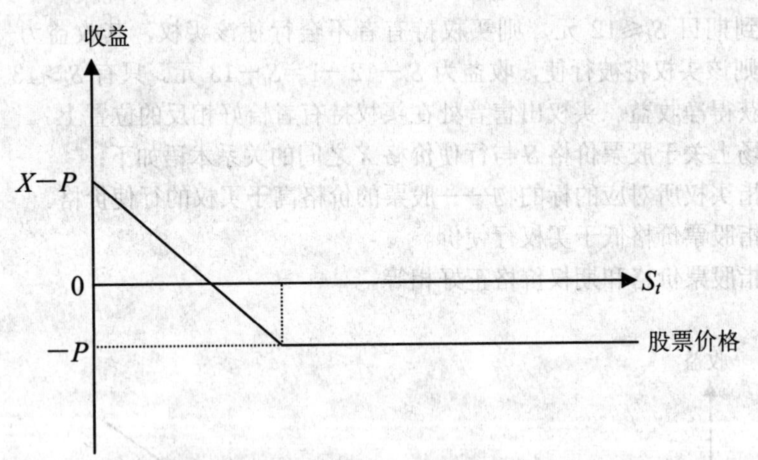

图 7－3　欧式卖出期权在到期日收益与到期日当天的股票价格关系曲线

如果 $S_t < X$，则卖权将被行使，卖权持有人获得净收益 $X-S_t-P$。卖权出售方所处的地位则如图 7－4 所示。

对于卖权也有类似的术语：

盈价是指股票价格低于行使价格；损价是指股票价格高于行使价格；平价则仍指两者相等。因而盈价或损价实际上是指期权（卖权或买权）持有方在行使期权使其获利或损失。

期权投资可考虑的投资策略主要有：①买进看涨期权。②买进看跌期权。③买进看跌期权同时买入期权标的物。④买进看涨期权同时卖出期权标的物。⑤综合多头。⑥综合空头。

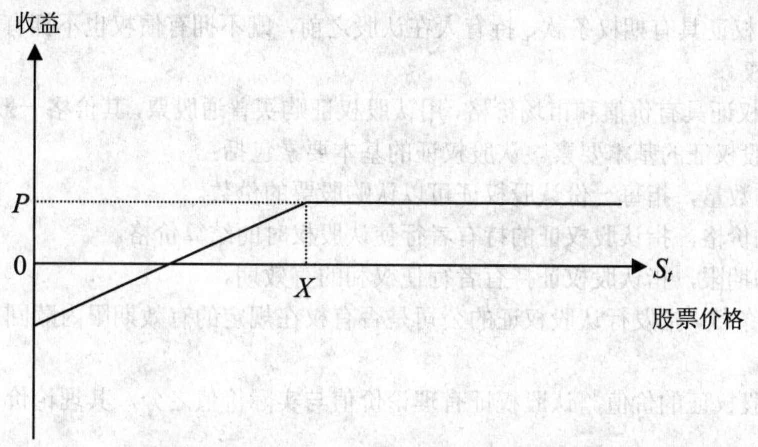

图 7—4　欧式卖出期权在到期日收益与到期日当天的股票价格关系曲线

表 7—1 总结了影响买入与卖出期权的价值因素和它们之间的关系对资产价值的影响。将这些因素通过算术的方式整合到期权的估价或者类似期权的债券估价中是相当复杂的。

表7—1　买入、卖出期权的特征和期权价值之间的关系

特　征	与买入期权价值的关系	与卖出期权价值的关系
基本资产的价值	正向关系 基本资产的价值越大，买入期权的价值也就越大	反向关系 基本资产的价值越大，卖出期权的价值也就越小
执行价格	反向关系 执行价格越低，买入期权的价值也就越大	正向关系 执行价格越高，卖出期权的价值也就越大
资金的时间价值	正向关系 资金的时间价值越大，买入期权的价值也就越大	反向关系 资金的时间价值越大，卖出期权的价值也就越小
基本资产价值的波动性	正向关系 基本资产价值的波动性越大，买入期权的价值也就越大	正向关系 基本资产价值的波动性越大，卖出期权的价值也就越大
到期日之前剩余的时间	正向关系 到期日之前剩余的时间越多，买入期权的价值也就越大	正向关系 到期日之前剩余的时间越多，买入期权的价值也就越大

四、认股权证、优先认股权、可转换债券的投资

1. 认股权证

（1）认股权证的特点。认股权证是由股份公司发行的，能够按特定的价格、在特定的时间内购买一定数量该公司股票的选择权凭证。认股权证的特点：

1）认股权证具有期权条款，持有人在认股之前，既不拥有债权也不拥有股权，只拥有股票认购权。

2）认股权证具有价值和市场价格，用认股权证购买普通股票，其价格一般低于市价。

（2）认股权证的基本要素。认股权证的基本要素包括：

1）认购数量，指每一份认股权证可以认购股票的份数。

2）认购价格，指认股权证的持有者行使认股权时的结算价格。

3）认购期限，指认股权证持有者行使权利的有效期。

4）赎回条款，指发行认股权证的公司是否有权在规定的有效期限内赎回其发行在外的认股权证。

（3）认股权证的价值。认股权证有理论价值与实际价值之分。其理论价值可用下式计算：

$$V=\max[(P-E)\times N,\ 0]$$

式中，V为认股权证理论价值；P为普通股市价；E为认购价格；N为每一认股权可认购的普通股股数。

影响认股权证理论价值的主要因素有：①换股比率。每份认股权证能认购的普通股份数越多，其理论价值就越大。②普通股市价。市价越高，认股权证的理论价值就越大。③执行价格。执行价格越低，认股权证持有者为换股而付出的代价就越小，普通股市价高于执行价格的机会就越大，认股权证的理论价值就越大。④剩余有效期间。剩余有效期越长，市价高于执行价格的可能性就越大，认股权证的理论价值就越大。

认股权证的实际价值是由市场供求关系所决定的。由于套利行为的存在，认股权证的实际价值通常高于其理论价值。

2. 优先认股权

（1）优先认股权的含义。优先认股权，是指当股份公司为增加公司资本而决定增加发行新的股票时，原普通股股东享有的按其持股比例，以低于市价的某一特定价格优先认购一定数量新发行股票的权利。优先认股权，又称股票先买权，是普通股股东的一种特权。

优先认股权投资的特点是能提供较大程度的杠杆作用。

（2）优先认股权的价值。

1）附权优先认股权的价值。优先认股权通常在某一股权登记日前颁发。在此之前购买的股东享有优先认股权，或说此时股票的市场价格含有分享新发行股票的优先权，因此称为“附权优先认股权”。其价值可由下式求得：

$$R=\frac{M_1-S}{1+N}$$

式中，R为附权优先认股权的价值；M_1为附权股票的市价；N为购买1股股票所需的优先认股权数；S为新股票的认购价。

2）除权优先认股权的价值。在股权登记日以后，认股权的价值也相应下降，股票的市场价格中将不再含有新发行股票的认购权，其优先认股权价值也相应下降，此时被称为“除权优先认股权”。其价值可由下式得到：

$$R=\frac{M_2-S}{1+N}$$

此时就被称为“除权优先认股权”。

式中，M_2为除权股票的市价；R为除权优先认股权的价值；N为购买1股股票所需的优先认股权数；S为新股票的认购价。

3. 可转换债券

（1）可转换债券的含义。可转换债券，又称可转换公司债券，是指可以转换为普通股的债券，赋予持有者按事先约定在一定时间内将其转换为公司股票的选择权。在转换权行使之前债券持有者是发行公司的债权人，权利行使之后则成为发行公司的股东。这种债券因此是直接债券（不具有转换特征的债券）和可以转换为普通股股票的债券的结合体。

（2）可转换债券的要素。可转换债券的基本要素包括：

1）基准股票。基准股票又称标的股票，是可转换债券的标的物。

2）票面利率。可转换债券的票面利率，是指可转换债券票面载明的利率，通常低于普通债券利率。

3）转换价格。转换价格也称转股价格，是将债券转换为股票时，股票的每股价格。

4）转换比率。转换比率，是指一份债券可以转换为多少股股份。

5）转换期限。转换期限，是指可转换债券转换为股份的起始日至结束日的期间。可转换债券的转换期可以与债券的期限相同，也可以短于债券的期限。

6）赎回条款。赎回条款规定，债券的发行公司有权在预定的期限内按事先约定的条件买回尚未转股的可转换债券。赎回条款包括以下内容：不可赎回期、赎回期、赎回价格、赎回条件。

7）回售条款。回售条款规定，发行公司的股票价格在一定时期连续低于转换价格并达到一定幅度时，债券持有者可根据规定将债券出售给发行公司。回售条款具体包括回售时间、回售价格等内容。

（3）可转换债券的价值估算。

1）已上市的可转换债券可以根据其市场价格适当调整后得到评估价值。

2）非上市的可转换债券价值等于普通债券价值加上转股权价值。

（4）可转换债券的投资决策。

1）投资时机选择。较好的投资时机一般包括：新的经济增长周期启动时、利率下调时、行业景气回升时、转股价调整时。

2）投资对象选择。优良的债券品质和活跃的股性是选择可转换债券品种的基本原则。

3）套利机会。可转换债券的投资者可以在股价高涨时，通过转股获得收益；或者根据可转换债券的理论价值和实际价格的差异套利。

与股票相比，可转换债券的投资风险较小。但也应该考虑如下风险：①股价波动风险。②利率风险。③提前赎回风险。④公司信用风险。⑤公司经营风险。⑥强制转换风险。

与可转换债券相对应的另外一个例子就是可回售债券，可回售债券使投资者有权利将手中的债券以特定的价格卖给它的发行者，当然这是在一定条件下的。

很多类似于期权的特征可能影响到证券的价值。这些特征包括可赎回性和可转换性。可赎回的债券使该债券的发行者拥有在指定的期间以特定的价格将发行的债券从投资者手中买回的权利。这个特性给了债券发行者一定的弹性。例如，如果利息率下降，发行者可以将债券赎回，然后以一个更低的利息率出售新的债券。既然债券的发行者很有可能在利息率低于债券息票利率的时候将债券赎回，那么投资者必须在债券以更低的利息率赎回时将所获得的收入进行重复投资。因此，可赎回债券增加了投资者的风险，因为投资者可能不得不承受将投资收入以一个更低的利息率进行重复投资的风险。与不具有可赎回特性的债券相比，对于可赎回债券，这种风险所带来的结果就是投资者会要求一个更高的投资回报率。从债券发行者的角度来看这个问题，和发行不具有赎回特性的债券相比，发行可赎回债券，发行者必须支付更高的成本（以债券具有更高的息票利率的形式）。

债券的可转换特性使投资者拥有以指定的置换率将债券转换成股票的权利。这种特性也给了投资者一定的活动弹性。例如，如果普通股股票的价格涨得足够高，投资者就可以将债券转换成普通股股票。因为一旦普通股股票具有一定的吸引力，投资者就可以将可转换债券转换成普通股股票，所以债券的这种可转换特性增加了债券的潜在投资回报率。

我们已经知道债券的价值受它的回报率（以利息和本金支付的形式体现）及与这些利息和本金支付有关的不确定性的影响，现在又知道了可赎回和可转换的特性也会影响到债券的价值。

除了在证券中存在这种可选择买卖的特性，财务经理在面临一项投资决策时也存在这种选择。在确定是否对一个项目进行投资时，财务经理有将投资项目推迟的期权。这是一个买入期权——在未来的某个时点对产品进行投资的期权。

另外一个例子是放弃权利。在对一项过去的投资项目进行评估时，财务经理有放弃这项投资的权利——停止产品的生产并将设备出售。这个放弃的权利就是卖出期权，因为这是一个关于卖出资产的期权。

从更广泛的角度来看买卖期权，公司的所有者有不支付债权人利息、中止生产、出售资产和发放红利的权利。这些卖出期权都在公司所有者手中，因为他们控制着是给债券人支付利息还是不履行职责。

不管是讨论有买卖期权的证券，还是具有类似期权特征的证券，或者是包含期权的融资决策，表 7－1 中列出的 5 个因素都可以对它们进行估价。尽管对期权的精确计算已经超出了本书的范围，你还是可以知道这些影响期权的因素以及它们是如何影响融资决策的。

4．认股权证和可转换证券之间的最终比较

可转换证券可以看做是纯债券加上不可分离的认股权证。因此，乍看起来好像带认股权证的债券和可转换债券多多少少是可以互换的。其实两者还是有一个大的区别和一些小的不同。

首先，就像我们之前讨论到的，执行认股权证带来新的权益资本，而转换可转换债券仅仅引起会计账目之间的转移。

其次，另一个不同是灵活性。大多数可转换证券包含一个可赎回条款。它允许发行者可以根据转换价值和赎回价格的关系来赎回债券或强制进行转换。相反，大多数认股权证并不可赎回，因此公司必须等到到期日才能得到新的权益资本。通常认股权证和可转换证券对到期的规定也有所不同。认股权证有效期一般比可转换证券短，它常常在附带它的债券之前过期。而且，认股权证提供的未来的普通股数比可转换证券少，因为对可转换证券而言，债券都可被转换成普通股，而当认股权证执行时债券却依然在市场上流通。考虑到以上所有因素，带认股权证债券的发行者事实上更倾向于发行债券而不是股票。

一般发行带认股权证债券的公司比发行可转换证券的公司规模更小而风险更高。使用期权，特别是使用小公司发行的带认股权证债券的一个可能的原因是投资者很难判断小公司的风险。一家新公司以一个未经市场检验的新产品启动经营，如果它寻求债务融资，对潜在的投资者来说，判断投资风险将是一件很困难的事，因为很难设定一个合适的利息率。在这种情况下，很多潜在的投资者都不愿意进行这笔投资，为了吸引资金，企业必须设定一个很高的利率。而通过发行带认股权证债券，投资者获得一个证券组合。该投资组合向投资者提供了潜在升值的可能性来抵消蒙受损失的风险。

最后，带认股权证的债券和可转换债券的发行成本也有很大不同。带认股权证债券的发行成本一般比可转换债券高出 1～2 个百分点。通常带认股权证债券融资的承销费差不多是债务融资和权益融资的加权平均数，而可转换债券的承销成本则更接近于纯债券的成本。

本章复习思考题

一、名词解释

1. 系统性风险　2. 非系统性风险　3. 组合投资　4. 基金投资
5. 金融衍生产品　6. 期权和约　7. 认股权证

二、简述题

1. 试述证券投资的特点和对象。
2. 债券投资和股票投资应考虑哪些主要因素？
3. 如何进行证券投资组合？
4. 什么是系统性风险和非系统性风险？两者的区别是什么？
5. 什么是投资基金？它与股票、债券有何区别？
6. 投资基金有哪几种主要分类？基金投资应考虑哪些主要因素？
7. 金融衍生工具的种类和功能有哪些？

本章自测题

一、单项选择题

1. 某公司股票的β系数为1.2，无风险收益率为5%，市场上所有股票的平均收益率为9%，则该公司股票的必要收益率应为（　）。

A. 5%　　B. 9. 8%　　C. 10. 5%　　D. 11.2%

2. 已知某证券的β系数等于1，则表明该证券（　）。

A. 无风险

B. 有非常低的风险

C. 与金融市场所有证券平均风险一致

D. 比金融市场所有证券平均风险大1倍

3. 证券投资者购买证券时，可以接受的最高价格是（　）。

A. 票面价格　　B. 到期价格　　C. 市场价格　　D. 投资价值

4. 非系统风险是（　）。

A. 归因于广泛的价格趋势和事件

B. 归因于某一投资企业特有的价格因素或事件

C. 不能通过投资组合得以分散

D. 通常是以β系数进行衡量

5. 某企业准备购入A股票，预计3年后出售可得2200元，该股票3年中每年可获现金股利200元，预计报酬率为10%。该股票价值为（　）元。

A. 2150.24　　B. 3078.57　　C. 2552.84　　D. 3257.68

6. 投资一笔国债，5年期，平价发行，票面利率为10%，则该债券的投资收益率是（　）。

A. 9%　　B. 11%　　C. 10%　　D. 12%

7. 按照投资基金能否回收，可以分为（　）。

A. 契约型和公司型　　B. 封闭型和开放型

C. 股权式和证券式　　D. 股权式和债券式

8. 下列证券中，能够更好地避免证券投资购买风险的是（　）。

A. 普通股　　B. 优先股　　C. 公司债券　　D. 国库券

9. 债券投资者购买证券时，可以接受的最高价格是（　）。

A. 出卖价格　　B. 到期价格　　C. 投资价格　　D. 票面价格

10. 在证券投资中，因通货膨胀带来的风险是（　）。

A. 违约风险　　B. 利息率风险　　C. 购买力风险　　D. 流动性风险

二、判断题

1. 证券组合投资所需要补偿的风险只是系统风险。（　）

2. 股票的价值是指预期未来现金流入的现值，也叫股票的内在价值。（　）

3. 一般来讲，债券的价格随市场利率的上升而上升。（　）

4. 对债券投资收益评价时，票面利率不能作为评价债券收益的标准。（　）
5. 国库券的利率是固定的，并且没有违约风险，因此也就没有利率风险。（　）
6. 与股权式投资基金相比，证券投资基金的流动性和变现能力较强，可以采用开放型投资基金。（　）
7. 一种 8 年期的债券，票面利率为 10%；另一种 3 年期的债券，票面利率亦为 10%。两种债券的其他方面没有区别。在市场利息率急剧上涨时，前一种债券价格下跌得更快。（　）
8. 可分散风险通常可以用 β 系数来衡量。（　）
9. 两种完全正相关的股票组成的证券组合，不能抵消任何风险。（　）
10. 一个行业竞争程度越高，投资该行业的证券风险就越大。（　）

三、多项选择题

1. 进行债券投资时应考虑的因素有（　）。
   A. 债券的信用等级　B. 变现能力
   C. 债券的收益率　D. 债券利率是否随市场利率变化而变化
2. 投资基金的特点是（　）。
   A. 具有专家理财优势　B. 能获得很高的投资效益
   C. 资金规模较大　D. 无风险
3. 债券投资与股票投资相比（　）。
   A. 收益稳定性强，收益较高　B. 投资风险较小
   C. 购买力风险低　D. 没有经营控制权
4. 企业进行股票投资的主要目的包括（　）。
   A. 获取稳定收益
   B. 为了获得股利收入及股票买卖价差
   C. 取得对被投资企业的控股权
   D. 为配合长期资金的使用，调节现金余额
5. 下列（　）因素会影响债券的投资收益率。
   A. 票面价值和票面利率　B. 市场利率　C. 持有期限　D. 购买价格
6. 下列（　）情况引起的风险属于可分散风险。
   A. 银行调整利率水平　B. 公司劳资关系紧张
   C. 公司诉讼失败　D. 市场呈现疲软现象
7. 与股票内在价值呈反方向变化的因素有（　）。
   A. 股利年增长　B. 年股利　C. 预期的报酬率　D. β 系数
8. 下列有关证券投资风险的表述中，正确的有（　）。
   A. 证券投资组合的风险有公司特别风险和市场风险两种
   B. 公司特别风险是不可分散的
   C. 股票的市场风险不能通过证券投资组合加以消除
   D. 当投资组合中的股票的种类特别多时，非系统性风险几乎可以全部分散掉

9. 证券投资的收益包括（ ）。

A. 资本利得　B. 股利　C. 出售售价　D. 债券利息

10. 与股票投资相比，债券投资的主要缺点有（ ）。

A. 购买力风险大　B. 流动性风险大

C. 没有经营管理权　D. 投资收益不稳定

四、计算分析题

1. 某股票为固定成长股，其成长率为 2%，预期第一年后的股利为 4 元，假定目前国库券的收益率为 8%，平均风险股票的必要收益率为 16%，该股票的 β 系数为 1.2，目前的市价为 24 元。

请回答：应否购买该股票？

2. 某公司在 2004 年 1 月 1 日平价发行新债券，每张面值为 1500 元，票面利率为 10%，5 年到期，每年 12 月 31 日付息。

请回答：

（1）假定 2008 年 1 月 1 日的市场利率下降到 7%，那么此时该债券的价值是多少？

（2）假定 2008 年 1 月 1 日的市价为 1375 元，此时购买该债券的到期收益率是多少？

（3）假定 2006 年 1 月 1 日的市场利率为 12%，债券市价为 1425 元，是否购买该债券？

（4）该债券 2009 年 1 月 1 日的到期收益率为多少？

3. 甲公司持有由 A、B、C、D 四种股票构成的证券组合，它们的 β 系数分别是 2.0、1.5、1、0.5，在证券组合中所占比重分别是 40%、20%、15%、25%，股票的市场收益率是 15%，无风险收益率是 10%。

要求：

（1）计算该证券组合的 β 系数；

（2）计算该证券组合的风险收益率；

（3）计算该证券组合的必要投资收益率。

4. 某投资者 2008 年准备投资购买股票，现在 A、B 两家公司可供选择，从 A、B 公司 2007 年 12 月 31 日的有关会计报表及补充资料中获知，2007 年 A 公司发放的每股股利为 5 元，股票每股市价为 40 元；2007 年 B 公司发放的每股股利为 2 元，股票每股市价为 20 元。预计 A 公司未来 5 年内股利恒定，在此以后转为正常增长，增长率为 6%；预计 B 公司股利将持续增长，年增长率为 4%，假定目前无风险收益率为 8%，市场上所有股票的平均收益率为 12%，A 公司的 β 系数为 2，B 公司的 β 系数为 1.50。

要求：

（1）通过计算股票价值并与股票市价相比较，判断两公司股票是否应当购买。

（2）若投资购买两种股票各 100 股，该投资组合的预期收益率为多少？

（3）计算该投资组合的综合 β 系数。

第八章　营运资金管理

【本章学习目标】

- 了解公司持有现金的动机、成本及其日常管理；
- 掌握最佳现金持有量的确定；
- 了解应收账款的功能及其日常管理；
- 掌握应收账款成本的构成及计算；
- 理解信用政策的含义、标准、条件及收账资产的确定；
- 掌握存货经济批量模型；
- 了解存货日常管理；
- 理解营运资金综合管理政策。

第一节　营运资金概述

一、营运资金的含义与构成

营运资金又称为流动资金或营运资本，是指流动资产减去流动负债后的余额。流动资产是指企业可以在一年或者超过一年的一个营业周期内变现或者耗用的资产，它在企业的再生产过程中以各种不同的形态同时存在，具体项目包括现金、作为短期投资的有价证券、应收及预付款项、存货等。流动负债是指企业将在一年或者超过一年的一个营业周期内必须清偿的债务，它在企业的再生产过程中也是以各种不同的形态同时存在，具体项目包括短期借款、应付及预收款项、应付工资等应付费用。

二、营运资金的特点

营运资金从货币形态出发，经过一系列环节之后又恢复到货币形态的过程，称为营运资金循环，周而复始、往复不止的营运资金循环就形成了营运资金周转。营运资金因这种较强的流动性而成为企业日常生产经营活动的物质基础。为了对营运资金有一个更深刻的认识，必须了解营运资金的下列特征。

1. 流动性

营运资金周转体现为依托实物流动的价值运动，该运动过程要求营运资金各项目之间的转换应顺畅、迅速，不应该出现停滞。营运资金一旦在某个环节出现停滞，就意味着企业的生产经营过程放慢，实物资产的内在价值就会逐渐减少乃至消失。

2. 物质性

营运资金周转实际上体现为一种资产的消失和另一种资产的生成，无论具体运动形式如何，物质内容总是显而易见的。这就要求营运资金各项目在空间上同时存在，合理配置，以便使营运资金结构处于一种良好的状态。

3. 补偿性

营运资金周转是一个资金不断被消耗而后又不断地予以补偿的过程，营运资金周转不应导致资金价值的丧失，而应使其得到足额的补偿。消耗的足额补偿不仅要求货币形式的补偿，更应保证实物形态的补偿和生产能力的补偿，在物价上涨的时期更应如此。

4. 增值性

营运资金周转绝不仅仅是资金由一种形态向另一种形态的简单过渡，而应当是一个价值增值的过程，这是营运资金存在和延续的动力源泉。

三、营运资金管理政策

营运资金管理政策包括营运资金持有政策和营运资金筹集政策，它们分别研究如何确定营运资金持有量和如何筹集营运资金两个方面的问题。

1. 营运资金持有政策

营运资金包括流动资产和流动负债两部分，是企业日常财务管理的重要内容。流动资产随企业业务量的变化而变化，业务量越大，所需的流动资产越多，但它们之间并非线性关系。由于规模经济、使用效率等因素的影响，流动资产以递减的比率随业务量增长。这就产生了如何把握流动资产投资量的问题。按照流动资产与业务量的比例关系，可以将营运资金持有政策分为三类，见图 8－1。图 8－1 显示了三种持有不同流动资产数额的政策。在每一个销售水平上，公司根据不同的政策会持有不同的流动资产，因此也有不同的周转率。图中斜率最大的直线代表宽松型流动资产投资政策（Relaxed Current Asset Investment Policy），又被称为“肥猫”政策（“Fat Cat”Policy）。这个政策使公司拥有相对较多的现金、有价证券以及存货。公司通过提供给顾客自由的付款方式和保有相对高的应收账款水平来提高销售额。相反地，对于紧缩型流动资产投资政策（Restricted Current Asset Investment Policy），或者是“又瘦又吝啬”政策，使公司持有的现金、证券、存货和应收账款尽可能最小化。在紧缩型流动资产投资政策下，流动资产周转得更加频繁，使每一单位的流动资产尽可能创造出更多价值。适中型或稳健型流动资产投资政策（Moderate Current Asset Investment Policy）则介于前面两种极端政策之间。

（1）适中型营运资金持有政策。企业流动资产的数量按其功能可以分成两大部分：

1）正常需要量。它是指为满足正常的生产经营需要而占用的流动资产。

2）保险储备量。它是指为应付意外情况的发生而在正常生产经营需要量以外储备的流动资产。

适中型营运资金持有政策就是流动资产在保证正常需要的情况下，再适当地留有一定的保险储备，以防不测之需。如图 8－1 中的 B 便属于适中型营运资金持有政策。

在图 8－1 中，假设该企业根据以往经营经验，流动资产的正常需要量一般占销售额的 20%，正常的保险储备量占销售额的 10%，所以适中型营运资金持有政策应是流动资产占销售额的 30%。当销售额为 1000 万元时，流动资产应为 300 万元。

在适中型营运资金持有政策下，企业的营运资金的持有量不高也不低，现金和存货在满足支付之需、生产和销售所用的基础上，保留有适量的保险储备即可。在此政策下企业应尽量减少流动资产从而促使营运资金的降低，因为此时增加流动资产不能带来额外利润，却会增加筹资成本和利息支出，因而会减少企业报酬。在采用该政策时，企业的收益一般，风险一般。该政策对于股东财富最大化来讲理论上是最佳的。正常情况下企业管理者都应采用此类政策。

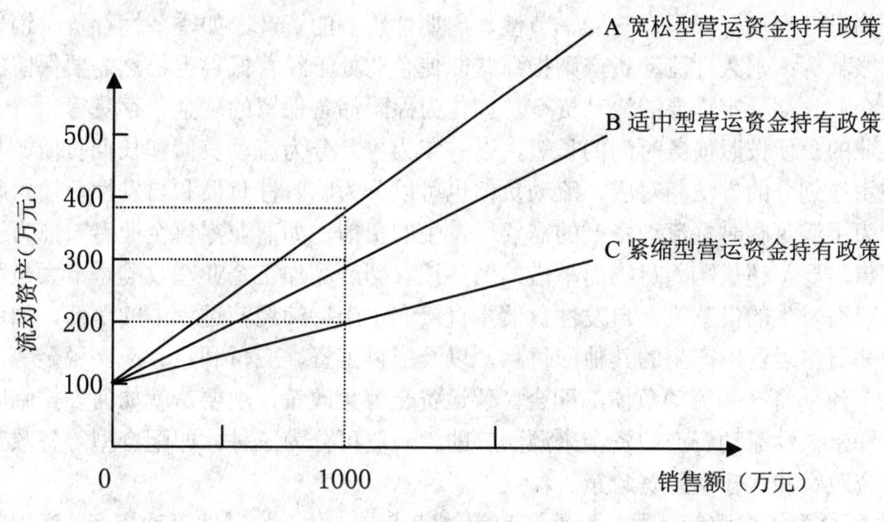

图8－1　企业资产组合策略

（2）紧缩型营运资金持有政策。有的企业在安排流动资产数量时，只安排正常生产经营需要量而不安排或只安排很少的保险储备量，以便提高企业的投资收益率。这便属于紧缩型营运资金持有政策。如图 8－1 中的 C 便属于此类政策。在适中型营运资金持有政策中，当销售额为 1000 万元时，流动资产为 300 万元，而在紧缩型营运资金持有政策中，当销售额为 1000 万元时，流动资产仅为 200 万元。在采用该政策时，企业的投资收益率较高，但较少的现金、有价证券和较低的存货保险储备量却会降低偿债能力和采购的支付能力，造成信用损失、材料供应中断和生产停滞，会加大企业的风险。敢于冒险的管理者一般喜欢采用此类政策。

（3）宽松型营运资金持有政策。有的企业在安排流动资产数量时，在正常生产经营需要量和正常保险储备量的基础上，再加上一部分额外的储备量，以便降低企业的风险，这便属于宽松型营运资金持有政策。如图 8－1 中的 A 便属于此类政策。在适中型营运资金持有政策中，当销售额为 1000 万元时，流动资产是 300 万元，而在宽松型营运资金持有政策中，当销售额是 1000 万元时，流动资产是 400 万元。在采用该政策时，较高的营运资金持有量，使企业有较大的把握按时支付到期债务，及时供应生产用材料和准时向客户提供产品，从而保证经营活动平稳地进行，企业的风险较小；但由于流动资产的收益率低于长期资产，较高的营运资金持有量会降低企业的总收益率。不愿冒险的管理者一般喜欢采用此类政策。

2. 营运资金筹集政策

研究营运资金筹集政策必须先对构成营运资金的两要素——流动资产和流动负债做进一步的分析，然后再考虑两者间的匹配。

（1）流动资产与流动负债的分析。一般来说，我们经常按照周转时间的长短对企业的资产进行分类，即周转时间在一年以下的为流动资产，周转时间在一年以上的为长期资产。对于流动资产，如果按用途再作区分，则可以分为临时性流动资产和永久性流动资产。临时性流动资产指那些受季节性、周期性影响的资产，如季节性存货、销售旺季的应收账款等；永久性流动资产则指那些即使企业处于经营低谷也仍然需要保留的、用于满足企业长期稳定需要的流动资产，如作为保险储备保留的现金、存货等。

企业的负债按照债务时间的长短，以一年为界，分为流动负债和长期负债。与流动资产按用途划分的方法相对应，流动负债也可以分为临时性负债和自发性负债。临时性负债指为了满足临时性流动资产的需要所发生的负债，如商业零售企业春节前为了满足节日销售需要，超量购入货物而举借的债务；农副产品加工企业在收购季节大量购入某种原材料而发生的借款等。自发性负债指直接产生于持续经营过程中的负债，如商业信用筹资和日常运营中产生的其他应付款，以及应付工资、应付利息、应交税金等。

（2）流动资产和流动负债的配合。营运资金筹集政策，主要是就如何安排临时性流动资产和永久性流动资产的资金来源而言的，一般可分为三种，即配合型筹资政策、激进型筹资政策和保守型筹资政策。

1）配合型筹资政策。配合型筹资政策的特点是：对于临时性流动资产，运用临时性流动负债筹集资金满足其需要；对于永久性流动资产和固定资产等（统称为永久性资产，下同）运用自发性负债、长期负债和权益资本筹集资金满足其资金需要。配合型筹资政策如图 8－2 所示。

配合型筹资政策要求企业临时负债筹资计划严密，实现现金流动与预计安排相一致。在季节性低谷时，企业应当除了自发性负债外没有其他流动负债，只有在临时性流动资产的需求高峰期，企业才举借各种临时性债务。

例如，某企业在生产经营的淡季，需占用 400 万元的流动资产和 800 万元的固定资产等，在生产经营的高峰期会额外增加 200 万元的存货需求。配合型筹资政策的做法是：企业只在生产经营的高峰期才借入 200 万元的短期借款，无论何时，1200 万元的永久性资产，即 400 万元的流动资产和 800 万元的固定资产均由自发性流动负债、长期负债和权益资本解决其资金需要。

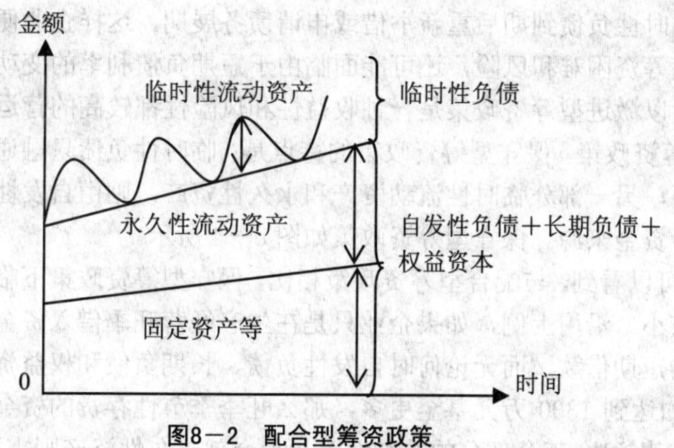

图8－2 配合型筹资政策

这种筹资政策的基本思想是将资产与负债的期间相配合，以降低企业不能偿还到期债务的风险和尽可能降低债务的资本成本。但是，事实上由于资产使用寿命的不确定性，往往达不到资产与负债的完全配合。如本例，一旦企业生产经营高峰期的销售不理想，未能取得现金收入，便会发生偿还临时性负债的困难，因此，配合型筹资政策是一种理想的、对企业有着较高资金使用要求的营运资金筹集政策。

2）激进型筹资政策。激进型筹资政策的特点是：临时性负债不但融通临时性流动资产的资金需要，还解决部分永久性资产的资金需要。激进型筹资政策如图 8－3 所示。

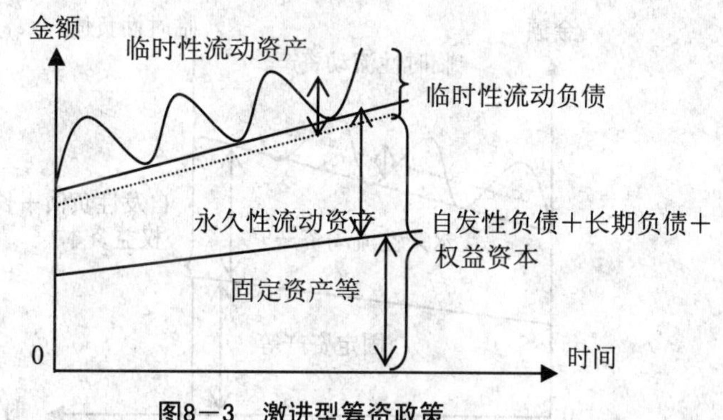

图8－3 激进型筹资政策

从图 8－3 可以看到，激进型筹资政策下临时负债在全部资金来源中所占比重大于配合型筹资政策。沿用上例，企业生产经营淡季占用 400 万元的流动资产和 800 万元的固定资产，在生产经营的高峰期，额外增加 200 万元的存货需求。如果企业的自发性负债、长期负债和权益资本的筹资额低于 1200 万元（即低于正常经营期的流动资产占用与固定资产占用之和），比如只有 1100 万元甚至更少，那么就会有 100 万元或者更多的永久性资产和 200 万元的临时性流动资产（在经营高峰内）由临时性负债筹资解决。这种情况表明企业实行的是激进型筹资政策。由于临时性负债（如短期借款）的资本成本一般低于长期负债和权益资本的资本成本，而激进型筹资政策下临时性负债所占比重较大，所以该政策下企业的资本成本较低。但另一方面，为了满足永久性资产的长期资金需要，企业必然要在临时性负债到期后重新举借或申请债务展期，这样企业便会经常的举债和还债，从而加大筹资困难和风险，还可能面临由于短期负债利率的变动而增加企业资本成本的风险，所以激进型筹资政策是一种收益性和风险性都较高的营运资金筹资政策。

3）保守型筹资政策。保守型筹资政策的特点是：临时性负债只融通部分临时性流动资产的资金需要，另一部分临时性流动资产和永久性资产，则由自发性负债、长期负债和权益资本作为资金来源。保守型筹资政策如图 8－4 所示。

从图 8－4 可以看到，与配合型筹资政策相比，保守型筹资政策下临时负债占全部资金来源的比例较小。沿用上例，如果企业只是在生产经营旺季借入资金低于 200 万元，比如 100 万元的短期借款，而无论何时自发性负债、长期负债和权益资本之和总是高于 1200 万元，比如达到 1300 万元甚至更多，那么旺季季节性存货的资金需要只有一部分靠当时的短期借款解决，其余部分的季节性存货和全部永久性资产则需要由自发性负债、长期负债和权益资本提供。而生产经营的淡季，企业则可将闲置资金（100 万元）投资于短期有价证券。这种做法由于临时性负债所占比重较小，所以企业无法偿还到期债务的风险较低，同时蒙受短期负债利率变动损失的风险也较低。然而，另一方面，却会因长期负债和权益资本的资本成本高于临时性负债的资本成本，以及经营淡季时仍需负担长期负债利息，从而降低企业的收益。所以，保守型筹资政策是一种收益性和风险性均较低的营运资金筹资政策。

一般说来，如果企业能够驾驭资金的使用，采用配合型筹资政策是最为有利的。

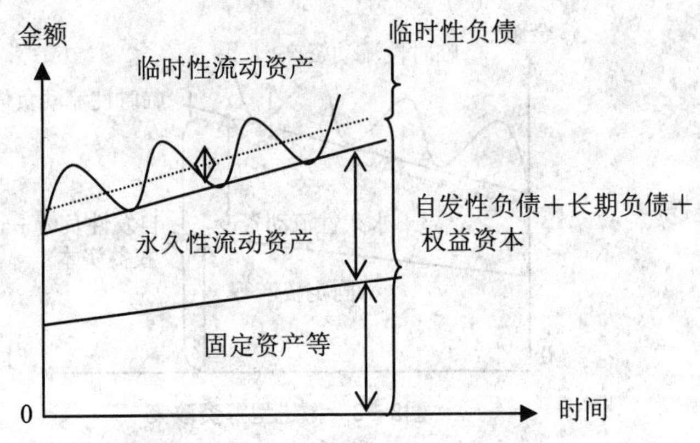

图 8－4 保守型筹资政策

3. 零营运资金的管理理念

最初看来，对于公司的长期发展，营运资本管理好像不如资本预算、股利政策等决策那么重要。然而，在当今激烈的市场竞争中，特别是在那些依靠高效率运作生存的公司，经理们越来越看重营运资本的管理。事实上，很多世界著名的公司如美国标准公司（American Standard）、康宝浓汤公司（Campbell Soup）、通用电气公司（General Electric）、桂格公司（Quaker Oats）、惠而浦公司（Whirlpool）今天对营运资本管理的目标都是零营运资本。零营运资本的支持者表示，提出这个目标的目的不仅是获得更多的现金，同时还为了加速产品的生产，更加及时地交付商品，使业务开展得更有效率。这里我们重新定义营运资本，即营运资本＝存货＋应收账款－应付账款。存货和应收账款是带来销售收入的关键，但存货可以通过应付账款，由供货商提供的融资得到。

平均来说，20 美分的营运资本可以支持 1 美元的销售收入。营运资本每年的平均周转率是 5 次。减少营运资本同时提高营运资本周转率可以带来两点财务收益：第一，通过减少存货、应收账款和增加应付账款而解放出来的资金可以增加公司的现金流；第二，在向零营运资本目标进军的过程中，公司的利润将大大提高。和其他资本一样，投资在营运资本上的资金同样有成本，减少在营运资本上的投资可以节约成本。另外降低营运资本促使公司比其他公司更快地生产和交付产品，这将会赢得新顾客并且就优质服务获得价格溢价。存货消失后，公司可以卖掉仓库，劳动力投入和操作的工序也将减少，公司里过时的商品也将最小化。

为了说明零营运资本的收益。我们来看康宝浓汤公司的例子。康宝浓汤公司在一年内削减营运资本 8000 万美元，公司利用这些资金开发了新产品同时并购了英国、澳大利亚和其他国家的企业。同时，康宝浓汤公司预测在未来的几年里，因大幅降低支付加班费和存货的储存成本，公司每年的利润可以增长 5000 万美元。

在向零营运资本努力的过程中最重要的因素是速度。如果公司生产速度足够快，公司可以在接到订单后才生产，而不必为了预测顾客的需要而准备大量存货。最优秀的公司能够做到在接到订单后生产，而且满足顾客需要并及时交付。这种及时的存货管理系统叫做需求流动或者需求导向管理，我们将在后面继续讨论。然而，需求流动管理比准时管理的概念更宽，它需要整个生产系统运作的高速高效。

达到零营运资本需要各指令和部门都以最快的速度运转，电子资料最终代替人工数据。订单飞快地从一个生产工段转到另一个生产工段，灵活的生产线每天按不同的需求生产出产品，产成品从生产线下来直接运上门口等着的卡车。工厂和仓库里混乱的存货不见了，产品都按一定线路运转，这种高效率将带来营运资本的不断缩小。

很明显，不是所有的公司都可以实现零营运资本和高效率的产品生产。然而，每个公司都应尽量使存货和应收账款最小化和应付账款最大化，以减少公司在营运资本上的投资，提高财务和生产的经济效率。

四、管理营运资金的各个主要组成部分

营运资金包含四个主要组成部分：现金、有价证券、应收账款和存货。本章的后半部分将关注营运资金各部分的管理。你将会看到，通常的思路是先关注流动资产整体的管理，接下来分析对具体资产的管理。流动资产（即营运资金）对于公司开展业务是必需的，持有流动资产数量越多，公司运营中的风险就越小。然而，持有营运资金的成本往往是非常昂贵的。如果存货的数量太大，就意味着公司不但不能赚一分钱，甚至还要为储存和保养存货花费掉巨额资金。由于每项资产都有成本，过多的存货（包括应收账款甚至现金）都会产生负效用。所以，公司就承担着使营运资金在保证业务顺利开展的

情况下达到最小化的压力。

第二节　现金的管理

现金也称货币资金，是指在生产过程中暂时停留在货币形态的资金，包括库存现金、银行存款、银行本票、银行汇票等。

现金具有两方面特点：①流动性强。现金是变现能力最强的资产，可以用来满足生产经营开支的各种需要，也是还本付息和履行纳税义务的保证。因此，拥有足够的现金对于降低企业的风险，增强企业资产的流动性和债务的可清偿性有着重要意义。②收益性差。现金属于非营利资产，即使是银行存款，其利率也非常低。现金持有量过多，它所提供的流动性边际效益便会随之下降，从而企业的收益水平降低。因此，企业必须合理确定现金持有量，使现金收支不但在数量上，而且在时间上相互衔接，以便在保证企业经营活动所需现金的同时，尽量减少企业闲置的现金数量，提高资金收益率。

一、企业持有现金的动机

根据现金流动性强的特点，企业主要是基于以下三个方面的动机，持有一定数量的现金。

1. 交易动机

现金是能够立即投入流通的交换媒介。企业为了组织日常生产经营活动必须保持一定数额的现金余额，用于购买原材料、支付工资、缴纳税款、偿付到期债务、派发现金股利等。由于企业每天的现金流入量与现金流出量在时间上与数额上通常存在一定程度的差异，因此，企业持有一定数量的现金余额以应付频繁支出是十分必要的。一般来说，企业为满足交易动机所持有的现金余额主要取决于企业销售水平。企业销售扩大，销售额增加，所需现金余额也随之增加。

2. 预防动机

企业在经营过程中不可避免地会遇到生产事故、客户拖欠货款以及自然灾害等各种不测因素的存在。一旦这些因素出现，将会对现金产生巨大需求。因此，在正常业务活动现金需要量的基础上，追加一定数量的现金余额以应付未来现金流入和流出的随机波动，是企业在确定现金持有量时应当考虑的因素。

企业为应付紧急情况所持有的现金余额主要取决于以下三个方面：①企业愿意承担风险的程度。②企业临时举债能力的强弱。③企业对现金流量预测的可靠程度。

3. 投机动机

企业存续期间内有时会遇到各种瞬息即逝的获利机会，如某企业破产低价拍卖资产、证券市场大幅跌落、预期价格反弹在即等。如果没有足够的现金，则只能坐视这些良机的流逝。因此，企业在满足交易性需要和预防性需要的基础上，还需要另外保留一定的现金。投机动机只是企业确定现金余额时所需考虑的次要因素之一，其持有量的大小往往与企业在投资市场的投资机会及企业对待风险的态度有关。

企业除了以上三项原因持有现金外，也会基于满足将来某一特定要求或者为在银行维持补偿性余额等其他原因而持有现金。企业在确定现金余额时，一般应综合考虑各方面的持有动机。但需要注意的是，由于各种动机所需要的现金可以调节使用，企业持有的现金总额并不等于各种动机所需现金余额的简单相加，前者通常小于后者。另外，上述各种动机所需保持的现金，并不要求必须是货币形态，也可以是能够随时变现的有价证券以及能够随时融入现金的其他各种存在形态，如可随时借入的银行信贷资金等。

二、企业持有现金的成本

现金的持有成本通常由以下四个部分组成。

1．机会成本

机会成本，是指企业因保留一定现金余额而丧失的再投资收益。由于现金属于非盈利资产，保留现金必然丧失再投资的机会及相应的投资收益，从而形成持有现金的机会成本，这种成本在数额上等同于资金的投资收益。放弃的再投资收益即机会成本属于变动成本，它与现金持有量呈正比例关系，即机会成本＝现金持有量×有价证券年利率（或收益率）。如企业欲持有10万元现金，假设企业要求的收益率为8%，这就意味着企业必须放弃8000元的投资收益。

2．管理成本

管理成本，是指企业因持有现金而发生的管理费用，如管理人员工资、安全措施费等。现金管理成本是一种固定成本，在一定范围内它与现金持有量之间一般无明显的比例关系，属与决策无关成本。

3．转换成本

转换成本，是指企业用现金购入有价证券以及转让有价证券换取现金时付出的交易费用。如委托买卖佣金、委托手续费、证券过户费、交割手续费等。转换成本与证券变现次数呈线性关系，即转换成本总额＝证券变现次数×每次转换成本。

证券转换成本与现金持有量的关系是：在现金总需要量既定的前提下，现金持有量越少，进行证券变现的次数越多，相应的转换成本就越大；反之，现金持有量越多，进行证券变现的次数就越少，需要的转换成本就越小。因此，现金持有量的高低必然通过证券变现次数多少而对转换成本产生影响。

4．短缺成本

短缺成本，是指在现金持有量不足而无法及时通过有价证券变现加以补充而给企业造成的损失，包括直接损失与间接损失。现金的短缺成本随现金持有量的增加而下降，随现金持有量的减少而上升，与现金持有量呈反方向变动关系。

明确与现金有关的成本及其各自的特性，有助于从成本最低的角度出发确定现金最佳持有量。

三、最佳现金持有量的确定

现金是一种流动性极强的资产，可以用来满足生产经营开支的各种需要，也是还本付息和履行纳税义务的保证。因此，拥有足够的现金对于降低企业的风险，增强企业资产的流动性和债务的可清偿性有着重要的意义。但是，现金持有量过多，它所提供的流动性边际效益便会随之下降，进而导致企业的收益水平降低；而现金持有量太少，又有可能出现现金短缺，影响生产经营。因此，在现金余额问题上，必须进行风险与收益的权衡，进而合理确定现金持有量，使现金收支不但在数量上，而且在时间上相互衔接，以便在保证企业经营活动所需现金的同时，尽量减少企业闲置的现金数量，提高资金收益率。最常用的有以下四种方法。

1. 现金周转模式

现金周转模式是根据一定时期内现金需求总额、现金周转期及现金平均占用额三者之间的关系确定最佳现金持有量的一种方法。

现金周转期，是指从现金投入生产经营开始，到最终转化为现金的过程。它大致包括如下三个方面：①存货周转期，是指将原材料转化成产成品并出售所需要的时间。②应收账款周转期，是指将应收账款转换为现金所需要的时间，即从产品销售到收回现金的期间。③应付账款周转期，是指从收到尚未付款的材料开始到现金支出之间所用的时间。上述三个方面与现金周转期之间的关系可用图 8－5 加以说明。

根据图 8－5 所示，现金周转期可用下列算式表示：

现金周转期＝存货周转期＋应收账款周转期－应付账款周转期

现金周转期确定后，便可确定最佳现金余额。其计算公式如下：

最佳现金余额＝企业年现金需求总额÷360×现金周转期

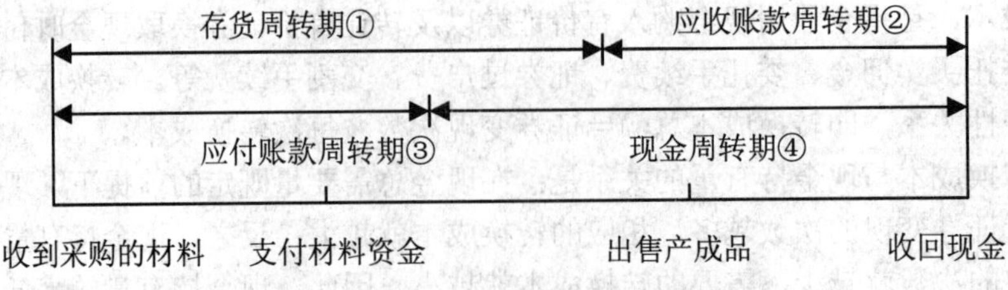

图8－5 现金周转期示意图

【例 8－1】某企业预计存货周转期为 60 天，应收账款周转期为 30 天，应付账款周转期为 15 天，预计全年需要现金 600 万元，求最佳现金余额。

解：现金周转期＝60＋30－15＝75(天)

最佳现金余额＝600÷360×75＝125(万元)

现金周转模式简单明了，易于计算。但是这种方法假设材料采购与产品销售产生的现金流量在数量上一致，企业的生产经营过程在一年中持续稳定地进行，即现金需要和现金供应不存在不确定的因素。如果以上假设条件不存在，则求得的最佳现金余额将发生偏差。

2. 成本分析模式

成本分析模式是根据现金的有关成本，分析预测总成本最低时现金持有量的一种方法。运用成本分析模式确定企业现金最佳持有量时，只考虑持有一定量的现金而产生的机会成本及短缺成本，而不考虑管理成本和转换成本。

机会成本（持有现金而丧失的再投资收益）与现金持有量呈正比例关系。短缺成本与现金持有量呈负相关，现金持有量越大，短缺成本越小；反之，现金持有量越小，短缺成本越大。这两种成本之和最小的现金持有量，就是最佳现金持有量。

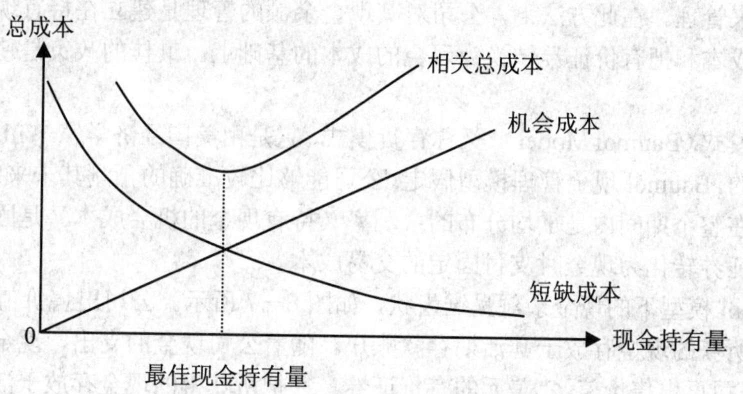

图8－6 成本分析模式示意图

上述两种成本与现金持有量的关系，可以从图 8－6 反映出来。从图 8－6 可以看出，由于两种成本同现金持有量的变动关系不同，使得总成本曲线呈抛物线形，抛物线的最低点，即为成本最低点，该点所对应的现金持有量便是最佳现金持有量，此时总成本最低。

实际工作中，运用该模式确定最佳现金持有量的具体步骤为：①根据不同现金持有量测算并确定有关成本数值。②按照不同现金持有量及其有关成本资料编制最佳现金持有量测算表。③在测算表中有关总成本最低时的现金持有量，即最佳现金持有量。

【例 8－2】某企业现有 A、B、C、D 四种现金持有方案，有关成本资料如表 8－1 所示。

表 8－1 现金持有量备选方案表

单位：元

项 目	A	B	C	D
现金持有量	100000	200000	300000	400000
机会成本率	10%	10%	10%	10%
短缺成本	48000	25000	10000	5000

根据表 8－1，可采用成本分析模式编制该企业最佳现金持有量测算表，如表 8－2 所示。

表 8-2　最佳现金持有量测算表　　单位：元

方案及现金持有量	机会成本	短缺成本	相关总成本
A（100000）	10000	48000	58000
B（200000）	20000	25000	45000
C（300000）	30000	10000	40000
D（400000）	40000	5000	45000

通过分析比较上表中各方案的总成本可知，C 方案的相关总成本最低，因此企业持 300000 元的现金时，各方面的总代价最低，300000 元为现金最佳持有量。

3. Baumol 模型

企业为了进行交易需要多少现金呢？回答这个问题的简单而有效的方法就是把现金看做存货来管理。在此方法下，公司对其现金余额的管理是建立在持有现金（而非有价证券）的成本和把有价证券转换为现金的成本的基础上。最佳的政策是使这些成本之和最小。

鲍莫模式（Baumol Model）又称存货模式，它是由美国经济学家 William. J. Baumol 首先提出的，Baumol 现金管理模型假定：公司能够比较准确的预测其未来的现金需求量；现金支付在整个期间内是平均分布的；利率（持有现金的机会成本）是固定的；公司每次把有价证券转化为现金时支付固定的交易成本。

Baumol 模型下的现金余额呈锯齿状，如图 8-7 所示。公司出售价值 C 美元的有价证券并将所获的现金存放于其活期存款账户。随着公司现金的支出，现金余额匀速降至 0。然后公司再出售价值 C 美元的有价证券，并把所获得的现金存放于活期账户，如此循环。经过一段时间后，平均现金余额将是 $C/2$ 美元。资金的机会成本是利率 i 乘以平均的现金余额，即 $iC/2$ 美元。同样，如果每次存入 C 美元，并且一年中公司需要在它的账户中存入的总数为 T 美元，那么存款的次数（也就是图 8-7 中每年锯齿的个数）等于 T/C。年交易成本等于每次存款的成本乘以存款的次数，即 bT/C。

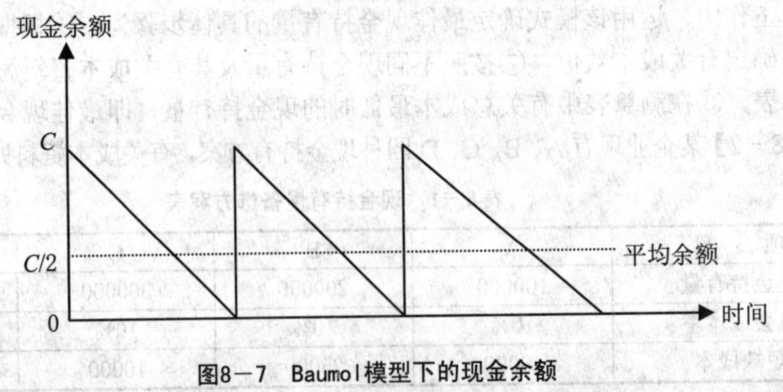

图8-7　Baumol模型下的现金余额

满足交易需求的年成本是交易成本再加上机会成本（时间价值），即

成本$=b\times\frac{T}{C}+i\frac{C}{2}$

式中，T 表示以美元计算的年交易量（在期间内平均分布）；b 表示每次交易的固定成本；i 表示年利率；C 表示每次存款的数额。

决策变量为 C，即每次存款的数额。增加 C 后，在增加平均现金余额的同时也增加了机会成本。然而，增加 C 也减少了存款的次数，因而降低了年交易成本。

图 8－8 显示了两种成本间的替换关系。

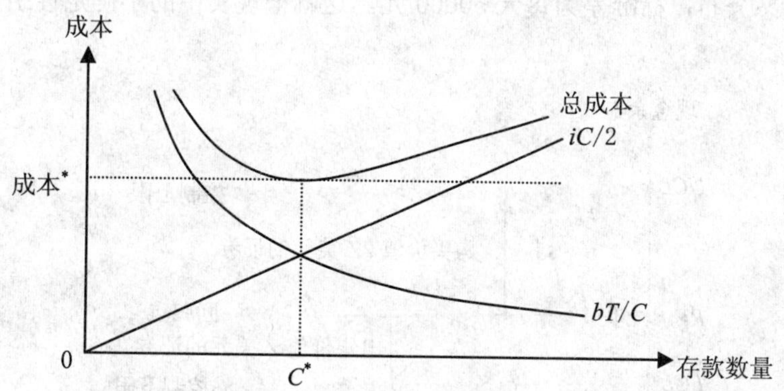

图8－8 Baumol模型的年成本

最佳的或最优的存款数量 C^*，产生的总成本最小（成本*）。那么最优存款数额为：

$$C^*=\sqrt{\frac{2bT}{i}}$$

最优的存款数额是交易成本 b、年交易量 T 和年利率 i 的函数。C^*的大小与 b，T 正相关，而与 i 负相关。注意：最优的存款数量与这些变量之间不是线性的关系。例如，T 增加了一倍，最优的存款数额也会随之增加，但不会增加一倍。

【例 8－3】假设 Fox 公司明年需要 12000000 元的现金。它确信如果把钱投资在有价证券上，每年能够赚取12%的利润；将有价证券转化为现金的每次交易成本是 312.50 元。这对 Fox 公司意味着什么？

解：利用公式，Fox 公司的最优的每次存款数额是：

$$C^*=\sqrt{\frac{2bT}{i}}=\sqrt{\frac{2\times312.5\times12000000}{0.12}}=250000(\text{元})$$

利用公式，

$$\text{总成本}=312.50\times\frac{12000000}{250000}+0.12\times\frac{250000}{2}=30000(\text{元})$$

式中，各部分的求解如下：

$T/C=48$＝每年的存款次数；

$b\ (T/C)\ =312.50\times48=15000$(元)＝每年的交易成本；

$C/2=125000$ 元＝平均现金余额；

$i \times C/2 = 0.12 \times 125000 = 15000$(元)＝资金的年机会成本。

Fox 公司每次应存入银行 250000 元。它的平均现金余额为 125000 元，交易成本是 15000 元，机会成本是 15000 元，总的年成本是 30000 元。

4. Miller-Orr 现金管理模型

Miller-Orr 现金管理模型比 Baumol 模型更符合实际情况。它允许日常现金流量根据概率函数而变化。例如，我们假设净现金流量（由现金流入量和现金流出量组成）服从均值为 0 的正态分布，标准差为每天 50000 元。这就把现实中的不确定性引入了未来的现金流中。

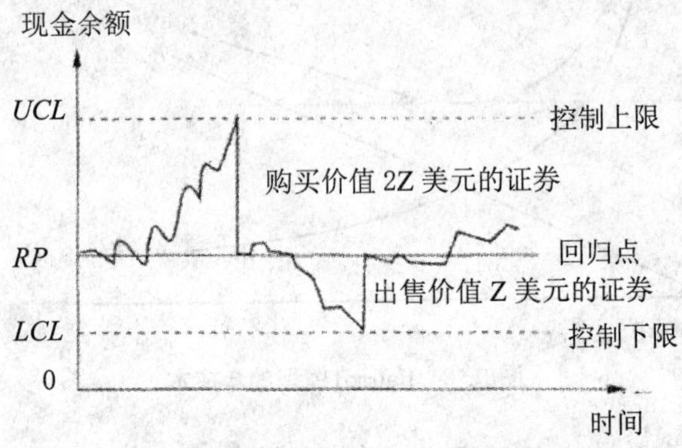

图8－9 Miller-Orr模型下的现金余额

Miller-Orr 模型有两个控制界限和一个回归点。控制下限即图 8－9 中的 *LCL*，是由模型的外部因素所决定的。控制上限即图中的 *UCL*，超过 *LCL3Z* 美元，模型中还设置了超过 *LCL3Z* 回归点（*RP*），它是公司的现金余额达到控制界限时需要返回到的目标水平。

当现金余额降到 *LCL*，公司会出售价值 *Z* 美元的有价证券并把所得的现金存入活期存款账户。这样现金余额便回到了回归点。而当现金余额升到控制上限的时候，公司又将从活期存款账户中取出 2*Z* 美元的现金来购买有价证券，使得现金余额再次回到回归点。这一过程使得公司持有的平均现金余额为 $LCL+(4/3)Z$。

尽管 *LCL* 由模型以外的因素决定，*UCL* 和回归点仍取决于 *LCL* 和 *Z*。回归点是 $LCL+Z$，而 *UCL* 等于 $LCL+3Z$。变量 *Z* 则取决于每次的交易成本 *b*、每一期的利率 *i* 和净现金流量的标准离差 σ。利率和净现金流量的标准离差必须使用同一时间单位（最常用的是天）。因此，*Z* 的计算公式为：

$$Z=\left(\frac{3b\sigma^{2}}{4i}\right)^{\frac{1}{3}}$$

正如我们上面提到的，回归点 *RP*、控制上限 *UCL* 和平均的现金余额分别是：

$RP=LCL+Z$

$UCL=LCL+3Z$

平均现金余额 $=LCL+(4/3)Z$

每次交易成本的增加以及现金流量的变动加大，均会导致 Z 值的上升以及 LCL 和 UCL 之间的差额的增大。相应的，利率上升会导致 Z 值的下降以及 LCL 和 UCL 之间的差距缩小。

财务经理们允许现金余额在特定的范围内变动，只有当超过这些范围的时候，他们才会实施事先已经计划好的方案。这一模型对管理满足日常交易需求的现金余额非常有用。

【例 8－4】假设 KFC 公司每天的净现金流量（一天的现金流出量减去现金流进量）的标准离差估计为：σ＝50000 元。同时，购买或出售有价证券的成本是 100 元，年投资收益率（APR）是 10%。由于流动性需求和补偿性余额的协议，KFC 公司的现金余额的控制下限为 100000 元。那么在 Miller-Orr 模型下，KFC 公司的控制上限和回归点分别为多少呢？

解：由于现金余额的变动性是在每天的基础上表述的，因此我们把年利率转化成为日利率。

$$Z=\left(\frac{3b\sigma^2}{4i}\right)^{\frac{1}{3}}=\left[\frac{3\times100\times50000^2}{4\times(0.10/365)}\right]^{\frac{1}{3}}=88125(\text{元})$$

然后，再计算控制上限和回归点：

$$UCL=LCL+3Z=100000+3\times88125=364375(\text{元})$$

$$RP=LCL+Z=100000+88125=188125(\text{元})$$

如果现金余额降到 100000 元，KFC 公司将出售 Z＝88125 元的有价证券，并把钱存入活期存款账户，这样，现金余额就上升到了回归点 188125 元附近。如果现金余额增加到 364375 元，KFC 公司将用现金购买 $2Z$＝176250 元的有价证券，这样现金余额将减少到回归点 188125 元（＝364375－176250），KFC 公司的平均的现金余额将是：

$$\text{平均现金余额}=LCL+\frac{4}{3}Z=100000+\frac{4}{3}\times88125=217500(\text{元})$$

四、现金收支的日常管理

在现金管理中，企业除认真确定最佳现金持有量外，还必须进行现金收支的日常控制与管理。主要从以下四个方面进行。

1. 现金回收管理

为了提高现金的使用效率，加速现金周转，企业应尽量加速收款，即在不影响未来销售的情况下，尽可能地加快现金的收回。如果现金折扣在经济上可行，应尽量采用，以加速账款的收回。企业加速收款的任务不仅是要尽量使顾客早付款，而且要尽快地使这些付款转化为可用现金。为此，必须满足如下要求：①减少顾客付款的邮寄时间。②减少企业收到顾客开来支票与支票兑现之间的时间。③加速资金存入自己往来银行的过程。为达到以上要求，可采用以下措施。

（1）集中银行法。集中银行法，是指通过设立多个策略性的收款中心来代替通常在公司总部设立的单一收款中心，以加速账款回收的一种方法。其目的是缩短从顾客寄出账款到现金收入企业账户这一过程的时间。

集中银行法的具体做法是：①企业以服务地区和各销售区的账单为依据，设立若干收款中心，并指定一个收款中心（通常是设在公司总部所在地的收账中心）的账户为集中银行。②公司通知客户将货款送到最近的收款中心而不必送到公司总部。③收款中心将每天收到的货款存到当地银行，然后再把多余的现金从当地银行汇入集中银行——公司开立的主要存款账户的商业银行。

集中银行法主要有以下优点：①账单和货款邮寄时间可大大缩短。账单由某收款中心寄发该地区顾客，与由总部寄发相比，顾客能较早收到。顾客付款时，货款邮寄到最近的收款中心，通常也较直接邮往总公司所需时间短。②支票兑现的时间可缩短。某收款中心收到当地顾客汇来的支票存入当地银行，而支票的付款银行通常也在该地区内，因而支票兑现较方便。

但集中银行法也有如下缺点：①每个收款中心的当地银行都要求有一定的补偿性余额，而补偿性余额是一种闲置的不能使用的资金。开设的收款中心越多，补偿性余额也越多，闲置的资金也越多。②设立收款中心需要一定的人力和物力，花费较多。所以，财务主管在决定采用集中银行法时，一定不要忽略这两个缺陷。

【例 8－5】某企业现在应收账款平均占用现金 120 万元，企业收款中心预计每年多增加支出 1.3 万元，但可使应收账款平均占用现金降为 100 万元。企业加权平均的资本成本为 9%，问是否采用集中银行法收账。

解：采用集中银行法收账，企业从节约资金占用中获得的收益是：20×9%＝1.8（万元），比增加的支出 1.3 万元多 0.5 万元（20×9%－1.3＝0.5）。因此，采用集中银行法收款比较有利。

（2）锁箱系统法。锁箱系统法是通过承租多个邮政信箱，以缩短从收到顾客付款到存入当地银行的时间的一种现金管理办法。

采用锁箱系统法的具体做法是：①在业务比较集中的地区租用当地加锁的专用邮政信箱。②通知顾客把款项邮寄到指定的信箱。③授权公司邮政信箱所在地的开户行，每天数次收取邮政信箱的汇款并存入公司账户，然后将扣除补偿性余额以后的现金及一切附带资料定期送往公司总部。这就免除了公司办理收账、货款存入银行的一切手续。

采用锁箱系统法的优点是大大的缩短了公司办理收款、存储手续的时间，即公司从收到支票到这些支票完全存入银行之间的时间差距消除了。

锁箱方法的主要缺点是需要支付额外的费用。由于银行提供多项服务，因此，要求有相应的报酬。这种费用支出一般来说与存入支票张数呈一定比例。所以，如果平均汇款数额较小，采用锁箱系统法并不一定有利。

是否采用锁箱系统法关键要看节约资金带来的收益与额外支出的费用孰大孰小。如果增加的费用支出比收益小，则可采用该系统；反之，就不宜采用。

（3）其他方法。除以上两种方法外，还有一些加速收现的方法。例如，电汇、大额货款直接派人前往收取支票并送存银行等方法，以加速收款。另外，公司对于各银行之间以及公司内部各单位之间的现金往来也要严加控制，通过多边结算、集中轧抵、减少不必要的银行账户等方法加速现金回收，防止有过多的现金闲置在各部门之间。

2. 现金支出管理

现金支出管理的主要任务是在不影响企业信誉的情况下尽量延缓现金支出的时间。控制现金支出的方法有以下几种：

（1）运用浮游量。现金的浮游量，是指企业账户上存款余额与银行账户上所示的存款余额之间的差额。即浮游存款＝可动用余额－账面余额。

浮游存款（浮存）的产生是由于支付账单或者向客户收款时发生的时间差。有时，公司账簿上的现金余额已为零，而银行账簿上该公司的现金余额还有不少。这是因为有些支票公司虽已开出，但顾客还没有到银行兑现。如果能正确预测浮游量并加以利用，可节约大量资金。

浮游存款包括付款浮存和收款浮存两种。当开出一张支票，你的账面余额会减少支票列明的数额，而在银行的可动用余额在支票最终清算前不会减少。这一差额就是付款浮存。当日，假如你收到一张支票并把它存入银行。直到这笔资金贷记到你的银行账户上之前，你的账面余额将低于实际余额。在这种情况下你遇到的就是收款浮存了。

当一个公司有多个银行存款户时，就可选用一个能使支票流通在外的时间最长的银行来支付货款，以扩大浮游量。

利用现金的浮游量，公司可适当减少现金数量，达到现金的节约。但是，一个公司的利益，就是另一个公司的损失，因而，利用浮游量往往对供应商不利，有可能破坏公司和供应商之间的关系，这一因素应加以考虑。

公司一般运用几种方法和程序来对浮存进行管理。

1）电汇。大额的支付可以采用电汇来完成而不采用支票。电汇比手写并寄出一张支票昂贵，但由于电汇很快捷，从而减少了浮存成本。

2）电汇零余额账户。这是一些余额始终保持为零的特殊付款账户。当零余额账户的账户上有支票进行付款提示的时候，资金就自动转入这些账户。

3）受控付款。这一技术可用于公司在主要银行的基本账户之外的其他银行开设的付款账户。与零余额账户一样，资金会根据需求被注入这些账户。银行通知公司需要什么资金，然后公司把所需资金电汇给这些银行。反过来，当有富余资金的时候，银行也会通知公司，并汇回公司。

4）应付款的集中处理。通过把应付款集中起来，现金管理经理可以知道所有的账单必须在何时付清，并能够确定资金是否足够以及账单是否及时付清。迅速付款可以和供应商建立起更良好的关系。同时，当公司减少其现金余额时，可避免因延迟付款而受罚。

5）银行信箱收款。银行信箱是公司用于投放自己收到的支票的邮政信箱。银行将负责每天打开信箱几次，处理这些支票并收款。现金管理经理面临两个问题：银行信箱地点的选择以及如何给客户分配特定的信箱。通过在全国各地合理安置信箱并选用高效率的银行，公司可以大幅度降低浮存。浮存的降低是通过缩减邮寄时间（从客户直接投放到银行信箱）、处理时间（通过选用高效率的银行）和到可动用时所花的时间（支票向银行进行付款提示后到使支票资金可动用所花的时间)。

(2) 控制支出时间。为了最大限度地利用现金，合理地控制现金支出的时间是十分重要的。例如，企业在采购材料时，如果付款条件是“2/10，n/50”，如果决定享受现金折扣，应安排在发票开出日期后的第10天付款，这样，企业可以最大限度地利用现金而又不丧失现金折扣。

(3) 改进工资支付方式。许多公司都为支付工资而设立一个存款账户。这种存款账户余额的多少，当然也会影响公司现金总额。为了减少这一存款数额，公司必须合理预测所开出支付工资的支票到银行兑现的具体时间。

3. 现金综合控制

以上已说明现金收入和现金支出的控制方法,现在再阐述对现金的综合性控制手段。

(1) 力争现金流入与流出同步。如果企业能尽量使它的现金流入与流出发生的时间趋于一致，就可以使其所持有的交易性现金余额降到较低水平，这就是所谓的现金流量同步。基于这种认识，企业可以重新安排付出现金的时间，尽量使现金流入与流出趋于同步。

(2) 实行内部牵制制度。在现金管理中，要实行钱账分离，即管钱的不管账，管账的不管钱，使出纳人员和会计人员互相牵制，互相监督。凡有库存现金收付，应坚持复核制度，以减少差错，堵塞漏洞。出纳人员调换时，必须办理交接手续，做到责任清楚。

(3) 及时进行现金的清理。在现金管理中，要及时进行现金的清理。库存现金的收支应做到日清月结，确保库存现金的账面余额与实际金额相互符合；银行存款账余额与银行对账单余额相互符合；现金、银行存款日记账数额分别与现金、银行存款总账数额相互符合。

(4) 遵守国家规定的库存现金的限额及使用范围。按我国有关制度规定，企业库存现金，由其开户银行根据企业的实际需要核定限额，一般以3～5天的零星开支额为限。

根据规定，企业只能在下列范围内使用库存现金：①支付职工工资、津贴；②支付个人劳动报酬；③根据国家规定颁发给个人的科学技术、文化艺术、体育等各种奖金；④各种劳保、福利费以及国家规定的对个人的其他支出；⑤向个人收购农副产品和其他物资的价款；⑥出差人员必须随身携带的差旅费；⑦结算起点（1000元）以下的零星支出；⑧中国人民银行确定需要支付现金的其他支出。

(5) 不得坐支现金。即企业不得从本单位的现金收入中直接支付交易款。现金收入应于当日终了时送存开户银行。

(6) 不得出租、出借银行账户。

(7) 不得签发空头支票和远期支票。

(8) 不得套用银行信用。

(9) 不得保存账外公款。

包括不得将公款以个人名义存入银行和保存账外现金等各种形式的账外公款。

(10) 做好银行存款的管理。

企业超过库存现金限额的现金，应存入银行，由银行统一管理。企业银行存款主要有以下两种类型：①结算户存款。结算户存款是指企业为从事结算业务而存入银行的款项。结算户存款可以随时支取，具有与库存现金一样灵活的购买力，比较灵活方便。但结算户存款的利息率很低，企业获得的报酬很少。②单位定期存款。单位定期存款是企业按银行规定的存储期限存入银行的款项。企业向开户行办理定期存款，应将存款金额从结算户转入专户存储，由银行签发存单。存款到期凭存单支取，只能转入结算户，不能直接提取为库存现金。单位定期存款的利息率较高，但使用不太方便，只有闲置的、一定时期内不准备动用的现金才能用于定期存款。

加强对银行存款的管理具有重要意义，企业应做好以下几项工作：①按期对银行存款进行清查，保证银行存款安全完整。②当结算户存款结余过多，一定时期内又不准备使用时，可转入定期存款，以获取较多的利息收入。③与银行保持良好的关系，使企业的借款、还款、存款、转账结算能顺利进行。

4. 闲置现金投资管理

企业在生产经营过程中，会产生大量的现金，这些现金在用于资本投资或其他业务活动之前，通常会闲置一段时间。而企业库存现金没有利息收入，银行活期存款的利息率也比较低。因此，当企业有较多闲置不用的现金时，可投资于国库券、大额定期可转让存单、回购协议、其他企业的短期债券等，以获取较多的利息收入或资本利得，而当企业现金短缺时，再出售各种证券获取现金。这样，既能保证有较多的收入，又能增强企业的变现能力，因此，进行证券投资是调整企业现金余额的一种比较好的方法。

但必须注意，企业现金管理的目的首先是保证日常生产经营业务的现金需求，其次才是使这些现金获得较高的收益。这两个目的要求企业在进行闲置资金投资时必须将其投入到流动性较高、风险较低、交易期限较短的上述各金融工具中。

第三节　有价证券管理

现金管理的一个有机组成部分是把多余的现金存放到能够获得利润的资产中去。现金管理的模型假设管理者将暂时不需要的现金储备到有价证券中并且在需要时再转回现金。在这种方式中，有价证券是现金的替代品。

如果一个公司的现金流不均匀，公司可以通过短期借入现金或卖掉有价证券来应付不均匀的现金需求。当现金流入超过现金流出时，买入有价证券；当现金流入低于现金流出时，卖出有价证券。在这种方式中，有价证券是一种暂时的投资。

除了用于由经营而产生的不均匀的现金需求，有价证券还提供了一个为计划支出而储备资金的便利方法。如果通过经营产生现金或因为一项即将到来的投资卖出证券而产生现金，资金就可以一直投入有价证券中，直到需要的时候。

一、有价证券的风险

有价证券的首要任务是为了储备暂时不需要但或许很快又需要的现金，所以可以认为只有有价证券才能提供安全性和流动性。评估其安全性，需要考虑投资于证券所带来的风险。一般认为相关的风险有：

违约风险，指发行方不支付所承诺的利息或本金的风险。

购买力风险，指通货膨胀使未来以利息和本金形式取得的货币的购买力贬值的风险。

利率风险，指利率改变从而使投资价值改变的风险。

再投资回报率风险，指利率改变影响到本金和利息再投资回报率的风险。

流动性风险，也称市场风险，指由于缺乏证券投资者从而使得证券不易销售，至少是不能按其真实价值销售的风险。

二、有价证券的种类

最符合安全性和流动性标准的有价证券是货币市场证券。表 8－3 列举并描述了美国货币市场证券。

表8－3 美国货币市场证券

证　券	描　述	收益率（%）		
		2002年	2001年	1999年
定期存单	由银行发行的大面额出售的债券。这种债券通常期限最高为一年。虽然这种债券由银行发行，但超过了存款保险公司存款保证的金额，所以存在一定的违约风险	1.73	3.71	6.46
商业票据	由大公司发行的大面额出售的、期限通常为30天的债券。虽然这种债券没有担保并由公司发行，存在一定的违约风险，但可以通过商业银行的信用额度的支持使其违约风险最小化	1.69	3.65	6.31
欧洲美元存　款	以美元标价的、由非美国银行发放的贷款和定期存单。这种债券通常面额大，期限最高为6个月。正如美国银行发放的贷款和定期存单一样，它也存在一定的违约风险	1.79	3.70	6.45
国库券	由美国政府发行的债券，期限为1个月、3个月和6个月。这些证券被认为是无违约风险且易于销售的	1.61	3.40	5.82

资料来源：Federal Reserve Board，www.federalreserve.gov. 收益率是三个月到期的。

某些货币市场证券，比如政府证券，没有违约风险或几乎没有违约风险。由于货币市场证券期限短，而且通常由大银行或大公司（它们不大可能在短期内陷入严重的财务困境）发行，所以货币市场证券的违约风险是很低的。虽然如此，我们还是可以通过穆迪、标准普尔和惠誉查到货币市场证券的信用等级，用于评估任一特定的货币市场证券的违约风险。

货币市场证券相对来说几乎没有购买力风险。短期内发生通货膨胀的可能性是微乎其微的，虽然也有这个可能性。货币市场证券相对来说也几乎没有利率风险。因为这些证券是短期的，它们的价值不会因利率的改变而受到影响。

但是，由于货币市场证券的期限很短，投资者易遭受再投资回报率风险。如果利率下跌而且证券期限缩短，投资者必须以很低的利率将资金滚动投资。但是由于这项投资的目的是短期的，所以再投资风险是可以承受的。

第四节　应收账款的管理

应收账款是指企业因对外赊销产品、材料、供应劳务等而应向购货或接受劳务的单位收取的款项。影响企业应收账款水平的主要因素有经济发展状况、产品定价、产品质量和企业的信用政策等。这些影响因素除了最后一项外，其他因素不是企业财务部门所能控制的。所以，财务部门管理应收账款，主要是通过对赊销风险和获利能力之间的权衡而制定适当的信用政策，从而改变应收账款的水平。

一、应收账款的功能

应收账款的功能是指它在生产经营中应有的作用。主要有以下两个方面：

1. 促进销售

企业销售可以采取两种基本的方式，即现销和赊销。显然，现销对销售方有利，而赊销对购买方有利。在竞争激烈的市场经济条件下，促销已经成为企业一项重要的工作内容。企业促销手段虽然多种多样，但在银根紧缩、市场疲软、资金匮乏的情况下，能对购买方产生足够吸引力的还是赊销，特别是在企业销售新产品、开拓新市场时，赊销就更加具有重要的意义。这是因为购货方一方面可以在不付款的情况下得到自己需要的商品，降低了在商品质量、性能等方面存在问题的风险；另一方面，购货方可以在一定时期内减少自己的资金占用。

2. 减少存货

由于赊销具有促销功能，可以加速产品的销售，从而降低存货中产成品的数额，有利于缩短产成品的库存时间，降低产成品存货的管理费用、仓储费用和保险费用等各方面的支出。因此，当产成品存货较多时，企业可以采用较为优惠的信用条件进行赊销，尽快地实现产成品存货向销售收入的转化，变持有实物资产为持有债权资产，以节约存货的各种开支。

二、应收账款管理目标与内容

1. 应收账款管理目标

市场经济条件下，企业与企业之间相互提供商业信用是一种普遍现象，对应收账款进行管理自然成为企业流动资产管理的重要组成部分。企业提供商业信用，采取赊销方式，会使企业应收账款的数额大量增加，现金回收时间延长，甚至会使企业遭受不能收回应收账款的损失。但赊销又可以扩大销售，增加企业的市场占有率，提高企业盈利水平。因此，应收账款管理的目标是充分发挥应收账款功能，权衡应收账款投资产生的收益、成本和风险，做出有利于企业的应收账款决策。

2. 应收账款管理的内容

为了充分发挥应收账款的功能作用，必须加强对应收账款的管理。其核心是制定合理、适当的信用政策。制定信用政策时，一方面要考虑有利于扩大销售；另一方面要考虑有利于降低应收账款占用的资金，缩短应收账款的回收期，防止发生坏账损失。具体来说，应收账款管理的主要内容包括：①制定合理的应收账款信用政策。②进行应收账款的投资决策。③做好应收账款的日常管理工作，防止坏账发生。

三、应收账款的成本

企业持有应收账款享有利益的同时，也要付出一定的代价，要付出相应的成本。应收账款的成本包括：

1. 机会成本

应收账款的机会成本，是指将资金投放在应收账款上而不能进行其他投资所丧失的其他投资的可能收入。这一成本的大小通常与企业维持赊销业务所需资金数量（应付账款投资额）、资金成本率有关。其计算公式为：

应收账款机会成本＝维持赊销业务所需资金×资金成本率

式中，资金成本率一般可按有价证券利息率计算；维持赊销业务所需资金可按下列步骤计算：

计算应收账款平均余额：

应收账款平均余额＝（计算期赊销额÷计算期日数）×平均收账天数

＝平均每日赊销额×平均收账天数

式中，平均收账天数一般按客户各自赊销额占总赊销额比重为权数的所有客户付款天数的加权平均数计算。

计算维持赊销业务所需资金：

维持赊销业务所需资金＝应收账款平均余额×（变动成本/销售收入）

＝应收账款平均余额×变动成本率

由公式可以看出，随着赊销业务的扩大，赊销收入增加，维持赊销业务所需资金就越多；而应收账款的周转率越高，维持赊销业务所需资金就越少。所以，提高应收账款的周转率是减少应收账款机会成本的有效方法

【例 8－6】某企业预计年度赊销收入净额为 2000000 元，应收账款平均周转天数为 45 天，变动成本率为 60%，资金成本率为 10%。试计算其应收账款的机会成本。

解：根据以上资料有：

应收账款平均余额＝2000000/360×45＝250000(元)

维持赊销业务所需资金＝250000×60%＝150000(元)

应收账款机会成本＝150000×10%＝15000(元)

2. 管理成本

应收账款的管理成本，是指企业对应收账款进行管理而发生的各种开支，是应收账款成本的重要组成部分。主要包括：对客户信用情况调查所发生的费用、催收账款的费用、应收账款账簿记录的费用及其他费用。

3. 坏账成本

应收账款的坏账成本，是指由于某种原因导致应收账款不能收回而给企业造成的损失。这一成本一般同应收账款数量成正比，即应收账款越多，坏账成本越多。所以，为了减少坏账给企业生产经营活动的稳定性带来不利影响，企业按规定应以应收账款余额的一定比例提取坏账准备。坏账的发生总是对企业不利的，应该尽量防范。所以，防止坏账发生是企业制定信用政策的重要内容。

四、信用政策

信用政策即应收账款的管理政策，是指企业为应收账款投资进行规划与控制而确立的基本原则与行为规范，包括信用标准、信用条件和收账政策。

1. 信用标准

信用标准是客户获得企业商业信用时所应具备的最低条件，通常以预期的坏账损失率作为判别标准。如果企业把信用标准定得过高，将使许多客户因信用品质达不到设定的标准而被企业拒之门外，其结果尽管有利于降低违约风险及收账费用，但不利于企业市场竞争能力的提高和销售收入的扩大。相反，如果企业接受较低的信用标准，虽然有利于企业扩大销售，提高市场竞争力和占有率，但同时也会导致坏账损失风险加大和收账费用增加。企业应在综合考虑各有关方面因素的基础上，对实行不同信用标准的风险、收益、成本进行权衡，选择对企业最为有利的信用标准。

企业在制定或选择信用标准时，应考虑的因素主要有以下三个：

（1）同行业竞争对手的情况。面对竞争对手，企业首先考虑的是如何在竞争中处于优势地位，保持并不断扩大市场占有率。如果对手实力很强，企业欲取得或保持优势地位，就需采取较低（相对于竞争对手）的信用标准；反之，其信用标准可以相应严格一些。

（2）企业承担违约风险的能力。企业承担违约风险能力的强弱，对信用标准的选择也有着重要的影响。当企业具有较强的违约风险承担能力时，就可以以较低的信用标准提高竞争力，争取客户，扩大销售；反之，如果企业承担违约风险的能力比较脆弱，就只能选择严格的信用标准以尽可能降低违约风险的程度。

（3）客户的资信程度。企业在制定信用标准时，必须对客户的资信程度进行调查、分析，判断客户的信用等级并决定是否给予客户信用优惠。客户资信程度的高低通常决定于五个方面，即客户的信用品质（Character）、偿付能力（Capacity）、资本（Capital）、抵押品（Collateral）、环境（Conditions），简称“5C”系统。

1）信用品质。信用品质是指客户履行偿还债务的态度，即客户履约或赖账的可能性，这是决定是否给予客户信用的首要因素。为此，企业应对客户以往的付款履约记录进行分析，对客户的付款表现做到心中有数。

2）偿付能力。偿付能力是指客户偿还债务的财务能力。客户偿付能力的高低，取决于资产特别是流动资产的数量、质量（变现能力）及其与流动负债的比率关系。一般而言，企业流动资产的数量越多，流动比率越大，表明其偿付债务的物质保证越雄厚；反之，则偿债能力越差。当然，对客户偿付能力的判断，还需要注意对其资产质量，即变现能力以及负债的流动性进行分析。资产的变现能力越强，企业的偿债能力就越强；相反，负债的流动性越大，企业的偿债能力也就越小。

3）资本。资本是指客户的财务实力，即资本金。资本反映了客户的经济实力与财务状况的优劣，是客户偿付债务的最终保证。

4）抵押品。抵押品即客户提供的可作为资信安全保证的资产。只要它们能够提供足够的高质量的抵押财产，就可以向它们提供相应的商业信用。应该注意的是，能够作为信用担保的抵押财产，必须为客户实际所有，并且应具有较高的市场性，即变现能力。客户提供的抵押品越充足，信用安全保证就越大。

5）环境。环境是指可能影响客户付款能力的经济环境。当社会经济环境发生变化时，客户的经营状况和偿债能力可能受到影响。为此，应当了解客户以往在困境时期的付款表现，了解不利经济环境对客户偿付能力的影响及客户是否具有较强的应变能力。

上述各种信息资料主要通过下列渠道取得：①商业代理机构或资信调查机构所提供的客户信息资料及信用等级标准资料。②委托往来银行信用部门向与客户有关联业务的银行索取信用资料。③与同一客户有信用关系的其他企业相互交换该客户的信用资料。④客户的财务报告资料。⑤企业自身的经验及其他可取得的资料等。

2. 信用条件

信用条件是企业要求客户支付赊销款项的条件，包括信用期限、现金折扣和折扣期限。

（1）信用期限。信用期限，是指企业允许客户从购货到支付货款的时间限定。即企业允许客户的最长付款时间。通常企业产品销售收入与信用期限之间成正比。信用期限越长，销售量越大，销售收入与销售利润越高；反之，销售量、销售收入与销售利润越小。但是，随着信用期限延长，占用在应收账款上的资金相应增加，其机会成本随之加大，同时，出现坏账损失的可能性也越大。

（2）现金折扣和折扣期限。现金折扣，是指企业为了鼓励客户提前付款而给予提前付款的客户在商品价款上的折扣优惠。例如，“2/10 ，N/30”就是信用条件的基本表现方式。其意思是：允许客户赊账的信用期限为 30 天，若客户能够在发票开出后的 10 日内付款，可以享受 2%的现金折扣；第 11 天至第 30 天付款，则不享受现金折扣优惠。不同水平的现金折扣增加的收益与成本不一样，企业决定是否提供以及提供多大程度的现金折扣，着重考虑的是提供折扣后所得的收益是否大于现金折扣的成本。

折扣期限是企业为客户规定的可享受现金折扣的最长期限。上例中，2%现金折扣期限为 10 天，即客户在 10 天内付款，可享受 2%的价格折扣优惠。应核定多长的现金折扣期限，以及给予客户多大程度的现金折扣优惠，必须将信用期限及加速收款所得到的收益与付出的现金折扣成本结合起来考虑。

（3）单一信用条件备选方案的评价。

1）不同信用期方案的评价。

【例 8－7】某企业年度赊销收入净额为 1200 万元，信用期为 30 天，坏账损失率为 3%，收账费用为 10 万元，应收账款管理费用为 10 万元，变动成本率为 60%，资金成本率（或有价证券利息率）为 20%。目前企业尚有剩余生产能力，拟放宽信用条件促销。有甲、乙两个备选方案，其中，甲方案信用期为 60 天，预计销售收入增加 400 万元，坏账损失率为 4%，应收账款管理费用为 15 万元，收账费用为 20 万元；乙方案信用期为 90 天，预计销售收入增加 600 万元，坏账损失率为 5%，应收账款管理费用为 20 万元，收账费用为 40 万元。试分析三个方案的优劣。

解：在评价三个方案优劣时，不能单纯追求收入最高或成本最低，而应综合权衡，选择净利润最大的方案。计算分析选择过程如表 8－4 所示。

表 8－4　不同信用期方案评价分析　　单位：万元

项　目	原方案（N＝30）	甲方案（N＝60）	乙方案（N＝90）
A 年赊销额	1200	1600	1800
B 变动成本	A×60%＝720	A×60%＝960	A×60%＝1080
C 信用成本前收益	A－B＝480	A－B＝640	A－B＝720
D 机会成本	B×30×20%÷360＝12	B×60×20%÷360＝32	B×90×20%÷360＝54
E 管理费用	10	15	20
F 坏账损失	A×3%＝36	A×4%＝64	A×5%＝90
G 收账费用	10	20	40
H 信用成本	68	131	204
I 信用成本后收益	412	509	516

可以看出，乙方案能够给企业带来最大利润，该企业应选用 90 天的信用期。

2）不同现金折扣方案的评价。

【例 8－8】承【例 8－7】，如果企业选择了乙方案，但为了加速应收账款的收回，决定将赊销条件改为“2 / 10，1 / 20，N / 90”（丙方案），假定销售收入不受影响，估计约有 40%的客户（按赊销额计算）会利用 2%的折扣；10%的客户将利用 1%的折扣。

坏账损失率降为2%，应收账款管理费用不变，收账费用降为10万元。根据上述资料，试分析两方案的优劣。

解：有关指标可计算如下：

应收账款周转期＝40%×10＋10%×20＋50%×90＝51(天)

应收账款周转率＝360÷51＝7.06(次)

应收账款平均余额＝1800÷7.06＝254.96(万元)

维持赊销业务所需要的资金＝254.96×60%＝152.98(万元)

应收账款机会成本＝152.98×20%＝30.6(万元)

坏账损失＝1800×2%＝36(万元)

现金折扣＝1800×(2%×40%＋1%×10%)＝16.2(万元)

信用成本后收益＝720－(30.6＋36＋16.2＋20＋10)＝607.2(万元)

提供现金折扣条件的丙方案，企业信用成本后收益为607.2万元，高于乙方案的信用成本后收益516万元，因此，丙方案优于乙方案。

(4) 综合性信用条件备选方案评价。

【例8－9】某企业的经营情况和信用政策如表8－5所示。

表8－5 企业经营情况和信用政策

项 目	数 字
A 销售收入	1000万元
B 销售利润率	20%
C 信用标准（预期坏账损失率限制）	10%
D 平均坏账损失率	9%
E 平均收账期	45天
F 机会成本率	15%
M 变动成本率	60%

假设该企业拟改变信用标准，提出甲、乙两个方案，信用标准变化情况如表8－6所示。

表8－6 信用标准变化情况

甲方案		乙方案	
信用标准：坏账损失率5%（只对预计坏账损失率低于5%的企业提供商业信用）		信用标准：坏账损失率 10%（只对预计坏账损失率低于10%的企业提供商业信用）	
G 减少的销售额	100万元	J 增加的销售额	200万元
H 减少销售额的平均付款期	42天	K 增加销售额的平均付款期	75天
I 减少销售额的平均坏账损失率	8%	L 增加销售额的平均坏账损失率	12%

为了评价两个备选信用政策方案的孰优孰劣，必须计算两个方案各自带来的收益与成本，以信用成本后收益最大作为选择的标准。本题的计算分析过程如表8－7所示。

表 8－7　信用标准变化影响分析

项　　目	甲方案	乙方案
信用标准变化对信用成本前收益的影响	G×B＝-20	J×B＝40
信用标准变化对应收账款机会成本的影响	G×F×M×H÷360＝-1.05	J×F×M×K÷360＝3.75
信用标准变化对坏账成本的影响	G×I＝-8	J×L＝24
信用政策变化对信用成本后收益的影响	-10.95	12.25

计算表明，采用较宽松的信用政策——乙方案，能使企业增加信用成本后收益 12.25 万元，故应采用乙方案。

3. 收账政策

收账政策亦称收账方针，是指当客户违反信用条件，拖欠甚至拒付账款时，企业应该采取的收账策略与措施。

企业主要通过打电话、发信函、上门催收以及诉诸法律等方式收取客户拖欠本企业的账款。但是，到底选择何种方法，应取决于账款的数额、过期的时间长短、客户的信用以及企业与客户的关系等因素。应遵循以下两条原则：

（1）兼顾企业当前利益与长远利益。如果仅从企业当前利益出发，企业应该采用严格的收账政策，以保证账款的及时、足额回收，减少相关成本费用和资金占用，提高企业当前的收益及价值。但是，过严的收账政策往往容易伤害企业与客户之间的业务关系，尤其是与那些非恶意拖欠的信用较好的客户之间的关系，不利于企业长远发展；反之，只顾长远利益，而忽视眼前利益，过分迁就客户，也会极大伤害企业眼前与长远利益。妥当的做法应该是对客户的资信情况及拖欠原因进行调查分析，在此基础上，对于信用品质恶劣、有意拖欠的客户应当及时采取严厉的催收方式，并将其从信用名单中排除；而对于信用记录一向较好的客户，则应采用较柔和的方式催收。

（2）兼顾收账的收益与成本。企业在催收应收账款时，不但需支付收账费用，且与客户的关系也会受到损害。但为使坏账损失降到最低，企业有必要采取一定的收账政策。一般地，企业如果采取较积极的收账政策，可能会减少在应收账款方面的投资，减少机会成本和坏账损失，但会增加收账费用；企业如果采取较消极的收账政策，可能会增加在应收账款方面的投资，增加机会成本和坏账损失，但会降低收账费用。因此，制定收账政策就是在增加的收账费用与减少的机会成本、坏账损失之间进行权衡。若前者小于后二者之和，则表明制定的收账政策可行；反之，则不可行。

从理论上看，收账费用支出越多，机会成本和坏账损失越少，但它们之间并不一定存在线性关系。通常情况是：①开始花费一些收账费用，应收账款的机会成本和坏账损失有小部分降低。②收账费用继续增加，应收账款的机会成本和坏账损失明显减少。③收账费用达到某一限度以后，应收账款的机会成本和坏账损失的减少就不再明显了，这个限度称为饱和点，如图 8－10 中的点 P。在此点以上再追加收账费用意义不大。

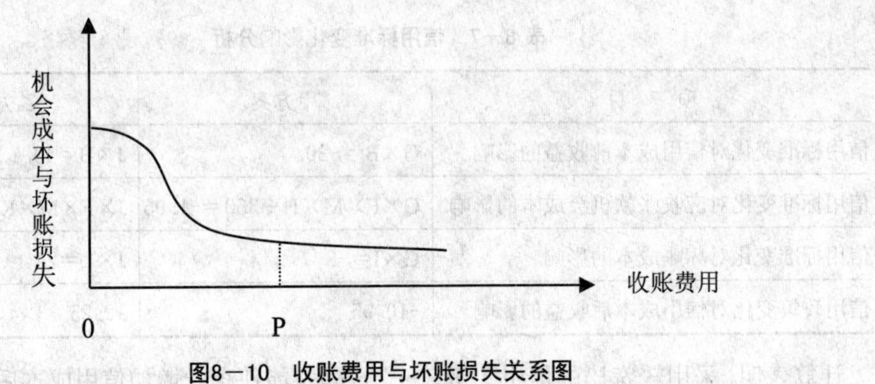

图8－10 收账费用与坏账损失关系图

在实际工作中制定收账政策时，应权衡增加收账费用与减少应收账款机会成本和坏账损失之间的得失，以这三项成本之和最低作为选择最优收账政策的标准。具体可参照测算信用标准、信用条件的计算方法进行。

【例 8－10】假设某企业应收账款原有的收账政策和拟改变的收账政策如表 8－8 所示，变动成本率为 60%。

表 8－8 现行收账政策及拟改变收账政策

项　目	现行的收账政策	拟改变的收账政策
年收账费用（万元）	10	20
应收账款平均收账期（天）	42	30
坏账损失率（%）	9%	4%

计算分析过程及结果如表8－9所示。

表 8－9 拟改变收账政策分析

项　目	拟改变的收账政策
年销售收入（万元）	1000
应收账款平均收账期（天）	30
可节约的机会成本（万元）	1000×60%×(42－30)×15%÷360＝3
减少的坏账损失（万元）	1000×(9%－4%)＝50
增加的收账费用（万元）	20－10＝10
改变收账政策对收益的影响（万元）	50＋3－10＝43

由表 8－9 可以看出，改变收账政策后，可使企业信用成本后收益增加 43 万元，故应采用新的收账政策。

4. 收账程序

从理论上讲，履约付款是客户不容置疑的责任和义务，债权企业有权通过法律途径要求客户履约付款。但如果企业对所有客户拖欠或拒付账款的行为均付诸法律解决，往往并不是最有效的方法，因为企业解决与客户账款纠纷的目的，主要不是争论孰是孰非，而是怎样最有效地将账款收回。实际上，客户拖欠或拒付账款的原因各不相同，许多信用品质良好的客户也可能因为某些原因而无法如期付款。此时，如果企业直接向法院起诉，不仅需要花费相当数额的诉讼费，且效果往往不很理想，且会对维持与发展和其他客户（包括潜在客户）的关系造成不利影响。所以，通过法院强行收回账款是企业不得已而为之的方法。

催收账款的一般程序是：信函通知，电话催收，派员面谈，法律行动。具体说来有如下几点。

（1）在信用期限内，不要经常打扰客户。信用是建立在双方互信的基础上的，在信用期限内，企业应相信客户能如期付款，一般不要催收，但可以在信用期限将到期时进行一次善意的提醒。

（2）当账款到期被客户拖欠或拒付时，企业应当首先分析现有的信用标准及信用审批制度是否存在纰漏；然后重新对违约客户的资信等级进行调查、评价，将信用品质恶劣的客户从信用名单中删除，对其所拖欠的款项可先通过信函、电信或者派人前往等方式进行催收。当这些措施无效时，可考虑通过法律途径解决。为了提高诉讼效果，可以与其他被拖欠企业联合向法院起诉，以增强诉讼效果。

（3）对于信用记录一向正常的客户，在去函、去电的基础上，也可派人与客户直接协商，彼此沟通意见，达成谅解妥协，这样既可密切相互间的关系，又有助于较为理想地解决账款拖欠问题。当然，如果双方无法取得谅解，也只能诉诸法律进行最后解决。

五、应收账款的日常管理

对于已经发生的应收账款，企业还应进一步强化日常管理工作，采取有力的措施进行分析、控制，及时发现问题，提前采取对策。这些措施主要包括应收账款追踪分析、应收账款账龄分析、应收账款收现率分析和建立应收账款坏账准备制度。

1. 应收账款追踪分析

一旦发生应收账款，赊销企业就必须考虑如何按期足额收回款项的问题。赊销企业就有必要在收账之前，对该应收账款的运行过程进行追踪分析。应收账款是存货变现过程的中间环节，对应收账款实施追踪分析的重点应放在赊销商品的销售与变现方面。客户以赊购方式购入商品后，迫于获利和付款信誉的动力与压力，必然期望迅速地实现销售并收回账款。如果这一期望能够顺利地实现，而客户又具有良好的信用品质，则赊销企业如期足额地收回客户欠款一般不会有多大的问题。然而，市场供求关系所具有的瞬变性，使得客户所赊购的商品不能顺利地销售与变现，经常出现的情形有两种：积压或赊销。但无论属于哪种情形，对客户而言，都意味着与应付账款相对的现金支付能力匮乏。在这种情况下，客户能否严格履行赊销企业的信用条件，取决于两个因素：①客户的信用品质。②客户现金的持有量与调剂程度（如现金用途的约束性、其他短期债务偿还对现金的要求等）。如果客户的信用品质良好，持有一定的现金余额，且现金支出的约束性较小，可调剂程度较大，客户大多是不愿以损失市场信誉为代价而拖欠赊销企业账款的。如果客户信用品质不佳，或者现金匮乏，或者现金的可调剂程度低下，那么，赊销企业的账款遭受拖欠也就在所难免。

2. 应收账款账龄分析

企业已发生的应收账款时间长短不一，有的尚未超过信用期，有的则已逾期拖欠。一般来讲，逾期拖欠时间越长，账款催收的难度越大，成为坏账的可能性也就越高。因此，进行账龄分析，密切注意应收账款的回收情况，是提高应收账款收现效率的重要环节。

应收账款账龄分析就是考察研究应收账款的账龄结构。所谓应收账款的账龄结构，是指各账龄应收账款的余额占应收账款总计余额的比重。

【例 8－11】已知某企业的账龄分析表如表 8－10 所示。

表 8－10 应收账款账龄分析表

应收账款	账龄账户数量	金额（万元）	比重（%）
信用期内（设平均为 3 个月）	100	60	60
超过信用期 1 个月内	50	10	10
超过信用期 2 个月内	20	6	6
超过信用期 3 个月内	10	4	4
超过信用期 4 个月内	15	7	7
超过信用期 5 个月内	12	5	5
超过信用期 6 个月内	8	2	2
超过信用期 6 个月以上	16	6	6
应收账款余额总计		100	100

表 8－10 表明，该企业应收账款余额中，有 60 万元尚在信用期内，占全部应收账款的 60%。过期数额 40 万元，占全部应收账款的 40%，其中逾期在 1、2、3、4、5、6 个月内的，分别为 10%、6%、4%、7%、5%、2%。另有 6%的应收账款已经逾期半年以上。此时，企业应分析逾期账款具体属于哪些客户，这些客户是否经常发生拖欠情况，发生拖欠的原因何在。一般而言，账款的逾期时间越短，收回的可能性越大，亦即发生坏账损失的程度相对越小；反之，收账的难度及发生坏账损失的可能性也就越大。因此，对不同拖欠时间的账款及不同信用品质的客户，企业应采取不同的收账方法；对可能发生的坏账损失，需提前有所准备，充分估计这一因素对企业损益的影响。对尚未过期的应收账款，也不能放松管理与监督，以防发生新的拖欠。

通过应收账款账龄分析，不仅能提示财务管理人员应把过期款项视为工作重点，而且有助于促进企业进一步研究与制定新的信用政策。

3. 应收账款收现保证率分析

由于企业当期现金支付需要量与当期应收账款收现额之间存在着非对称性矛盾，并呈现出预付性与滞后性的差异特征（如企业必须用现金支付与赊销收入有关的增值税和所得税，弥补应收账款资金占用等)，这就决定了企业必须对应收账款收现水平制定一个必要的控制标准，即应收账款收现保证率。

应收账款收现保证率是为适应企业现金收支匹配关系的需要，所确定出的有效收现的账款应占全部应收账款的百分比，是二者应当保持的最低比例。公式为：

应收账款收现保证率＝（当期必要现金支付总额－当期其他稳定可靠的现金流入总额）÷当期应收账款总计金额

式中，其他稳定可靠现金流入总额是指从应收账款收现以外的途径可以取得的各种稳定可靠的现金流入数额，包括短期有价证券变现净额、可随时取得的银行贷款额等。

应收账款收现保证率指标反映了企业既定会计期间预期现金支付数量扣除各种可靠、稳定性来源后的差额，必须通过应收款项有效收现予以弥补的最低保证程度，其意义在于：应收款项未来是否可能发生坏账损失对企业并非最为重要，更为关键的是实际收现的账项能否满足同期必需的现金支付要求，特别是满足具有刚性约束的纳税债务及偿付不得展期或调换的到期债务的需要。

企业应定期计算应收账款实际收现率，看其是否达到了既定的控制标准，如果发现实际收现率低于应收账款收现保证率，应查明原因，采取相应措施，确保企业有足够的现金满足同期必需的现金支付要求。

第五节 存货的管理

一、存货的意义

存货，是指企业在生产经营中为销售、生产或耗用而储备的资产。它包括库存、加工中和在途的各种原材料、燃料、包装物、低值易耗品、在产品、自制半成品、产成品、外购和发出商品等。存货有以下三个特点：①有形资产。②具有较强流动性。③具有效用性和发生潜在损失的可能性。

二、存货控制的作用

存货是企业的一项十分重要的流动资产，其金额通常要占流动资产的较大部分。存货过多或存货不足，都会给企业造成不必要的损失和费用。因此，寻求最佳存货的控制数量，使得企业在存货耗费上的成本总额最小化，是存货规划与控制所要研究的主要问题，也是现代企业管理的一个重要方面。

对于一个工业企业来说，造成存货过多或不足的主要原因是材料、外购件采购和生产投入的批量问题。采购或投入的存货批量过多，就会使得库存平均存货水平过高，过多占用资金；批量过少，就有可能发生库存储备不足，造成影响前方生产、停工待料的严重现象。因此，研究存货控制的重心问题，就是研究存货采购和生产投入的批量问题。

需要指出的是，随着科技进步和管理的发展，经济订货批量理论与准时生产系统等现代物流管理理论是有矛盾的。生产系统等现代物流管理要求实现“零库存”，即企业每天生产所需要的材料等于存货需求量，与每天订货量应一致、相等。这样，存货的最优订货量，就是每天对存货的需求量。

三、存货的成本

在存货决策中，通常需要考虑以下几项成本：

1. 采购成本

采购成本，是指由购买存货而发生的买价（购买价格或发票价格）和运杂费（运输费用和装卸费用）构成的成本，其总额取决于采购数量和单位采购成本。由于单位采购成本一般不随采购数量的变动而变动，因此，在采购批量决策中，存货的采购成本通常属于无关成本；但当供应商为扩大销售而采用数量折扣等优惠方法时，采购成本就成为与决策相关的成本了。

2. 订货成本

订货成本，是指为订购货物而发生的各种成本，包括采购人员的工资、采购部门的一般性费用（如办公费、水电费、折旧费、取暖费等）和采购业务费（如差旅费、邮电费、检验费等）。订货成本可以分为固定订货成本和变动订货成本两部分：为维持一定的采购能力而发生的、各期金额比较稳定的成本（如折旧费、水电费、办公费等），称为固定订货成本；而随订货次数的变动而正比例变动的成本（如差旅费、检验费等），称为变动订货成本。

3. 储存成本

储存成本，是指为储存存货而发生的各种费用，通常包括两大类：①付现成本，包括支付给储运公司的仓储费、按存货价值计算的保险费、陈旧报废损失、年度检查费用以及企业自设仓库发生的所有费用（如仓库保管人员的工资、折旧费、维修费、办公费、水电费、空调费等）。②资本成本，即由于投资于存货而不投资于其他可盈利方面所形成的机会成本。储存成本也可分为固定储存成本和变动储存成本两部分：凡总额稳定，与储存存货数量的多少及储存时间长短无关的成本，称为固定储存成本；凡总额大小取决于存货数量的多少及储存时间长短的成本，称为变动储存成本。

订货成本、储存成本中的固定部分和变动部分，可依据历史成本资料，采用高低点法、散布图法或最小二乘法等方法进行分解。分解确定的固定订货成本和固定储存成本，属于存货决策中的无关成本，可不予以考虑。

4. 缺货成本

缺货成本是指由于存货数量不能及时满足生产和销售的需要而给企业带来的损失。例如，因停工待料而发生的损失（如无法按期交货而支付的罚款、停工期间的固定成本等)，由于商品存货不足而失去的创利额，因采取应急措施补足存货而发生的超额费用等。缺货成本大多属于机会成本，由于单位缺货成本往往大于单位储存成本，因此，尽管其计算比较困难，也应采用一定的方法估算单位缺货成本（短缺一个单位存货一次给企业带来的平均损失)，以供决策之用。

四、存货的控制方法

1. 存货 ABC 分类法

企业存货品种繁多，尤其是大中型企业的存货往往多达上万种甚至数十万种。实际上，不同的存货对企业财务目标的实现具有不同的作用。有的存货尽管品种数量很少，但金额巨大，如果管理不善，将给企业造成极大的损失。相反，有的存货虽然品种数量繁多，但金额微小，即使管理当中出现一些问题，也不至于对企业产生较大的影响。因此，无论是从能力还是经济角度，企业均不可能也没有必要对所有存货不分巨细地严加管理。ABC 分类管理正是基于这一考虑而提出的，其目的在于使企业分清主次，突出重点，以提高存货资金管理的整体效果。

ABC 控制法是意大利经济学家巴雷特于 19 世纪首创的。以后经不断发展和完善，现已广泛用于存货管理、成本管理和生产管理。所谓 ABC 分类管理就是按照一定的标准，将企业的存货划分为 A、B、C 三类，分别实行分品种重点管理、分类别一般控制和按总额灵活掌握的存货管理方法。存货 ABC 分类的标准主要有两个：①金额标准；②品种数量标准。其中金额标准是最基本的，品种数量标准仅作为参考。A 类存货的特点是金额巨大，但品种数量较少；B 类存货金额一般，品种数量相对较多；C 类存货品种数量繁多，但价值金额却很小。一般而言，三类存货的金额比重大致为 A∶B∶C=7∶2∶1，而品种数量比重大致为 A∶B∶C=1∶2∶7。

运用ABC法控制存货资金，一般分如下几个步骤：

第一步：计算每一种存货在一定时间内（一般为一年）的资金占用额；

第二步：计算每一种存货资金占用额占全部资金占用额的百分比，并按大小顺序排列，编成表格；

第三步：根据事先测定好的标准，把最重要的存货划为 A 类，把一般存货划为 B 类，把不重要的存货划为 C 类，并画图表示出来；

第四步：对 A 类存货进行重点规划和控制，对 B 类存货进行次重点管理，对 C 类存货只进行一般管理。

【例 8-12】某企业共有 20 种材料，共占用资金 100000 元，按占用资金多少的顺序排列后，根据上述原则划分成 A、B、C 三类，见表 8-11。

表 8—11　存货资金占用分析表

材料品种（用编号代替）	占用资金数额（元）	类别	各类存货所占的		各类存货占用资金的	
			种数（种）	比重（%）	数量（元）	比重（%）
1	50000					
2	25000	A	2	10	75000	75
3	10000					
4	5000					
5	2500	B	5	25	20000	20
6	1500					
7	1000					
8	900					
9	800					
10	700					
11	600					
12	500					
13	400	C	13	65	5000	5
14	300					
15	200					
16	190					
17	180					
18	170					
19	50					
20	10					
合计	100000		20	100	100000	100

把存货划分成 A、B、C 三大类，目的是对存货占用资金进行有效的管理。A 类存货种类虽少，但占用的资金多，应集中主要力量管理，对其经济批量要进行认真规划，对收入、发出要进行严格控制；C 类存货虽然种类繁多，但占用的资金不多，不必耗费大量人力、物力、财力去管理，这类存货的经济批量可凭经验确定，不必花费大量时间和精力去进行规划和控制；B 类存货介于 A 类和 C 类之间，也应给予相当的重视，但不必像 A 类那样进行非常严格的控制。

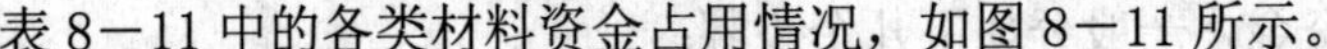

表 8—11 中的各类材料资金占用情况，如图 8—11 所示。

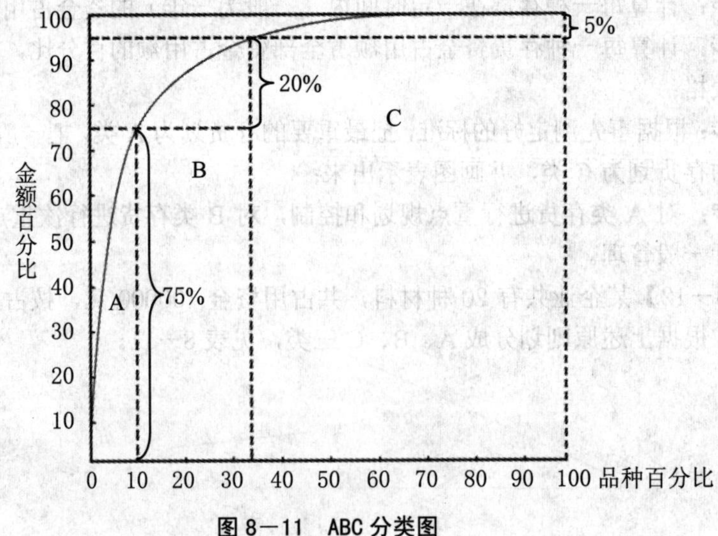

图 8—11　ABC 分类图

2. 经济订购批量模型

（1）存货经济订购批量基本模型。为了便于分析，有必要将存货分为两类：①营运存货，即在正常生产经营过程中所需要的存货量。②安全存货，即为避免由于延迟到货、生产速度加快及其他情况发生时为满足生产、销售需要的存货量。由于实际工作中大量遇到的是营运存货的决策问题（许多存货不需要安全存量），下面就以营运存货这种基本存货为例，说明订货批量模型。

所谓订购批量，是指每次订购货物（材料、商品等）的数量。在某种存货全年需求量一定的情况下，降低订购批量，必然增加订货批次。一方面，使存货的储存成本（变动储存成本）随平均储存量的下降而下降；另一方面，使订货成本（变动订货成本）随订购批次的增加而增加。反之，减少订购批次必然要增加订购批量，在减少订货成本的同时储存成本将会增加。可见，存货决策的目的，就是确定使这两种成本合计数最低时的订购批量，即经济订购批量。参见图 8－12。

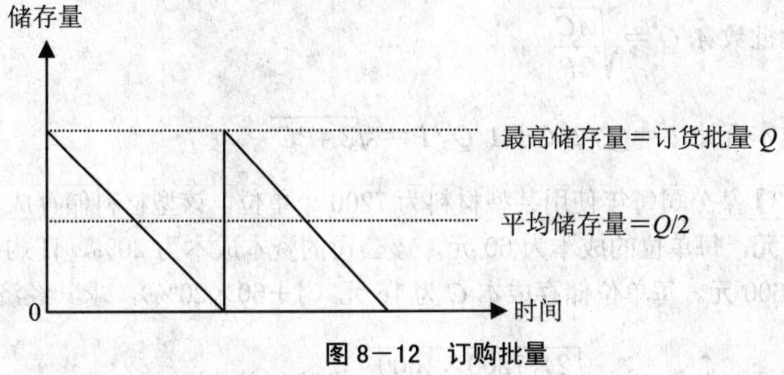

图 8－12　订购批量

为了推导计算经济订购批量的数学模型，做如下假设：

A 表示某种存货全年需要量；Q 表示订购批量；Q^*表示经济订购批量；A/Q 表示订购批次；A/Q^*表示经济订购批次；P 表示每批订货成本；C 表示单位存货年储存成本；

T 表示年成本合计（年订购成本和年储存成本的合计）；T^*表示最低年成本合计。

由于年成本合计等于年订货成本与年储存成本之和，因此：

存货相关总成本＝相关订货成本＋相关储存成本

即，$T=Q/2 \cdot C+A/Q \cdot P$

年订货成本、年储存成本及年成本合计的图形如图 8－13 所示：

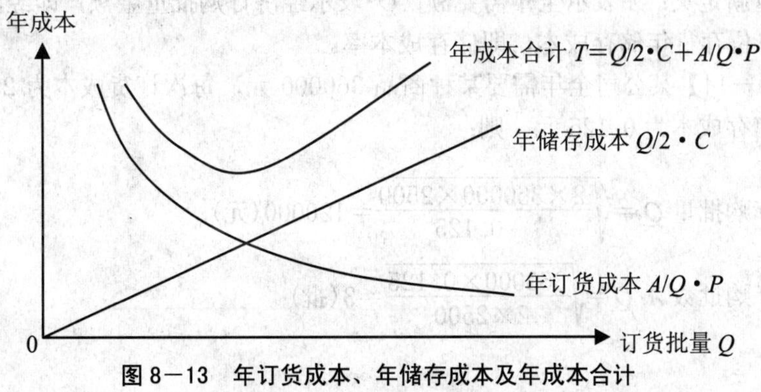

图 8－13　年订货成本、年储存成本及年成本合计

从图 8－13 可以看出，T（年成本合计）是一条凹形曲线，当一阶导数为零时，其值最低。

以 Q 为自变量，求函数 T 的一阶导数并令其为零：

$T' = (Q/2 \cdot C + A/QP)'$

$= C/2 - AP/Q^2$

令 $T'=0$，则：

$C/2 - AP/Q^2 = 0$

$C/2 = AP/Q^2$

$Q^2 = 2AP/C$

经济订购批量 $Q^* = \sqrt{\dfrac{2AP}{C}}$

最优订购批数 $A/Q^* = \sqrt{\dfrac{AC}{2P}}$

最低年成本合计 $T^* = Q^*/2 \cdot C + A/Q^* \cdot P = \sqrt{2APC}$

【例 8－13】某公司每年使用某型材料为 7200 个单位，该型材料储存成本中的付现成本每单位为 4 元，每单位的成本为 60 元，该公司的资本成本为 20%，订购该型材料一次的成本 P 为 1600 元。每单位储存成本 C 为 16 元（4＋60×20%），求其经济订购批量。

解：经济订购批量 $Q^* = \sqrt{\dfrac{2 \times 7200 \times 1600}{16}} = 1200$(单位)

最优订购批数 $A/Q^* = \sqrt{\dfrac{7200 \times 16}{2 \times 1600}} = 6$(次)

或 $= 7200/1200 = 6$(次)

最低年成本合计 $T^* = \sqrt{2 \times 7200 \times 1600 \times 16} = 19200$(元)

上述各数学模型既能用来进行存货的数量控制，也能用来进行金额控制，但必须将有关符号重新定义：A 表示全年需要额；Q*表示经济订购批量金额，即经济订购批额；C 表示每单位存货年储存成本，即储存成本率。

【例 8－14】某公司全年需要某种商品 360000 元，每次订货成本为 2500 元，每元商品的年储存成本为 0.125 元。则：

经济订购批量 $Q^* = \sqrt{\dfrac{2 \times 360000 \times 2500}{0.125}} = 120000$(元)

最优订购批数 $A/Q^* = \sqrt{\dfrac{360000 \times 0.125}{2 \times 2500}} = 3$(批)

最低年成本合计 $T^{*}=\sqrt{2\times360000\times2500\times0.125}=15000$(元)

在经济批量决策中，关键是选择并确定与决策相关的成本。在为存货模型编制数据时，应观察所掌握的每一项成本是否随下列项目的数量变化而变化：①存货的数量。②购入的数量。③一年内发出的订单数。

【例 8－15】某公司的会计资料如下：

购买价格	每单位	8 元
运入运费	每单位	0.6 元
电话订货费		20 元
装卸费	每单位	30＋0.25 元
存货税	每单位存货每年	0.4 元
材料运到公司的成本		240 元
接货人员的月工资		800 元
库存保险费	每单位每年	0.1 元
仓库租金	每月	1200 元
平均损失	每单位每年	1.2 元
资本成本	每年	18%
每月处理的订单数		500 份

解：根据上述数据，确定本公司的经济订购批量和最低年成本合计。上述数据中，有的与决策相关，有的则与决策无关，首先应加以区分。在此基础上，按前述三个方面区分项目：

接货人员的工资及仓库租金并不随购入量、储存量或订单数的变动而变动，属于固定订货成本或固定储存成本，与决策无关，可不予考虑。

随存货数量变动的成本项目有：

存货税	0.4 元
库存保险费	0.1 元
平均损失	1.2 元
合计	1.7 元

随购入数量变动的成本项目有：

购买价格	8 元
运入运费	0.6 元
装卸费	0.25 元
合计	8.85 元

发出一次订单而发生的成本：

电话订货费	20 元
装卸费	30 元
材料运到公司的成本	240 元
合计	290 元

上述三类成本，按每次订货成本、每单位材料年储存成本计算如下：

每次订货成本 $P=20+30+240=290$(元)

单位材料年储存成本 $C=0.4+0.1+1.2+(8.85\times18\%)=3.293$(元)

如果该型材料年需求总量为 6000 个单位，则：

经济订购批量 $Q^*=\sqrt{\dfrac{2\times6000\times290}{3.293}}=1028$(单位)

最低年成本合计 $T^*=\sqrt{2\times6000\times290\times3.293}=3385.21$(元)

(2) 存货决策基本数学模型的扩展。在实际工作中，由于各种因素的影响，需要对前述基本数学模型进行扩展，以确定不同状况下的经济订购批量，降低成本。

1) 一次订货，边进边出情况下的决策。前面推导确定的基本数学模型，是假定一次订购的货物一次全部到达，陆续使用的。但在实际工作中，也存在一次订货后，陆续到达入库，陆续领用的情况。这时，由于存货边进边出，进库速度大于出库速度，因此，存货的存储量低于订货批量（基本数学模型中的最高存储量）。其库存情况如图 8－14 所示：

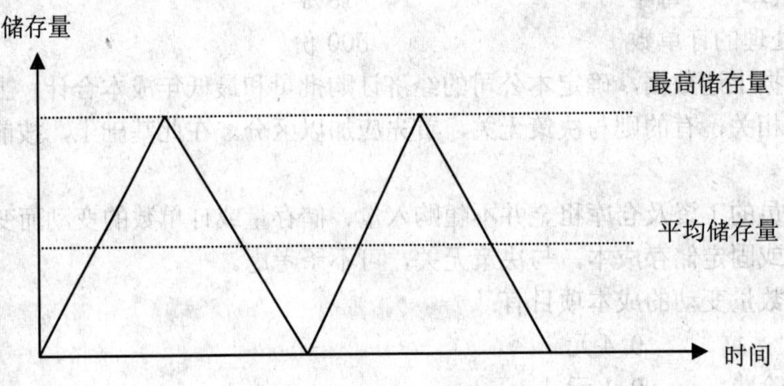

图 8－14 存货库存状况

为了便于推导，需要补充设定几个符号（其他符号的含义仍如基本数学模型中的定义）：

X 表示每日送达存货的数量；Y 表示每日耗用存货的数量。则：

一次订货全部到达所需日数 $=Q/X$

入库期间存货耗用数量 $=Q/X\cdot Y$

存货最高存储数量 $=Q-Q/X\cdot Y=Q\ (1-Y/X)$

由于平均储存量为最高储存量的一半，所以：

存货平均存储数量 $=\dfrac{1}{2}Q(1-Y/X)$

由于年成本合计等于年存储成本与年订货成本之和，因此：

$T=\dfrac{1}{2}Q(1-Y/X)C+A/Q\cdot P$

以 Q 为自变量，求函数 T 的一阶倒数并令其为零：

$$T'=〔\frac{1}{2}Q(1-Y/X)C+A/Q\bullet P〕'$$

$$=\frac{1}{2}(1-Y/X)C+AP/Q^2$$

令 $T'=0$，则：

$$\text{经济订购批量 } Q^*=\sqrt{\frac{2AP}{C(1-\frac{Y}{X})}}$$

按照存货经济订购批量的基本数学模型的推导方法，可以推导出最低年成本合计 T^* 的计算公式如下（推导过程略）：

$$T^*=\sqrt{2APC(1-\frac{Y}{X})}$$

【例 8－16】某企业生产季节性产品甲产品，全季需要 B 材料 12000 公斤，每日送达 300 公斤，每日耗用 240 公斤，每次订购费用 100 元，每公斤 B 材料季存储成本为 3 元。

解：将以上数据代入公式，得：

$$Q^*=\sqrt{\frac{2\times12000\times100}{3\times(1-\frac{240}{300})}}=2000(\text{公斤})$$

计算结果表明，在 B 材料陆续到达、陆续使用的条件下，其经济订购批量为 2000 公斤。此时，季成本合计为：

$$T^*=\sqrt{2\times12000\times100\times3\times(1-\frac{240}{300})}=1200(\text{元})$$

2）有数量折扣时的决策。为了鼓励多购买商品，供应商对大量购买商品的购买者常常实行数量折扣价，即规定每次订购量达到某一数量界限时，给予价格优惠。于是，购买者就可以利用数量折扣价，取得较低商品价、较低运输费和较低年订购费用的机会，并使从大批量中得到的节约可能超过抵偿增支的储存成本。在有数量折扣的决策中，订货成本、储存成本以及采购成本都是订购批量决策中的相关成本，这时，上述三种成本的年成本合计最低的方案，才是最优方案。

存货相关总成本＝采购成本＋相关订货成本＋相关储存成本

【例 8－17】某企业全年需用 A 零件 1500 个，每件每年储存成本 0.5 元，每次订货费用 81.67 元。供应商规定：每次订货量达到 750 个时，可获 2%的价格优惠，不足 750 个时单价为 50 元。

解：决策分三步进行：

①计算没有数量折扣时的经济订购批量。因为按一般原则，当有可能获取数量削价时，最低订购量可由经济订购批量 Q^* 的计算来确定：

$$Q^*=\sqrt{\frac{2\times1500\times81.67}{0.5}}=700(\text{个})$$

于是，最佳订购量必然在 700 个或 750 个，没有其他订购数量比这两个数量中的一个更经济。

②计算不考虑数量折扣时的年成本合计：

采购成本＝1500×50＝75000(元)

订购成本＝1500/700×81.67＝175(元)

储存成本＝700/2×0.5＝175(元)

年成本合计＝75000＋175＋175＝75350(元)

③计算考虑数量折扣时的年成本合计：

采购成本＝1500×50×(1－2%)＝73500(元)

订购成本＝1500/750×81.67＝163.34(元)

储存成本＝750/2×0.5＝187.5(元)

年成本合计＝73500＋163.34＋187.5＝73850.84(元)

比较 700 个与 750 个时的年成本合计可知，接受数量折扣可使存货成本降低 1499.16（75350－73850.84）元，因此，应该选择接受数量折扣的方案。

在实际工作中，需要考虑的因素较多，这时可采用的方法也较多，应灵活加以运用。

【例 8－18】某公司全年需用 B 零件 12500 件，每次订购费用为 1296 元，每件 B 零件全年储存成本为 5 元，零售价每件 70 元，资本成本率 25%。供应商为扩大销售，现规定（见表 8－12）：

表 8－12 供应商销售资料

订购单位数	折扣（每件）（元）
0～999	无折扣
1000～1999	1
2000～4999	1.5
5000～9999	1.8
10000及以上	2.0

求：最佳订购批量。

解：在考虑资本成本率的情况下，如果把数量折扣看做是机会成本（放弃可获得的最大订购量折扣而形成的机会成本，等于该最大订购量折扣与该公司拟选订购政策的折扣之间的差额），则应采用以下方法：

①计算没有数量折扣时的经济订购批量。

$$Q^{*}=\sqrt{\frac{2\times 12500\times 1296}{5+70\times 25\%}}=1200(\text{件})$$

于是，该公司的最佳订购量应是 1200 件，或是 2000 件、5000 件、10000 件。

②计算 1200 件时的成本总额（69 元为该水平的折扣净额）。

储存成本＝1200/2×(5＋69×25%)＝13350(元)

订购成本＝12500/1200×1296＝13500(元)

放弃折扣＝12500×(2－1)＝12500(元)

成本总额＝11850＋13500＋12500＝37850(元)

③计算 2000 件时的成本总额（68.5 元为该水平的折扣净额)。

储存成本＝2000/2×(2.5＋68.5×25%)＝19625(元)

订购成本＝12500/2000×1296＝8100(元)

放弃折扣＝12500×(2－1.5)＝6250(元)

成本总额＝19625＋8100＋6250＝33975(元)

④计算 5000 件时的成本总额（68.2 元为该水平的折扣净额)。

储存成本＝5000/2×(2.5＋68.2×25%)＝48875(元)

订购成本＝12500/5000×1296＝3240(元)

放弃折扣＝12500×(2－1.8)＝2500(元)

成本总额＝48875＋3240＋2500＝54615(元)

⑤计算 10000 件时的成本总额（68 元为该水平的折扣净额)。

储存成本＝10000/2×(2.5＋68×25%)＝97500(元)

订购成本＝12500/10000×1296＝1620(元)

放弃折扣＝0

成本总额＝97500＋1620＝99120(元)

从上述计算可知，最佳订购量就是成本总额最低的那一项，即 2000 件。当然，本例也可以年成本合计最低的原理进行决策，其选择结果是一样的。

3）订单批量受限时的决策。实际工作中，许多供应商只接受整数批量的订单，在这种情况下，采用经济订购批量基本数学模型计算出来的 Q^*，如果不等于允许的订购量之一的话，就必须在 Q^*的两边确定两种允许数量，通过计算各自的年度成本总额来比较优劣。

【例 8－19】某供应商销售甲材料时，由于包装运输原因，只接受 200 件整数批量的订单（如 200 件、400 件、600 件等)，不接受有零数的订单（如 500 件)。圆庆公司全年需用甲材料 1800 件，每次订货成本为 120 元，每件年储存成本为 2 元。求：最佳订购批量。

解：①计算不考虑订单限制时的经济订购批量：

$$Q^*=\sqrt{\frac{2AP}{C}}=\sqrt{\frac{2\times1800\times120}{2}}=465(\text{件})$$

由于经济订购批量为 465 件，不是供应商所要求的整数批量，因而只能在 465 件的左右找 400 件和 600 件，通过检查这两个批量的年度总成本来确定最佳订购批量。

②订购 400 件时的年度总成本：

储存成本＝$Q/2\times C$＝400/2×2＝400(元)

订购成本＝$A/Q\cdot P$＝1800/400×120＝540(元)

年成本合计＝400＋540＝940(元)

③订购 600 件时的年度总成本：

储存成本＝$Q/2\times C$＝600/2×2＝600(元)

订购成本$=A/Q\cdot P=1800/600\times120=360$(元)

年成本合计$=600+360=960$(元)

可见，订购批量限度的最佳决策是每次订购 400 件。上述情况也可做图予以反映，参见图 8－15。

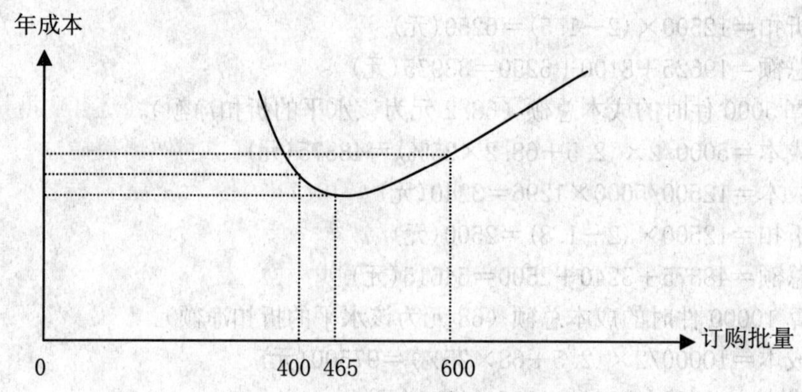

图 8－15 订购批量限度的最佳决策

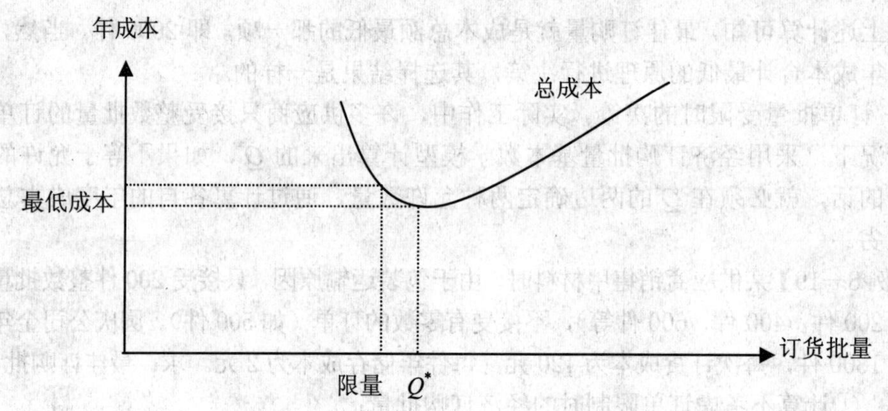

图 8－16 最佳订购批量约束性决策

4）存储量受限制时的决策。实际上，每个企业的存储面积是有限的，存储量也就不能无限制扩大。在这种情况下，如果计算确定的经济订购批量大于存储约束性因素的数值（超过现有最大存储量），那么最佳的订购批量就是该约束性因素的值。图 8－16 可以说明这一点。

当存储量含有约束性因素时，也可以通过某些方法（如租用新的库房、建造新的仓库等）来增加存储量，以达到最佳存储量（经济订购批量）的要求。但这样做在经济上是否合算呢？

【例 8－20】圆庆公司每年需要乙材料 360000 公斤，每次订货成本 1225 元，每公斤全年存储成本为 0.5 元。该公司目前仓库最大存储量为 30000 公斤，考虑到业务发展需要，拟租用一可存储 20000 公斤乙材料的仓库，年租金约为 4000 元。问：如何进行存储决策？

解：①计算不受任何限制时的经济订购批量和年成本合计：

$$Q^{*}=\sqrt{\frac{2AP}{C}}=\sqrt{\frac{2\times360000\times1225}{0.5}}=42000(\text{公斤})$$

$$T^{*}=\sqrt{2APC}=\sqrt{2\times360000\times1225\times0.5}=21000(\text{元})$$

②由于圆庆公司目前仓库最大存储量只有 30000 公斤，少于经济订购批量（42000 公斤），因此，需要在扩大仓储量和按目前最大存储量存储之间做出抉择。

如果一次订购 30000 公斤（根据约束性因素的限制所能做到的最佳选择），其年成本合计为：

储存成本＝$Q/2\times C$＝30000/2×0.5＝7500(元)

订购成本＝$A/Q\cdot P$＝360000/30000×1225＝14700(元)

年成本合计＝7500＋14700＝22200(元)

③比较抉择。

由于不受任何限制时的最佳存货年成本合计为 21000 元，而不扩大仓储时的限制存货的年成本合计为 22200 元，因此，从增加仓储方案角度看预期可以节约 1200 元。但由于增加仓储需要多支付租金 4000 元，超过预期节约额，因而最好不要租赁而按 30000 公斤的批量分批订购。

当然，也可以采用差别成本的概念进行对比分析（见表 8－13），其结果是一样的。

表 8－13 差别成本对比分析 单位：元

项　目	保持现有仓储量	租用仓库	差别成本
储存成本（不含仓租费）	7500	10500	3000
订购成本	14700	10500	4200
仓租费	0	4000	4000
成本总额	22200	25000	2800

5）允许缺货时的决策。在允许缺货的情况下，企业对经济采购批量的确定，就不仅要考虑订货成本与储存成本，而且还必须对可能的缺货成本加以考虑，即允许缺货的情况下，存货相关总成本应由三部分组成，即：

存货相关总成本＝缺货成本＋相关订货成本＋相关储存成本

假设缺货量为 E，单位缺货成本为 b，其他符号同上。则有：

经济采购批量 $Q^{*}=\sqrt{\frac{2AP}{C}\times\frac{C+b}{b}}$

平均缺货量 $E=Q\times\frac{C}{C+b}$

【例 8－21】某企业甲材料年需要量为 4000 千克，每次进货费用 60 元，单位储存成本 3 元，单位缺货成本 5 元。求：经济采购批量和平均缺货量。

解：经济采购批量 $Q=\sqrt{\frac{2AP}{C}\times\frac{C+b}{b}}=\sqrt{\frac{2\times4000\times60}{3}\times\frac{3+5}{5}}=506$(千克)

平均缺货量 $E=Q\times\frac{C}{C+b}=506\times\frac{3}{3+5}=190$(千克)

（3）不确定情况下的存货决策。迄今为止，存货决策是建立在存货耗用率及发出订单到订货到达之间的时间（通常称采购间隔期）已确定的基础之上的，但当存货耗用率因不可预见的情况发生变化，或采购间隔期由于客观事件而有所变化时，就应采用适当的方法进行决策。

1）安全库存量与库存耗竭成本。在存货耗用率和采购间隔期稳定不变时，企业可以及时发出订单，按照经济订购批量订货，在原有存货耗尽之时新的存货恰好入库，如图 8－17 所示。

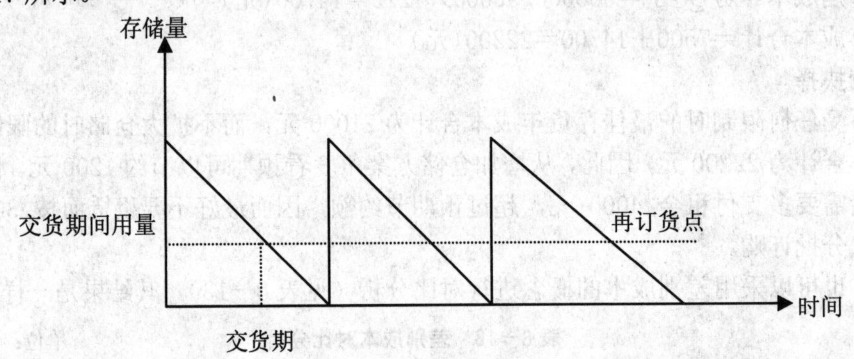

图 8－17 安全库存量

但如果某项存货的耗用比预计的要快，或者采购间隔期比预期时间长，就有可能发生库存耗竭。两种库存耗竭的情况，可分别用图 8－18 和图 8－19 表示。

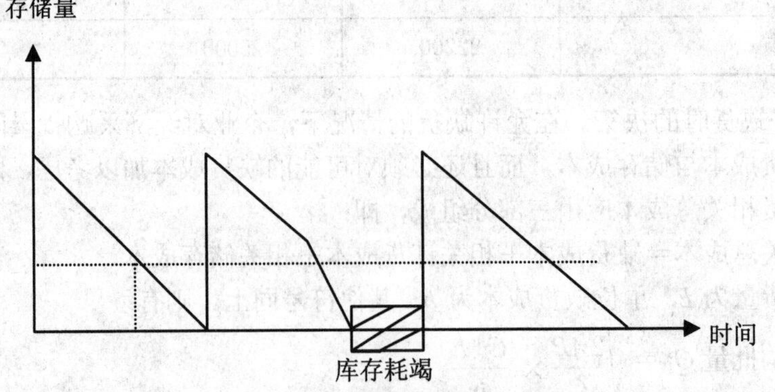

图 8－18 库存耗竭时库存量

在图 8－18 中，由于耗用量增加了，结果在新存货尚未到达前库存存货已耗尽；在

图 8－19 中，耗用量保持不变，但由于原订存货尚未运达以致原库存存货耗尽。

库存耗竭的发生，往往给企业带来不利的影响：专程派人采购材料，停产等待新的材料运达，或者失去顾客。为避免上述不利影响，企业应建立保险储备并确定一个最佳安全库存量，从而将可能发生的额外成本降到最小额。图 8－18、图 8－19 中如果有充足的安全库存量，就不会发生库存耗竭现象，增加的耗用量和供货间隔期变动而耗用的存货可以从安全库存量中得以满足，并在新的订货到达时补足安全库存量，图 8－20、图 8－21 可以清楚地说明这一点。

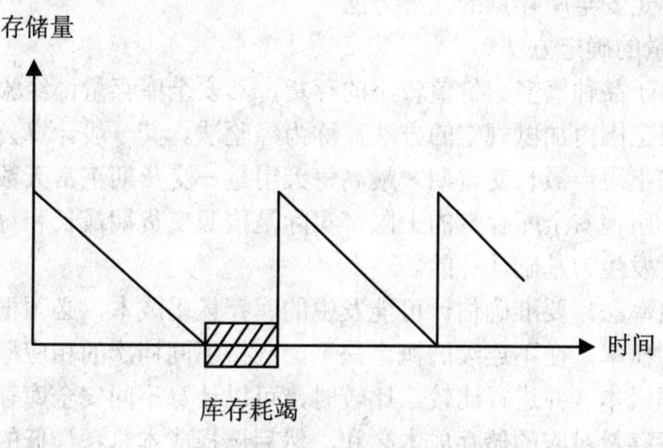

图 8－19　库存耗竭时库存量

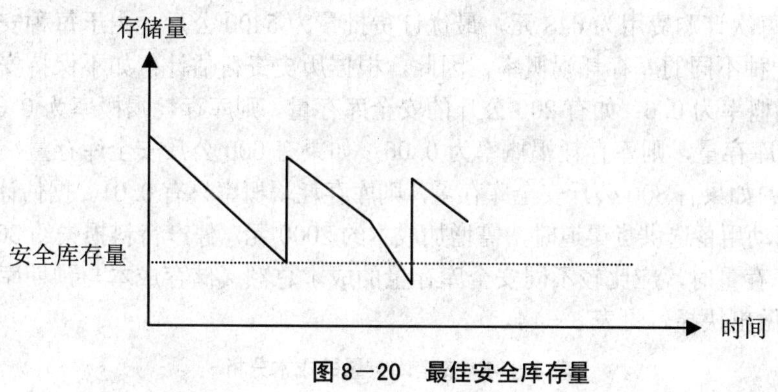

图 8－20　最佳安全库存量

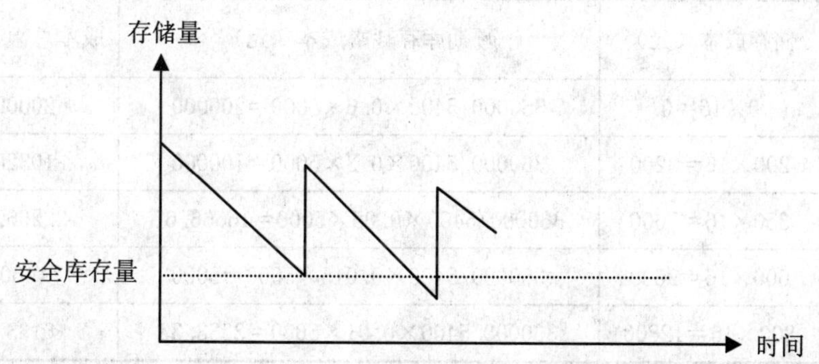

图 8－21　最佳安全库存量

从图8－20、图8－21可以看出，建立最佳安全库存量政策时，必须考虑两项成本：①安全库存量的储存成本。由于期初安全库存量余额等于期末安全库存量余额，安全库存量的单位储存成本与营运存货的储存成本相同，因此，安全库存量的储存成本等于安全库存量乘以存货的单位储存成本。②库存耗竭成本。通常指备选供应来源的成本，失去顾客或商业信誉的成本，库存耗竭期内停产的成本等。库存耗竭成本作为年度预期值等于某项库存耗竭成本乘以每年安排的订购次数乘以一次订购的库存耗竭概率。安全库存量决策的目的在于确定多大的保险储备才能使储存成本和库存耗竭成本之和达到最低限度。下面介绍确定安全库存量的几种方法。

2）安全库存量的确定方法。

①经验法。对于品种繁多、价值较小的存货，其安全库存量由经验丰富的经理人员在安全库存量上限范围内加以规定的方法，称为经验法。其一般计算公式如下：

安全库存量的上限＝最长交货期×最高每天用量－交货期正常天数×平均每天用量

由上式可见，所谓安全库存量的上限，实际是按照交货期最长和每日耗用量最大两种不正常现象同时发生为基础计算的。

②不连续的概率法。要准确估计可能发生的库存耗竭成本，必须根据历史资料统计库存耗竭的数量和概率。在不连续的概率法下，应按不同档次的相应概率计算不同安全库存量的库存耗竭成本，并进行比较。比较时，可以计算不同安全库存量的预期库存耗竭成本与该安全库存量对应的储存成本之和，然后选择成本总额最低的安全库存量。

【例8－22】江威公司每年需用C材料360000公斤，每公斤C材料的年平均储存成本为16元，每次订购费用为648元，最优订货批量为5400公斤。由于每种安全库存量平均会对应一种不同的库存耗竭概率，因此，根据历史资料估计：如不保持安全库存量，则库存耗竭概率为0.6；如有200公斤的安全库存量，则库存耗竭概率为0.3；如有350公斤的安全库存量，则库存耗竭概率为0.05；如果有600公斤安全库存量，库存耗竭概率为0.015；如果有800公斤安全库存量，则库存耗竭概率只有0.01。据估计，如果不能及时到货而动用备选供货渠道时，需增加成本约2000元，停产待料损失约3000元。

确定安全库存量时，应比较不同安全库存量的成本总额（储存成本与预期库存耗竭成本之和），并做出抉择。见表8－14。

表8－14　安全库存量的成本分析

安全库存量（公斤）	储存成本（元）	预期库存耗竭成本（元）	成本总额（元）
0	0×16＝0	360000/5400×0.6×5000＝200000	200000
200	200×16＝3200	360000/5400×0.3×5000＝100000	103200
350	350×16＝5600	360000/5400×0.05×5000＝16666.67	22266.67
600	600×16＝9600	360000/5400×0.015×5000＝5000	14600
800	800×16＝12800	360000/5400×0.01×5000＝3333.33	16133.32

从表 8－14 可以看出，在这五种安全库存量中，最佳抉择应为 600 公斤的安全库存量。但即使在最佳安全库存量水平上，仍有 0.015 的库存耗竭概率，在每年大约订购 67 次（360000÷5400≈66.67）的情况下，预期 C 材料每年库存耗竭一次（66.67×0.015＝1）。即使如此，由此发生的库存耗竭成本也比保持增加安全库存量更为经济，事实上，完全消除库存耗竭也是不可能的。存货决策只在于寻找有关安全库存量水平和库存耗竭两者的最低成本政策。

由于预期年度库存耗竭成本的变动直接与一年中安排的订购批数有关，因此，库存耗竭成本也是一项订购成本。于是，可以把不连续概率法与最优经济批量模型结合起来，确定安全库存量。

【例 8－23】某公司全年需要 W 商品 36000 件，平均每日耗用量为 100 件，正常交货期为 8 天，正常交货期平均用量为 800（100×8）件，每批订货成本为 200 元，年单位储存成本为 2 元，每次单位库存耗竭成本为 2.5 元。根据历史资料，交货期各档用量发生的概率如表 8－15 所示：

表 8－15　交货期各档用量发生的概率

实际交货期用量（件）	概率 p
800以下	0.75
850	0.10
900	0.07
950	0.05
1000	0.03
	1.00

由于正常交货期用量为 800 件，因此，上述各档实际交货期用量减去 800 件，即为该档的缺货数量，其概率也就为该档缺货发生的概率。下面分步骤确定各种存货成本之和最低的安全库存量。

第一步，按不同安全库存量 S 分别计算缺货数量 E 及其概率 p：

S＝0 件，即将正常交货期平均用量 800 件作为再订货点，不设安全库存量时的缺货数量及其概率如表 8－16 所示。

表 8－16　不设安全库存量时的缺货数量及其概率

缺货数量E	概率 p
50	0.1
100	0.07
150	0.05
200	0.03

S＝50 件，即将再订货点确定为 850 件，其中 800 件为正常交货期平均用量时的缺货数量及其概率，参见表 8－17。

表 8－17 正常交货期平均用量时的缺货数量及其概率

缺货数量 E	概率 p
50	0.07
100	0.05
150	0.03

S=100 件，即将再订货点确定为 900 件时的缺货数量及其概率，参见表 8－18。

表 8－18 再订货点确定为 900 件时的缺货数量及其概率

缺货数量 E	概率 p
50	0.05
100	0.03

S=150 件，即将再订货点确定为 950 件时的缺货数量及其概率，参见表 8－19。

表 8－19 再订货点确定为 950 件时的缺货数量及其概率

缺货数量 E	概率 p
50	0.03

S=200 件，即将再订货点确定为 1000 件时，发生缺货的概率为零。

第二步，估计每次到货前各种安全库存量 S 的库存耗竭成本 B，参见表 8－20。

表 8－20 各种安全库存量 S 的库存耗竭成本计算表

安全库存量 S	缺货数量 E	概 率 p	每次到货前发生的库存耗竭成本 $B=Epb$	
0	50	0.10	50×0.1×2.5=12.5	63.75
	100	0.07	100×0.07×2.5=17.5	
	150	0.05	150×0.05×2.5=18.75	
	200	0.03	200×0.03×2.5=15	
50	50	0.07	50×0.7×2.5=8.75	32.5
	100	0.05	100×0.05×2.5=12.5	
	150	0.03	150×0.03×2.5=11.25	
100	50	0.05	50×0.05×2.5=6.25	13.75
	100	0.03	100×0.03×2.5=7.5	
150	50	0.03	50×0.03× 2.5=3.75	3.75
200	0	0	0	

第三步，根据每次到货前的库存耗竭成本，计算与各种安全库存量相配合的经济订购批量。

由于库存耗竭成本与订货成本性质相同，因而计算经济订购批量和年成本合计的基本模型时，均应做相应的变动（推导过程略）：

$Q^*=\sqrt{\dfrac{2AP}{C}}$ 应改为：

$$Q=\sqrt{\frac{2A(P+B)}{C}}$$

$T=A/Q\cdot P+Q/2\cdot C$ 应改为：

$T=(Q+S)\cdot C$

根据上述新公式，计算各种安全库存量下的经济订购批量和年成本合计如下：

$S=0$ 件时：

$$Q=\sqrt{\frac{2\times36000\times(200+63.75)}{2}}=3081(件)$$

$T=(3081+0)\times2=6162(元)$

$S=50$ 件时：

$$Q=\sqrt{\frac{2\times36000\times(200+32.5)}{2}}=2893(件)$$

$T=(2893+50)\times2=5886(元)$

$S=100$ 件时：

$$Q=\sqrt{\frac{2\times36000\times(200+13.75)}{2}}=2774(件)$$

$T=(2774+100)\times2=5748(元)$

$S=150$ 件时：

$$Q=\sqrt{\frac{2\times36000\times(200+3.75)}{2}}=2708(件)$$

$T=(2708+150)\times2=5716(元)$

$S=200$ 件时：

$$Q=\sqrt{\frac{2\times36000\times200}{2}}=2683(件)$$

$T=(2683+200)\times2=5766(元)$

比较上述计算结果可以看出：年成本合计最低（5716 元）的安全库存量为 150 件。

（4）再订购点的确定。为了保证生产和销售活动的连续性，企业应在存货用完或售完之前再一次订货。订购下一批货物的存货存量（实物量或金额，下同）叫再订购点。如何使各种存货的成本之和达到最低限度，是再订购点决策所要解决的问题。

一般来讲，当库存存货量降到采购间隔期的耗用量加上安全库存量的总和时，就应再次订购货物。在这种情况下，当存货量降到上述水平时即发出订购单，在库存存货量等于安全库存量时，新的货物可预期运到。根据这一原理，再订购点的计算公式可确定如下：

再订购点＝(采购间隔日数×平均每日用量)＋安全库存量

＝采购间隔日数×平均每日用量＋安全天数×平均每日用量

＝(采购间隔天数＋安全天数)×平均每日用量

【例 8－24】某种商品的安全库存量为 200 件，采购间隔期为 12 天，年度耗用总量为 12000 件，假设每年有 300 个工作日，则该商品的再订购点＝(12000/300×12)＋200＝680（件）

如果该商品的年储存成本为 1.5 元，每次订购成本为 240 元，则其最佳订购批量为 1960 件。以上计算结果，如图 8－22 所示。

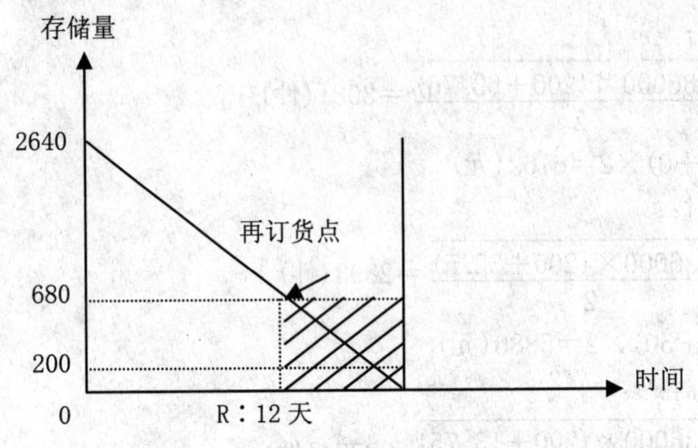

图 8－22 再订购点的确定

从图 8－22 可以看出，当存货降至 680 件时，即应按最佳订购批量（1960 件）发出订单。在发出订单和收到订货的 12 天内，耗用速度是每天 40（12000÷300）件。如果能够按计划进行，12 天后，当新运货 Q 到达企业时，存货大约还有 200 件。图中 R 为再订购点。

3. 存货的分级归口管理

进行存货日常管理，要建立存货分级归口管理制度，搞好生产储备资金、未完工产品资金和成品资金的管理。

（1）存货实行分级归口管理的必要性。企业的存货，以各种不同形态分布在生产经营的各个环节上，由从事供、产、销活动的各有关职能部门和工作人员掌握使用。这些部门及其工作人员直接从事存货的采购、保管、使用，最了解各项存货的供应来源、储存情况和耗用情况，最善于采取措施，做到合理采购、妥善保管，节约使用。只有依靠这些采购、保管、使用存货的人管理，才能切实地掌握各项存货的动态，有根据地提出加强存货资金管理的办法，有效地为企业生产经营服务。先进企业的经验证明，要搞好存货管理，必须做到管钱的人参与管物，管物的人管钱，把管钱和管物结合起来。因此，要在财务部门集中管理的前提下，实行存货的分级归口管理。既要加强财务部门对存货的集中统一管理，又要把存货日常管理的权责落实到供、产、销各职能部门和使用单位，做到行其事、有其权、负其责，并和奖惩制度结合起来，充分调动各职能部门、各级单位和职工的积极性和主动性。

实行存货分级归口管理具有重要的作用。第一，有利于调动各职能部门、各级单位和职工管好用好存货的积极性和主动性，把存货管理同生产经营管理结合起来；第二，有利于财务部门面向生产，深入实际，调查研究，总结经验，把存货的集中统一管理和分级归口管理紧密结合起来，使企业整个流动资金管理水平不断提高。

（2）实行分级归口管理的基本做法。存货分级归口管理，是企业整个流动资金管理责任制的重要内容。这种管理制度的基本做法是：在经理（厂长）领导下，以财务部门作为企业管理流动资金的专业部门，对全企业流动资金进行集中管理；根据使用与管理、存货管理与资金管理相结合的原则，每项存货资金由哪个部门使用，就归口给哪个部门负责管理；各归口管理部门再根据具体情况，将存货资金定额分配给所属单位或个人，实行分级管理；根据权责相结合的原则，对各部门各级有关人员明确规定出管理和使用资金的权限与责任，纳入岗位责任制。

财务部门是集中管理流动资金的专业部门，对流动资金管理负有总的责任。财务部门的集中管理，主要应做好以下工作：①统一制定并组织执行企业存货管理制度。②综合平衡各项存货资金定额，并分配给各有关职能部门归口执行。③统筹调度各项资金的使用，平衡财务收支，及时供应生产经营所需要的资金。④统一办理企业对外结算、现金出纳和银行借款业务。⑤统一组织企业流动资金的核算、检查、分析和考核工作。

存货资金定额经过财务部门统一平衡后，归口给各有关职能部门负责管理。各项资金归口管理的分工一般如下：原材料、辅助材料、燃料、包装物资金归供应部门管理；工具资金归工具部门管理；修理用备件资金归设备动力部门管理；事务用品资金归行政部门管理；在制品和自制半成品资金归生产部门管理；产成品和外购商品资金归销售部门管理。

对各归口管理部门应当规定使用资金的权限和责任。各归口管理部门有权在分配的资金定额范围内，合理安排使用资金，并承担相应的责任。各归口管理部门对所属各级单位，也应规定使用资金的责任，建立流动资金管理岗位责任制。

4. 零库存系统

零库存（Just－In－Time systems，JIT）的存货控制方法由日本公司最先使用，现在已经推广到了全世界。丰田汽车公司就是使用 JIT 的一个典范。丰田汽车公司有 10 个工厂，其中 8 个和丰田汽车公司大部分的供应商都处于郊区。各零部件的运输都取决于总装配线的速度，并且零件通常是在使用前几小时之内才运到装配工厂。JIT 使丰田汽车和其他一些制造商不必再持有大量存货，但是它要求制造商和供应商在零部件规格和运输时间方面都非常协调。它同样要求这些零件的质量必须很好，否则，少数几个坏零件就可能打断整个生产线的运作。因此，JIT 存货管理通常与全面质量管理（Total Quality Management，TQM）一起实行。

美国汽车制造商也是在美国第一批实施 JIT 的公司。为了实现把存货年周转次数提高到 30～40 次，福特已经重新改组了整个生产系统。当然，JIT 确实会给供应商带来相当大的压力。以前通用汽车公司通常持有由 Lear Siegler 公司制造的相当于 10 天供应量的座椅以及其他零部件；而现在通用汽车公司通常只提前 4～8 小时下订单，并且要求 Lear Siegler 公司立即发货。Lear Siegler 公司发言人如是说：“我们也不能负担像以前那样过多的存货了。”于是 Lear Siegler 公司不得不对自己的供应商提高了要求。

事实上，某些产品专家认为，因为小公司很容易进行员工培训和工作职责的重新定位，所以 JIT 更适合应用于小公司中，其中较为成功的就是一个名为 Fireplace Manufacturers Inc 的预制壁炉制造公司。以前这家公司的现金流出现过问题，并且为了实现大约 800 万美元的年销售额，它要持有 110 万美元的存货。后来该公司采用了 JIT，重新整理了原材料和在产品存货，使之降到了 75 万美元，从而节约了 35 万美元的现金，与此同时，公司的销售额翻了一番。这样一来，实施 JIT 极大地提高了该公司的经营效率。

实施 JIT 要求合作各方协调一致，从而降低整个生产系统的存货水平，提高整个经济的效率。这一点得到了经济统计学的验证：在采用了 JIT 之后，存货与销售额之比呈现了下降趋势。同时，经济系统中存货的减少也使经济萧条的持续时间缩短、严重程度降低。

5. 外部加工

另外一个与存货有关的重大发展是外部加工（Out－Sourcing），即公司以从外部购买零部件取代以往自己制造零部件的做法。外部加工经常与 JIT 联合使用，从而减少存货水平。但是，外部加工产生并发展的主要原因可能与存货政策没有任何关系——像通用汽车这样庞大、统一化的公司为了降低成本，也会经常从其他小而分散的供应商那里购买所需的、低于自己制造成本的零部件。

6. 生产计划和存货水平之间的联系

与存货水平相关的最后一个问题就是生产计划和存货水平之间的关系。例如，贺卡的销量季节性很强，因此，制造商可以选择保持较稳定的生产量，也可以选择让生产随着销售状况的变化而变化。如果它采取较为稳定的生产计划，那么在销售量低迷时它的存货会大幅增加，而在销售高峰时存货水平则大幅降低，但它的平均存货水平将显著高于生产随销售变化的平均存货水平。

从我们上面对 JIT、外部加工和生产计划的讨论可以看出，存货政策与生产制造政策应该是协调一致的。公司都致力于减小总生产和配送成本，而存货成本只是总成本中的一部分。但存货成本很重要，要求公司的财务经理较好地把握它，并且使其最小化。

本章复习思考题

一、名词解释

1.营运资金　2.经济订购批量　3.零库存系统　4.外部加工　5.再订货点

二、简述题

1. 企业营运资金筹集与持有政策有哪些？各有什么特点？
2. 企业持有现金的动机与目的是什么？
3. 如何进行现金收支的日常控制？
4. 应收账款的功能与成本是什么？

5. 信用政策包括哪些内容？确定信用标准应考虑哪些因素？
6. 如何进行应收账款的日常控制？
7. 什么是经济订购批量？确定经济订购批量时应考虑哪些相关成本？
8. 简述实践中应用的几种存货控制系统。

本章自测题

一、单项选择题

1. 企业为满足交易动机而持有现金，所需考虑的主要因素是（ ）。
   A. 企业销售水平的高低
   B. 企业临时举债能力的大小
   C. 企业对待风险的态度
   D. 金额市场投机机会的多少
2. 下列项目中，属于持有现金的机会成本的是（ ）。
   A. 现金管理人员工资 B. 现金安全措施费用
   C. 现金被盗损失 D. 现金的再投资收益
3. 在确定最佳现金持有量时，成本分析模式和存货模式均需考虑的因素是（ ）。
   A. 持有现金的机会成本 B. 固定性转换成本
   C. 现金短缺成本 D. 现金保管费用
4. 用成本分析模式确定现金最佳持有量时，考虑的成本因素是（ ）。
   A. 机会成本和短缺成本 B. 机会成本和转换成本
   C. 机会成本、短缺成本和转换成本 D. 管理成本和转换成本
5. 在影响客户资信程度的因素中，（ ）是决定企业是否给予客户信用的首要因素。
   A. 资本 B. 抵押品 C. 偿付能力 D. 信誉
6. 在对信用标准进行定性分析时，坏账损失率通常用（ ）表示。
   A. 拒付风险系数 B. 流动比率
   C. 现金比率 D. 平均收账期
7. 下列各项中，属于应收账款机会成本的是（ ）。
   A. 应收账款占用资金的应计利息
   B. 客户资信调查费用
   C. 坏账损失
   D. 收账费用
8. 公司预计2008年应收账款的总计金额为3000万元，必要的现金支付为2100万元，应收账款收现以外的其他稳定可靠的现金流入总额为600万元，则该公司2008年的应收账款收现保证率为（ ）。
   A. 70% B. 20.75% C. 50% D. 28.57%
9. 存货资金占用费属于（ ）。
   A. 进货成本 B．订货成本 C. 储存成本 D. 缺货成本
10. 利用ABC管理法进行存货管理，应重点管理的存货是（ ）。
    A. 数量最多的存货 B. 金额最多的存货

C. 数量和金额均最多的存货　D. 数量和金额居中的存货

二、判断题

1. 现金是变现能力最强、盈利水平最高的资产。（　）
2. 由于现金的收益能力较差，企业不宜保留过多的现金。（　）
3. 预防性现金需要是指置存现金以防发生意外的支付，它与企业现金流量的确定性及企业的借款能力有关。（　）
4. 应收账款周转速度越快，一定量的资金所能维持的赊销额就越大，或者一定的赊销额所需要的资金就越少。（　）
5. 如果客户拖欠或拒付货款，诉诸法律是最好的解决方法。（　）
6. 收账政策的制定就是一个在增加的收账费用与减少的坏账损失、减少的应收账款机会成本之间进行权衡的过程。（　）
7. 如果企业的实际收现率低于应收账款收现保证率，部分现金支出必然得不到应有保证。（　）
8. 根据$TC=\sqrt{2APC}$计算出来的成本，就是企业购进存货所需要花费的总成本。（　）
9. 应收账款的存在推迟了现金流入时间，增加了坏账的可能性，因此，企业进行应收账款管理，应最大限度地减少应收账款。（　）
10. 存货日常管理的目标是在保证生产经营正常进行的前提下，尽量减少库存，防止积压。（　）

三、计算分析题

1. 某企业每年平均现金需要量为10万元，有价证券利率为10‰，假定企业现金管理相关总成本控制目标为600元。

   要求：

   （1）计算有价证券的转换成本；

   （2）计算最低现金余额；

   （3）计算最佳有价证券交易间隔期；

   （4）计算持有现金的机会成本。

2. A公司是一个商业企业，由于目前的收账政策过于严厉，不利于扩大销售，且收账费用较高，该公司正在研究修改现行的收账政策。现有甲、乙两个放宽收账政策的备选方案，有关数据如下：

项　目	现行收账政策	甲方案	乙方案
销售额（万元／年）	2400	2600	2700
收账费用（万元／年）	40	20	10
所有账户的平均收账期	2个月	3个月	4个月
所有账户的坏账损失率（预计年度坏账损失和销售额的百分比）	2%	2.5%	3%

   已知A公司的销售毛利率为20%，应收账款投资要求的最低报酬率为15%。假设不考虑所得税的影响。

   要求：该公司应否改变现行的收账政策？如果要改变，应选择甲方案还是乙方案？

3. 某公司全年需耗用乙材料36000公斤，该材料采购成本为200元／公斤，年度储存成本为16元／公斤，平均每次进货费用为20元。

要求：

（1）计算本年度乙材料的经济进货批量；

（2）计算年度乙材料经济进货批量下的相关总成本；

（3）计算本年度乙材料经济进货批量下的平均资金占用额；

（4）计算本年度乙材料最佳进货批次。

4. B企业全年需要甲材料2000公斤，买价为20元/公斤。每次订货费用为50元，单位储存成本为单位平均存货金额的25%。该材料的供货方提出，若该材料每次购买数量在1000公斤或1000公斤以上，将享受5%的数量折扣。

要求：通过计算，确定该企业应否接受供货方提出的数量折扣条件。

5. D公司的乙材料允许缺货，全年需要量为80000公斤，每次进货费用为70元，单位存货年储存成本为2元，单位缺货成本为6元。

要求计算：

（1）允许缺货时的经济进货批量；

（2）平均缺货量。

第九章　收益分配

【本章学习目标】

- 掌握收益分配的基本原则；
- 掌握确定收益分配政策时应考虑的因素；
- 掌握股利理论；
- 掌握各种股利政策的基本原理、优缺点和适用范围；
- 掌握股利分配的程序；
- 掌握股利分配方案的确定；
- 熟悉股利的发放程序；
- 熟悉股票股利的含义和优点；
- 熟悉股票分割的含义、特点及作用；
- 熟悉股票回购的含义、动机、方式及对股东的影响。

第一节　收益分配概述

我国财政部颁布的《企业会计准则（2006）》是这样定义利润的："利润是指企业在一定会计期间的经营成果。利润包括收入减去费用后的净额、直接计入当期利润的利得和损失等。直接计入当期利润的利得和损失，是指应当计入当期损益、会导致所有者权益发生增减变动的、与所有者投入资本或者向所有者分配利润无关的利得或者损失。利润金额取决于收入和费用、直接计入当期利润的利得和损失金额的计量。"可见，企业通过经营活动赚取利润，再按照国家有关规定在相关各方之间进行分配，如缴纳企业所得税、弥补亏损（按规定有的亏损可以税前弥补）和提取公积金后向投资者进行分配等。

企业的收益分配有广义和狭义两种，广义的收益分配是指对企业的收入和收益总额进行分配，而狭义的收益分配是指仅对企业的净收益进行分配。本章是从狭义的角度进行阐述的。

一、收益分配的基本原则

企业的收益分配是非常重要的一项财务活动，直接关系到投资者的利益及企业未来的发展，因此，企业进行收益分配时，必须遵循以下基本原则：

1. 依法分配原则

企业的收益分配涉及国家、企业、股东、债权人、内部职工等多方利益主体的利益，必须依法进行。这就要求企业必须认真执行国家颁布的相关法规，正确处理、协调有关各方的利益关系，切实保障有关各方的合法权益。

2. 资本保全原则

企业的收益分配是对投资者投入资本的增值部分进行分配，而不是投资者资本金的返还，因此，企业收益分配必须以资本保全为前提。为充分保护投资者的利益，企业必须在按照国家有关规定，缴纳了所得税、弥补了亏损（按规定有的亏损可税前弥补）、提取公积金之后仍有可供分配的留存收益时才能进行收益的分配。

3. 统筹兼顾，维护各方合法权益的原则

企业是经济社会的一个基本单元，其收益分配关系到有关各方的切身利益，因此，企业的收益分配必须统筹兼顾，维护好有关各方的合法权益。首先，企业必须按照国家法律的规定缴纳各项税金，履行社会责任；其次，投资者作为企业的所有者，依法享有净收益的分配权；再次，企业的债权人，在将资金借给企业时，不仅承担了一定的风险，而且也失去了将这部分资金用于其他投资的机会，因此，当企业进行收益分配时，必须体现出对债权人利益的充分保护；最后，企业的内部员工是企业收益的直接创造者，为企业的发展做出了重要的贡献，当企业进行收益分配时，必须充分考虑企业员工的切身利益。

4. 正确处理分配与积累关系的原则

分配与积累，这一对矛盾的正确处理，直接关系到股东合法利益的维护和企业未来的发展，非常关键。企业通过经营活动所赚取的净收益，一部分要分配给投资者（即股东），另一部分要留在企业，形成企业的积累。虽然留在企业的这部分留存收益也归投资者所有，只是暂时未做分配，但是这部分留存收益也是有成本的，股东期望能得到与普通股一样的收益。积累的留存收益不仅为企业进一步扩大再生产提供资金，而且增强了企业经营的稳定性和安全性，提高了企业抵抗风险的能力。因此，企业在进行收益分配时，应正确处理分配与积累的关系，坚持分配与积累并重的原则。

5. 坚持“谁投资谁受益”、“投资收益与投资比例相适应”的原则

投资者将资本投入企业，理应享有企业的收益权，其获得的投资收益应与投资比例相适应，只有这样，才能从根本上实现收益分配中的公开、公平和公正，保护投资者的利益不受侵害，提高投资者的投资热情。

二、确定收益分配政策时应考虑的因素

利润分配政策的确定受到各方面因素的影响，一般说来，应考虑的主要因素有：

1. 法律因素

为了保护债权人和股东的利益,国家有关法规对企业利润分配予以一定的硬性限制。这些限制主要体现为以下几个方面:

(1)资本保全约束。资本保全是企业财务管理应遵循的一项重要原则。它要求企业发放的股利或投资分红不得来源于原始投资(或股本),而只能来源于企业当期利润或留存收益。其目的是防止企业任意减少资本结构中所有者权益(股东权益)的比例,以维护债权人利益。

(2)资本积累约束。它要求企业在分配收益时,必须按一定的比例和基数提取各种公积金。另外,它要求在具体的分配政策上,贯彻"无利不分"原则,即当企业出现年度亏损时,一般不得分配利润。

(3)偿债能力约束。偿债能力是指企业按时足额偿付各种到期债务的能力。对股份公司而言,当其支付现金股利后会影响公司偿还债务和正常经营时,公司发放现金股利的数额就要受到限制。

(4)超额累积利润约束。由于投资者接受股利交纳的所得税要高于进行股票交易的资本利得所缴纳的税金,因此,许多公司通过积累利润使股价上涨的方式来帮助股东避税。西方许多国家都注意到了这一点,并在法律上明确规定公司不得超额累积利润,一旦公司留存收益超过法律认可的水平,将被加征额外税款。我国法律目前对此尚未做出规定。

2. 股东因素

股东出于对自身利益的考虑,可能对公司的利润分配提出限制、稳定或提高股利发放率等不同意见。包括:

(1)控制权考虑。公司的股利支付率高,必然导致保留盈余减少,这意味着将来发行新股的可能性加大,而发行新股会稀释公司的控制权。因此,公司的老股东往往主张限制股利的支付,而愿意较多地保留盈余,以防止控制权旁落他人。

(2)避税考虑。一些高收入的股东出于避税考虑,往往要求限制股利的支付,而较多地保留盈余,以便从股价上涨中获利。

(3)稳定收入考虑。一些股东往往靠定期的股利维持生活,他们要求公司支付稳定的股利,反对公司留存较多的利润。

(4)规避风险考虑。在某些股东看来,通过增加留存收益引起股价上涨而获得资本利得是有风险的,而目前所得股利是确定的,即便是现在较少的股利,也强于未来较多但存在较大风险的资本利得,因此,他们往往要求较多地支付股利。

3. 公司因素

公司出于长期发展与短期经营考虑,需要综合考虑以下因素,并最终制定出切实可行的分配政策。这些因素主要有:

(1)公司举债能力。如果一个公司举债能力强,能够及时地从资金市场筹措到所需的资金,则有可能采取较为宽松的利润分配政策;而对于一个举债能力较弱的公司而言,宜保留较多的盈余，因而往往采取较紧的利润分配政策。

（2）未来投资机会。利润分配政策要受到企业未来投资机会的影响。主要表现在：当企业预期未来有较好的投资机会，且预期投资收益率大于投资者期望收益率时，企业经营者会首先考虑将实现的收益用于再投资，减少用于分配的收益金额。这样有利于企业的长期发展，同时也能被广大的投资者所理解。相反，如果企业缺乏良好的投资机会，保留大量盈余会造成资金的闲置，可适当增大分红数额。正因为如此，处于成长中的企业多采取少分多留政策，而陷于经营收缩的企业多采取多分少留政策。

（3）盈余稳定状况。企业盈余是否稳定，也将直接影响其收益分配。盈余相对稳定的企业对未来取得盈余的可能性预期良好，因此有可能比盈余不稳定的企业支付更高的股利；盈余不稳定的企业由于对未来盈余的把握小，不敢贸然采取多分政策，而较多采取低股利支付率政策。

（4）资产流动状况。较多地支付现金红利，会减少企业现金持有量，使资产的流动性降低，而保持一定的资产流动性是企业经营的基础和必备条件，因此，如果企业的资产流动性差，即使收益可观，也不宜分配过多的现金股利。

（5）筹资成本。一般而言，将税后的收益用于再投资，有利于降低筹资的外在成本，包括再筹资费用和资本的实际支出成本。因此，很多企业在考虑投资分红时，首先将企业的净利润作为筹资的第一选择渠道，特别是在负债资金较多、资本结构欠佳的时期。

（6）其他因素。比如，企业有意地多发股利使股价上涨，使已发行的可转换债券尽快地实现转换，从而达到调整资本结构的目的；或通过支付较高股利，刺激公司股价上扬，从而达到兼并、反收购目的等。

4. 其他因素

（1）债务合同限制。企业的债务合同，特别是长期债务合同，往往有限制企业股利支付程度的条款，以保护债权人的利益。通常包括：①未来的股利只能以签订合同之后的收益来发放，也就是说不能以过去的留存收益来发放。②营运资金低于某一特定金额时不得发放股利。③将利润的一部分以偿债基金的形式留存下来。④利息保障倍数低于一定水平时不得支付股利。企业出于方便未来负债筹资的考虑，一般都能自觉遵守与债权人事先签订的有关合同的限制性条款，以协调企业与债权人之间的关系。

（2）通货膨胀。通货膨胀会带来货币购买力水平下降，固定资产重置资金来源不足，此时企业往往不得不考虑留用一定的利润，以便弥补由于货币购买力水平下降而造成的固定资产重置资金缺口。因此，在通货膨胀时期，企业一般采取偏紧的利润分配政策。

三、股利理论

股利政策理论存在三大流派：股利重要论、股利无关论和股利分配的税收效应理论。

1. 股利重要论

股利重要论认为，股利对于投资者非常重要，投资者一般期望公司多分配股利。支持股利重要的学术派别及其观点有：

（1）“在手之鸟”理论。“在手之鸟”理论认为，用留存收益再投资带给投资者的收益具有很大的不确定性，并且投资风险随着时间的推移将进一步增大，因此，投资者更喜欢现金股利，而不大喜欢将利润留给公司。这是因为：对投资者来说，现金股利是“抓在手中的鸟”，是实在的，而公司留存收益则是“躲在林中的鸟”，随时都可能飞走。在投资者的眼里，股利收入要比由留存收益带来的资本收益更可靠。所以投资者宁愿现在收到较少的股利，也不愿意待未来再收回风险较大的较多的股利。如果有A和B两种股票，它们的基本情况相同，A股票支付股利，而B股票不支付股利，那么，A股票价格要高于不支付股利B股票的价格。根据这种理论，公司需要定期向股东支付较高的股利。公司分配的股利越多，公司的市场价值也就越大。

（2）股利分配的信号传递理论。信号传递理论认为，在信息不对称的情况下，公司可以通过股利政策向市场传递有关公司未来盈利能力的信息。一般说来，预期未来盈利能力强的公司往往愿意通过相对较高的股利支付率，把自己同预期盈利能力差的公司区别开来，以吸引更多的投资者。对市场上的投资者来说，股利政策的差异或许是反映公司预期盈利能力差异的极有价值的信号。如果公司连续保持较为稳定的股利支付率，那么，投资者就可能对公司未来的盈利能力与现金流量抱有较为乐观的预期。不过，公司以支付现金股利的方式向市场传递信息，通常也要付出较为高昂的代价。这些代价包括：①较高的所得税负担。②一旦公司因分派现金股利造成现金流量短缺，就有可能被迫重返资本市场发行新股，而这一方面会随之产生必不可少的交易成本，另一方面又会扩大股本，摊薄每股收益，对公司的市场价值产生不利影响。③如果公司因分派现金股利造成投资不足，并丧失有利的投资机会，还会产生一定的机会成本。

尽管以派现方式向市场传递利好信号需要付出很高的成本，但仍然有很多公司选择派现作为公司股利支付的主要方式，其原因主要有以下四种：①声誉激励理论。该理论认为，由于公司未来的现金流量具有很大的不确定性，因此，为了在将来能够以较为有利的条件在资本市场上融资，公司必须在事先建立起不剥夺股东利益的良好声誉，而建立“善待股东”这一良好声誉的有效方式之一就是派现。②逆向选择理论。该理论认为，相对于现金股利而言，股票回购的主要缺陷在于，如果某些股东拥有关于公司实际价值的信息，那么，他们就可能在股票回购过程中，充分利用这一信息优势。当股票的实际价值超过公司的回购价格时，他们就会大量竞买价值被低估的股票；反之，当股票的实际价值低于公司的回购价格时，他们就会极力回避价值被高估的股票，于是便产生了逆向选择问题，而派发现金股利则不存在这类问题。③交易成本理论。该理论认为，市场上有相当一部分投资者出于消费等原因，希望从投资中定期获得稳定的现金流量。对于这类投资者来说，选择稳定派现的股票也许是达到上述目的最廉价的方式。这是因为：倘若投资者以出售所持股票的方式来套现，就可能因时机选择不当而蒙受损失。况且，选择在何时以何种价位出售股票还需要投入许多时间和精力，这些交易成本的存在使得投资者更加偏好现金股利。④制度约束理论。该理论认为，公司之所以选择支付现金股利，是由于“谨慎人”所起的作用。所谓“谨慎人”是指信托基金、保险基金、养老基金等机构投资者，出于降低风险的考虑，法律通常要求这些机构投资者只能持有支付现金股利的股票，并获得股利收入。如果公司不派现，则这种股票就会被排除在机构投资者的投资对象之外。

虽然股利分配的信号传递理论已被人们广泛接受，但也有一些学者对此持不同看法。他们的主要观点是：第一，公司目前的股利分配并不能帮助投资者预测公司未来的盈利能力；第二，高派现的公司向市场传递的并不是公司具有较好前景的利好消息，相反则是公司当前没有正现值的投资项目，或公司缺乏较好投资机会的利空消息。不过，由于上述反对意见缺乏实证考察的支持，因此未能引起人们过多的关注。

（3）股利分配的代理理论。代理理论认为，股利政策有助于减缓管理者与股东之间，以及股东与债权人之间的代理冲突，也就是说，股利政策相当于是协调股东与管理者之间代理关系的一种约束机制。股利政策对管理者的这种约束体现在两个方面：①从投资角度看，当企业存在大量自由现金时，管理者通过股利发放不仅减少了因过度投资而浪费资源，而且有助于减少管理者潜在的代理成本，从而增加企业价值（这样可解释股利增加宣告与股价变动正相关的现象）。②从融资角度看，企业发放股利减少了内部融资，导致进入资本市场寻求外部融资，从而可以经常接受资本市场的有效监督，这样通过加强资本市场的监督而减少代理成本（这一分析有助于解释公司保持稳定股利政策的现象）。因此，高水平股利支付政策将有助于降低企业的代理成本，但同时也增加了企业的外部融资成本。因此，最优的股利政策应使两种成本之和最小化。

近年来，还有学者从法律角度来研究股利分配的代理问题。这类研究的主要结论有三条：①股利分配是法律对股东实施有效保护的结果，即法律使得小股东能够从公司“内部人”那里获得股利。②在法律不健全的情况下，股利分配可以在一定程度上替代法律保护，即在缺乏法律约束的环境下，公司可以通过股利分配这一方式，建立起善待投资者的良好声誉。③受到较好法律保护的股东，愿意耐心等待当前良好投资机会的未来回报，而受到较差法律保护的股东则没有这种耐心，因此他们为了获得当前的股利，宁愿丢掉好的投资机会。

2. 股利无关论[①]

股利无关论认为，公司市场价值的高低，是由公司所选择的投资政策的好坏所决定的。由于公司对股东的分红只是盈利减去投资之后的差额部分，且分红只能采取派现或股票回购等方式，因此，一旦投资政策已定，那么，在完美且完全的资本市场上，股利政策的改变就仅仅意味着收益在现金股利与资本利得之间分配上的变化。如果投资者按理性行事的话，这种改变就不会影响公司的市场价值及股东的财富。因此，在完全资本市场的条件下，股利完全取决于投资项目需用盈余后的剩余，投资者对于盈利的留存或发放股利毫无偏好。

需要特别指出的是，“股利无关论”是建立在“完美且完全的资本市场”这一严格假设前提基础上的。这一假设包括：①完善的竞争假设，任何一位证券交易者都没有足够

① 它由美国财务专家米勒（Miller）和莫迪格莱尼（Modigliani）于1961年在他们的著名论文《股利政策、增长和股票价值》中首先提出，因此被称为MM理论。

的力量通过其交易活动对股票的现行价格产生明显的影响。②信息完备假设，所有的投资者都可以平等地免费获取影响股票价格的任何信息。③交易成本为零假设，证券的发行和买卖等交易活动不存在经纪人费用、交易税和其他交易成本，在利润分配与不分配，或资本利得与股利之间均不存在税负差异。④理性投资者假设，每个投资者都是财富最大化的追求者。这一假设与现实世界有一定的差距。虽然米勒（Miller）和莫迪格莱尼（Modigliani）也认识到公司股票价格会随着股利的增减而变动这一重要现象，但他们认为，股利增减所引起的股票价格的变动并不能归因于股利增减本身，而应归因于股利所包含的有关企业未来盈利的信息内容。

3. 股利分配的税收效应理论

在考虑税赋因素，并且是在对股利和资本收益征收不同税率的假设下，布伦南创立了估价与股利关系的静态模型，由该模型得出，股利支付水平高的股票要比支付水平低的股票有更高的税前收益，在存在差别税赋的前提下，公司选择不同的股利支付方式，不仅对公司的市场价值产生不同的影响，而且也会使公司（及个人）的税收负担出现差异。此外，继续持有股票可延缓资本收益的获得而推迟资本收益的纳税时间。考虑到纳税的影响，投资者对具有较高收益的股票要求的税前收益要高于低股利收益的股票。即股利政策不仅与估价相关，而且由于税赋的影响企业应采用低股利政策。

在国外，不同的收益所得税征收比率会有所不同，比如，在1986年税制改革前，美国规定投资期达6个月以上的投资者出售股票所得的资本利得只按收入的40%征收所得税。因此，对一个边际所得税税率为40%的投资者来说，如果他通过出售长期持有的股票而得到资本利得收益，他只需按16%（40%×40%）的税率缴纳所得税。根据美国1992年的税法，对现金股利所得征收的所得税最高税率为31%，对资本利得征收的所得税税率为28%，仍有一些差异。另外，如果投资者不出售股票，就没有获得资本利得，也就不需要纳税。投资者将资金保留在公司中继续增值，直至出售股票获得资本利得时才需纳税，这种推迟纳税的效果，有利于投资者得到更多的收益。

奥尔巴克经过严密的数学推导，进一步提出了"税赋资本化假设"，这种观点的主要前提是，公司将现金分配给股东的唯一途径是支付应税股利，公司的市场价值等于公司预期支付的税后股利的现值，因此，未来股利所承担的税赋被资本化入股票价值，股东对于公司留存收益或支付股利是不加区分的。按这种观点，提高股利税负将导致公司权益的市场价值的直接下降。为此，公司应采用低股利政策，以实现其资本成本最小化和价值最大化。

但是，上述理论也存在着缺陷。因为国外的投资者因家庭年收入不同，其个人所得税税率也有很大的差异，低收入家庭的投资者的现金股利收益可能只需缴纳税率很低的个人所得税，甚至根本不需要缴纳个人所得税。因此，那些个人所得税税率较低的投资者可以选择发放现金股利较多的公司进行投资，那些个人所得税税率较高的投资者可以选择少发甚至不发现金股利的公司进行投资。只要各类投资者的数量足够多，大家都可以找到合适的投资对象，企业也可以找到相应的筹资对象。如果是这样，就不存在现金股利与资本利得孰优孰劣的问题。

第二节 利润分配程序

一、利润分配程序的含义

利润分配程序，是指特定企业根据适用法律、法规或规定，对本企业一定期间显示的净利润进行分派必须经过的先后步骤。

由于不同形式的企业所适用的法律、法规不同，因此，利润分配程序也存在一定的差异。本节主要讨论股份有限公司的分配程序。

二、股份有限公司的利润分配程序

按照《公司法》等法律、法规的规定，股份有限公司当年实现的利润总额，应按照国家有关规定做相应调整后，依法交纳所得税，然后按下列顺序分配。

（1）弥补以前年度亏损，指超过用所得税前的利润扣除弥补以前年度亏损后，仍未补足的亏损。

（2）提取法定公积金。法定公积金按照净利润扣除弥补以前年度亏损后的10%提取，法定公积金达到注册资本的50%时，可不再提取。

（3）提取任意公积金。任意公积金按照公司章程或股东会议决议提取和使用，其目的是为了控制向投资者分配利润的水平以及调整各年利润分配的波动，通过这种方法对投资者分利加以限制和调节。

（4）向投资者分配利润或股利。净利润扣除上述项目后，再加上以前年度的未分配利润，即为可供普通股分配的利润，公司应按同股同权、同股同利的原则，向普通股股东支付股利。

根据《公司法》的规定，公司弥补亏损和提取公积金后所余税后利润，可以向股东（投资者）分配股利（利润），其中有限责任公司股东按照实缴的出资比例分取红利，全体股东约定不按照出资比例分取红利的除外；股份有限公司按照股东持有的股份比例分配，但股份有限公司章程规定不按持股比例分配的除外。

根据《公司法》的规定，股东会、股东大会或者董事会违反相关规定，在公司弥补亏损和提取法定公积金之前向股东分配利润的，股东必须将违反规定分配的利润退还公司。另外，公司持有的本公司股份不得分配利润。

三、股利分配方案的确定

股利分配方案的确定，主要是考虑确定以下四个方面的内容：①选择股利政策类型。

②确定股利支付水平的高低。③确定股利支付形式，即确定合适的股利分配形式。④确定股利发放的日期等。

就股份公司而言，股利分配方案的确定与变更，决策权都高度集中于企业最高管理当局——董事会。要完成整个股利政策的制定与决策过程，通常需要经由三个权力层面或阶段：①企业财务部门。②董事会。③股东大会。财务部门提供的各种财务数据是董事会制定股利政策与方案的主要依据；董事会的职责是拟订企业整体的股利政策（草案）与具体的分配方案（预案），并提出支持理由。股东大会是企业最高的权力决策机构，在利润分配方面，主要是检查企业财务报告，审核批准董事会制定的股利政策与分配方案等的预案。

1．选择股利政策类型

企业选择股利政策类型通常需要考虑以下几个因素：①企业所处的成长与发展阶段。②企业支付能力的稳定情况。③企业获利能力的稳定情况。④目前的投资机会。⑤投资者的态度。⑥企业的信誉状况。

公司在不同成长与发展阶段所采用的股利政策一般可用表9－1来描述。

表9－1　公司股利分配政策的选择

发展阶段	特　点	适应的股利政策
初创阶段	公司经营风险高，融资能力差	剩余股利政策
高速发展阶段	产品销量急剧上升，需要进行大规模的投资	低正常股利加额外股利政策
稳定增长阶段	销售收入稳定增长，公司的市场竞争力增强，行业地位已经巩固，公司扩张的投资需求减少，广告开支比例下降，净现金流入量稳步增长，每股净利呈上升态势	稳定增长股利政策
成熟阶段	产品市场趋于饱和，销售收入难以增长，但盈利水平稳定，公司通常已积累了相当的盈余和资金	固定股利政策
衰退阶段	产品销售收入锐减，利润严重下降，股利支付能力日细	剩余股利政策

2．确定股利支付水平

股利支付水平通常用股利支付率来衡量。股利支付率是当年发放股利与当年净利润之比，或每股股利除以每股收益。一般来说，公司发放股利越多，股利的分配率越高，因而对股东和潜在投资者的吸引力越大，也就越有利于建立良好的公司信誉。但过高的股利分配率政策也会产生不利效果：一是会使公司的留存收益减少，二是如果公司要维持高股利分配政策而对外大量举债，会增加资本成本，最终必定会影响公司的未来收益和股东权益。

是否对股东派发股利以及比率高低，取决于企业对下列因素的权衡：①企业所处的成长周期及目前的投资机会。②企业的再筹资能力及筹资成本。③企业的控制权结构。

④顾客效应。⑤股利信号传递功能。⑥贷款协议以及法律限制。⑦通货膨胀等因素。

3. 确定股利支付形式

大多数情况下，非股份制企业投资分红一般采用现金方式。但是，股份有限公司股利形式有一定的特殊性，它除了现金股利外，还存在其他的股利支付形式。我国规定股利主要支付形式是现金和股票。

（1）现金股利。现金股利是指以现金支付股利的形式，是企业最常见的，也是最易被投资者接受的股利支付方式。这种形式能满足大多数投资者希望得到一定数额的现金这种实在收益的要求。但这种形式增加了企业现金流出量，加大了企业的支付压力，在特殊情况下，有悖于留存现金用于企业投资与发展的初衷。因此，采用现金股利形式时，企业必须具备两个基本条件：①企业要有足够的未指明用途的留存收益（未分配利润）。②企业要有足够的现金。

（2）股票股利。股票股利是指企业以股票形式发放股利，其具体做法可以是在公司注册资本尚未足额时，以其认购的股票作为股利支付；也可以是发行新股支付股利。实际操作过程中，有的公司增资发行新股时，预先扣除当年应分配股利，减价出售给老股东；也有的公司发行新股时进行无偿增资配股，即股东不必缴纳任何现金和实物，即可取得公司发行的股票。

股票股利是一种比较特殊的股利，它不会引起公司资产的流出或负债的增加，而只涉及股东权益内部结构的调整，即在减少未分配利润项目金额的同时，增加公司股东数，同时还可能引起资本公积的增减变化，但股东权益总额并不改变。采用这种方式有以下几点好处：

1）发放股票股利既不需要向股东支付现金，又可以在心理上给股东以从公司取得投资回报的感觉。因此，股票股利有派发股利之“名”，而无派发股利之“实”。

2）发放股票股利可以降低公司股票的市场价格，一些公司在其股票价格较高不利于股票交易和流通时，通过发放股票股利来适当降低股价水平，促进公司股票的交易和流通。

3）发放股票股利，可以降低股价水平，如果日后公司将要以发行股票方式筹资，则可以降低发行价格，有利于吸引投资者。

4）发放股票股利可以传递公司未来发展前景良好的信息，增强投资者的信心。

5）股票股利降低每股市价的时候，会吸引更多的投资者成为公司的股东，从而可以使股权更为分散，有效地防止公司被恶意控制。

（3）其他股利。

1）财产股利。财产股利是公司用现金以外的财产来支付股息和红利，通常是用公司资产中其他公司的有价证券来抵付股利。发放财产股利的主要条件是：①公司具备发放财产股利的条件。②有足够多的可用于分派股利的其他公司的有价证券。③经股东大会决议批准。④以市价为标准对有价证券作价，按市价来计算财产股利。

2）负债股利。负债股利是公司通过建立一定的负债来支付股息和红利。通常情况下采用应付票据的形式来支付股利。以应付票据的形式来抵付股利又称为“票据股利”。在极少情况下，也有以公司债券的形式来抵付股利的情形，被称为“债券股利”。应付票据和公司债券都会增加公司负债，但应付票据为短期负债，而公司债券则为公司的长期负债。一般情况下很少出现用长期负债来抵付股利的形式，多是用应付票据的形式来支付股利。用于分派股息的应付票据，有的公司规定到期日，有的不规定到期日，有的带息，有的不带息。发放负债股利的主要条件是：①公司已经宣布发放股利，但面临现金不足，其他股利发放形式难以选择。②负债股利能被股东所接受。③经股东大会决议批准。④公司对负债股利确有兑现条件。负债股利是一种不得已而为之的权宜之计。这种股利分派形式实际上并不多见。更为普遍的情况是，当董事会做出股利分派决定，同时又预感到负债股利出现的可能性，董事会往往会宣告推迟股利发放日期，设法采用其他形式。

3）特别股利。特别股利是公司盈利能力强，纯利润大幅度增加，为鼓舞士气和增加公司社会信誉，在特别条件下发放的额外股利。发放特别股利的主要条件是：①公司资金雄厚，前景良好，有稳定的获利能力。②除正常按股利发放股利之外，拥有发放额外股利的超额利润。③依法或按公司章程的规定，在一定的限度内发放。④经股东大会决议批准。特别股利是临时性股利，不具有长久持续的性质，所以它不是公司经常选择的股利发放形式。

4. 确定股利支付日期

股份公司的股利分配方案通常由公司董事会决定并宣布，必要时要经股东大会或股东代表大会批准后才能实施（我国就是这样规定的）。公司每年发放股利的次数，不同的国家可以有所不同。我国的股份公司均为每年发放一次股利，美国公司则为每季度发放一次。

公司在选择了股利政策、确定了股利支付水平和方式后，应当进行股利发放的公司必须遵循相关的要求，按照日程安排来进行。股份有限公司向股东支付股利，其过程主要经历：预案公布日、股利宣布日、股权登记日、股票除息日和股利支付日。

（1）预案公布日。上市公司分派股利时，首先要由公司董事会制定分红预案，包括本次分红的数量、分红的方式、股东大会召开的时间、地点及表决方式等，以上内容由公司董事会向社会公开发布。

（2）股利宣布日。股利宣布日，是指公司董事会将股利支付情况予以公告的日期。股份公司董事会一般根据定期发放股利的周期举行董事会议讨论并提出股利分配方案，由公司股东大会讨论通过后，正式宣布股利发放方案，并加以公告。公告中将宣布每股支付的股利、股权登记期限、除去股息的日期和股利支付日期。

（3）股权登记日。股权登记日，是指有权领取股利的股东有资格登记的截止日期，也称为除权日。只有在股权登记日前在公司股东名册上有名的股东，才有权分享股利。

由于工作和实施方面的原因，自公司宣布发放股利至公司实际将股利发出要有一定的时间间隔。由于上市公司的股票在此时间间隔内处在不停的交易中，公司股东会随股票交易而不断易人。为了明确股利的归属，公司确定股权登记日，凡在股权登记日之前（含登记日当天）列于公司股东名单上的股东，都将获得此次发放的股利，而在这一天之后才列于公司股东名单上的股东，将得不到此次发放的股利，股利仍归原股东所有。

（4）股票除息日。股票除息日，是指股票中不含股息的日期。在除息日当天及其后购买的股票则无权得到股利。因此，在除息日当天及其后购买的股票又称为除息股。

由于股票交易与过户之间需要一定的时间，因此，只有在股权登记日之前一段时间购买股票的投资者，才可能在股权登记日之前列于公司股东名单之上，并享有当期股利的分配权。一般规定股权登记日的次交易日为除息日（逢节假日顺延），此时，再买进股票已不享受分配股利的权利。

除息日对股票的价格有明显的影响。在除息日之前进行的股票交易，股票价格中含有将要发放的股利的价值，在除息日之后进行的股票交易，股票价格中不再包含股利收入，因此，其价格应低于除息日之前的交易价格。

（5）股利支付日。股利支付日，是指公司向股东用各种方式按规定支付股利的日期。

第三节 股利政策

股利政策，是指在法律允许的范围内，企业是否发放股利、发放多少股利以及何时发放股利的方针及对策。企业的净收益可以支付给股东，也可以留存在企业内部，股利政策的关键问题是确定分配和留存的比例。通常可供选择的股利政策包括：剩余股利政策、固定或稳定增长股利政策、固定股利支付率政策及低正常股利加额外股利政策。

一、剩余股利政策

股利分配与公司的资本结构相关，而资本结构又是由投资所需资金构成的，因此，实际上股利政策受到投资机会及其资金成本的双重影响。剩余股利政策就是在公司有着良好的投资机会时，根据一定的目标资本结构（最佳资本结构），测算出投资所需的权益资本，先从盈余当中留用，然后将剩余的盈余作为股利予以分配。其决策步骤如下：

（1）根据公司的投资计划确定公司的最佳资本预算。

（2）根据公司的目标资本结构及最佳资本预算预计公司资金需求中所需要的权益资本数额。

（3）尽可能用留存收益来满足资金需求中所需增加的股东权益数额。

（4）留存收益在满足公司股东权益增加需求后，如果有剩余再用来发放股利。

按照剩余股利政策计算确定的现金股利支付额是变化的，有时差别很大。

【例 9－1】假定某公司某年提取了公积金、公益金后的税后净利润为 800 万元，第二年的投资计划所需资金为 1000 万元，公司的目标资本结构为权益资本占 60%、债务资本占 40%，那么，按照目标资本结构的要求，公司投资方案所需的权益资本数额为：

1000×60% ＝600(万元)

公司当年全部可用于分配股利的盈余为 800 万元，可以满足上述投资方案所需的权益资本数额并有剩余，剩余部分再作为股利发放。当年发放的股利额为：

800－600＝200(万元)

假定该公司当年流通在外的只有普通股100万股，那么每股股利为：

200÷100=2(元)

选择剩余股利政策，意味着公司倾向保持理想的资本结构，使加权平均资本成本达到最低，而现金股利支付的多少，取决于要投资的投资额，公司将剩余的盈余用于发放股利。

剩余股利政策的优点是：留存收益优先保证再投资的需要，从而有助于降低再投资的资金成本，保持最佳的资本结构，实现企业价值的长期最大化。

剩余股利政策的缺点是：如果完全遵照执行剩余股利政策，股利发放额就会每年随投资机会和盈利水平的波动而波动。即使在盈利水平不变的情况下，股利也将与投资机会的多寡呈反方向变动：投资机会越多，股利越少；反之，投资机会越少，股利发放越多。而在投资机会维持不变的情况下，则股利发放额将因公司每年盈利的波动而同方向波动。剩余股利政策不利于投资者安排收入与支出，也不利于公司树立良好的形象，一般适用于公司初创阶段。

二、固定或稳定增长股利政策

固定或稳定增长股利政策，是指公司将每年派发的股利额固定在某一特定水平或是在此基础上维持某一固定比率逐年稳定增长。只有在确信公司未来的盈利增长不会发生逆转时，才会宣布实施固定或稳定增长的股利政策。在固定或稳定增长的股利政策下，首先确定的是股利分配额，而且该分配额一般不随资金需求的波动而波动。

1. 固定或稳定增长股利政策的优点

（1）由于股利政策本身的信息含量，它能将公司未来的盈利能力、财务状况以及管理层对公司经营的信心等信息传递出去。固定或稳定增长的股利政策可以传递给股票市场和投资者一个公司经营状况稳定、管理层对未来充满信心的信号，这有利于公司在资本市场上树立良好的形象、增强投资者信心，进而有利于稳定公司的股价。

（2）固定或稳定增长股利政策，有利于吸引那些打算做长期投资的股东，这部分股东希望其投资的获利能够成为其稳定的收入来源。

2. 固定或稳定增长股利政策的缺点

（1）固定或稳定增长股利政策下的股利分配只升不降，股利支付与公司盈利相脱离，即不论公司盈利多少，均要按固定的乃至固定增长的比率派发股利。

（2）在公司的发展过程中，难免会出现经营状况不好或短暂的困难时期，如果这时仍执行固定或稳定增长的股利政策，那么派发的股利金额大于公司实现的盈利，必将侵蚀公司的留存收益，影响公司的后续发展，甚至侵蚀公司现有的资本，给公司的财务运作带来很大压力，最终影响公司正常的生产经营活动。

因此，采用固定或稳定增长的股利政策，要求公司对未来的盈利和支付能力能做出较准确的判断。一般来说，公司确定的固定股利额不应太高，要留有余地，以免陷入公司无力支付的被动局面。固定或稳定增长的股利政策一般适用于经营比较稳定或正处于成长期的企业，但很难被长期采用。

三、固定股利支付率政策

固定股利支付率政策，是指公司将每年净收益的某一固定百分比股利支付率作为股利分派给股东。股利支付率一经确定，一般不得随意变更。固定股利支付率越高，公司留存的净收益越少。在这一股利政策下，只要公司的税后利润一经计算确定，所派发的股利也就相应确定了。

1. 固定股利支付率政策的优点

（1）采用固定股利支付率政策，股利与公司盈余紧密地配合，体现了多盈多分、少盈少分、无盈不分的股利分配原则。

（2）由于公司的盈利能力在年度间是经常变动的，因此，每年的股利也随着公司收益的变动而变动，并保持分配与留存收益间的一定比例关系。采用固定股利支付率政策，公司每年按固定的比例从税后利润中支付现金股利，从企业支付能力的角度看，这是一种稳定的股利政策。

2. 固定股利支付率政策的缺点

（1）传递的信息容易成为公司的不利因素。大多数公司每年的收益很难保持稳定不变，如果公司每年收益状况不同，固定支付率的股利政策将导致公司每年股利分配额的频繁变化。而股利通常被认为是公司未来前途的信号传递，那么波动的股利向市场传递的信息就是公司未来收益前景不明确、不可靠等，很容易给投资者留下公司经营状况不稳定、投资风险较大的不良印象。

（2）容易使公司面临较大的财务压力。因为公司实现的盈利越多，派发的股利就越多，但公司实现的盈利多，并不代表公司有充足的现金派发股利，如果公司的现金流量状况不好，却要按固定比率派发股利的话，就很容易给公司造成较大的财务压力。

（3）缺乏财务弹性。股利支付率是公司股利政策的主要内容，模式的选择、政策的制定是公司的财务手段和方法。在不同阶段，根据财务状况制定不同的股利政策，会更有效地实现公司的财务目标。但在固定股利支付率政策下，公司丧失了利用股利政策的财务方法，缺乏财务弹性。

（4）合适的固定股利支付率的确定难度大。如果固定股利支付率确定得较低，不能满足投资者对投资收益的要求，而固定股利支付率确定得较高，没有足够的现金派发股利时会给公司带来巨大的财务压力。另外，当公司发展需要大量资金时，也要受其制约。所以，确定较优的股利支付率的难度很大。

四、低正常股利加额外股利政策

低正常股利加额外股利政策，是指公司事先设定一个较低的正常股利额，每年除了按正常股利额向股东发放现金股利外，还在公司盈利情况较好、资金较为充裕的年度向股东发放高于年度正常股利的额外股利。

1. 低正常股利加额外股利政策的优点

（1）低正常股利加额外股利政策赋予公司一定的灵活性，使公司在股利发放上留有余地和具有较大的财务弹性，同时，每年可以根据公司的具体情况，选择不同的股利发放水平，以完善公司的资本结构，进而实现公司的财务目标。

（2）低正常股利加额外股利政策有助于稳定股价，增强投资者的信心。由于公司每年固定派发的股利维持在一个较低的水平上，在公司盈利较少或需用较多的留存收益进行投资时，公司仍然能够按照既定承诺的股利水平派发股利，使投资者保持一个固有的收益保障，这有助于维持公司股票的现有价格。而当公司盈利状况较好且有剩余现金时，就可以在正常股利的基础上再派发额外股利，而额外股利信息的传递则有助于公司股票的股价上扬，增强投资者信心。

可以看出，低正常股利加额外股利政策既吸收了固定股利政策对股东投资收益的保障优点，同时又摒弃其对公司所造成的财务压力方面的不足，所以在资本市场上颇受投资者和公司的欢迎。

2. 低正常股利加额外股利政策的缺点

（1）年份之间公司的盈利波动使得额外股利不断变化，或时有时无，造成分派的股利不同，容易给投资者造成公司收益不稳定的感觉。

（2）当公司在较长时期持续发放额外股利后，可能会被股东误认为是“正常股利”，而一旦取消了这部分额外股利，传递出去的信号可能会使股东认为这是公司财务状况恶化的表现，进而可能会引起公司股价下跌的不良后果。

所以，相对来说，对那些盈利水平随着经济周期而波动较大的公司或行业，这种股利政策也许是一种不错的选择。

五、Lintner 模型

John Lintner 曾经提出过一个关于公司股利分配的模型，根据他的讨论，公司股利分配与下述四个因素有关：

（1）公司关于“股利 / 收益”比率的长期目标值。

（2）公司股利分配的变化与公司长期盈利能力相关联。

（3）公司管理人员不愿意现金股利在增加之后又减少。

（4）公司管理人员更重视现金股利变化的相对值而不是其绝对值。

基于上述考虑，Lintner 提出了他的股利分配模型：如果公司以某一确定的“股利 / 收益”比率为目标值，则下一年度的股利分配（*DIV*）应等于下一年度每股收益（*EPS*）的一个常数比例，即：

DIV_1＝目标股利＝目标比例×EPS_1

两年间的股利变化幅度为：

DIV_1-DIV_0＝目标股利变化额＝目标比例×EPS_1-DIV_0

由于公司管理人员不愿意减少下一年度的股利发放额，在公司收益变化时，公司只对其股利发放额做微小的调整，因此，实际股利发放变化额为：

DIV_1-DIV_0＝调整率×目标股利变化额＝调整率×（目标比例×EPS_1-DIV_0）

公司越不愿意改变其股利发放额，调整率就越低。当调整率为零时，公司采用的是固定股利额政策；当调整率为1时，公司采用的是固定股利支付率政策。

六、股份公司的实际股利政策

由于股利政策具有重要的信息传递作用，对公司股票价格和投资者对公司未来发展的信心有着很大的影响，所以，公司在制定、选择股利政策时非常谨慎。

我国上市公司尽管已有十多年的历史，但对公司股利分配政策的选择与外国公司有所不同。观察我国上市公司的实际股利分配情况，可以看出：其一，绝大部分上市公司的分配方案不具有连贯性和一致性；其二，有一部分公司采用不分配的股利政策，而且自1993～1997年有越来越严重的趋势。在进行分配的企业中，绝大部分公司不进行现金股利的分配，而是采用股票股利或混合股利的方法进行分配。

在实际工作中，上市公司对股利政策有如下偏好，因此也使股利政策具有以下特点：

（1）支付最低限度的股利；

（2）维持稳定的股利支付比率和股利；

（3）使股利的变化具有规律性；

（4）避免削减股利。

支付正常股利的偏好。规模较小且处于发展初期的公司，通常不发放现金股利。但是在其生命周期的某个阶段，公司可能认为自己已经足够“成熟”，进而开始发放现金股利。这可能是：公司想要展示其稳定性；盈利性投资机会的减少；投资者的现金股利偏好；或希望扩大公司股票市场而吸引那些不愿购买非支付股利股票的投资者以及其他原因。

股利与盈余相比的稳定性。综观第二次世界大战以来美国上市公司的股利和盈余的变化情况可以看出，股利比盈余更加稳定，这一结论对于绝大多数公司都适用。与每股盈余的变动趋势相比，股利的变动趋势与每股现金流量的变动趋势更接近。

正常股利支付。支付股利的公司通常每季支付一次。有些公司每半年或每一年支付一次，还有一些每月支付一次。公司一旦开始支付股利，就力图保持定期支付股利。

避免削减股利。除了定期支付股利外，公司极不情愿削减股利（即每股股利额），这可能是因为削减股利常常被理解为负面信号。投资者常常把股利减少理解为公司预期盈利变化的标志。这可能对公司股票价格产生不利影响。

额外或特别股利。除“正常”的季度股利外，公司还可能定期支付额外股利。这种股利在数量上比正常股利具有更大的不确定性。它们通常在盈利出现暂时性提高时支付，以使公司的股利支付比率达到目标水平。公司通常在接近其会计期末时发放额外股利。许多季节性经营企业如通用汽车公司，在盈利处于周期顶峰时宣布发放额外股利。只有当它们认为高额盈利能保持下去时，才会增加正常股利。当公司发现额外现金股利较多，并愿意发放给股东时，常常就会宣告发放特别股利。因此，特别股利所包含的有关公司未来盈利预测的信息要比正常股利少得多。

定期决策。大多数公司每年至少检查一次自己的股利政策，而且这种检查通常是在每年的同一时间进行。

七、股利政策的稳定性

企业的利润、现金流量和投资计划都是在不断变化的，如果仅考虑这一点，公司就应该经常相应地改变其股利政策。但是，因资本投资项目的需要而减少股利会向股东传达不正确的信号，他们可能会抛售股票而使股价下跌。因此，要想最大化股票价值，就需要企业在内部资金需求和股东的需要与愿望之间寻求一个平衡。

那么这个平衡如何达到呢，也就是说，企业要使其股利支付有多么稳定和可靠呢？对于这个问题我们不可能给出明确的答案，但以下几点是与此相关的：

（1）事实上每家对外发行股票的公司都制定 5～10 年的关于盈利和股利的财务预测。这些预测从不对外公布。但是，证券分析师也进行类似的预测并公布给投资者，价值线（Value Line）是一个例子。此外，每个公司的内部预测都是计划盈利和股利持续增加。管理者和投资者也知道经济条件会使得实际结果偏离预测值，但是他们仍预期公司是增长的。

（2）几年前，通货膨胀还不这么持久时，“稳定的股利政策”意味着每年支付相同金额的股利。AT&T 公司是一个采用稳定股利政策的典型例子——它每年支付 9 美元（2.25 美元/季度），持续了 25 年。但是大多数公司和股东都期望收益会因留存收益和通货膨胀而增长。因此，今天的“稳定股利政策”通常意味着股利是以一个合理稳定的比率增加的。Rubbermaid 在其年报中写道：“每股股利增长了……连续的第 34 年……我们的目标是实现销售额、收益和每股收益的年增长率为 15%，从而使期初股东权益的回报率为 21%。公司的另一个目标是每年大约支付年收益的 30%作为股利，这就能保证我们有足够的资金以应对未来发展所需。”

Rubbermaid 公司这里提到支付率时使用的是“大约”一词，因为即使收益偏离目标一点，公司还是要按目标增长率增加股利。虽然 Rubbermaid 在其报表中没有提及股利增长率，分析师们还是可以计算出来的，与销售、收益一样都是 15%：

$$\begin{aligned} g &= (\text{留存率})(ROE) \\ &= (1-\text{股利支付率})(ROE) \\ &= 0.7\times 21\%\approx 15\% \end{aligned}$$

收益和现金流不稳定的公司大都不愿承诺每年都增加股利，因此不会做这样细致的报告。尽管如此，大多数的公司还是希望能显示像 Rubbermaid 这样的稳定性，它们会尽其所能去做。①

股利的稳定性包括两个方面：①增长率的可靠性。②是否能指望未来至少能收到和现在一样的股利。对于投资者来说，最稳定的股利政策是企业的股利增长率可以预测。比如公司的总回报率（股利收益率和资产利得收益率之和）在长期内是相对稳定的，并且其股票可以用来很好地规避通货膨胀。较稳定的股利政策使股东可以确信目前的股利不会减少——可能不会以一个稳定的速度增长，但是管理当局会尽量避免减少股利。最不稳定的情况是盈利和现金流都有很大的波动使得投资者无法对未来股利进行估计。

（3）大部分分析家认为稳定的股利政策更受欢迎，投资者偏爱股利可预测的股票。这就意味着如果企业尽可能地使其股利稳定，就能最小化权益成本，最大化股票价格。

第四节　股票分割、股票股利与股票回购

一、股票分割

股票分割又称拆股，是指股份公司将面额较高的股票交换成面额较低的股票的行为。例如，两股换一股的股票分割，是指两股新股换一股旧股的行为。股票分割不属于某种股利分配方式，与股票股利不同，不会改变所有者权益各项目的结构比例关系，但其所产生的效果与发放股票股利近似。

股票分割时，公司发行在外的流通股数增加，使得每股面额降低，每股盈余下降。但是，股票分割对公司的资本结构、股东权益总额、股东权益各项目的金额及其比例、公司的总价值、公司总资产等都不产生影响。因此，股票分割与发放股票股利非常相似，都是在不增加股东权益的情况下增加股票的数量。不同的是，股票分割导致的股票数量的增加量可以远大于发放股票股利，而且在会计处理上也不同。

【例 9－2】某股份公司股票分割前后股东权益账面价值变化如表 9－2 和表 9－3 所示。

表 9－2　股票分割前股东权益　　单位：元

普通股票（20 万股，面值 2 元）	400000
资本公积	800000
未分配利润	4000000
股东权益合计	5200000

① Rubbermaid 公司并没能保持住这个目标。20 世纪 90 年代初新委任一名 CEO。他试图通过改变战略政策而提高增长率，但并没有能够实行新的计划。销售额、利润、现金流都下降了。公司为保持股利的支付，用掉了现金。最后，在 1998 年情况都糟到影响其生存问题了，Rubbermaid 被 Newall 公司兼并，从个人改名为 Newall Rubbermaid。

表 9－3　股票分割后股东权益　单位：元

项目	金额
普通股票（40 万股，面值 1 元）	400000
资本公积	800000
未分配利润	4000000
股东权益合计	5200000

假定本公司本年净利润 500000 元，那么股票分割前的每股收益为 2.5 元（500000÷200000）。假定股票分割后公司净利润保持不变，分割后的每股收益改为 1.25 元。相应地，普通股每股市价也会因此下降。

从实践效果来看，由于股票分割与股票股利非常相似，所以，一般要根据证券管理部门的具体规定对两者加以区分。例如，有的国家证券交易机构规定，发放 25%以上的股票股利即属于股票分割。

股票分割通常会起到以下作用：

（1）降低股票价格。由于股票分割是在不增加股东权益的情况下增加流通中的股票数量，分割后每股股票所代表的股东权益的价值将降低，每股股票的市场价格也将相应降低。当股票的市场价格过高时，股票交易会因每手交易所需的资金量太大而受到影响，特别是许多小户、散户，因资金实力有限而难以入市交易，使这类股票的流通性降低，股东人数减少。因此，许多公司在其股价过高时，采用股票分割的方法，降低股票的交易价格，提高公司股票的流通性，使公司的股东更为广泛。

（2）向股票市场和广大投资者传递"公司正处于发展之中"的信息，这种有利信息会影响投资者，对公司有所帮助。有时，公司希望通过股票分割向股市传递公司不但业绩好、利润高，而且还有增长潜力的信息，股票的价格将在目前的高价位上进一步上升。因此，股票分割往往是成长中公司的行为。

对于股东来说，股票分割后各股东持有的股数增加，但持股比例不变，持有股票的总价值不变。

与股票分割相反，公司有时也进行股票合并操作。股票合并又称合股、逆向分割或反分割（Reverse Split），即公司用一股新股换取一股以上的旧股。很显然，股票合并将减少流通在外的股票数量，提高每股股票的面值和其所代表的净资产的数额，进而提高股票的市场价格。股票合并通常是业绩不佳、股价过低的公司使用，它们希望通过这种操作来提高股票价格，使之达到一个合理的交易价格水平。

二、股票股利

除现金股利外，股份公司还用向股东赠送股票的方式派发股利，这种支付股利的方式称为股票股利，也称"送红股"。与发放现金股利不同，发放股票股利只是将公司的税后利润或部分盈余公积金转化为资本金，并不直接增加股东的财富，不导致公司的现金流出或负债的增加，股东权益账面价值的总额也不发生变化，因而不是公司资金的使用，也不因此增加公司的财产。但是，发放股票股利将增加公司发行在外的普通股股票的数量，导致每股股票所拥有的股东权益账面价值的减少。

【例 9—3】某公司在发放股票股利前，股东权益情况如表 9—4 所示。

表 9—4　股东权益情况（发放股票股利前） 单位：元

项目	金额
普通股（面额 1 元，已发行 200000 股）	200000
资本公积	400000
未分配利润	2000000
股东权益合计	2600000

假定该公司宣布发放 10%的股票股利，即发放 20000 股普通股股票，并规定现有股东每持 10 股可得 1 股新股。若该股票当时市价 20 元，随着股票股利的发放，需从“未分配利润”项目划转出的资金为：

20×200000×10%＝400000(元)

由于股票面额（1 元）不变，发放 20000 股，普通股只应增加“普通股”项目 20000 元，其余的 380000 元（400000－20000）应作为股票溢价转至“资本公积”项目，而公司股东权益总额保持不变。发放股票股利后，公司股东权益各项目如表 9—5 所示。

表 9—5　股东权益情况（发放股票股利后） 单位：元

项目	金额
普通股（面额 1 元，已发行 220000 股）	220000
资本公积	780000
未分配利润	1600000
股东权益合计	2600000

可见，发放股票股利，不会对公司股东权益总额产生影响，但会发生资金在各股东权益项目间的再分配。

发放股票股利后，如果盈利总额不变，会由于普通股股数增加而引起每股收益和每股市价的下降；但又由于股东所持股份的比例不变，每位股东所持股票的市场价值总额仍保持不变。

【例 9—4】假定上述公司本年盈余为 440000 元，某股东持有 20000 股普通股，发放股票股利对该股东的影响如表 9—6 所示。

表 9—6　发放股票股利对股东的影响 单位：元

项　　目	发放前	发放后
每股收益（EPS）	440000÷200000＝2.2	440000÷220000＝2
每股市价	20	20÷（1＋10%）＝18.18
持股比例	20000÷200000＝10%	22000÷220000＝10%
所持股总价值	20×20000＝400000	18.18×22 000＝400000

发放股票股利对每股收益和每股市价的影响，可以通过对每股收益、每股市价的调整直接算出：

发放股票股利后的每股收益 $=E_0/(1+D_s)$

式中，E_0表示发放股票股利前的每股收益；D_s表示股票股利发放率。

发放股票股利后的每股市价 $=M/(1+D_s)$

式中，M表示股利分配权转移日的每股市价；D_s表示股票股利发放率。

依【例9－4】资料：

发放股票股利后的每股收益＝2.2÷(1＋10%)＝2(元)

发放股票股利后的每股市价＝20÷(1＋10%)＝18.18(元)

尽管股票股利不直接增加股东的财富，也不增加公司的价值，但对股东和公司都有特殊的意义。

1. 股票股利对股东的意义

（1）如果公司在发放股票股利后同时发放现金股利，股东会因所持股数的增加而得到更多的现金。例如，公司宣布发放10%的股票股利，同时每股支付现金股利2元，某拥有100股股票的股东可得到现金股利为：

2×100×(1＋10%)＝220(元)

而若不发放股票股利，该股东所得现金股利只有200元(2×100)。

（2）事实上，有时公司发放股票股利后其股价并不成比例下降；一般在发放少量股票股利（如2%～3%）后，大体不会引起股价的立即变化。这可使股东得到股票价值相对上升的好处。

（3）发放股票股利通常由成长中的公司所为，因此，投资者往往认为发放股票股利预示着公司将有较大的发展，利润将大幅度增长，足以抵消增发股票带来的消极影响。

（4）在股东需要现金时，还可以将分得的股票股利出售，有些国家的税法规定出售股票需缴纳的资本利得（价值增值部分）税率比收到现金股利所需缴纳的所得税税率低，这使得股东可以从中获得纳税上的好处。

2. 股票股利对公司的意义

（1）发放股票股利可使股东分享公司的盈余而无须分配现金，这使公司留存了大量现金，便于进行再投资，有利于公司的长期发展。

（2）在盈余和现金股利不变的情况下，发放股票股利可以降低每股价值，从而吸引更多的投资者。

（3）发放股票股利往往会向社会传递公司将会继续发展的信息，从而提高投资者对公司的信心，在一定程度上稳定股票价格。但在某些情况下，发放股票股利也会被认为是公司资金周转不灵的征兆，从而降低投资者对公司的信心，加剧股价的下跌。

发放股票股利的费用比发放现金股利的费用大，会增加公司的负担。

如果企业要降低其股票价格，是应该进行股票分割还是发放股票股利呢？股票分割通常是在股价大幅上涨后采用，以使其股价大幅下降。每年常规的股票股利能够或多或少地使股价保持在一定范围内。比如，如果企业的盈利和股利以每年 10%的速度增加，股价也会以大致相同的速度上升，那么，很快股价就会超过理想的交易范围。采用每年发放 10%的股票股利就会使其股价保持在最优交易范围内。注意：因为小规模的股票股利会带来记账问题和不必要的费用，所以，现在企业采用股票分割远远多于股票股利。

三、对股价的影响

如果企业分割股票或是发放股票股利，会不会增加股票的市场价值呢？一些经验研究试图回答这个问题。这里我们对此进行了总结。

（1）一般情况下，公司在公布股票分割或发放股票股利后短时间内股价会上升。

（2）股价的增长更多的是因为投资者把股票分割或股票股利当做企业未来高盈利和高股利的信号，而并不是投资者喜欢股票分割或股票股利本身。因为只有管理者认为企业的前景很好时才会分割股票，所以股票分割的宣布可以被看做是未来盈利和现金股利增加的信号。

（3）如果企业宣布股票分割或发放股票股利，其股价会上升。但是如果在其后的几个月内，企业没有宣布盈余和股利的增加，股价就会回落到原来的水平。

（4）如前所述，低价格的股票，经纪佣金占的百分比通常较高。这就意味着交易低价格的股票比交易高价格的股票成本更高，从而意味着股票分割会降低公司股票的流动性。这一证据暗示了股票分割和发放股票股利实际上有可能是有害的，虽然低价格意味着更多的投资者可以买得起整批（100 股）的股票，买整批股票的交易佣金要低于买非整批（少于 100 股）股票。

从纯粹的经济角度看，股票股利和股票分割只是增加了几张纸。但是，它们给管理者提供了一种能以相对较低的成本传递企业未来前景看好的信号的方式。总而言之，当企业未来前景很好时，特别是如果股价超过了正常交易范围时，采取发放股票股利和股票分割是合乎情理的。①

四、股票回购

几年前，《财富》的一篇题为《通过购回股票打击市场》的文章讨论了一个现象：在一年的时间里超过 600 家大公司回购了自己的大量股票。文章还列举了一些具体公司回购的计划，以及这些计划对股价的影响。文章的结论是“回购给了那些实施回购的公司的股东大量金钱”。

此外，我们在前面提到过的 FPL 公司几年前削减其股利，但同时制订了一个股票回购计划。因此，股票回购代替了现金股利成为向股东分配利润的形式。并不只有 FPL 一家这么做，近些年来，飞利浦、通用电气、迪斯尼、花旗公司、Merck 公司等超过 800

① 一个有趣的事件是 Berkshire Hathaway 公司从没有进行过股票分割，该股票 2000 年 11 月在纽约证券交易所的价格是 65600 美元每股，该公司是由 20 世纪最成功金融家之一的巴菲特控股的。但是，在实际的交易中还是进行分割了，巴菲特创造了新等级的 Berkshire Hathaway 股票（B 等级），相当于 A 等级（正常）股票的 1/30。

家公司采取了类似的行动，用于股票回购的金额与支付股利的金额大致相当。

有三种主要的股票回购类型：①企业有足够的现金分配给股东，它通过股票回购而不是发放现金股利的方式分配这些现金。②企业认为其资本结构中权益占的比重过大，于是发行债券并用得到的资金回购股票。③企业向员工发放了股票期权，然后在公开市场上购买股票以便在期权被执行时使用。

企业回购回来的股票成为库存股票。如果一部分流通股股票被回购了，那么流通的股票数量就减少了。假设回购不会减少企业的未来盈利，那么剩下仍在流通的股票的每股盈利就会增加，从而股价升高。结果，资本利得就代替了股利。

1. 股票回购的影响

近些年来许多公司都进行了股票回购。直到 20 世纪 80 年代，大部分的回购金额是数百万，但在 1985 年，Phillips Petroleum 宣布了一个历史上最大的回购计划——8100 万股股票，总市场价值有 41 亿美元。Texaco，IBM，CBS、可口可乐、Teledyne，Atlantic，Richffield、固特异和施乐等公司都进行过大规模的回购。

我们用美国发展公司（ADC）的数据为例说明回购的影响。公司预计 2002 年盈利 440 万美元，其中 50%分配给普通股股东。流通股共有 110 万股，市场价格是每股 20 美元。ADC 认为可以用 220 万美元以每股 22 美元的价格要约收购 100 万股或者每股支付 2 美元的现金股利。[①]

回购对 *EPS* 和剩余股票的每股市场价格的影响可以用以下的方法进行分析：

（1）当前 *EPS*＝总盈利/股票数＝440/110＝4(美元 / 股)

（2）*P/E* 比率＝20/4＝5

（3）回购 100000 股后的 *EPS*＝440/100＝4.4(美元 / 股)

（4）回购后的预期市场价格＝(*P/E*) (*EPS*)＝5×4.4＝22(美元 / 股)

从上面的例子我们看到，无论以 2 美元现金股利的形式还是股价增加 2 美元的形式，投资者都获得税前的收益。产生这样的结果是因为我们假设，首先，股票回购的价格为 22 美元，其次，*P/E* 比率保持不变。如果股票的回购价格低于 22 美元，情况对股东更有益，但是如果超过 22 美元则相反。此外，*P/E* 比率可能会因回购而变化，如果投资者把它看做利好则股价上升，认为不利则股价下跌。

2. 回购的优点

（1）宣布回购被投资者视为积极的信号，因为回购经常是管理当局认为企业的股票价值被低估了。

（2）当企业以回购方式分配现金时，股东有是否出售的选择权。

---

① 股票回购通常有三种形式：第一，公开发行的企业可以直接通过经纪人在公开市场上回购。第二，可以进行股权收购，允许股东自愿以一个特定的价格把股票转让给公司。这种情况下，通常是在一定时间内（约两个星期）购回一定数目的股票；如果想卖的股票多于公司要买的，则按照一定的比例进行购买。第三，公司与一个大股东进行协商购买。如果进行协商购买，就要确保该股东没有比其他股东更多的特别优待或者任何以“公司原因”名义的倾向。Texaco的管理当局就被对公司以高于市场价回购Bass Brothers所持6亿美元的股份表示不满的股东起诉。Texaco的管理担心Bass Brothers会对其进行收购，所以回购其股票。这样的行为称之为“Greenmail”。

（3）回购可以祛除那些“悬置于”市场的大量股票，使股价降下来。

（4）从短期来看，股利是有“粘性的”，因为如果股利不能保持增长管理者就不愿意提高股利。因此，如果多余的现金流只是暂时的，管理者会倾向以股票回购的方式而不是以不能持续增长的股利的形式分配给股东。

（5）公司可以运用剩余股利模型制订目标现金分配水平，然后将分配分为以股利形式分配的部分和以回购形式分配的部分。股利支付率可能会相对较低，但是股利本身是相对可靠的，而且随着流通股票总数的减少还会增长。公司使用多种形式进行分配要比只以现金股利的形式分配有更多的灵活性，因为每年的回购可以不同而不会发出负面信号。

（6）回购可以使资本结构发生很大的变化。

（7）把股票期权作为员工薪酬重要组成部分的公司可以回购股票，并在员工执行期权时使用这些股票。这样就避免了发行新股票而稀释收益。微软和其他一些高科技公司近些年就使用过这个方法。

3. 回购的缺点

（1）股利和资本利得对股东的影响是有差异的，现金股利可能比回购对股价更有利。现金股利通常比回购更可靠。

（2）出售股票的股东可能不太明白回购的意义，或者他们没有公司现在和未来活动的相关信息。然而，企业通常在执行回购计划之前宣布回购计划，以避免现在的股东诉讼。

（3）公司可能为回购支付得太多，这不利于剩下的股东。如果企业要收购大量的股票，那么竞价会使股价高于均衡水平并在回购完成后下跌。

（4）公司利用大量现金进行股票回购可能会向市场传递公司缺乏好的投资机会的信息。这样的信息会对公司的形象及股价产生不利影响。如果公司回购股票的价格定得不合理，公司会因此蒙受损失，而经常性的回购股票则有操纵股价的嫌疑，招致证券管理部门的干预。

（5）股票回购是一种减资行为，要受到很多约束，操作不易。同时，股票回购导致公司资本减少，从根本上动摇了公司的资本基础，削弱对公司债权人的财产保障。

4. 股票回购的分析

股票回购可以在二级市场公开进行，也可以与部分投资者协商后从他们手中直接购回。

【例 9—5】某公司发行在外的普通股股票 500 万股，股票的市场价格是每股 15 元。2005 年年底公司有 500 万元的现金可用于分发现金股利或回购股票。如果分发现金股利，则每股 1 元；如果股票回购，回购价格为每股 16 元，可回购 31.25 万股。分发现金股利或股票回购后公司的相关财务数据如表 9—7 所示。

表 9－7　发放现金股利及股票回购后公司的相关财务数据　单位：元

	总额	每股股票
发放现金股利		
现金股利	5000000	1
发放现金股利后预计年净收益	10000000	2
发放现金股利后股票价格	75000000	15
股票回购		
股票回购额	5000000	
股票回购后预计年净收益	10000000	2.133
股票回购后股票价格	75000000	16

由表 9－7 可知，根据发放现金股利后的年净收益预测，该公司股票每股收益 *EPS* ＝1000÷50000＝2 元/股，市盈率 *P* / *EPS*＝15÷2＝7.5 倍。如果公司进行股票回购，回购后年净收益预测不变，仍为 1000 万元，但公司发行在外的股票数量会减少 31.25 万股，因此，每股收益 *EPS* 因流通股数的减少将增大，为保证市盈率不变（*P* / *EPS*），公司的股票价格将上升，所以，公司用于回购股票的价格高于股票的市价。可以算出，这一价格为 16 元/股。

由【例 9－5】可以看出，公司股东可通过两种方法得到每股 1 元的收益：①通过领取每股 1 元现金股利；②通过回购股票，使股票价格由 15 元上升到 16 元。

在股票回购中非常重要的一点是要保障回购前后公司股票的市盈率不变，这样，在回购中出售股票和保留股票的股东都得到一个公平的价格，实现股东平等权益。当然，在股票回购的实际操作中，股票市场价格的反应不会像会计理论那样计算准确，投资者对股票回购所含信息的判断和解释将导致股票价格的波动，并偏离理论价格。

5. 回购运用举例

（1）回购降低了股利收益率。在过去的 20 年中，股利支付率和收益率都大幅减少了。1980 年，大公司平均将盈余的 55%用于支付股利，股利收益率超过 5%。如今，平均支付率低于 40%，收益率也低于 1.5%。

一些理论对此进行了解释。首先，下降的股利收益率说明股价增加的速度高于支付的股利。一些分析师认为低收益率是股票市场被高估的证据。其次，较低的利率导致要求的股票回报率下降。这提高了股票价格，从而降低了股利收益率。再次，在过去的 20 年间，股票市场的构成发生了巨大的变化。1980 年，市场被石油、工业、公共事业和零售等支付高股利的公司统治。如今，市场包括了许多高科技公司，它们支付很少或者根本不支付股利。

股票回购的大量使用使得联邦储备委员会的经济学家 Nellie Liang 和 Steve Sharpe 重新定义了股票的“总收益率”。首先，他们提出了“净回购收益率”，支付回购的每股金额减去在股票期权被执行时用来交付的股票的成本，再除以股票的价格。然后，股票的“总收益率”就是传统的股利收益率与净回购收益率之和。

Liang 和 Sharpe 对标准普尔 500 中 144 家最大公司在 1994～1998 年度的收益率进行

了估计，见表9—8。这些数据说明股利的比重在下降而股票回购的比重在上升。同时，总收益率有持续下降的趋势。我们这个表中没有列示，但是即使包括了股票回购，总收益率还只是1980年股利收益率的一半。因此，无论你怎么划分，对股东的分配还是下降了。这当然与利率和权益资本成本的下降是一致的。[①]

表9—8　标准普尔500中144家最大公司在1994～1998年度的收益率

	1994年(%)	1995年(%)	1996年(%)	1997年(%)	1998年(%)
股利收益率	2.76	2.41	2.06	1.73	1.41
净回购收益率	1.19	1.34	1.56	1.98	1.49
总收益率	3.95	3.75	3.62	3.71	2.90
回购的比例	30	36	43	53	51

（2）抬高股价的简便办法。回购的风潮在某些方面有些让人吃惊。考察近期的股票市场，回购股票变得很昂贵。[②] 不过，市场对回购公告的反应还是很积极的。比如，1996年中期锐步公司宣布公司要购回1/3的流通股票，在宣布日当天股价上涨了10%。

为什么股票回购这么受投资者欢迎?一个普遍的解释是财务经理向投资者传达了股票被低估的信号，也就是公司认为它们的股票是有吸引力的投资。在这一方面，股票回购有着与股票发行相反的作用，股票发行被认为是企业股票被高估的信号。回购还使得投资者确信公司并没有把股东的钱浪费在亏本的投资中。

有许多分析师强调在某些方面回购有不利的因素：如果企业的股票实际上是被高估了，以高价回购股票就会损害剩余股东的利益。从这一角度讲，回购不应该被看做短期股票价格的推动器，而应该是当它成为经过深思熟虑的投资和向股东分配现金的战略的一部分时才被使用。事实上，回购并不总是成功——比如迪斯尼，1996年4月宣布回购，在随后的6个月内股价下降幅度超过10%。[③]

本章复习思考题

一、名词解释

1. “在林之鸟”理论　2. 股利无关理论　3. 税收偏好理论　4. 低正常股利加额外股利的政策　5. 剩余股利政策　6. 股票分割　7. 股票回购　8. 股票股利

二、简述题

1. 简述股份制公司利润分配的顺序和分配方案的确定。
2. 股利理论有哪些？请解释它们各自的主要观点。

① Gene Epstein, “Soaring Buybacks Make Dividend Yield a Misleading Measure of a Stock’s Value”, Barron’s Online, November1, 1999.

② David Ikenberry, Josef Lakonishok, and Theo Vermaelen, “Market Under Reaction to Open Market Share Repurchases”, Journal of Financial Economics, 1995, Vol. 39, pp.181～208.

③“Buybacks Make News, But Do They Make Sense?”Business Week, August 12, 1996. p. 76.

3. 企业如何制定其股利政策？
4. 试比较发放股票股利和股票分割。
5. 股票回购的步骤、优缺点是什么？

本章自测题

一、单项选择题

1. 我国上市公司不得用于支付股利的权益资金是（　）。
   A. 资本公积　B. 任意盈余公积
   C. 法定盈余公积　D. 上年未分配利润
2. 上市公司按照剩余政策发放股利的好处是（　）。
   A. 有利于公司合理安排资金结构　B. 有利于投资者安排收入与支出
   C. 有利于公司稳定股票的市场价格　D. 有利于公司树立良好的形象
3. 在下列股利政策中，股利与利润之间保持固定比例关系，体现风险投资与风险收益对等关系的是（　）。
   A. 剩余价值　B. 固定股利政策
   C. 固定股利比例政策　D. 正常股利加额外股利政策
4. 在下列公司中，通常适合采用固定股利政策的是（　）的公司。
   A. 收益显著增长　B. 收益相对稳定
   C. 财务风险比较高　D. 投资机会较多
5. 相对于其他股利政策而言，既可以维持股利的稳定性，又有利于优化资本结构的股利政策是（　）。
   A. 剩余股利政策　B. 固定股利政策
   C. 固定股利支付率政策　D. 低正常股利加额外股利政策
6. 下列各项中，不属于股票回购方式的是（　）。
   A. 用本公司普通股股票换回优先股
   B. 与少数大股东协商购买本公司普通股股票
   C. 在市场上直接购买本公司普通股股票
   D. 向股东标购本公司普通股股票
7. 某企业在选择股利政策时，以代理成本和外部融资成本之和最小化为标准。该企业所依据的股利理论是（　）。
   A. "在手之鸟"理论　B. 信号传递理论
   C. MM理论　D. 代理理论
8. 在下列各项中，计算结果等于股利支付率的是（　）。
   A. 每股收益除以每股股利　B. 每股股利除以每股收益
   C. 每股股利除以每股市价　D. 每股收益除以每股市价

9. 在下列股利分配政策中，能保持股利与收益之间一定的比例关系，并体现多盈多分、少盈少分、无盈不分原则的是（ ）。

A. 剩余股利政策　　B. 固定或稳定增长股利政策

C. 固定股利支付率政策　　D. 低正常股利加额外股利政策

10. 在下列各项中，能够增加普通股股票发行在外股数，但不改变公司资本结构的行为是（ ）。

A. 支付现金股利　　B. 增发普通股　　C. 股票分割　　D. 股票回购

二、多项选择题

1. 股东在决定公司收益分配政策时，通常考虑的主要因素有（ ）。

A. 规避风险　　B. 稳定股利收入

C. 防止公司控制权旁落　　D. 避税

2. 确定企业收益分配政策时需要考虑的法规约束因素主要包括（ ）。

A. 资本保全约束　　B. 资本积累约束

C. 偿债能力约束　　D. 稳定股价约束

3. 若上市公司采用了合理的收益分配政策，则可获得的效果有（ ）。

A. 能为企业筹资创造良好条件　　B. 能处理好与投资者的关系

C. 改善企业经营管理　　D. 能增强投资者的信心

4. 上市公司发放股票股利可能导致的结果有（ ）。

A. 公司股东权益内部结构发生变化　　B. 公司股东权益总额发生变化

C. 公司每股利润下降　　D. 公司股份总额发生变化

5. 按照资本保全约束的要求，企业发放股利所需资金的来源包括（ ）。

A. 当期利润　　B. 留存收益　　C. 原始投资　　D. 股本

三、判断题

1. 固定股利比例分配政策的主要缺点，在于公司股利支付与其盈利能力相脱节，当盈利较低时仍要支付较高的股利，容易引起公司资金短缺、财务状况恶化。（ ）

2. 采用固定股利比例政策分配利润时，股利不受经营状况的影响，有利于公司股票价格的稳定。（ ）

3. 发放股票股利会因普通股股数的增加而引起每股利润的下降，进而引起每股市价下跌，但每位股东所持股票的市场价值总额不会因此减少。（ ）

4. 采用剩余股利分配政策的优点是有利于保持理想的资金结构，降低企业的综合资金成本。（ ）

5. 在除息日之前，股利权利从属于股票；从除息日开始，新购入的股票人不能分享本次已宣告发放的股利。（ ）

6. 企业发放股票股利会引起每股利润的下降，从而导致每股市价有可能下跌，因而每位股东所持股票的市场价值总额也将随之下降。（ ）

7. 股票分割不仅有利于促进股票流通和交易，而且还有助于公司并购政策的实施。（ ）

8. 与发放现金股利相比，股票回购可以提高每股收益，使股价上升或将股价维持在一个合理的水平上。（　）

四、计算分析题

1. 某公司成立于2003年1月1日，2003年度实现的净利润为1000万元，分配现金股利550万元，提取盈余公积450万元（所提盈余公积均已指定用途）。2004年实现的净利润为900万元（不考虑计提法定盈余公积的因素）。2005年计划增加投资，所需资金为700万元。假定公司目标资本结构为自有资金占60%，借入资金占40%。

要求：

（1）在保持目标资本结构的前提下，计算2005年投资方案所需的自有资金额和需要从外部借入的资金额。

（2）在保持目标资本结构的前提下，如果公司执行剩余股利政策。计算2004年应分配的现金股利。

（3）在不考虑目标资本结构的前提下，如果公司执行固定股利政策，计算2004年应分配的现金股利、可用于2005年投资的留存收益和需要额外筹集的资金额。

（4）不考虑目标资本结构的前提下，如果公司执行固定股利支付政策，计算该公司的股利支付率和2004年度应分配的现金股利。

（5）假定公司2005年面临着从外部筹资的困难，只能从内部筹资，不考虑目标资本结构，计算在此情况下2004年度应分配的现金股利。

2. A公司的产品销路稳定，拟投资600万元，扩大生产能力。该公司想要维护目前45%的负债比率，并想继续执行20%的固定股利支付率政策。该公司在2000年的税后利润为260万元，那么该公司2001年为扩充上述生产能力必须从外部筹措多少权益资本？

第十章　财务预算

【本章学习目标】

- 了解财务预算的含义与功能，以及财务预算在财务管理和全面预算体系中的地位；
- 掌握全面预算的基本原理；
- 熟悉固定预算、增量预算及定期预算的编制方法与优缺点；
- 掌握弹性预算、零基预算、滚动预算的编制方法和优缺点；
- 掌握现金预算编制依据、编制流程和编制方法；
- 掌握预计利润表和预计资产负债表的编制方法。

第一节　财务预算体系概述

一、预算的含义和内容

预算是企业经营活动的数量计划，确定企业在预算期内为实现企业目标所需的资源和应进行的活动。预算包括计划活动的财务和非财务两个方面。预算可以作为预算期间经营活动的指南和经营成果的目标。

财务预算是企业全面预算的一部分，和其他预算紧密相连，要了解企业的财务预算，首先必须对全面预算体系做一个简要的概述。

全面预算是以货币及其他数量形式反映的有关企业未来一定时期内全部经营活动各项目标的行动计划与相应措施的数量说明，是根据企业目标所编制的经营、资本、财务等年度收支计划。具体包括特种决策预算、日常业务预算和财务预算。

特种决策预算是指企业不经常发生的、需要根据特定决策临时编制的一次性专门预算。特种决策预算包括经营决策预算和投资决策预算两种类型。经营决策预算是针对选中的经营方案所做的进一步规划，而投资决策预算是针对选中的投资方案所做的进一步规划。

日常业务预算是指与企业日常经营活动直接相关的经营业务的各种预算。具体包括销售预算，生产预算，直接材料消耗及采购预算，直接人工预算，制造费用预算，产品生产成本预算，应交增值税、销售税金及附加预算，销售费用预算，管理费用预算，期末存货预算等，这些预算前后衔接，相互勾稽，既有实物量指标，也有价值量指标。

财务预算是一系列专门反映企业未来一定预算期内预计财务状况和经营成果，以及现金收支等价值指标的各种预算的总称。具体包括现金预算、财务费用预算、预计利润表、预计利润分配表和预计资产负债表等内容。

二、全面预算体系

1. 全面预算的内容

全面预算是由一系列预算按其经济内容及相互关系有序排列组成的有机体，随着企业的性质和规模的不同，全面预算的体系及编制方法也会有所不同。通常完整的全面预算主要包括以下三个部分。

（1）日常业务预算。日常业务预算是指与企业日常业务直接相关，具有实质性的基本活动的预算，通常与企业损益表的计算有关。主要包括：

1）销售预算。

2）生产预算：生产量预算、直接材料预算、直接人工预算、制造费用预算、期末产成品存货预算。

3）销售成本预算。

4）销售及管理费用预算。

这些预算以实物量指标和价值量指标分别反映企业收入与费用的构成情况。

（2）财务预算。财务预算是指与企业现金收支、经营成果和财务状况有关的各项预算。主要包括：

1）现金预算表。

2）预计损益表。

3）预计资产负债表。

（3）投资决策预算。投资决策预算，也称为资本预算，是指企业不经常发生的、一次性业务的预算，如企业固定资产的购置、扩建、改建、更新等都必须在投资项目可行性研究的基础上编制预算，具体反映投资的时间、规模、收益以及资金的筹措方式等。本章中主要讨论有关经营预算和财务预算的编制方法和原理。

企业经营的全面预算，以市场需求的研究和预测为基础，以销售预算为主导，进而包括生产、成本和现金收支等各个方面，并特别重视生产经营活动对企业财务状况和经营成果的影响，因此，整个预算体系是以预计的财务报表作为终结的。

2. 全面预算的编制程序

全面预算的编制可以简单随意，也可以复杂精细。为了保证预算编制工作有条不紊地进行，一般要在企业内部专设一个预算委员会负责预算编制并监督实施。企业预算的编制，涉及经营管理的各个部门，只有执行人参与预算的编制，才能使预算成为他们自愿努力完成的目标。因此，预算的编制应采取自上而下、自下而上的方法，不断反复和修正，最后由有关机构综合平衡，并以书面形式向下传达，作为正式的预算落实到各有关部门付诸实施。具体地说，全面预算的编制程序包括成立预算委员会、确定预算期、明确预算原则、编制预算草案、预算协调、复议和审批、预算修正。

（1）预算委员会。大多数企业都成立预算委员会来管理有关预算事项。它由企业的高级管理人员组成。典型的预算委员会由总经理、一个或多个副总经理、战略经营单位负责人、财务总监等人组成。委员会的大小取决于企业的规模、预算所涉及人数、预算过程中内部单位的参与程度及总经理的管理风格等。在一些企业里，所有事项都由总经理决定，根本没有预算委员会。预算委员会是企业内涉及预算事项的最高权力机构。该委员会设定和批准企业及主要经营部门的预算目标，解决预算编制过程中可能出现的冲突和分歧，批准最终的预算，在预算期开始后监控预算的实施并在预算期末评价经营成果。预算委员会还审批预算期内对预算的重大调整。

（2）预算期。预算的编制通常与企业的会计年度一致，以一年为一个预算期。许多公司编制季度和月度财务报表，所以也编制季度和月度预算。企业预算期与会计期的协调便于比较预算数与实际经营成果。

一些公司使用连续（或滚动）预算。连续预算是将预算期始终保持一个固定的月份数、季度数或年数的预算系统。这样，一个月或一个季度结束后，用最新获得的信息更新原来的预算，预算中增加下一个新的月份或季度。例如，某公司运用连续预算，每年编制下两年的预算。每一年，都会根据自上一个预算编制期以后逐渐获得的新的信息对第二年的预算进行修正和更新。这样，第二年的预算就成了下期的全面预算，新的第二年的预算又在准备之中了。另外，该公司还编制五年和十年的预算。

在实践中，很少有公司只编制一年的预算。不过，下年以后的预算通常只包括一些主要的经营数据。这种方法的优势在于为管理者提供了较长远的战略视角、给他们更多的时间来进行经营决策、更多的机会评价预测的精确性。

常见的连续预算是将4个季度或12个月作为固定预算期。使用连续预算的企业认为，连续预算可以使管理者较长远地考虑经营问题，而不是将目光仅局限在预算年度。使用连续预算的公司，预算更可能反映实时状况，因为在增加新的预算月份或季度时，都会对现有预算做一些调整和修正。

与连续预算相似，连续更新预算在预算年度开始之后不断利用新的信息来调整预算，但与连续预算不同的是，连续更新预算并不将预算期固定为4个季度或12个月，它的目的主要是利用新的信息来修正该年度全面预算中已确定的经营方针。

（3）预算原则。预算委员会的职责之一就是确定预算原则来规范预算、管理预算编制过程。所有的责任中心（或预算单位）在编制预算时都应遵循这一原则。

确定预算原则的起点是明确公司长期战略目标。在确定预算原则时，预算委员会应当考虑以下因素：采用战略计划后公司已取得的发展和变化；经济环境与市场前景；预算期内公司的目标；公司的特殊政策如收缩、再造、特殊营销推销活动等以及迄今为止的经营业绩。

（4）预算草案。每个预算单位会依据预算原则编制各自的预算草案。

预算单位在编制预算草案时应考虑以下内部影响因素：

1）可使用的机器设备的变动。

2）新的生产程序的应用。

3）产品设计或产品结构的变化。

4）新产品的引进。

5）本预算单位因原材料投入或其他经营因素所依赖的其他预算单位经营活动和预期的变化。

6）依靠本预算单位供应部件的其他预算单位，其经营环境、预期或经营活动发生的变化。

在编制预算草案时应考虑以下外部影响因素：

1）原材料、零件的可得性及它们的价格。

2）近期内行业的动向。

3）竞争对手的行动。

（5）预算协调。上一级预算单位审查预算草案，看它是否符合预算原则。上一级预算单位还应查看预算目标是否能够实现，是否与上一级预算单位的目标一致。其内容是否与其他预算单位的预算内容协调，这些单位包括直接或间接受本单位活动影响的单位。每个预算单位都应与上级单位共同商议预算草案中的变更。

协商在公司的所有层次都存在。协商可以说是预算编制程序的核心工作，它占用了预算编制的大量时间。例如，一个企业的会计年度在 12 月 31 日结束，那么预算编制程序通常会在 5 月份开始，协商会持续到 9、10 月份，预算在年底前被通过。

（6）复议和审批。预算单位通过了自己的预算之后，此项预算会沿着组织的层级传达到预算委员会，这时，这些单位预算合并便形成了整个组织的预算。预算委员会最后审批预算。预算委员会主要检查该预算是否符合预算原则、是否能达到短期的期望目标、是否履行了战略计划。总经理据此来批准预算并将其提交董事会。

（7）调整。对预算如何进行调整，企业间各不相同。预算通过后，有些企业只允许在特殊的情况下调整预算；但也有一些，如执行连续更新预算的企业却按季或按月调整预算。在只允许特殊情况下调整预算的企业，修改预算是很难获准的。然而，不是所有的事情都会像预计的那样进行。当实际情况已与预计出现重大差异时，依旧恪守预算是不可取的。在这种情况下，应提醒管理者不要将预算教条化。系统地、周期性地调整已通过的预算或使用滚动预算可以使企业在动态的经营环境中获益，因为时常更新的预算能够更好地指导经营活动。但是，定期地进行预算调整可能会使责任中心在编制预算时不尽全力。系统调整预算的企业应确保预算调整只是在情况发生重大变化的条件下进行。

3. 全面预算的编制原理

企业生产经营预算通常是在销售预测的基础上，首先对企业的产品销售进行预算，然后再以“以销定产”的方法，逐步对生产、材料采购、存货和费用等方面进行预算。企业的财务预算是在上述经营预算和资本支出预算的基础上，按照一般会计原则和方法编制出来的。

企业生产经营活动全面预算的预算期间通常为一年,并且与企业的会计年度相一致。下面就各预算的编制方法分别进行介绍。

（1）销售预算。通过对企业未来产品销售情况所做的预测，推测出下一预算期的产品销售量和销售单价，这样就可求出预计的销售收入：

销售收入＝销售量×销售单价

由于销售预算是其他预算的起点，并且销售收入是企业现金收入最主要的来源，因此销售预测的准确程度对整个全面预算的科学合理性起着至关重要的作用。

（2）生产预算。生产预算是根据预计的销售量和预计的期初、期末产成品存货量，分别计算出每一个产品的预计生产量，计算方法为：

预计生产量＝预计销售量＋预计期末产成品存货量—预计期初产成品存货量

在进行生产预算时，不仅要考虑到企业的销售能力，同时还要考虑到预算期初和期末的存货量，目的就是要尽可能地降低产品的单位成本，避免由于存货过多而造成的资金积压和浪费，或由于存货不足、无货销售而导致收入下降的情况发生。

（3）直接材料预算。预计生产量确定以后，按照单位产品的直接材料消耗量，同时考虑预计期初、期末的材料存货量，便可以编制直接材料预算：

预计直接材料采购量＝预计生产量×单位产品耗用量＋预计期末材料存货—预计期初材料存货

根据计算得到的预计直接材料采购量，不仅可以安排预算期内的采购计划，同时也可得到直接材料的预算额：

直接材料预算额＝直接材料预计采购量×直接材料单价

与生产预算相同，在编制直接材料预算时考虑期初、期末存货的目的也在于尽可能地降低产品成本，避免因材料存货不足而影响生产，或由于材料存货过多而造成资金的积压和浪费。

（4）直接人工预算。直接人工预算与直接材料预算相似，也是在生产预算的基础上进行的：

直接人工预算额＝预计生产量×单位产品直接人工小时×小时工资率

（5）制造费用预算。制造费用预算是除直接材料和直接人工以外的其他产品成本的计划。这些成本按照其与生产量的相关性，通常可分为变动制造费用和固定制造费用两类(即通常所说的成本性态分类)。不同性态的制造费用,其预算的编制方法也完全不同。因此，在编制制造费用预算时，通常是将两类费用分别进行。

变动制造费用与生产量之间存在着线性关系，其计算方法为：

变动制造费用预算额＝预计生产量×单位产品预定分配率

固定制造费用与生产量之间不存在线性关系,其预算通常都是根据上年的实际水平,经过适当的调整而取得的。此外，固定资产折旧作为一项固定制造费用，由于其不涉及现金的支出，因此在编制制造费用预算，计算现金支出时，需要将其从固定制造费用中扣除。

（6）期末产成品存货预算。期末产成品存货不仅影响到生产预算，而且其预计金额也直接对预计损益表和预计资产负债表产生影响。其预算方法为：先确定产成品的单位成本，然后将产成品的单位成本乘以预计的期末产成品存货量即可。

（7）销售成本预算。销售成本预算是在生产预算的基础上，按产品对其成本进行归集，计算出产品的单位成本，然后便可以得到销售成本的预算。即：

销售成本预算＝产品单位成本×预计销售量

（8）销售与管理费用预算。

销售与管理费用包括除制造费用以外的其他所有费用，这些费用的预算编制方法与制造费用预算的编制方法相同，也是按照费用的不同性态分别进行编制的。

（9）现金预算。现金预算是所有有关现金收支预算的汇总，通常包括现金收入、现金支出、现金多余或现金不足、资金的筹集与应用四个组成部分。现金预算是企业现金管理的重要工具，它有助于企业合理地安排和调动资金，降低资金的使用成本。

（10）预计损益表。预计损益表是在上述各经营预算的基础上，按照权责发生制的原则进行编制的，其编制方法与编制一般财务报表中的损益表相同。预计损益表揭示的是企业未来的盈利情况，企业管理当局可据此了解企业的发展趋势，并适时调整其经营策略。

（11）预计资产负债表。预计资产负债表反映的是企业预算期末各账户的预计余额，企业管理当局可以据此了解到企业未来期间的财务状况，以便采取有效措施，防止企业不良财务状况的出现。

预计资产负债表是在预算期初资产负债表的基础上，根据经营预算、资本支出预算和现金预算的有关结果，对有关项目进行调整后编制而成的。

三、财务预算在全面预算体系中的地位和作用

1. 财务预算在全面预算体系中的地位

财务预算是企业全面预算体系中的最后环节，各种日常业务预算和特种决策预算，最终大多可以综合反映在财务预算中，可以说它是从价值方面总括地反映日常业务预算和特种决策预算的结果，这样财务预算就成为各项经营业务和专门决策的整体计划，也称为总预算，而其他预算相应地称为辅助预算或分预算。因此，它在全面预算体系中占有举足轻重的地位。见图 10－1。

2. 财务预算在全面预算体系中的作用

财务预算在企业经营管理和实现目标利润中发挥着重大作用，概括起来有以下四点。

（1）财务预算能够使企业各级各部门明确自己的奋斗目标。财务预算是以各项业务预算和专门决策预算为基础，以价值尺度为指标编制的综合性预算，规定了企业一定时期的总目标以及各级、各部门的具体财务目标。各级、各部门根据自身的具体目标安排各自的经济活动，设想达到各目标拟采取的办法和措施，从而也就明确了自己的职责和努力的方向，同时也了解了本单位的经济活动与整个企业经营目标之间的关系。

（2）财务预算可以协调企业各级、各部门之间的关系。企业内部各级、各部门因其职责不同，对各自经济活动的考虑可能会带有片面性，甚至会出现相互冲突的现象。例如，销售部门根据市场预测提出了一个很可观的销售计划，生产部门可能没有那么大的生产能力；生产部门根据自己的条件编制了一个充分发挥生产能力的计划，但销售部门却可能无法将这些产品推销出去。克服片面、避免冲突的最佳办法是进行经济活动的综合平衡。财务预算具有高度的综合能力，编制财务预算的过程也是企业内部各级、各部门的经济活动密切配合、相互协调、统筹兼顾、全面安排、搞好综合平衡的过程。例如，编制生产预算必须要以销售预算为依据，编制材料、人工、费用预算必须与生产预算相衔接，各指标之间应保持必须的平衡等。

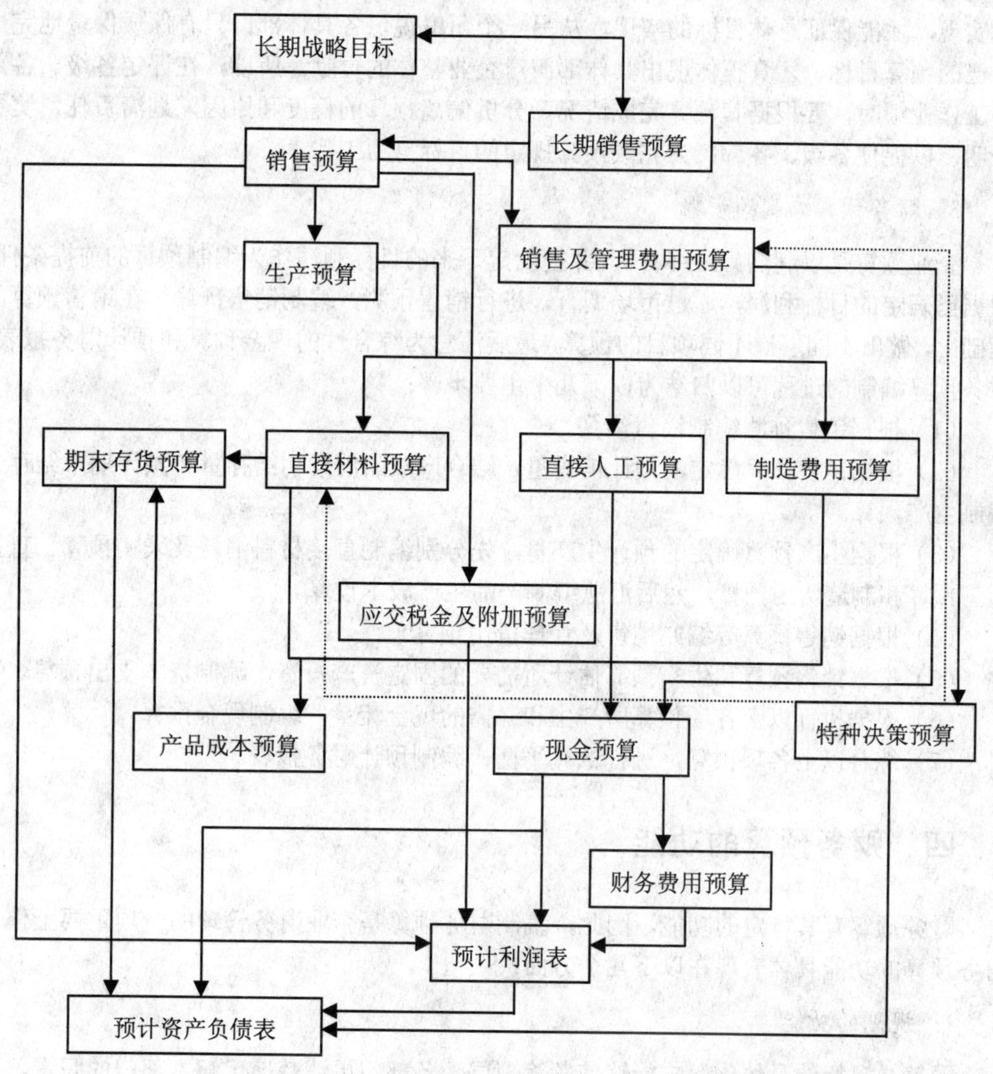

图10—1　财务预算在全面预算体系中位置示意图

（3）财务预算是企业各级、各部门日常工作控制的标准。财务预算在使企业各级、各部门明确奋斗目标的同时，也为其日常工作提供了控制依据。预算进入实施阶段以后，各级、各部门管理工作的重心也自然转入了日常控制，即设法使经济活动按预算进行。这就要求各级、各部门应以各项预算为标准，通过计量对比，及时提供实际偏离预算的差异数，并分析原因，以便采取有效措施，挖掘潜力，巩固成绩，纠正缺点，保证既定目标的实现。

（4）财务预算是考核企业各级、各部门工作业绩的标准。现代企业管理的有效手段就是实行责任制度，而有效的责任制度离不开公开、公平、公正的业绩考核。企业财务预算的编制是企业内部公开的、全面的、总体的目标规划过程，它不仅明确了各级、各部门的具体工作目标，也明确了各具体目标与总体目标之间的关系，只有各具体目标得以实现，才能保证总体目标的实现。从另一个角度说，各具体部门只有保质保量地完成自己的预算目标，才真正体现出具体部门对企业整体的贡献。所以，在评定各级、各部门工作业绩时，要根据其预算完成情况，分析偏离预算的程度和原因，划清责任，奖罚分明，以促使各级、各部门为完成预算规定的目标努力工作。

3. 财务预算编制的步骤

企业预算是以利润为最终目标，并把确定下来的目标利润作为编制预算的前提条件。根据已确定的目标利润，通过市场调查，进行销售预测，编制销售预算。在销售预算的基础上，做出不同层次不同项目的预算，最后汇总为综合性的现金预算和预计财务报表。财务预算编制的过程可以归结为以下几个主要步骤：

（1）根据销售预测编制销售预算。

（2）根据销售预算确定的预计销售量，结合产成品的期初结存量和预计期末结存量编制生产预算。

（3）根据生产预算确定的预计生产量，先分别编制直接材料消耗及采购预算、直接人工预算和制造费用预算，然后汇总编制产品生产成本预算。

（4）根据销售预算等编制销售及管理费用预算。

（5）根据销售预算和生产预算估计所需要的固定资产投资，编制资本支出预算。

（6）根据执行以上各项预算所产生和必需的现金流量，编制现金预算。

（7）综合以上各项预算，进行试算平衡，编制预计财务报表。

四、财务预算的功能

财务预算有其特定的功能，因此，编制财务预算是企业财务管理的一项重要工作。财务预算的功能具体表现在以下几个方面：

1. 规划的功能

预算是目标的具体化，它能够使各管理层、各部门更清楚地了解本部门的职责，从而指导和控制日常工作。

2. 沟通和协调功能

预算中纳入了企业内部协作单位的配合关系，使整个企业各方面的工作严密组织，从而实现协调、平衡。

3. 资源分配功能

由于企业资源有限，按照经济原则，通过财务预算可将有限资源分配给获利能力相对较高的相关部门或项目、产品，实现资源的最有效利用。

4. 营运控制功能

预算也可视为一种控制标准，若将实际经营成果与预算相比较，可让管理者找出差距，分析原因，不断改善企业经营。

5. 绩效评估功能

通过预算建立绩效评估体系，通过预算的执行情况与预算的对比，可帮助各部门管理者分析比较，评价业绩，做好绩效评估工作。

财务预算的编制需要以财务预测的结果为根据，并受财务预测质量的制约；财务预算必须服从决策目标的要求，使决策目标具体化、系统化、定量化。

第二节 预算编制方法

一、固定预算

1. 固定预算的含义及编制过程

固定预算是一种最基本的全面预算编制方法，该方法所涉及的各项预定指标均为固定数据。这种预算方法也叫做静态预算。固定预算是指在编制预算时，只根据预算期内正常的、可实现的某一固定业务量（如生产量、销售量）水平作为唯一基础来编制预算的一种方法。

现举例说明这种预算的编制过程。

【例 10－1】A 公司采用完全成本法，其预算期生产的某种产品的预计产量为 1000 件，按固定预算方法编制的该产品成本预算如表 10－1 所示。

该产品预算期的实际产量为 1400 件，实际发生总成本为 11000 元，其中：直接材料 7500 元，直接人工 1200 元，制造费用 2300 元，单位成本为 7.86 元。

该企业根据实际成本资料和预算成本资料编制的成本业绩报告如表 10－2 所示。

从该表中可以看出，实际成本与未按产量调整的预算成本相比，超支较多；实际成本与按调整后的预算成本相比，又节约不少。

表 10－1　A 公司产品成本预算（按固定预算方法编制）　单位：元

成本项目	总成本	单位成本
直接材料	5000	5
直接人工	1000	1
制造费用	2000	2
合　计	8000	8

表 10－2　A 公司成本业绩报告　单位：元

成本项目	实际成本	预算成本		差　异	
		未按产量调整	按产量调整	未按产量调整	按产量调整
直接材料	7500	5000	7000	＋2500	＋500
直接人工	1200	1000	1400	＋200	－200
制造费用	2300	2000	2800	＋300	－500
合　计	11000	8000	11200	＋3000	－200

在产量从 1000 件增加到 1400 件的情况下，如果不按变动后的产量对预算成本进行调整，就会因业务量不一致而导致计算的差异缺乏可比性；但是如果所有的成本项目都按实际产量进行调整，也不够科学。因为制造费用中包括一部分固定制造费用，它们是不随产量变动的，即使按产量调整了固定预算，也不能准确说明企业预算的执行情况。

2. 固定预算的缺陷

固定预算方法有以下两个缺点：

（1）过于机械呆板。在此法下，不论未来预算期内实际业务量水平是否发生波动，都只按事先预计的某一个确定的业务量水平作为编制预算的基础。

（2）可比性差。这也是固定预算方法的致命弱点。当实际业务量与编制预算所依据的预计业务量发生较大差异时，有关预算指标的实际数与预算数之间就会因业务量基础不同而失去可比性。因此，按照固定预算方法编制的预算不利于正确地控制、考核和评价企业预算的执行情况。

对于那些未来业务量不稳定、其水平经常发生波动的企业来说，如果采用固定预算方法，就可能会对企业预算的业绩考核和评价产生扭曲甚至误导作用。这种现象在采用完全成本法的企业中表现得尤为突出。

3. 固定预算的适用范围

一般来说，固定预算方法只适用于业务量水平比较稳定的企业或非营利组织编制预算时采用。

二、弹性预算

1. 弹性预算的含义

在企业实际经营过程中，由于市场等因素的影响，预算期的各项指标，如销售量、售价，及各种变动成本费用等都可能发生变化，弹性预算就是在变动成本法下，充分考虑到预算期各预定指标可能发生的变化，而编制出的能适应各预定指标不同变化情况的预算，从而使得预算对企业在预算期的实际情况更加具有针对性，这种预算方法也称做动态预算。在实际工作中，可以根据企业当时的实际业务情况选择执行相应的预算，并按此预算评价与考核各部门的预算执行情况。可见弹性预算比固定预算更便于区分和落实责任。

弹性预算方法简称弹性预算，又称变动预算或滑动预算，是为克服固定预算的缺点而设计的一种预算方法。该方法以成本习性分析为基础，分别按一系列可能达到的预计业务量水平编制能适应多种情况的预算。由于它能规定不同业务量条件下的预算收支，适用面宽，机动性强，具有弹性，因此称做弹性预算。

由于未来业务量的变动会影响到成本费用和利润等各个方面，因此，弹性预算从理论上讲适用于全面预算中与业务量有关的各种预算，但从实用角度看，主要用于编制弹性成本费用预算和弹性利润预算等。实务中，由于收入、利润可按概率的方法进行风险分析预算，直接材料、直接人工可按标准成本制度进行标准预算，只有制造费用、销售费用及管理费用等间接费用应用弹性预算的频率较高，以致有人将弹性预算方法误认为只是编制费用预算的一种方法，其实并非如此，方法的选择在于能否更有利于反映对象的本质和达到我们的目的。从这一角度而言，该方法主要用于编制弹性成本费用预算和弹性利润预算。

编制弹性预算所依据的业务量可以是产量、销售量、直接人工工时、机器工时、材料消耗量，也可以是直接人工工资等。

2. 弹性成本预算的编制

（1）弹性成本预算的基本公式。编制弹性成本预算，首先是要按成本习性将全部成本最终区分为固定成本和变动成本两大类。固定成本的总额在一定时期、一定业务量范围内固定不变，因此按总额控制；变动成本的总额在一定时期、一定业务量范围内随业务量的变动而变动，因此按业务量来控制。其成本的预算公式如下：

成本的弹性预算＝固定成本预算数＋Σ（单位变动成本预算数×预计业务量）

在此基础上，按事先选择的业务量计算单位和确定的有效变动范围，根据业务量与有关成本费用项目之间的内在关系编制弹性成本预算。

（2）业务量的选择。选择业务量包括选择业务量计量单位和业务量变动范围两部分。业务量计量单位应根据企业具体情况进行选择。一般来讲，生产单一产品的部门，可以选择产品的实物量为计量单位；生产多种产品的部门，可以选用人工工时、机器工时等；修理部门可以选用修理工时等。以手工操作为主的企业应选用人工工时；机械化程度较高的企业选用机器工时更为适宜。业务量变动范围是指弹性预算所适用的业务量变动区间。

(3)弹性成本预算的具体编制方法。弹性成本预算的编制方法可以选择公式法和列表法。

第一，公式法。在成本习性分析的基础上，可将任何成本费用近似地表示为 $y=a+bx$（其中，a 为固定成本总额，b 为单位变动成本，x 为业务量，y 为成本总额），公式法只需要列出各项成本费用的 a 和 b，即可推算出业务量在允许范围内任何水平上的各项预算成本。

①当 $b=0$ 时，y 为固定成本项目，则 $a=y$；

②当 $a=0$ 时，y 为变动成本项目，则 $b=y/x$；

③当 a 和 b 均不为零时，y 为混合成本项目，可采用适当的数学方法将 y 加以分解，分别确定 a 和 b。

【例 10－2】B 公司 2008 年制造费用弹性预算指标如表 10－3 所示。其中较大的混合成本项目已经被分解。直接人工工时的有效变动范围为 105000～180000 小时。若直接人工工时为 120000 小时，请计算该公司 2008 年制造费用预算数额。

表 10－3 B 公司 2008 年制造费用弹性预算（公式法） 单位：元

项目	a	b
管理人员工资	300000	—
保险费用	120000	—
设备租金	96000	—
维修费用	30000	0.30
水电费用	90000	0.18
辅助材料	120000	0.35
辅助工工资	—	0.50
检验员工资	12000	0.40
合计	768000	1.73

当企业直接人工工时为 120000 小时时，该公司 2008 年的制造费用预算数额为：

$y=768000+1.73\times120000=975600$（元）

公式法的优点是：在一定范围内不受业务量波动影响，编制预算的工作量比较小；缺点是在进行预算控制和考核时，不能直接查出特定业务量下的总成本预算额，而且按细目分解成本也比较麻烦，同时也存在一定误差。

第二，列表法。列表法是通过列表的方式，在相关范围内，每隔一定业务量范围计算相关数值预算，来编制弹性成本预算的方法。该方法在一定程度上克服了公式法查不到不同业务量下总成本预算数额的弱点，所以在实际工作中往往是把公式法和列表法结合起来应用。

【例 10－3】表 10－4 是按列表法编制的 B 公司制造费用弹性预算。

表 10－4 B 公司预算期制造费用弹性预算（列表法） 单位：元

直接人工工时	84000	96000	108000	120000	132000	144000
生产能力利用	70%	80%	90%	100%	110%	120%
1．变动成本项目	42000	48000	54000	60000	66000	72000
辅助工人工资	42000	48000	54000	60000	66000	72000
2．混合成本项目	355320	370080	384840	399600	414360	429120
维修费	55200	58800	62400	66000	69600	73200
水电费	105120	107280	109440	111600	113760	115920
辅助材料	149400	153600	157800	162000	166200	170400
检验员工资	45600	50400	55200	60000	64800	69600
3．固定成本项目	516000	516000	516000	516000	516000	516000
管理人员工资	300000	300000	300000	300000	300000	300000
保险费	120000	120000	120000	120000	120000	120000
设备租金	96000	96000	96000	96000	96000	96000
制造费用预算	913320	934080	954840	975600	996360	1017120

表中的业务量间距为 10%，在实际工作中可选择更小的间距。显然，业务量的间距越小，实际业务量水平出现在预算表中的可能性就越大，但工作量也就越大。

列表法的优点主要是可以直接从表中查到各种业务量下成本预算，便于预算的控制和考核，可以在一定程度上弥补公式法的不足。但这种方法工作量较大，且不能包括所有业务量条件下的费用预算，故适用面较窄。

3. 弹性利润预算的编制

弹性利润预算是根据成本、业务量和利润之间的依存关系，为适应多种业务量变化而编制的利润预算。弹性利润预算是以弹性成本预算为基础编制的，其主要内容包括销售量、价格、单位变动成本、边际贡献和固定成本。常见的编制方法有以下两种：

（1）因素法。该方法是根据影响利润的有关因素与收入、成本的关系，列表反映这些因素分别变动时相应的预算利润水平。

【例 10－4】预计 C 公司预算年度 A 产品的销售量有效变动范围为 7000～12000 件；同一销售业务量下其单价分别为 120 元和 130 元；单位变动成本 80 元；固定成本总额为 80000 元。根据以上资料编制 C 公司弹性利润预算表，如表 10－5 所示。

表 10－5 C 公司弹性利润预算 单位：元

销售量（件）	7000		…	…	10000		…	12000	
单价	120	130			120	130		120	130
单位变动成本	80	80			80	80		80	80
销售收入	840000	910000			1200000	1300000		1440000	1560000
减：变动成本	560000	560000			800000	800000		960000	960000
边际贡献	280000	350000			400000	500000		480000	600000
减：固定成本	80000	80000			80000	80000		80000	80000
营业利润	200000	270000			320000	420000		400000	520000

如果单位变动成本、固定成本发生变动，也可参照此法，分别编制在不同单位变动成本、不同固定成本水平下的弹性利润预算，从而形成一个完整的弹性利润预算体系。

该方法适用于单一品种经营或采用分算法处理固定成本的多品种经营的企业。

（2）百分比法。也称销售百分比法，是指按不同项目占销售额的百分比，列表反映在销售业务量的有效变动范围内，不同销售收入百分比相应的预算利润水平的一种方法。百分比法必须假定固定成本不变，变动成本随着销售收入变动百分比同比例变动。

【例 10－5】D 公司预算年度的销售业务量达到 100%时的销售收入为 1200000 元，变动成本为 800000 元，固定成本为 80000 元。根据以上资料，按 10%的间隔编制 D 公司弹性利润预算，如表 10－6 所示。

表 10－6 D 公司弹性利润预算（百分比法） 单位：元

销售收入百分比（%）（1）	80	90	100	110	120
销售收入（2）＝1200000×（1）	960000	1080000	1200000	1320000	1440000
变动成本（3）＝800000×（1）	640000	720000	800000	880000	960000
边际贡献（4）＝（2）－（3）	320000	360000	400000	440000	480000
固定成本（5）	80000	80000	80000	80000	80000
利润总额（6）＝（4）－（5）	240000	280000	320000	360000	400000

一般来说，许多企业都经营很多品种，在实际工作中，分别按品种逐一编制弹性利润预算是不现实的，这就要求有一种能综合编制各品种弹性利润的预算方法。百分比法恰好解决了这一问题，这也正是百分比法的优点。

应用百分比法的前提条件是销售收入必须在相关范围内变动，即销售收入的变化不会影响企业的成本水平（单位变动成本和固定成本总额）。此法主要适用于多品种经营的企业。

三、增量预算和零基预算

编制成本费用预算的方法按其出发点的特征不同，可分为增量预算方法和零基预算方法两大类。

1. 增量预算

（1）增量预算的含义。增量预算方法简称增量预算，又称调整预算方法，是指以基期成本费用水平为基础，结合预算期业务量水平及有关影响成本因素的未来变动情况，通过调整有关原有费用项目而编制预算的一种方法。

传统的预算编制方法基本上采用的是增量预算方法，即以基期的实际预算为基础，对预算值进行增减调整。

（2）增量预算的假定。增量预算方法源于以下假定：

1）现有的业务活动是企业所必需的。只有保留企业现有的每项业务活动，才能使企业的经营过程得到正常发展。

2）原有的各项开支都是合理的。既然现有的业务活动是必需的，那么原有的各项费用开支就一定是合理的，必须予以保留。

3）增加费用预算是值得的，未来预算期的费用变动是在现有费用的基础上调整的结果。

（3）增量预算的缺陷。增量预算方法以过去的经验为基础，实际上是承认过去所发生的一切都是合理的，主张不需要在预算内容上做较大改进，而是沿袭以前的预算项目。这种方法的主要缺点是：

1）受原有费用项目限制，可能导致保护落后。由于按这种方法编制预算，往往不加分析地保留或接受原有的成本项目，可能使原来不合理的费用开支继续存在下去，形成不必要开支的合理化，造成预算上的浪费。

2）滋长预算中的“平均主义”和“简单化”。采用此法，容易鼓励预算编制人员凭主观臆断按成本项目平均削减预算或只增不减，不利于调动各部门降低费用的积极性。

3）不利于企业未来的发展。按照这种方法编制的费用预算，只对目前已存在的费用项目编制预算；而那些对企业未来发展有利确实需要开支的费用项目却未予考虑，必将对企业一些有价值的改革创新思想的运用产生不利影响，阻碍企业的长远发展。

2. 零基预算

（1）零基预算方法的含义。零基预算方法的全称为“以零为基础编制计划和预算的方法”，简称零基预算，又称零底预算，是指在编制成本费用预算时，不考虑以往会计期间所发生的费用项目或费用数额，而是将所有的预算支出均以零为出发点，一切从实际需要与可能出发，逐项审议预算期内各项费用的内容及开支标准是否合理，在综合平衡的基础上编制费用预算的一种方法。

零基预算方法打破了传统的编制预算观念，不再以历史资料为基础进行调整，而是一切以零开始。编制预算时，首先要确定各个费用项目是否应该存在，然后按项目的轻重缓急，安排企业的费用预算。

（2）零基预算的编制程序。零基预算的编制步骤为：

1）确定预算期的生产经营目标，如利润目标、销售目标，或生产目标等，以便于各部门据此制订出各项固定费用的支出方案。

2）对预算期各项费用的支出方案进行成本—效益分析及综合评价，权衡轻重缓急，划分成不同等级并排出先后顺序。

3）按照已排出的等级和顺序，并根据企业预算期可用于费用开支的资金数额分配资金，落实预算。

【例 10－6】E 公司采用零基预算法编制 2009 年度的销售及管理费用预算，基本编制程序如下：

首先，企业销售及管理部门根据预算期利润目标及销售目标等，经讨论研究，确定出 2009 年所需发生的费用项目及支出数额为：

1．保险费 3000 元
2．广告费 5000 元
3．租金 1500 元
4．办公费 7000 元
5．差旅费 2000 元
6．培训费 5000 元
合计 23500 元

其次，对各费用项目中属于选择性固定成本的广告费、培训费参照历史经验，经过成本—效益分析，其结果如表 10－7 所示。

表10－7 成本—效益分析表

项 目	成本（元）	收益（元）	成本收益率
广告费	1	40	1∶40
培训费	1	25	1∶25

然后，将所有费用项目按照性质和轻重缓急，排出开支等级及顺序。

第一等级：保险费、租金、办公费和差旅费，属于约束性固定成本，为预算期必不可少的开支，应全额得到保证。

第二等级：广告费，属于选择性固定成本，可以根据预算期企业资金供应情况酌情增减，但由于广告费的成本收益率高于培训费，因而列入第二等级。

第三等级：培训费，也属于选择性固定成本，根据预算期企业资金供应情况酌情增减，但由于培训费的成本收益率小于广告费，因而列入第三等级。

最后，如果 E 公司预算期可用于销售及管理费用的资金数额为 21000 元。则可以根据所排列的等级和顺序分配落实预算资金。

第一等级的费用项目所需资金应全额满足：

1．保险费 3000 元

2. 租金　　1500 元
3. 办公费　7000 元
4. 差旅费　2000 元
　合计　　13500 元

剩余的可供分配的资金数额为 7500 元（21000－13500），按成本收益率的比例分配广告费和培训费，则广告费可分配资金为：

7500×40/(40＋25)＝4615(元)

培训费可分配资金为：

7500×25/(40＋25)＝2885(元)

在实际工作中，某些成本项目的成本—效益的关系不容易确定，按零基预算方法编制预算时，不能机械地平均分配资金，而是应根据企业的实际情况，有重点、有选择地确定预算项目，保证重点项目的资金需要。

（3）零基预算的评价。零基预算的优点是：

1）不受现有费用项目和开支水平的限制。这种方法可以促使企业合理有效地进行资源分配，将有限的资金用在刀刃上。

2）能够调动企业各部门降低费用的积极性。这种方法可以充分发挥各级管理人员的积极性、主动性和创造性，促进各预算部门精打细算，量力而行，合理使用资金，提高资金的利用效果。

3）有助于企业未来发展。由于这种方法以零为出发点，对一切费用一视同仁，有利于企业面向未来发展考虑预算问题。

零基预算的缺点在于这种方法一切从零出发，需要对企业现状和市场进行大量的调查研究，对现有资金使用效果和投入产出关系进行定量分析等，这势必耗费大量的人力、物力和财力，带来繁重的预算工作量。

零基预算法特别适用于产出较难辨认的服务性部门费用预算的编制。

四、概率预算

概率预算是为了反映企业在实际经营过程中各预定指标可能发生的变化而编制出的预算。它不仅考虑了各因素可能发生变化的水平范围，而且还考虑到在此范围内有关数据可能出现的概率情况。因此，在预算的编制过程中，不仅要对有关变量的相应数值进行加工，而且还需对有关变量可预期的概率进行分析。用该方法编制出来的预算由于在其形成过程中，把各种可预计到的可能性都考虑进去了，因而比较接近实际情况，同时还能帮助企业管理当局对各种经营情况及其结果出现的可能性做到心中有数，有备无患。

现举例说明这种预算的编制过程。

【10－7】设 F 公司预算期产品销售单价为 100 元，销售量和变动成本的预期值及相应的概率，以及其他有关数据如表 10－8 所示。

表10－8 销售量和变动成本的预期值及相应的概率

销售量（件） 销售收入（元） 概率I	20000 2000000 0.2			25000 2500000 0.6			30000 3000000 0.2		
变动成本（生产）（元）	50	55	60	50	55	60	50	55	60
变动成本（销售）（元）	5	5	5	5	5	5	5	5	5
概率II	0.3	0.4	0.3	0.3	0.4	0.3	0.3	0.4	0.3
固定成本（元）	350000	350000	350000	400000	400000	400000	450000	450000	450000
利润（元）	550000	450000	350000	725000	600000	475000	900000	750000	600000
总概率（I×II）	0.06	0.08	0.06	0.18	0.24	0.18	0.06	0.08	0.06
利润期望值（元）	600000								

根据表10－8，通过将各变量的有关数据与其相对应的总概率相乘，然后再汇总，就可求得各变量的预期值。为方便使用，下面用普通损益表的形式来表述，如表10－9所示。

表10－9 预计损益表 单位：元

	预期值	变化范围
销售收入	2500000	2000000～3000000
减：变动生产成本	1375000	1000000～1800000
生产贡献毛益	1125000	800000～1500000
减：变动销售成本	125000	100000～150000
产品贡献毛益	1000000	700000～1350000
减：固定成本	400000	350000～450000
利润总额	600000	350000～900000

五、定期预算和滚动预算

编制预算的方法按其预算期的时间特征不同，可分为定期预算方法和滚动预算方法两大类。

1. 定期预算方法

（1）定期预算的含义。定期预算方法简称定期预算，是指在编制预算时以不变的会计期间（如日历年度）作为预算期的一种编制预算的方法。

（2）定期预算方法的评价。定期预算方法的唯一优点是能够使预算期间与会计年度相配合，便于考核和评价预算的执行结果。按照定期预算方法编制的预算主要有以下缺点：

1）远期指导性差。由于定期预算往往是在年初甚至提前两三个月编制的，对于整个预算年度的生产经营活动很难做出准确的预算，尤其是对预算后期的预算只能进行笼统地估算，数据笼统含糊，缺乏远期指导性，给预算的执行带来很多困难，不利于对生产经营活动的考核与评价。

2）灵活性差。由于定期预算不能随情况的变化及时调整，当预算中所规划的各种经营活动在预算期内发生重大变化时（如预算期临时中途转产），就会造成预算滞后过时，使之成为虚假预算。

3）连续性差。由于受预算期间的限制，致使经营管理者的决策视野局限于本期规划的经营活动，不能适应连续不断的经营过程，从而不利于企业的长远发展。

2. 滚动预算

（1）滚动预算的含义。滚动预算方法是指在编制预算时，先按照一个会计年度来编制，随着预算的执行不断延伸补充预算，逐期向后滚动，使预算期永远保持为一个会计年度的预算编制方法，又称为连续预算、永续预算。

（2）滚动预算的特点。其特点是使预算期始终保持为一个会计年度。每当预算执行经过 1 个月或 1 个季度时（此时，实际预算期已经缩短为 11 个月或 3 个季度了），就在原预算的基础上再向后延伸一个月或一个季度的预算，当然，应当根据预算实际执行情况中所发现的问题对剩余预算做适当的调整与修订，以适应对未来情况的最新预测，这样，使预算永远保持一个年度的有效期。

实际上，滚动预算不但可以用来编制年度预算，而且还可以用来编制预算期为 1 年以上的长期预算（2 年、3 年或 5 年），具体编制方法一样，每当一定的预算期结束后，就在其后补充一定的预算期，使其预算跨度永远和原预算期相同。当然，在补充预算期时，应当根据实际情况对原剩余预算做必要的调整和修订。

可见，实行滚动预算，可以根据生产经营活动和企业主客观条件的变化，果断地对预算进行修改，把长期预算和短期预算、需要和可能有机地结合起来，使企业始终有一个科学的预算，用以指导生产经营活动。

（3）滚动预算的编制方式。滚动预算按其预算编制和滚动的时间单位不同可以分为逐月滚动、逐季滚动和混合滚动三种方式。

1）逐月滚动方式。逐月滚动编制方式是指在预算编制过程中，以月份为预算的编制和滚动单位，每个月调整一次预算的方法。

如在 2008 年 1～12 月的预算执行过程中，需要在 1 月末根据当月预算的执行情况，对 2～12 月的预算进行修订，同时补充 2009 年 1 月的预算；2 月末根据当月预算的执行情况，修订 2008 年 3 月至 2009 年 1 月的预算，同时补充 2009 年 2 月份的预算……依次类推。

逐月滚动编制的预算比较精确，但工作量太大。逐月滚动预算示意图如图 10－2 所示。

2）逐季滚动方式。逐季滚动是指在编制预算过程中，以季度为预算的编制和滚动单位，每个季度调整一次预算的方法。

逐季滚动的编制方式和逐月滚动的编制方式相差不大，只是对预算调整和滚动的时间是以季度为单位。如在 2008 年第 1 至第 4 季度的预算执行过程中，需要在第 1 季度末根据当季预算的执行情况，修订第 2 至第 4 季度的预算，同时补充 2009 年第 1 季度的预算；第 2 季度末根据当季预算的执行情况，修订 2008 年第 3 季度至 2009 年第 1 季度的预算，同时补充 2009 年第 2 季度的预算……依次类推。

逐季滚动编制预算的方法比逐月滚动编制预算的方法工作量要小，但精确度较差。

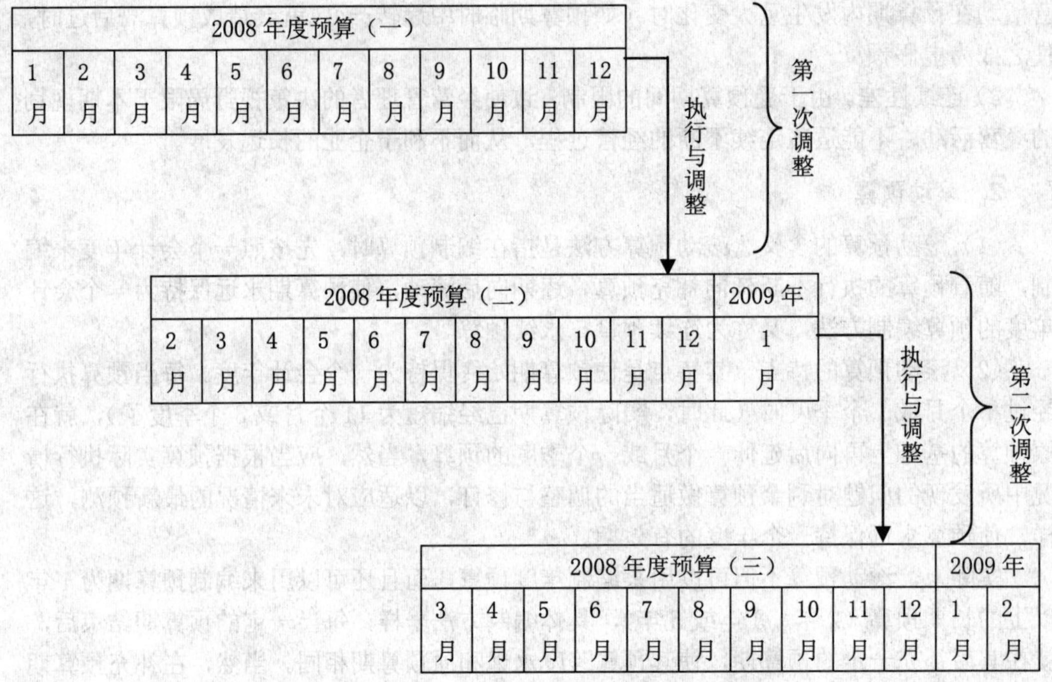

图 10－2 逐月滚动预算示意图

3）混合滚动方式。混合滚动方式是指在预算编制过程中，同时使用月份和季度作为预算的编制和滚动单位的方法。

其理论依据为：由于人们对未来的了解程度往往呈现“对近期把握较大、对远期把握较小”的特点，因此，在编制预算时，近期预算的内容可以安排得较为详细、精度要求相对较高；远期预算的内容相对简单、精度要求也将有所降低，这样，不仅可以减少预算编制的工作量，而且可以做到远略近详。

如对 2007 年 1～3 月份的头三个月逐月编制详细预算，其余 4～12 月份分别按季度编制粗略预算；3 月末根据第 1 季度预算的执行情况，编制 4～6 月份的详细预算，并修订第 3 至第 4 季度的预算，同时补充 2008 年第 2 季度的预算……依次类推。

滚动预算的编制基本上是按其他的预算方法进行，但是它对近 3 个月内的预算比较详细具体，而对其后 9 个月的预算则较为笼统，因为远期的市场等因素一般难于预测。

（4）滚动预算的评价。与传统的定期预算方法相比，按滚动预算方法编制的预算具有以下优点：

1）透明度高。由于编制预算不再是预算年度开始之前几个月的事情，而是实现了与日常管理的紧密衔接，可以使管理人员始终能够从动态的角度把握住企业近期的规划目标和远期的战略布局，使预算具有较高的透明度。

2）及时性强。由于滚动预算能根据前期预算的执行情况，结合各种因素的变动影响，及时调整和修订近期预算，从而使预算更加切合实际，能够充分发挥预算的指导和控制作用。

3）连续性好。由于滚动预算在时间上不再受日历年度的限制，能够连续不断地规划未来的经营活动，不会造成预算的人为间断。

4）完整性和稳定性突出。可以使企业管理人员了解未来预算期内企业的总体规划与近期预算目标，能够确保企业管理工作的完整性与稳定性。

采用滚动预算的方法编制预算的主要缺点是工作量较大。

第三节 日常业务预算和财务预算

一、日常业务预算

【例 10－8】G 公司只生产一种产品，销售单价为 200 元，预算年度内 4 个季度的销售量经测算分别为 300 件、600 件、400 件和 450 件。根据以往经验，销货款在当季可收到 70%，其余部分将在下一季度收到。预计预算年度第 1 季度可收回上年第 4 季度的应收账款 18000 元。

根据上述资料，首先编制出销售预算表，如表 10－10 所示。

表 10－10 G 公司销售预算

20××年度

季 度		1	2	3	4	全年
预计销售量（件）	①	300	600	400	450	1750
销售单价（元）	②	200	200	200	200	200
预计销售额（元）	③＝①×②	60000	120000	80000	90000	350000

根据销售预算及前期应收账款的收回及预计收到当期销货款的情况，就能够编制出预计现金收入计算表，如表 10－11 所示。现金收入计算表是编制现金预算的依据。

表 10－11 G 公司预计现金收入计算表

20××年度　　单位：元

季 度		1	2	3	4	全年
预计销售额	①	60000	120000	80000	90000	350000
收到上季应收销货款	②＝上季①×30%	18000	18000	36000	24000	96000
收到本季销货款	③＝①×70%	42000	84000	56000	63000	245000
现金收入合计	④＝②＋③	60000	102000	92000	87000	341000

【例 10－9】依上例资料，如果 G 公司期末存货量为下一季度销售量的 10%，预算年度第 1 季度期初存货量为 50 件，预算年度期末存货量为 40 件。

根据销售预算的预计销售量和上述有关数据，可编制出预算年度的生产预算表，如表 10—12 所示。

表 10—12　G 公司生产预算表

20××年度　　单位：件

季　度		1	2	3	4	全年
预计销售量	①	300	600	400	450	1750
加：预计期末存货量	②＝下季①×10%	60	40	45	40	40
减：期初存货量	③＝上季②	50	60	40	45	50
预计生产量	④＝①＋②－③	310	580	405	445	1740

生产预算的数据通常以实物计量，但是在多品种的情况下，也可以采用货币单位来计量。

【例 10—10】依上例资料，如果 G 公司所生产的产品只需要一种原材料，单位产品消耗原材料定额为 4 千克，单位成本为 12 元，每季度末的材料存量为下一季度生产用量的 30%，每季度的购料款当季付 60%，其余款项在下一季度支付。预算年度第 1 季度应付上年第 4 季度赊购材料款为 6000 元，估计预算年度期初材料存量为 510 千克，期末材料存量为 500 千克。

生产预算确定后，就可以根据预计的生产量和上述单位产品的材料消耗定额，及期初、期末的材料存量，编制出材料采购预算，如表 10—13 所示。

表 10—13　G 公司材料采购预算表

20××年度　　单位：千克

季　度		1	2	3	4	全年
预计生产量（件）	①	310	580	405	445	1740
单位产品材料消耗定额	②	4	4	4	4	4
生产需要量	③＝①×②	1240	2320	1620	1780	6960
加：期末存量	④＝下季③×30%	696	486	534	500	500
减：期初存量	⑤＝上季④	510	696	486	534	510
材料采购量	⑥＝③＋④－⑤	1426	2110	1668	1746	6950

在编制出采购预算后，还要根据材料采购预算的预计材料采购量、单位成本和有关材料采购款的支付情况，编制出材料采购现金支出计算表，如表 10—14 所示。

表 10—14　材料采购现金支出计算表

20××年度　　单位：元

季　度		1	2	3	4	全年
材料采购量（千克）	①	1426	2110	1668	1746	6950
材料单位成本	②	12	12	12	12	12
预计材料采购额	③＝①×②	17112	25320	20016	20952	83400
应付上季赊购款	④＝上季③×40%	6000	6844.8	10128	8006.4	30979.20
应付本季现购款	⑤＝③×60%	10267.2	15192	12009.6	12571.2	50040
现金支出	⑥＝④＋⑤	16267.2	22036.8	22137.6	20577.6	81019.2

【例 10－11】依上例资料，如果 G 公司在预算期内所需直接人工工资率均为 5 元，单位产品的定额工时为 3 小时，并且 G 公司以现金支付的直接人工工资均于当期付款。

根据直接人工工资率、单位产品的定额工时和产品的预计生产量，就可以编制出直接人工预算表，如表 10－15 所示。

表 10－15　G 公司直接人工预算表

20××年度

季　度		1	2	3	4	全年
预计生产量（件）	①	310	580	405	445	1740
单位产品工时定额（小时）	②	3	3	3	3	3
总工时用量（小时）	③＝①×②	930	1740	1215	1335	5220
单位工时工资率（元）	④	5	5	5	5	5
预计直接人工成本（元）	⑤＝③×④	4650	8700	6075	6675	26100

【例 10－12】假定预测 G 公司在预算期间的变动间接制造费用为 31320 元（其中间接人工 10000 元，间接材料 8000 元，水电费 12000 元，维修费 1320 元），固定间接制造费用 46980 元（其中管理人工工资 12000 元，维护费 4980 元，保险费 10000 元，设备折旧费 20000 元），其他条件同前例。并且 G 公司的变动间接制造费用分配率按产量计算，以现金支付的各项间接制造费用均于当期付款。

根据所给条件，可求出变动间接制造费用分配率：

变动间接制造费用分配率＝变动间接制造费用/预算期生产总量＝31320/1740＝18

根据所求出的变动间接制造费用分配率可编制出间接制造费用预计现金支出计算表，如表 10－16 所示。

表 10－16　预计现金支出计算表

20××年度　　　　单位：元

季　度		1	2	3	4	全年
预计生产量（件）	①	310	580	405	445	1740
变动间接制造费现金支出	②＝①×18	5580	10440	7290	8010	31320
固定间接制造费用	③＝46980 / 4	11745	11745	11745	11745	46980
减：折旧	④＝20000 / 4	5000	5000	5000	5000	20000
间接制造费现金支出合计	⑤＝②＋③－④	12325	17185	14035	14755	58300

根据表10－9至表10－16的内容，可编制出产品单位成本及期末存货预算表，如表10－17所示。

表 10－17　产品单位成本及期末存货预算表

20××年度　　　　单位：元

成本项目		价格标准	用量定额	合计金额
直接材料	①	12元/千克	4千克	48
直接人工	②	5元/工时	3工时	15
制造费用	③＝（31320＋46980）/1740			45
产品单位成本	④＝①＋②＋③			108
产品期末存货量（件）	⑤			40
产品期末存货成本	⑥＝①×⑤			4320

【例10－13】假定预测G公司在预算期间的变动销售及管理费用总计为3500元，按销售量计算分配率；固定销售及管理费用为13600元。

根据上述条件及前例的资料，可编制出销售及管理费用预算表，如表10－18所示。

表10－18 销售及管理费用预算表

20××年度 单位：元

季 度		1	2	3	4	全年
预计销售量（件）	①	300	600	400	450	1750
变动销售及管理费用分配率	②＝3500/1750	2	2	2	2	2
变动销售及管理费用现金支出	③＝②×①	600	1200	800	900	3500
固定销售及管理费用现金支出	④＝13600/4	3400	3400	3400	3400	13600
现金支出总额		4000	4600	4200	4300	17100

二、特种决策预算

特种决策预算，又称资本支出预算、长期决策预算，通常是指与项目投资决策密切相关的投资决策预算。该预算往往涉及长期建设项目的资金投放与筹措等，并经常跨年度，因此，除个别项目外一般不纳入日常业务预算，但应计入与此有关的现金预算与预计资产负债表。

三、财务预算

1. 现金预算

现金预算，是指以日常业务预算和特种决策预算为基础所编制的反映企业现金收支状况的预算。

现金预算的内容包括现金收入、现金支出、现金多余或不足的计算，以及不足部分的筹措方案和多余部分的利用方案等。当企业现金收入大于现金支出时，表现为现金多余；当企业现金收入小于现金支出时，表现为现金不足。为保证生产经营能够正常运转，当出现现金不足时，企业必须从多方面筹集资金，以弥补资金的短缺。同时，企业在保障各项支出所需资金供应的前提下，还应该保持期末现金余额在合理的限度内上下波动，以避免现金储备不足而影响企业正常的生产经营或因现金过多而产生不必要的浪费。当收支差额为正值（也即现金多余）时，在偿还了借款本金及利息后仍超过现金余额上限时，应拿出一部分现金用于有价证券投资；当还本付息后的现金收支差额低于现金余额下限时，应卖掉一部分有价证券以补足现金；当现金收支差额为负值（也即现金短缺）时，可采取暂缓偿还本金及利息、抛售有价证券、向金融机构借款等措施补充现金。所以，现金预算实质上是两个预算：一是现金收支预算；一是短期信贷预算。

现金预算实际上是其他预算有关现金收支部分的汇总，以及收支差额平衡措施的具体计划。它的编制，要以其他各项预算为基础，或者说其他预算在编制时要为现金预算做好数据准备。在编制现金预算时，应掌握并熟练运用以下两个关系式：

某期现金余缺＝该期现金收入－该期现金支出

期末现金余额＝现金余缺－现金的筹集与运用

【例 10－14】假定 G 公司预计在第 1 季度购置设备 94000 元，每季末缴纳企业所得税 17500 元。期末现金余额不得少于 20000 元，否则将向银行借款，借款利率为年息 10%。预计预算期初现金余额为 45000 元。预算期按季度编制现金预算。

根据上述资料和前面例中各项数据资料，可编制出现金预算表，如表 10－19 所示。

表 10－19 现金预算表

20××年度 单位：元

季度	1	2	3	4	全年
期初现金余额	45000	26257.8	58236	86288.4	45000
加：现金收入（表10－11）	60000	102000	92000	87000	341000
收回赊销款和现销收入					
可动用现金合计	105000	128257.8	150236	173288.4	386000
减：现金支出					
直接材料（表10－14）	16267.2	22036.8	22137.6	20577.6	81019.2
直接人工（表10－15）	4650	8700	6075	6675	26100
间接制造费用（表10－16）	12325	17185	14035	14755	58300
销售和管理费用（表10－18）	4000	4600	4200	4300	17100
购置设备	94000				94000
支付所得税	17500	17500	17500	17500	70000
现金支出合计	148742.2	70021.8	63947.6	63807.6	346519.2
现金节余或不足	(43742.2)	58236	86288.4	109480.8	39480.8
筹措资金					
向银行借款	70000				70000
归还借款				70000	70000
支付利息				7000	7000
期末现金余额	26257.8	58236	86288.4	32480.8	32480.8

2. 预计财务报表

财务预算中的预计财务报表是财务管理的重要工具，包括预计损益表、预计利润分配表以及预计资产负债表。

（1）预计损益表的编制。

预计损益表，是指以货币形式综合反映预算期内企业经营活动成果（包括利润总额、净利润）计划水平的一种财务预算。

该预算需要在销售预算、产品成本预算、应交税金及附加预算、制造费用预算、销售费用预算、管理费用预算和财务费用预算等日常业务预算的基础上编制。

根据表 10－19 和前面所有各例的预算资料，可编制出预计损益表，如表 10－20 所示。

表10－20 预计损益表

20××年度 单位：元

销售收入	①	表10－10	350000
减：销售成本	②＝1750×108	表10－12 表10－17	189000
销售毛利	③＝①－②		161000
减：销售及管理费用	④	表10－18	17100
营业净利润	⑤＝③－④		143900
减：利息费用	⑥	表10－17	7000
税前利润	⑦＝⑤－⑥		136900
减：所得税	⑧	表10－19	70000
净利润	⑨＝⑦－⑧		66900

（2）预计资产负债表的编制。

预计资产负债表是指用于总括反映企业预算期末的财务状况的一种财务预算。

预计资产负债表中除本年年初数已知外，其余项目均在前述各日常业务预算和特种决策预算的基础上分析填列。

预计资产负债表与实际的资产负债表内容、格式相同，只不过数据是反映预算期末的财务状况。该表是利用本期期初资产负债表，根据销售、生产、资本等预算的有关数据加以调整编制的。

【例 10－15】假定 G 公司预算期初的资产负债表，如表 10－21 所示。

表 10－21 G 公司期初资产负债表 单位：元

流动资产		流动负债	
现金	45000	应付账款	6000
应收账款	18000	长期负债	
原材料存货	6120	负债合计	6000
产成品存货	5400		
合计	74520		
固定资产		所有者权益	
土地	60000	实收资本	200000
房屋及设备	240000	盈余公积	128520
减：折旧	40000	所有者权益合计	328520
合计	260000		
资产总计	334520	负债及所有者权益总计	334520

根据前面预算资料，可编制出预算损益表，如表10-22所示。

表10－22　预计资产负债表

20××年×月×日　　单位：元

流动资产			
现金	①	表10－19	32480.8
应收账款	②＝90000×30%	表10－10	27000
原材料存货	③＝500×12	表10－13、表10－14	6000
产成品存货	④	表10－17	4320
合计	⑤＝①＋②＋③＋④		69800.8
固定资产			
土地	⑥＝60000	表10－21	60000
房屋及设备	⑦＝240000＋94000	表10－19、表10－21	334000
减：折旧	③＝40000＋20000	表10－16、表10－21	60000
合计	⑨＝⑥＋⑦－③		334000
资产总计	⑩＝⑤＋⑨		403800.8
流动负债			
应付账款	a＝20952×40%	表10－14	8380.8
长期负债			
负债合计	b＝a		8380.8
所有者权益			
实收资本	c		200000
盈余公积	d＝128520＋66900		195420
所有者权益合计	e＝c＋d		395420
负债及所有者权益总计	f＝b＋e		403800.8

本章复习思考题

一、名词解释

1.财务预算　2.弹性预算　3.现金预算　4.特种决策预算　5.零基预算　6.滚动预算　7.日常业务预算

二、简答题

1. 什么是全面预算？全面预算包括哪些内容？它们之间的相互关系怎样？
2. 什么是财务预算？其在全面预算中的作用有哪些？

3. 简述财务预算的编制方法有哪些？
4. 试比较固定预算方法与弹性预算方法。
5. 弹性预算的编制方法有哪几种？
6. 什么是滚动预算方法？它有哪几种形式？
7. 为什么说销售预算是编制全面预算的基础和关键？怎样编制销售预算？
8. 什么是现金预算？其主要内容有哪些？

本章自测题

一、单项选择题

1. 财务预算中的指标均为（　）。
   A. 实物量指标　B. 价值量指标
   C. 时间量指标　D. 实物量指标和价值量指标
2. 财务预算管理中，不属于全面预算内容的是（　）。
   A. 现金预算　B. 生产预算
   C. 预计损益表　D. 预计资产负债表
3. 以预算期内正常的、可实现的某一业务量水平为唯一基础来编制预算的方法称为（　）。
   A. 零基预算　B. 定期预算　C. 静态预算　D. 滚动预算
4. 下列各项中，不属于增量预算基本假定的是（　）。
   A. 增加费用预算是值得的　B. 预算费用标准必须进行调整
   C. 原有的各项开支都是合理的　D. 现有的业务活动为企业必需
5. 可以保持预算的连续性和完整性，并能克服传统定期预算缺点的预算方法是（　）。
   A. 弹性预算　B. 零基预算　C. 滚动预算　D. 固定预算
6. 预计资产负债表与业务预算及现金预算有密切关系。下列关系式中，不正确的是（　）。
   A. 预计应收账款＝期初应收账款＋预计销售收入－预计现销收入－回收前期应收账款
   B. 预计材料存货＝期初材料存货＋预计材料采购成本总额－预计材料耗用总额
   C. 预计应付账款＝期初应付账款＋预计材料采购成本总额－预计现购材料成本－偿付前期应付账款
   D. 预计留存收益＝期初留存收益＋预计净利润
7. 在西方国家，管理间接费用的有效方法是（　）。
   A. 增量预算　B. 零基预算　C. 固定预算　D. 弹性预算
8. 零基预算法适用于（　）。
   A. 利润预算的编制
   B. 变动成本预算的编制
   C. 产出较难辨认的服务性部门的费用预算编制

D. 与业务量有关的各种预算的编制

9. 单一品种经营或采用分算法处理固定成本的多品种经营企业，编制弹性利润预算的方法是（ ）。

A. 公式法　B. 列表法　C. 因素法　D. 百分比法

10. 相对于固定预算而言，弹性预算的主要优点是（ ）。

A. 机动性强　B. 稳定性强　C. 连续性强　D. 远期指导性强

11. 最能直接体现决策结果的预算是（ ）。

A. 特种决策预算　B. 日常业务预算　C. 现金预算　D. 全面预算

12. 固定预算中的"固定"是指（ ）。

A. 预算的费用金额固定　B. 编制预算所依据的业务量固定

C. 编制预算的时间基础固定　D. 编制预算的人员固定

13. 下列不属于增量预算缺点的是（ ）。

A. 保护落后　B. 工作量大

C. 平均主义　D. 不利于企业未来发展

14. 零基预算法的缺点是（ ）。

A. 受现有费用项目的限制　B. 不利于调动各方面降低费用的积极性

C. 不利于企业发展　D. 工作量大

15. 下列项目不可能从销售预算中获得的有（ ）。

A. 销售收入总额　B. 现金收入总额

C. 应收账款总额　D. 各种产品的销售总量

二、判断题

1. 在把握企业近期规划目标和远期战略布局方面，滚动预算优于定期预算。（ ）
2. 滚动预算的缺点是可比性差，不便于考核预算完成情况。（ ）
3. 采用增量预算的方法编制预算，必然会使成本费用的预算额上升。（ ）
4. 固定预算不利于控制、考核和评价企业预算的执行情况。（ ）
5. 弹性预算只适用于费用预算的编制，不适用于收入利润预算的编制。（ ）
6. 现金预算比较特殊，它不属于财务预算的组成部分，而是一个独立的分支。（ ）
7. 产品生产成本预算既要反映各产品的单位生产成本与总成本，也要反映各产品的现金支出情况。（ ）
8. 经营及管理费用预算一般按项目反映全年预计水平。（ ）
9. 生产预算是在销售预算的基础上编制的。按照"以销定产"的原则，生产预算中各季度的预计生产量应该等于各季度的预计销售量。（ ）
10. 从理论上讲，弹性预算适用于编制全面预算中所有与业务量有关的预算。（ ）

三、计算分析题

1. 某企业现着手编制 2008 年 6 月份的现金收支计划。预计 2008 年 6 月月初现金余额为 8000 元；月初应收账款 4000 元，预计月内可收回 80%；本月销货 50000

元，预计月内收款比例为50%；本月采购材料8000元，预计月内付款70%；月初应付账款余额5000元需在月内全部付清；月内以现金支付工资8400元；本月制造费用等间接费用付现16000元；其他经营性现金支出900元；购买设备支付现金10000元。企业现金不足时，可向银行借款，借款金额为1000元的倍数；现金多余时可购买有价证券。

要求月末现金余额不低于5000元。

要求：

（1）计算经营现金收入。

（2）计算经营现金支出。

（3）计算现金余缺。

（4）确定最佳资金筹措或运用数额。

（5）确定现金月末余额。

2. 某企业2008年现金预算（简表）如下表所示。假定企业发生现金余缺均由归还或取得流动资金借款解决，且流动资金借款利息可以忽略不计。除表中所列项目外，企业没有有价证券，也没有发生其他现金收支业务。预计2008年末流动负债为4000万元，需要保证的年末现金比率为50%。

要求：根据所列资料，计算填列表中用字母表示的项目。

单位：万元

项　　目	第1季度	第2季度	第3季度	第4季度
期初现金余额	1000			2500
本期现金收入	31000	33500	E	36500
本期现金支出	30000	C	37000	40000
现金余缺	A	1000	3000	G
资金筹措与运用 取得流动资金借款 归还流动资金借款	-500 – -500	1000 1000 –	F	I
期末现金余额	B	D	2500	H

第十一章　创造价值的管理

【本章学习目标】

- 理解创造价值管理的意义;
- 运用市场增加值或 MVA 概念测量公司创造价值的水平;
- 理解市场增加值最大化与股东价值最大化保持一致;
- 运用经济增加值或 EVA 概念测量公司创造价值的能力;
- 设计引导管理者做出创造价值决策的管理激励方案。

第一节　创造价值管理的意义

创造价值的管理并不仅仅是一句商业口号，而是基于公司内所有层次的管理者运作公司的资源，以增加公司市场价值为最终目标的一种综合管理方法。以创造价值为目标的管理为综合性的和结合基于价值的管理体系提供了一个基础，它可以帮助管理者制订相关的经营计划、做出经营决策、评价实际的经营绩效、设计有效的管理激励方案。

为股东进行创造价值的管理并不与工作奉献、顾客的忠诚、协作的供应商群体相冲突，提高公司的市场价值并不意味着不为员工、顾客、供应商创造价值。相反，若不为激励员工、获得满意的顾客、高效的供应商是增加公司价值的组成部分。

一、财务目标与价值创造动因

正如第一章中所阐述的那样，历史地看，公司价值取向经历着从股东价值观念向利益相关者价值观念的演进过程，并且这种演进趋势还在不断强化之中。总结近几年的相关文献，关于理财目标的争论主要在于“股东财富最大化”和“基于相关者利益的企业价值最大化”（以下简称企业价值最大化）二者之间。将企业价值最大化作为理财目标比较符合现代企业理论。现代企业理论认为，企业是多边契约关系的总和：股东、债权人、经理阶层、一般员工及政府等，他们共同构成了企业的利益制衡机制。财务管理目标与企业多个利益集团有关，是这些利益集团共同作用、相互妥协的结果，在一定时期和一定环境下，某一利益集团可能会起主导作用，但从企业长远发展来看，不能只强调某一利益集团的利益，而置其他集团的利益于不顾。也就是说，不能将财务管理的目标仅仅归结为某一集团的目标，从这一意义上说，股东财富最大化不是财务管理的最优目标。从理论上讲，各个利益集团的目标都可以折中为企业长期稳定发展和企业总价值的不断增长，各个利益集团都可以借此来实现它们的最终目的。所以，以企业价值最大化作为财务管理的目标，比股东财富最大化作为财务管理目标更科学。但也有研究指出，价值最大化存在限制。①

如果将企业财务管理的目标仅仅归结为股东的目标，而忽视其他相关利益主体，必然导致矛盾冲突，降低企业的价值。公司资本的市场价值最大化并不一定意味着价值创造，因为价值创造与经营获利能力、资本成本和增长率相联系，公司仅在其资本的价值超过报告的账面价值（调整后）时才创造价值，因此，如何把公司的经营业绩考核、投资决策、激励机制与经济利润或经济增加值联系起来，使之与价值创造目标保持一致，从而有助于实现价值创造目标，成为管理者做出资本配置决策以增加价值的主要内容。图 11－1 总结了价值创造的不同动因，除了两个经营动因，图中还包括了资本成本的组成。它们作用在一起决定了预期未来回报率差序列的特征和大小，也就决定了公司的市场增加值（Market Value Added，*MVA*），如果市场增加值为正，公司增长越快，创造的价值就越多。但一定不要忘记图 11－1 左下的竞争优势和核心能力动因，它们提供了增长率的支持能力，没有这一支持，价值创造就成了无源之水。公司价值不仅取决于公司现有业务创造的价值，还取决于未来成长性业务创造的价值。

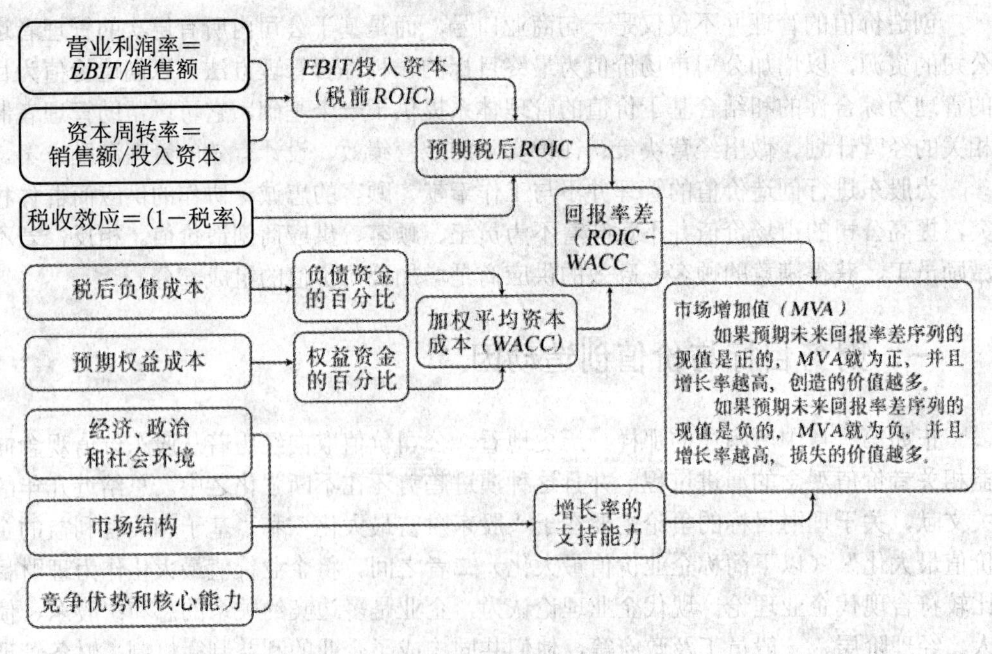

图 11－1 价值创造动因②

① 大卫·格拉斯曼、华彬主编：《EVA 革命——以价值为核心的企业战略与财务、薪酬管理模型》，社会科学文献出版社，2003 年版，第 20 页。

② Gabriel HaWawini aIld Claude Vialle. Finance for Executives：Managing for Value Creation. 王全喜、张晓农、王荣誉译，《经理人员财务管理：创造价值的过程》，机械工业出版社，2000 年版，第 294 页。

EBIT＝息税前收益（税前营业利润）

投入资本＝现金＋营运资本需求＋净固定资产

WACC＝(负债的%)(税后负债成本)＋(权益的%)(权益成本)

从价值链理论的发展来看，企业价值是对顾客的一种效用，只有顾客的价值实现了，才能论及企业的价值实现。因此企业价值应该以顾客价值为导向，进行价值评估应从顾客的角度出发，并尽可能将顾客的价值加以量化，客观地对企业的价值进行评估。这就要求企业将目光从企业自身扩展到它所在的生存环境，洞悉链条上企业间相互竞争与合作的关系，实施相应战略，使企业获得价值增值。从某种意义上说，企业需要格外关注其生存链条中的客户利益，因为失去客户就意味着失去市场和收入。

二、为创造价值而经营的重要性

为什么公司的所有者创造价值是管理的首要目标?因为公司的管理者如果无法为它的所有者创造价值，那它就不能吸引到权益资本来为公司的活动提供资金，没有权益资本，也就没有公司，因此这个目标也就成了商业界的常识。当然，没有雇员、顾客和供应商的贡献，任何公司都不可能成功。优秀的公司不仅有心满意足的股东，也有忠实的顾客、积极的雇员和可靠的供应商。股东得到更多的价值并不意味着雇员、顾客或供应商得到更少的价值。相反，只有那些与顾客、雇员和供应商建立了长期的宝贵关系的公司才会把为股东创造价值作为管理的重点。美国一项调查表明，公司为股东创造价值的能力与公司对待顾客、雇员和社会团体的方式有关。对于财务部门而言，不同业务、不同部门之间保持良好的沟通是一个关键的成功因素。

企业进步的必经之道在于企业价值创造。全球竞争舞台中，价值创造是衡量公司的最重要的指标。价值创造不仅关系到公司的利益，而且关系到消费者的利益，因为消费者由于公司的无效运作而不得不支付高价格。多年来的经济学和金融学研究指出：当一个经济体中的所有企业都在最大化自己的价值时，社会福利将被最大化。也就是说当一个企业的产出（由其顾客评定）的价值超出其投入（由其供应商评定）的价值时，价值由此被创造（这里的价值指的是社会价值）。尽管也可以选择其他单一价值目标用以指导管理人员的决策，价值最大化是非常重要的一个，因为在多数情况下会使社会福利最大化。

企业的目标和社会的目标在许多方面是一致的。企业在追求自己的目标时，自然会使社会受益。例如，企业为了生存，必须要生产出符合顾客需要的产品，满足社会的需求；企业为了发展，要扩大规模，自然会增加职工人数，解决社会的就业问题；企业为了获利，必须提高劳动生产率，改进产品质量，改善服务，从而提高社会生产效率和公众的生活质量。

第二节 衡量价值的创造方法

一、经济增加值（EVA）法

1. 经济增加值的概念

经济增加值（Economic Value Added，EVA）也称经济附加值，是美国斯特恩·斯图尔特（Stern & stewart）管理咨询公司创立的一项经济指标，用于评价企业的业绩，并作为企业财务管理体系和经理层与员工激励制度的基础。

经济增加值指的是企业收入扣除所有成本（包括企业债务成本和权益成本）后的剩余收益，在数量上等于息前税后净经营利润再减去债务和股权的成本（即投入资本总额乘以加权平均资本成本率）。此外，经济增加值还可以通过用投入资本报酬率减去加权平均资本成本率再乘以投入资本总额后得到。

根据经济增加值的观念，人们就可以解释“为什么投资者要把钱投入到其他企业，而不是自己营运”的原因。道理很简单，投资者把钱投入到其他企业就是期望该企业能够做自己不能做的事情，获得投资者自己所不能获得的收益率。

【例 11－1】为了更好地说明经济增加值观念，以青岛啤酒股份有限公司为例，根据其 2000 年度财务数据计算其经济增加值，如表 11－1 所示。

表 11－1 青岛啤酒股份有限公司 2000 年度经济增加值计算表

项 目	数 值
息税前利润（1）	2.7亿元
所得税费用（2）	0.6亿元
税后利润（3）＝（1）－（2）	2.1亿元
投入资本平均数（4）	35.2亿元
综合资本成本率（5）	8.2%
资本成本（6）＝（4）×（5）	2.9亿元
经济附加值（7）＝（3）－（6）	－0.8亿元

这说明根据经济增加值观念，尽管青岛啤酒股份有限公司 2000 年度账面上显示出巨额利润，然而，该公司并没有创造出财富。

2. 经济增加值评价法的作用

（1）*EVA* 是 *EVA* 评价系统的核心指标。美国斯特恩·斯图尔特咨询公司认为，无论是会计收益还是经营现金流量指标都具有明显的缺陷，应该坚决摒弃。会计收益未考虑企业权益资本的机会成本，难以正确反映企业的真实经营业绩；而经营现金流量虽然能正确反映企业的长期业绩，但不是衡量企业年度经营业绩的有效指标。相反，*EVA* 能够将这两方面有效地结合起来，因此是一种可以广泛用于企业内部和外部的业绩评价指标。

（2）*EVA* 指标衡量的是企业资本收益和资本成本之间的差额。*EVA* 指标最大的和最重要的特点就是从股东角度重新定义企业的利润，考虑了企业投入的所有资本的成本。*EVA* 指标由于在计算上考虑了企业的权益资本成本，并且在利用会计信息时尽量消除会计失真，因此能够更加真实地反映一个企业的经营业绩。更为重要的是，*EVA* 指标的设计着眼于企业的长远发展，因此应用该指标能够鼓励经营者进行能给企业带来长远利益的投资决策，如新产品的研究和开发、人力资源的培养等。

（3）*EVA* 的应用创造了使经营者更接近于股东的环境。经营者甚至企业的一般雇员开始像企业的所有者一样思考，他们不再追求企业的短期利润，而开始注重企业的长期目标与最大化股东财富的目标相一致，注重资本的有效利用以及现金流量的增加，以此来改善企业的 *EVA* 业绩。

3. 经济增加值评价方法的应用

与其他评价方法相比，*EVA* 最大的特点，也是最显著的优点就是考虑了权益资本成本。依据 *EVA* 的定义，得到 *EVA* 的计算公式：

$$EVA = NOPAT - WACC \times TC$$

$$= NOPAT - \left[K_D(1-t)\frac{D}{E+D} + K_E\frac{E}{E+D}\right] \times (E+D)$$

其中，*NOPAT* 表示息前税后净经营利润；*WACC* 表示企业加权平均资本成本率；*TC* 表示企业运用的总资本；K_D 表示税前负债成本率；t 表示企业所得税税率；D 表示负债；E 表示股东权益；K_E 表示股东权益成本率。

或者，更具体地说：

经济增加值＝息前税后净经营利润－加权平均资本成本率×资本总额
＝税后净经营利润－使用的权益资本成本率×权益资本总额
＝息税前利润（1－所得税率）－加权平均资本成本率×资本总额
＝[息税前利润（1－所得税率）/资本总额－加权平均资本成本率]×资本总额
＝（投入资本报酬率－加权平均资本成本率）×资本总额

上述公式中加权平均资本成本率由股权资本成本和债务资本成本加权平均得到，其中股权资本成本可以看做股东认可的投资回报率，是股东投资于公司的机会成本。债务资本成本一般按照银行贷款利率计算。投入资本总额是公司负债总额和权益资本总额之和。加权平均资本成本率的计算公式为：

加权平均资本成本率＝股权资本成本率×股权资本构成率＋债务资本成本率×债务资本构成率

更为简单的表述为：

EVA＝（税后营业利润率－加权平均资本成本率）×企业占用资本总额

＝ 税后净营业利润－资本总额×加权平均资本成本

由此可见，经济增加值的大小取决于三个因素：税后净营业利润、资本总额和加权平均资本成本。

（1）税后净营业利润。税后净营业利润是指息税前利润减去所得税费用后的净值，它反映了企业资产的盈利能力。此外，由于会计报表项目对企业的真实情况存在一定程度上的扭曲，为精确计算 EVA 还需对部分会计报表项目进行调整。例如，企业的研究开发费用和市场推广费用，从性质上都属于长期资产，根据会计核算的稳健性原则这两项费用应视做期间费用于发生当年一次性摊销，这样做的结果是减少了公司的短期利润。于是，企业的管理人员为使其在任时的经营业绩上升就会人为地减少任职期间该项费用的投入量，这对企业的长远发展是极其不利的。解决这一矛盾的办法就是在计算 EVA 时对该类费用予以资本化，将其列为企业的资产，在一定期间内分期摊销。

根据斯特恩·斯图尔特财务咨询公司的研究，对会计报表项目的调整达 120 多项，在实际操作中可视公司具体情况依据以下原则选择调整项目：①重要性原则，即被调整项目金额较大，足以影响企业真实情况的反映。②可影响性原则，即企业的管理者能够影响被调整项目。③易理解性原则，即被调整项目易理解。④可获得性原则，即被调整项目相关数据容易获得。

（2）资本总额。资本总额是指公司股东和债权人投入公司支持公司运营的全部资本的账面价值，包括债务资本和股本资本。其中债务资本是指公司债权人提供的长期贷款和短期贷款，但不包括因购销关系而产生的应收账款、应收票据等商业信用负债；股本资本中包括普通股及少数股东权益。

（3）加权平均资本成本。加权平均资本成本是指单位债务资本成本和单位股本资本成本依据各自在资本结构中所占的比重而计算的平均单位成本，其中单位债务资本成本为税后成本；单位股本资本成本为普通股和少数股东权益的机会成本。另外，资本成本的确定还需参考会计制度和资本市场的状况确定。

综上所述，EVA 是以货币数量全面反映企业生产经营的真正盈利状况的一个指标。$EVA>0$，表示公司获得的投资收益大于该项投资占用的资本成本，即企业创造了财富；$EVA<0$，则表示企业的生产经营活动不是创造财富而是在耗用自己的资产，尽管这时企业计算出的会计利润可能为正值，但投资报酬率低于该项投资的资本成本（机会成本）。因此，评价一个企业经营状况的好坏及价值创造能力的高低，关键在于投资收益率是否超过该项投资的资本成本。

从更深层次看，经济增加值观念的流行标志着财务报表分析的立足点已经逐步从利润观念转向价值观念，由此可能促使企业经营模式逐步从利润模式转向价值模式。作为一种观念，经济增加值观念引入企业并不是为了精确地计量经济增加值这个指标，而是通过经济增加值指标的动态观察，评价企业价值的创造程度。因此，我们应该从管理视角而非会计视角认识经济增加值观念，以避免出现思维误区。

经济增加值观念强调企业资本成本，纠正了会计学将权益资本视为“免费午餐”的观念，通过把会计利润转化为经济利润，把会计账面价值转化为经济价值，在一定程度上弥补了财务报表的内在缺陷，消除了资本结构对利润的影响，使得不同资本结构的企业经营绩效具有可比性。利润可能易于理解，但却可能产生误导。只有经济增加值大于零，企业才创造了价值，否则企业在毁灭价值。因此，透过经济增加值指标，人们可以判断企业是在创造价值还是在毁灭价值?企业经理人是价值创造者还是价值毁灭者?因此，经济增加值指标能够更好地反映企业的盈利能力。

1993 年，作为股东之一的加利福尼亚退休基金（Calipers 基金）采用经济增加值评价 IBM、美国运通、通用汽车、西屋电气、西尔斯百货、柯达公司。他们每年把经济增加值指标表现不佳的公司总裁列入一个特别的“黑名单”，其中的一些人可能被解职。结果这六家大名鼎鼎的巨型公司不能通过经济增加值指标的评价，其总裁因此而被董事会撤职。这迫使人们重新思考究竟什么是企业的价值。

尽管经济增加值并不是什么财务创新，但是，它却改变了企业管理行为。什么样的指标造就什么样的企业管理模式。如果改变企业的评价指标，就会改变企业管理行为。以美国为例，经济增加值指标促使企业经理人针对经济业务中发生的所有资产考虑资本成本，从而促使企业经理人直接关注与库存、应收账款以及机器设备有关的成本，更为谨慎地使用资产，快速处理不良资产，减少消耗性资产的占用量（比如美国有些企业的总裁开始更换原先使用的豪华汽车，以便减少消耗性资产的占用量），减少不必要的规模扩张。很多习以为常的观念将受到冲击，规模大不再是一件值得炫耀的事情，除非企业经理人能够完全收回资本成本。有些企业采用经济增加值指标之后，股票回购事项增加了，把自由现金流量返还给股东，由股东自己去投资。从另一个角度看，考虑资本成本之后，实际上就是把企业资产负债表转化为另一种支出项目清单，企业经理人可以将这些支出与其他成本进行比较和衡量。因此，采用经济增加值指标可以促使企业经理人，更加关注资产负债表上资产项目的运用，而不仅仅考虑利润表。

值得指出的是，经济增加值观念对中国企业尤其国有企业和上市公司的财务报表分析或绩效评价具有重要的启迪作用。中国许多国有企业热衷于“债转股”。的确，“债转股”可以“立竿见影”地“扭亏为盈”，但是，如果没有以此为契机，实现企业的经营机制转换，充其量只是实现了“财务解困”，而没有真正实现“体制解困”。对于上市公司而言，中国一些上市公司热衷于“配股”，通过“配股”筹集资金归还银行借款，人为地“创造”利润。基于经济增加值观念，所有这些人为“创造”利润的行为都“原形毕露”。因此，只要我们引入经济增加值观念，对于一切资本来源都考虑资本成本，矫正会计“利润”，那么，企业试图通过调整资本结构（如“债转股”或“配股资金”置换债务）“创造”利润将“徒劳无益”，甚至“搬起石头砸自己的脚”。对资本成本的重视可能会改变企业资本结构的选择。也许，基于经济增加值观念，企业更乐于采用债务融资。毕竟，权益资本成本高于债务资本成本。

4. 经济增加值评价的特点

EVA 与其他经营业绩绩效评价方法相比有如下优点：

（1）*EVA* 易于理解，使企业及其下属部门和人员增强资本成本理念，重视节约经营资产成本，增强了经营者与股东目标的一致性。

（2）尽量剔除会计失真对效绩评价的影响。传统的评价指标如会计收益等是在会计准则下计算而来的，都存在某种程度的会计失真，从而歪曲了企业真实的经营业绩。而对 *EVA* 来说，尽管传统的财务报表依然是进行计算的主要信息来源，但是它要求在计算之前对会计信息来源进行必要的调整，以尽量消除公认会计准则所造成的扭曲性影响，从而能够更加真实、更加完整地评价企业的经营绩效。

（3）*EVA* 指标立足于企业的可持续发展，除了应用于绩效评价外，还可用于经营预算、资本预算、战略审核、激励补偿计划及股票投资分析等企业财务的方方面面。例如，高盛公司、第一波士顿公司等著名的投资银行在 20 世纪 90 年代中期以后逐步培训分析师采用 *EVA* 指标评价上市公司，选择有投资价值的股票，另外，一些大型的投资基金也纷纷尝试使用 *EVA* 指标建立投资组合。

（4）显示了一种新型的企业价值观。*EVA* 业绩的改善是同企业价值的提高相联系的。为了增加公司的市场价值，经营者就必须表现得比竞争者更好。因此，一旦获得资本，他们在资本上获得的收益必须超过由其他风险相同的资本资金需求者提供的报酬率。如果他们完成了这个目标，企业投资者投入的资本就会获得增值，投资者就会加大投资，其他的潜在投资者也会把他们的资金投向这家公司，从而导致公司股票价格的上升，表明企业的市场价值得到了提高。如果他们不能完成这个目标，就表明存在资本的错误配置，投资者的资金就会流向别处，最终可能导致股价的下跌，表明企业的市场价值遭到贬低。

但是 *EVA* 指标本身也存在着一些缺陷，主要表现在以下几个方面：

（1）*EVA* 指标的评价是事后性的，忽略了不确定因素和动荡环境对企业的影响。

（2）由于 *EVA* 仍然是一个结果性的财务业绩指标，具有财务性指标本身难以克服的缺点。首先，*EVA* 指标和其他财务指标一样，侧重对结果的反映，会使企业产生短期行为，不利于企业的长远发展。在实际中，许多经理人员为了粉饰经营绩效推迟费用的确认、提前收入的实现、降低一些必要支出等。其次，*EVA* 指标针对性不强，很难提出具体的非财务业绩动因以及解决问题的方案。

（3）当前，学术界对于 *EVA* 理论的实证研究有所限制，结果大部分是非结论性的。例如，由 Jams Dodd 和 Shimin Chen 对 1983～1992 年的 566 家公司经营业绩进行的一项研究结果显示了股票报酬与 *EVA* 的相关性，但是两者关系并不像 *EVA* 倡导者说的那样完美，并且不能证明 *EVA* 在解释股票报酬的变化方面能够提供比其他指标如会计收益更多的增量信息，也就是难于证明 *EVA* 强于其他指标。

在具体实践中，经济增加值既有运用成功的例子，如可口可乐、美林、瑞士信贷和第一波士顿等著名企业，也有失败的例子，其中最著名的是 AT&T。该公司从 1992 年起推行经济增加值，最终于 2000 年底彻底放弃。① 美国部分著名企业的经济增加值见表 11－2。

---

① 茅宁：《企业价值创造与管理者博弈——对经济增加值方法的若干反思》，《外国经济与管理》，2002 年第 11 期。

表 11－2　美国部分著名企业的经济增加值　　单位：百万元

企业名称	经济增加值	资本总额	资本报酬率（%）	资本成本率（%）
CocaCola	2442	9276	36	9.7
Dow Chem.	681	21478	12.2	9
Ford Motor	1719	55995	12.1	9.1
GE	2515	51017	17.7	12.7
GM	−3527	94268	5.9	9.7
HP	−99	20807	15.2	15.7
IBM	−2743	67867	7.8	11.8
Johnson & J.	1327	15603	21.8	13.3
Merck	1688	19792	23	14.5
Microsoft	1727	4889	47.1	11.8

资料来源：Fortune，Nov. 10，1997。

二、市场增加值（MVA）

1. 市场增加值的概念

如果把企业看成是能够产生现金流量的特殊的资产，它同样也具有价值。企业的价值主要包括名义价值和市场价值。

企业的名义价值即构成企业资产合约时正式的账面价值（成本价），是以公认的会计准则为计量依据的资产价值表现形式，它既可以代表真实资产的账面数额，也可以作为虚拟资产的价值基础，以单纯用于计量目的。

企业的市场价值是指企业在市场上进行交易时的价值，能够公允反映企业全部资产现时的价值状况，也称公允价值。公允价值最大的特征是来自于公平交易的市场，是参与市场交易的理智双方充分考虑了市场的信息后所达成的共识。因此，公允价值实际上是与公平市场的交易价格相一致的，其本质就是市场对计量客体价值的确定。

企业的名义价值和市场价值往往有很大的差距，有时相差几十倍，尤其是企业的权益资本部分。名义价值和市场价值除了在价值形成过程中的差别外，还有以下不同之处：第一，企业的名义价值没有考虑资产的未来收益，而投资者向企业投资就是为了得到期望的未来收益。与企业的名义价值不同，企业的市场价值内含有资产的未来收益。第二，企业的许多资产和负债并没有计入资产负债表，但它们却影响企业的未来收益，进而影响其市场价值。如良好的商誉、品牌、忠诚的顾客、超群的技术和优秀的管理都可能增加企业的市场价值；而未决诉讼案、低劣的管理、过时的产品生产线和暗淡的发展前景都可能降低企业的市场价值。第三，许多财务报表的使用者关心的是企业的市场价值，而不是它的成本——名义的账面价值。名义价值只是市场价值的一个低劣的替代品，报表使用者需要对名义价值做出适当调整。第四，企业管理者的任务就是为企业创造高于其成本的价值，这个价值是市场价值而非名义价值。

不过，用来评价企业绩效的并不是市场价值，而是市场增加值（Market Value Added，*MVA*）。市场增加值是企业总市值和总投入资本之间的差额，是企业市场价值相对于投入资本的增值部分，以此可直接衡量企业经营活动对投资者财富的贡献。市场增加值的计算公式为：

市场增加值＝企业资本总市值－企业占用的总资本

上式中企业资本总市值包括债务资本市值和股权资本市值之和，企业占用的总资本是资本供应者投入的全部资本，一般用资本投入时的账面成本价值来计量。

通常，企业债务资本的市场价值和账面成本价值基本相同，因此市场增加值的计算公式还可以简化为如下形式：

市场增加值＝企业权益资本市值－企业占用的权益资本

＝企业股票价格×流通在外股票数量－企业占用的权益资本

在财务管理中，企业的财务目标是要实现股东价值最大化，股东价值最大化也就是企业资本的市场价值最大化，但企业资本的市场价值最大化未必等于企业为股东创造了价值。例如，如果企业宣布投资 3 亿元的一个项目，投资者的反映导致企业的市场价值增加了 2.5 亿元，实际上企业的投资决策并没有给投资者创造价值，反而损害投资者 0.5 亿元的价值。因此必须比较企业投入资本与产出的差异，即管理者应力求使市场增加值最大化，而非市场价值最大化。

当市场增加值＞0 时，说明投资者认为企业总资本的市场价值大于投入资本的价值，企业“创造价值”；反之，当市场增加值＜0 时，说明投资者认为企业总资本的市场价值小于投入资本的价值，企业“损害价值”。

实际上，市场增加值也是一个“时点指标”，只能反映企业在“某一时点”是否创造价值。如果要反映企业在“某一时期”是否创造价值，必须观察一段时期各个时点市场增加值的变动情况。

2. 市场增加值的作用和局限性

市场增加值是一个关键的业绩衡量指标，表明投资者投入资本的增值水平，反映了企业增加或减少股东财富的累计总量，直接与股东财富的创造相关，是从外部评价企业管理绩效的最好方法，反映了一家成长企业合理运用稀缺资源的能力。

市场增加值还与经济增加值密切相关。成熟的投资者使用许多不同方法对股票进行合理估价，但所有这些方法都基于市场估值基本原理之上。任何企业的市场增加值实际上都是通过加总投资者预测的未来经济增加值的折现值得出的。也就是说，企业的市场增加值等于企业投资的未来各期的经济增加值，以加权平均资本成本率为折现率折现后的累计现值。企业的市场增加值反映了市场对该企业未来发展的估计。

此外，市场增加值还能反映企业的风险，因为市值既包含了投资者对企业绩效的评价，也包含了他们对风险的判断。因此，市场增加值具有较强的可比性，可以对不同企业的业绩进行比较。

市场增加值的局限性在于：市场增加值仅限于从外部对上市公司进行整体评价，在评价公司内部各个局部的业绩方面，市场增加值是无能为力的，也不能用于内部绩效评价。另外，由于股票价格不仅受管理绩效的影响。还受股市总水平的影响，资本市场是否能真正评价企业的价值，迄今仍存在争议。

三、如何识别企业是否创造价值

经济增加值（*EVA*）和市场增加值（*MVA*）之间存在这样的关系，即企业的 *MVA* 等于企业投资的未来各期的 *EVA* 以加权平均资本成本率（*WACC*）为折现率折现后的累计现值。假定企业 *EVA* 以固定增长率 g 增长，类似“股利固定增长股票定价模型”，企业的 *MVA* 可以写成下式：

$$MVA=\frac{EVA}{WACC-g}=\frac{(ROIC-WACC)\ IC}{WACC-g}$$

式中，*ROIC* 表示投入资本报酬率；*IC* 表示投入资本总额。

显然，①当 $WACC>g$，$MVA>0$ 时，说明企业创造价值；当 $WACC<g$，$MVA<0$ 时，说明企业损害价值。②当 $ROIC>WACC$，$EVA>0$ 时，说明企业创造价值；当 $ROIC<WACC$，$EVA<0$ 时，说明企业损害价值。③因为企业投入资本所产生的 *EVA* 的累计现值等于 *MVA*，因此在理论上，*EVA* 的最大化也就是 *MVA* 的最大化。

上式还可以进一步变化成以下形式：

$$MVA=\frac{(ROIC-WACC)\ IC}{WACC-g}=\frac{[(EBIT/S)(S/IC)(1-T)-WACC]IC}{WACC-g}$$

$$=\frac{[\text{销售利润率}\times\text{投入资本周转率}(1-T)-WACC]IC}{WACC-g}$$

式中，*EBIT* 表示息税前利润；*S* 表示销售额；*T* 表示所得税税率。

由上式可以看出，企业价值创造的主要影响因素有：

（1）投入资本报酬率 *ROIC*，反映企业的经营获利能力，与价值创造成正比，即企业的经营获利能力越高，价值创造越大。并且，*ROIC* 的高低取决于“销售利润率”和“投入资本周转率”及“所得税税率”，前二者与 *MVA* 成正比，后者与 *MVA* 成反比。

（2）加权平均资本成本率 *WACC*，反映公司使用每单位资本的平均成本，与价值创造成反比，即企业使用资本的成本越高，价值创造越小。

（3）固定增长率 g，与价值创造成反比，即高速增长的企业不一定创造价值，可能损害价值，而低速增长的企业不一定损害价值，可能创造价值。

第三节 设计激励计划

如何设计一个激励计划引导管理者做出创造价值的决策?一个方案是把管理者变成所有者，这个方法是以所有者权益而不是以利润份额作为激励。但是，所有者一般不愿意把一部分投资权益转移给管理者。

另一个可能的选择是奖励管理者一部分与他们增加经济增加值能力相联系的津贴。高的经济增加值是价值创造的关键，对管理者提高 EVA 能力的报酬可以激励他们采取与价值创造目标相一致的行动。但是，要使这种激励机制有效运作，必须考虑以下几个条件：

（1）现在做出的管理决策（例如资本预算决策）很可能要在以后几年中影响经济增加值。这样，与管理者产生高的经济增加值相联系的津贴也应是几年的一个时期。

（2）激励计划制定和批准以后，就不应再修改，并且报酬不应封顶。优秀的业绩应有丰厚的报酬，但差的业绩则应受到相应的惩罚。这样做的方法之一是在给定年度，以现金形式付给管理者的只是经济增加值津贴的一部分，如 25%，其余的作为“存款”放在公司。若在以后年度经济增加值减少，“存款”则减少与经济增加值下降数量相关的价值。3～5 年后，管理者可以取走他们的经济增加值津贴的存款。

（3）为了对管理者行为产生有效的激励作用，相对于优秀经济增加值业绩的报酬必须在总的报酬中占有相当大的比例。例如，激励计划中基于经济增加值的津贴只占总报酬的 5%，不可能与基于经济增加值的津贴占到总报酬 50%的计划一样有效。

（4）有可能的话，对管理者都应有基于经济增加值的津贴计划，这可使整个组织都集中于产生经济利润和经济价值。若仅是少数资深经理实行这种激励机制，组织内的其他管理者是另一种形式，例如基于利润或销售额的津贴计划，或根本没有津贴计划，要达成上述目标是很困难的。

（5）若采纳了经济增加值津贴计划，用来估计经济增加值的资本账面价值和经营利润必须对由于会计规则产生的曲解进行纠正。调整应限制在与管理者相关和有意义的范围，太多的调整只是增加没有必要的复杂性，该体系主要的优点就是它的简单和容易理解。

（6）经济增加值津贴计划必须与公司的资本预算程序一致，这是做出价值创造投资决策的关键（见第六章）。换句话说，引导管理者使投资项目的经济增加值最大化必须与做出资本预算决策使用的净现值法则相一致。

第四节 联系资本预算过程和价值创造

第六章说明了公司怎样做出投资决策和怎样组织资本预算过程。做出投资决策的目的是存在增加公司市场价值的可能性，这部分内容的关键是净现值（*NPV*）法则和内部回报率（*IRR*）法则。只有当投资项目的净现值为正，或内部回报率高于公司的加权平均资本成本（*WACC*）时，公司才接受该投资计划。计算一项投资计划的净现值可以先对投资产生的预期未来现金流量进行折现，然后减去运作该投资需要的初始现金支出的现值。第五章讨论了计算预期现金流量现值所需要的相关折现率为反映该投资项目风险的加权平均资本成本。投资项目的内部回报率则是项目的净现值等于0时的折现率。

净现值法则是资本预算过程的核心，它是基于现金流量，但本章讲述的财务管理框架是基于市场增加值（*MVA*）或经济增加值（*EVA*）。本章的前面部分，*ROIC*、*WACC*、增长率影响着 *MVA*，经营业绩和激励计划与 *EVA* 相联系。我们现在需要把 *EVA* 与 *MVA* 联系起来，把基于现金流量的净现值法则与 *EVA* 和 *MVA* 联系起来，把涉及公司财务职能的业绩考核联系起来，我们可以提供一个综合的财务管理体系，把价值创造目标与公司价值、经营业绩考核、报酬和激励计划，以及资本预算过程很好地结合起来。

一、投资的未来 EVA 的现值等于 MVA

我们首先研究 *MVA* 和 *EVA* 的关系，前面已经分析了正确测量管理者创造价值的能力是经济利润或 *EVA*，它们是在一段时期内（通常为1年）产生的。但是，大多数管理决策产生效益都在几年后。因此，我们需要测量决策在未来预期产生的全部经济利润流量的现在价值，而不是在一年内产生的经济利润。换句话说，我们需要测量未来预期全部经济增加值流量的现值。这个现值可以测量决策将产生的潜在价值，而决策产生的潜在价值就是决策的市场增加值，即

$$MVA=\frac{EVA}{WACC-G}$$

这里，未来经济增加值流量是指在预期的永续固定年增长率情况下。该价值公式说明一个业务计划预期产生的未来经济增加值流量的现值就是该计划的市场增加值。换句话说，公司投资资本预期产生的未来全部经济增加值流量最大化的管理是以公司市场增加值最大化和创造股东价值为目的的。

二、MVA 最大化等于 NPV 最大化

价值创造的管理者的最终经营目标是市场增加值最大化。在第六章，我们讨论了价值创造的管理者以净现值最大化做出决策。我们现在讨论这两个决策法则是否互相一致，用表 11－3 的例子进行说明。

投资一家公司考虑购买 100 万元的设备，见表 11－3 的 1.1 行，设备预期使用寿命为 2 年，残值为零，设备在未来 2 年内折旧完，按直线法年折旧额为 50 万元（表中 2.1 行）。投资预期产生的销售额第一年为 200 万元，第二年为 400 万元（2.1 行）。每年年初，为了支持该年需要完成的销售额公司将增加营运资本投资。

假设营运资本需求等于预期销售额的 10%，第一年初要求的营运资本为 20 万元，第二年初为 40 万元（1.2 行）。因此，公司初始的总投资为 120 万元，在第一年末需要再投资 20 万元（支持第二年比第一年增加的 200 万元销售额的营运资本增加需求），在第二年末收回 40 万元的营运资本投资（1.3 行）。

投资的税后营业净利润（*NOPAT*），经营的预期利润见表 11—3 的第 2 部分，不包括折旧的经营费用是销售额的 70%，税率为 40%。从预期销售额中减去这些费用的结果是净经营利润（*NOPAT*），第 1 年末为 6 万元，第 2 年末为 42 万元（2.3 行）。

投资的现金流量表中第 3 部分计算了投资的现金流量，它等于投资的 *NOPAT* 加上折旧费用减去净投资（3.1 行）。计算结果为运作项目的初始现金流出 120 万元，第 1 年末的净现金流入 36 万元，第 2 年末为 132 万元（3.2 行）。

净现值和内部回报率，我们假设投资估计的 *WACC* 为 10%按这个比率折现，预期现金流量的净现值为 218200 元，内部回报率为 21%。投资的内部回报率超过 *WACC*，*NPV* 为正，这样，投资是一项价值创造的建议，应该接受。

经济增加值和市场增加值，投资创造价值的能力可以由计算预期未来经济增加值流量和对其以 *WACC* 折现计算投资的市场增加值来估计。若 *MVA* 为正，价值被创造；若 *MVA* 为负，价值被损害。该过程见表 11—3 的第 4 部分。预期的 *EVA* 等于 *NOPAT* 减去年初投资资本乘以 10%的资本费用，第 1 年，*NOPAT* 为 6 万元（4.1 行），年初投资资本为 120 万元（4.2 行），资本费用为 12 万元（4.3 行），预期的 *EVA* 为负的 6 万元（4.4 行）。第 2 年，*NOPAT* 为 42 万元，资本费用为 9 万元，*EVA* 为正的 33 万元。

投资的 *MVA* 等于预期未来经济增加值流量以 10%加权平均资本成本折现的现值（4.5 行）为 218200 元。*MVA* 为正，因此投资是一项价值创造的建议，应该接受，尽管第 1 年的 *EVA* 为负。

尽管两种方式是等价的，但当用 *MVA* 方法来评价一项投资决策时，尤其是估计资本费用（投资资本乘以 *WACC*）时应该注意，相关的投资资本数量是指期初的，而不是期末的。*NPV* 法的主要优点是考虑了与项目相关的可增加或者减少公司现金持有的任何非财务活动。这样，当使用 *NPV* 法时，管理者可以忽略每一期初的投资资本数量，只须考虑项目产生的现金流量。注意，表 11—3 的项目第 1 年的 *EVA* 为负，但第 1 年的现金流量为正，表明尽管第 1 年没有价值创造，但投资产生了现金。当然，*MVA* 方法的主要优点是直接与经济增加值相联系。

表 11－3 以现金流量测量的净现值与以经济增加值测量的净现值相等 单位：千元

	现在	第1年末	第2年末
1．投资			
1.1 设备	1000		
1.2 营运资本需求（WCR）为销售额的10%	(200)	(400)	0
1.3 营运资本需求变化	(200)	(200)	400
2．税后净营业利润（NOPAT）			
2.1 销售额		2000	4000
减：占销售额70%的营业费用		(1400)	(2800)
折旧		(500)	(500)
2.2 税前营业利润		100	700
减：40%的所得税		(40)	(280)
2.3 税后净营业利润（NOPAT）		60	420
3．投资的现金流量和净现值（NPV）			
3.1 税后净营业利润		60	420
加：折旧		500	500
减：WCR变化（1.3行）	(200)	(200)	400
资本支出（1.1行）			
3.2 投资的现金流（CFI）	(1000)	360	1320
3.3 按10%折现CFI的净现值			
3.4 CFI的内部回报率	(1200)		
4．经济增加值（EVA）和市场增加值（MVA）	218.2		
4.1 税后净营业利润	21%	60	420
4.2 投入资本			
固定资产上的初始投资（1.1行）		1000	1000
减：累计折旧（2.1行）		(500)	(1000)
固定资产净投资	1000	500	0
加：营运资本需求		400	
投入资本	1000	900	
4.3 资本费用（年初投入资本的10%）	200	(120)	(90)
4.4 经济增加值	1200	(60)	330
4.5 按10%折现*EVA*的现值			
	218.2		

第五节 财务战略矩阵

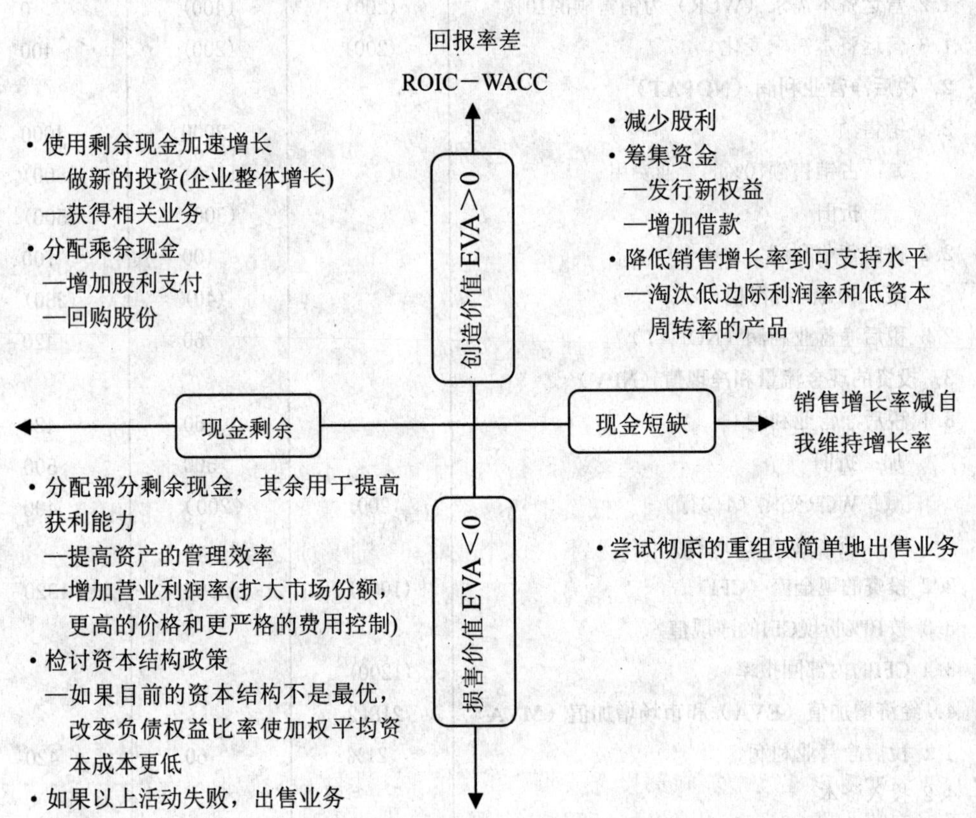

图 11－2 财务战略矩阵

图 11－2 综合了公司财务管理体系的关键因素，并用一简单的结构揭示了它们的管理含义，我们把其称为公司的财务战略矩阵（Financial Strategy Matrix）。

垂直轴测量一个特定业务单元创造价值的能力，该能力用公司的回报率差（预期的 *ROIC- WACC*）的特征和数量来表示。当业务单元的回报率差为正（矩阵的上半部分），则为价值创造（*EVA* 为正）；当回报率差为负（矩阵的下半部分），则为价值损害（*EVA* 为负）。

水平轴测量业务单元为销售增长提供资金的能力，该能力用销售增长率和维持留存增长率之差来测量。维持留存增长率是指业务单元不改变融资政策（同样的负债权益比、红利支付率、不发行新的股票或股份回购），也不修改经营政策时（同样的经营边际利润率和资本周转率）能达到的最大销售增长率。[①] 若销售增长率与维持留存增长率之差为

① 一个业务单元的维持留存增长率等于保留利润率乘以权益回报率（ROE）。

正（矩阵的右半部分），业务单元将产生现金短缺。在这种情况下，销售增长快于业务单元为支持该增长筹集所需资产的能力，产生现金赤字。若差额为负（矩阵的左半部分），业务单元产生现金过剩。在这种情况下，若销售增长慢于业务单元为增长筹集资金的能力，便会产生多余现金。

图 11－2 矩阵的管理含义是什么?一个业务单元面临四种可能的状况：①有能力创造价值，但现金短缺（右上象限）。②有能力创造价值，并产生多余现金（左上象限）。③是价值损害者，但产生多余现金（左下象限）。④既是价值损害者，又处于现金短缺（右下象限）。

只有一个业务单元的公司处于四个象限的其中一个，有许多个不同业务单元的公司其业务单元会处于不同的象限。我们现在分别讨论这四种情况的管理。

1. 业务单元创造价值但现金短缺

在这种情况下有两个选择：若业务单元当前支付红利给母公司和其他可能的股东，一个选择是减少或取消任何红利分配；另一个选择是母公司向业务单元注入新的权益资本。若业务单元是上市公司，可以向公众发行新的股票来增加资本。相对于这些增加的权益资本，业务单元可以增加负债资金来保持最优的资本结构（例如，若最优的资本结构是负债权益比等于 1，新的权益可以与等量的借款匹配）。

然后，若增加的资本不能有效地经营，即不能投资于价值创造的业务，在这种情况下，可以通过取消低边际利润、低资本周转率的产品和服务来缩小经营的规模，降低业务单元的综合增长率到自我维持水平。这个战略可以通过业务单元进入更加细分的市场竞争来提高保留业务的价值创造能力。其风险是现金富裕的竞争者可能决定进入该领域，从而对边际利润率增加压力。

2. 业务单元既创造价值又现金过剩

这是最优的状况，在这种情况下可以做两件事中的一件。首先，用过剩现金促进业务的增长，可以通过增加内部投资或收购相关的业务来完成。假设不存在组织的增长机会或相关的收购，当然，可以把过剩现金分散到不相关的有利润业务中。但是，这种战略很少能够获得成功，一般应该避免。

然后，若过剩现金不能投资于预期回报率超过资本成本的项目中，应该返还给所有者——公司的股东。现金分配可以通过专门的红利支付、股票回购或再购买计划来完成。

3. 业务单元损害价值但现金过剩

这种类型的业务应在现金过剩结束前尽快稳固。多余现金的一部分可以返还给股东，其余部分应尽可能快地用于业务的重构，目标是提高投资资本的回报率使之超过资本成本。

在本章前面已经讨论过，ROIC 可以通过以下方法来提高：①扩大规模、提高价格、控制经营费用可以增加经营的边际利润。②更有效地管理资产，特别是营运资本需求，也就是加快应收账款的回收和更快的存货周转率（见第八章）。

若当前的资本结构不是最优，或不是最低水平，可以调整业务单元的资本结构以降低加权平均资本成本（见第四章和第五章）。其风险是在业务单元投入太多的现金会使退出该业务的机会很少或没有机会。一个值得考虑的策略是把业务单元出售给可以把它管理得更好的人。

4. 业务单元既损害价值又现金短缺

这是最差的状况，管理者要立即对其关注和快速采取行动。若业务单元不能快速和彻底重构，就应该尽可能迅速地出售它。对彻底重构，我们认为尽快出售业务单元的某些资产可以立即增加现金，降低保留业务的规模到短期生存状态，其最终的目标是使保留业务成为价值创造的业务。若没有希望进行快速和成功的转换，我们的建议是在其还没有影响到公司其余部分的长期生存前立即出售该业务单元。想用其他业务单元产生的过剩现金给业务单元提供资金也必须考虑全部成本。

强调价值创造而不是收益增长的管理体系的最大优点，是引导组织的全部管理者更加注重费用的控制，更有效地使用公司资产，获得更好的公司投资资本回报率。优秀的管理包括很多因素——杰出的市场能力、卓越的领导、强大的制造力，但杰出的财务管理只有基本的一点——杰出的资本管理，或灵活运用稀缺资本的艺术。

管理者怎样做出资本配置决策以增加价值?一家公司应该配置现有资本，且只有资本预期获得的回报率超过估计的资本成本时才应增加新的资本。否则，资本应该以红利分配或股票回购计划将资金归还给股东。若业务单元的重构不能产生超过风险调整的资本成本的回报率，就应该出售。公司在市场增加值（*MVA*）——定义为资本的市场价值与股东和债权人投资的资本数量之差为正时才创造价值。换句话说，仅在公司资本的价值超过报告的账面价值（调整后）时才创造价值。

贯彻管理体系的一种方法是把公司的经营业绩考核、投资决策、激励机制与经济利润或经济增加值（*EVA*）联系起来，从而使得与价值创造目标保持一致，并有助于实现价值创造目标。经济利润或经济附加值（*EVA*）定义为净经营税后利润与产生利润所用资本成本之差。管理者做出预期未来经济增加值最大化的决策将增加市场增加值和创造价值，这个目标也与资本预算所用的净现值法则和内部收益率法则保持一致。

财务管理体系的关键因素可以组成一个财务战略矩阵，帮助管理者做出价值创造决策，这个矩阵可以按业务单元正或负的 *EVA* 和现金多余或短缺进行分析定位。

我们用一句最简短明了的陈述作为本书的结语。可口可乐的前任总裁说“我们筹集资本集中运作，销售获得经营利润，然后我们支付资本的成本，差额归入股东的钱袋”。

本章复习思考题

一、名词解释

1. EVA　2. MVA　3. 财务战略矩阵

二、复习思考题

1. 经济增加值的基本原理是什么？有什么优缺点？

2. 为什么用市场增加值概念来衡量公司创造价值的水平？

3. 为什么市场增加值最大化与股东利益最大化能保持一致？

4. 如何设计引导管理者做出创造价值决策的管理激励方案。

本章自测题

1．经济增加值分析

SCC公司现在有10亿元的资本投资于多个电信项目，预期下一年产生的税前经营利润为17000万元。SCC估计的税前资本成本为15%。

a. SCC 预期下一年产生的税前经济增加值（*EVA*）是多少?分别以税前经营利润和预期投资资本回报率计算*EVA*。

b. SCC认为可能有五项行动可以提高预期的税前*EVA*。

它们是:

（1）减少不影响收入的1000万元经营费用。

（2）减少不影响经营利润的6000万元投资资本。

（3）重组资本结构（负债权益比率），把税前资本成本降为14%。

（4）出售账面价值1亿元的资产，这些资产下一年预期产生的税前经营利润为1000万元。

（5）收购价值1亿元的资产，这些资产下一年预期可以产生2000万元的税前经营利润。

说明每一项决策怎样增加SCC的预期税前经济附加值。

2．市场增加值分析

ILC公司考虑购买一个存货控制软件程序，价格和安装成本为150000元（包括人员培训）。该程序可以使公司减少存货 100000 元，软件的成本在购买当年计入费用。ILC的公司所得税税率为40%，加权平均资本成本为10%。ILC是否应该购买软件程序?用经济增加值（*EVA*）和市场增加值（*MVA*）分析来回答问题。

3．比较基于现金流量和EVA的投资分析

EMC公司考虑购买价值30万元的设备，可以在第1年增加EMC的销售收入100万元，第2年为200万元，第3年为180万元。设备的成本在3年内提完折旧，按直线法折旧，没有残值。增加的经营费用预计为销售额的90%，不包括折旧费。支持项目销售额的营运资本需求为销售额的10%，假设营运资本需求在年初投入。EMC的借款利率是8%，公司所得税税率为30%，60%的资金来源于借款，公司使用的估计权益成本为14.1%。

（1）项目的净现值和内部回报率是多少?设备是否应该购买?

（2）项目的市场增加值是多少?解释设备为什么应该购买，尽管第1年的经济增加值（*EVA*）为负。

（3）用于估计项目现金流量和经济附加值使得项目的净现值等于项目的MVA的关键假设是什么?

各章自测题参考答案

第一章　自测题答案

一、填空题

1．财务关系

2．筹资活动、投资活动、资金营运活动、资金分配活动

3．财务活动、财务关系、资金运动、综合性管理

4．绝对、投入与产出

5．股票数量、股票市场价格

6．财务预测、财务决策、财务预算、财务控制、财务分析

7．经济环境、法律环境、金融环境

8．个人独资企业、合伙企业、公司

9．直接融资、间接融资

二、单项选择题

1～5　D　B　A　B　C

6～9　A　B　A　B

三、判断题

1～5　对　错　对　对　错

6～7　对　对

第二章　自测题答案

一、单项选择题

1～5　C　D　B　D　B

6～8　C　C　A

二、判断题

1～5　错　对　错　对　错

6～8　对　错　错

三、计算分析题

1.【答案】

（1）计算三家公司的年预期收益率：

A 公司的年预期收益率＝0.3×40%＋0.5×20%＋0.2×5%＝23%

B 公司的年预期收益率＝0.3×50%＋0.5×20%＋0.2×（-5%）＝24%

C 公司的年预期收益率＝0.3×80%＋0.5×5%＋0.2×（-30%）＝20.5%

（2）计算各公司预期收益率的标准差：

$$\sigma_A=\sqrt{\sum_{i=1}^{n}[R_i-E(R)]^2\times P_i}$$

$$=[(40\%-23\%)^2\times 0.3+(20\%-23\%)^2\times 0.5+(5\%-23\%)^2\times 0.2]^{\frac{1}{2}}$$

$$=12.49\%$$

$$\sigma_B=\sqrt{\sum_{i=1}^{n}[R_i-E(R)]^2\times P_i}$$

$$=[(50\%-24\%)^2\times 0.3+(20\%-24\%)^2\times 0.5+(-5\%-24\%)^2\times 0.2]^{\frac{1}{2}}$$

$$=19.47\%$$

$$\sigma_C=\sqrt{\sum_{i=1}^{n}[R_i-E(R)]^2\times P_i}$$

$$=[(80\%-20.5\%)^2\times 0.3+(5\%-20.5\%)^2\times 0.5+(-30\%-20.5\%)^2\times 0.2]^{\frac{1}{2}}$$

$$=41.14\%$$

（3）计算各公司预期收益率的标准离差率：

$$V_A=\frac{12.49\%}{23\%}=0.54$$

$$V_B=\frac{19.47\%}{24\%}=0.81$$

$$V_C=\frac{41.14\%}{20.5\%}=2.01$$

从以上计算结果可知，三家公司的风险程度为：A＜B＜C。

2.【答案】

$R=R_f+\beta\times(R_m-R_f)=5\%+2\times(10\%-5\%)=15\%$

第三章　自测题答案

一、单项选择题

1～5　C　D　B　B　D

6～9　C　A　B　D

二、判断题

1～5 对 错 对 对 错

6～8 错 对 对

三、计算分析题

1.【答案】

用单利计算的本利和：

$F=2000(1+6\%\times5)=2000\times1.3=2600$（元）

用复利计算的本利和：

$F=P\times(F/P,6\%,5)=2000\times1.33822676=2676$（元）

2.【答案】

$F=P\times(F/P,4\%,3)=56242.97\times0.8890=50000$（元）

3.【答案】

$F=5000\times(F/A,6\%,10)\times(1+6\%)=5000\times13.181\times1.06=69859$（元）

$F=5000\times(F/A,6\%,10)\times(1+6\%)=5000\times7.3601\times1.06=39009$（元）

4.【答案】

$P=1318982.80\times(P/A,10\%,5)$

$=1318982.80\times3.7908$

$=5000000$（元）

5.【答案】

$P_5=875868.80\times(P/A,8\%,10)$

$=875868.80\times3.7908$

$=5877167.23$（元）

$P=5877167.23\times(P/F,8\%,5)$

$=5877167.23\times0.6806$

$=4000000$（元）

6.【答案】

$P=\dfrac{2500}{5\%}=50000$（元）

7.【答案】

$P_0=\dfrac{D_0(1+g)}{K-g}=\dfrac{2\times(1+4\%)}{6\%-4\%}=104$（元）

8.【答案】

$P=I\times(P/A,K,n)+F\times(P/F,K,n)$

$=1000\times5\%\times(P/A,6\%,4)+1000\times(P/F,6\%,4)$

$=50\times3.4651+1000\times0.7921=965.36$（元）

第四章　自测题答案

一、填空题

1．权益性筹资、负债性筹资

2．工业产权

3．面额发行、时价发行、中间价发行

4．商业信用、短期借款、发行短期融资券、应收账款转让

5．溢价发行、折价发行、平价发行

6．直接租赁、售后租回、杠杆租赁

7．发行可转换公司债券、认股权证

二、单项选择题

1～5　B　D　C　A　D

6～10　C　B　C　C　C

三、判断题

1～5　错　错　对　对　错

6～8　对　错　错

四、计算分析题

1．【答案】

$$\text{补偿性余额借款的实际利率}=\frac{\text{名义利率}}{1-\text{补偿性余额占借款总额的比例}}$$

$$=\frac{12\%}{1-10\%}=13.3\%$$

2．【答案】

（1）当市场利率为9%时：

$P=I\times(P/A,K,n)+F\times(P/F,K,n)$

$=1000\times10\%\times(P/A,9\%,10)+1000\times(P/F,9\%,10)$

$=100\times6.417+1000\times0.4224=1064$（元）

（2）当市场利率为10%时：

$P=I\times(P/A,K,n)+F\times(P/F,K,n)$

$=1000\times10\%\times(P/A,10\%,10)+1000\times(P/F,10\%,10)$

$=100\times6.1446+1000\times0.3855=1000$（元）

（3）当市场利率为12%时：

$P=I\times(P/A,K,n)+F\times(P/F,K,n)$

$=1000\times10\%\times(P/A,12\%,10)+1000\times(P/F,12\%,10)$

＝100×5.6502＋1000×0.3220＝887（元）

第五章　自测题答案

一、单项选择题

1～5　B　C　B　D　C

6～10　D　B　B　C　C

11～14　D　B　A　D

二、判断题

1～5　错　对　对　错　错

6～10　错　错　错　对　错

三、计算分析题

1.【答案】

（1）计算各筹资总额分界点：

筹资总额分界点（1）＝40÷25%＝160（万元）

筹资总额分界点（2）＝75÷75%＝100（万元）

（2）计算边际资金成本。

筹资方式	个别资金成本	新筹资额（万元）	筹资总额的范围（万元）
长期借款	4%	40 以下	0～160
	8%	40 以上	160 以上
普通股	10%	75 以下	0～100
	12%	75 以上	100 以上

边际资金成本（0～100 万元）＝25%×4%＋75%×10%＝8.5%

边际资金成本（100～160 万元）＝25%×4%＋75%×12%＝10%

边际资金成本（160 万元以上）＝25%×8%＋75%×12%＝11%

2.【答案】

$$营业杠杆系数=\frac{3000\times(1-60\%)}{3000\times(1-60\%)-700}=2.4$$

$$财务杠杆系数=\frac{3000\times(1-60\%)-700}{3000\times(1-60\%)-700-2500\times65\%\times10\%}=1.48$$

复合杠杆系数＝2.4×1.48＝3.55

3.【答案】

甲方案：各种筹资方式的筹资比例：

长期借款：80/500＝0.16

长期债券：120/500＝0.24

普 通 股：300/500＝0.60

综合资金成本：7%×0.16＋8.5%×0.24＋14%×0.60＝11.56%

乙方案：各种筹资方式的筹资比例：

长期借款：110/500＝0.22

长期债券：40/500＝0.08

普 通 股：350/500＝0.70

综合资金成本：7.5%×0.22＋8%×0.08＋14%×0.70＝12.09%

由以上计算结果可知，甲方案的综合资金成本较低，因此最优筹资方案是甲方案。

4.【答案】

（1）增发普通股与增加债务两种筹资方式下的无差异点为：

$$\frac{(EBIT-I_1)(1-T)}{N_1}=\frac{(EBIT-I_2)(1-T)}{N_2}$$

$$\frac{(EBIT-20)(1-33\%)}{10+5}=\frac{(EBIT-20-40)(1-33\%)}{10}$$

解得：$EBIT=140$（万元）

此时，每股收益为：

$$\frac{(140-20)(1-33\%)}{10+5}=5.36\text{（元）}$$

（2）通过计算说明，当息税前利润大于140万元时，应运用负债筹资可获得较高的每股利润；当息税前利润小于140万元时，应运用权益筹资可获得较高的每股利润。已知追加筹资后，息税前利润预计为160万元，因此，应采用方案（2），即采用全部筹措长期债务方案。

第六章　自测题答案

一、单项选择题

1～5　C A C A B

6～10　B C C C B

二、判断题

1～5　对 对 错 对 错

三、计算分析题

1.【答案】

（1）计算该项目A方案的下列指标：

①项目计算期=2+10=12（年）

②固定资产原值=500+0=500（万元）

③固定资产年折旧=(500－40）÷10=46（万元）

④无形资产投资额=650－500－100=50（万元）

⑤无形资产年摊销额=50÷10=5（万元）

⑥经营期每年总成本=129+46+5=180（万元）

⑦经营期每年营业净利润=380－180=200（万元）

⑧经营期每年净利润=200×(1－33%）=134（万元）

（2）计算该项目A方案的下列指标：

①建设期各年的净现金流量：

NCF_0=-（500+50）=-550（万元）

NCF_1=0

NCF_2=-100（万元）

②投产后1～10年每年的经营净现金流量=134+46+5=185（万元）

③项目计算期期末回收额=40+100=140（万元）

④终结点净现金流量=185+140=325（万元）

（3）因为A方案的净现值指标为145万元，大于0，所以，A方案具有财务可行性。

（4）该项目B方案的净现值=-700+16 1.04×5.216 21=140（万元）

因为B方案净现值为140万元，大于零，所以，B方案也具有财务可行性。

2.【答案】

（1）该设备各年净现金流量测算

NCF_0=-100（万元）

$NCF_{1\sim4}$=20+（100－5）/5=39

NCF_5=20+（100－5）/5+5=44（万元）

（2）静态投资回收期=100/39=2.56（年）

（3）该设备投资利润率=20/100×100%=20%

（4）该投资项目的净现值=39×3.7908+100×5%×0.6209－100

=147.8412+3.1045－100

=50.95（万元）

第七章　自测题答案

一、单项选择题

1～5　B　C　D　B　A

6～10　C　B　A　A　C

二、判断题

1～5　对　对　错　对　错

6～10　对　对　错　错　对

三、多项选择题

1～5　ABCD　AC　ABC　BC　ACD

6～10　BC　CD　ACD　ABD　AC

四、计算分析题

1.【答案】

该股票的必要报酬率为 K_i＝8%＋1.2×(16%－8%)＝17.6%

股票价值 V＝4/(17.6%－2%)＝25.64(元)＞24(元)，应该购入该股票。

2.【答案】

(1) 债券的价值＝1500×10%÷(1＋7%)＋1500÷(1＋7%)＝1542(元)

(2) i＝20%

(3) 债券价值＝150×(P/A，12%，3)＋1500×(P/F，12%，3)＝1428(元)＞1425(元)，应该购买该债券。

(4) 平价购入且每年付息一次的债券，到期收益率与票面利率相等，为10%。

3.【答案】

(1) 该证券组合的 β＝1.375

(2) 该证券组合的风险收益率为：R_p＝1.375×(15%－10%)＝6.875%

(3) 该证券组合的必要投资收益率为：K＝10%＋6.875%＝16.875%

4.【答案】

(1) A公司股票价值＝5×(P/A，16%，5)＋5×(1＋6%)/(16%－6%)×(P/F，16%，5)＝41.60(元)

B公司股票价值＝2×(1＋4%)/(14%－4%)＝20.8(元)

(2) 证券组合收益率$=\frac{100\times40}{100\times40+100\times20}\times16\%+\frac{100\times20}{100\times40+100\times20}\times14\%$

$=15.34\%$

(3) 综合 β 系数$=\frac{100\times40}{100\times40+100\times20}\times2+\frac{100\times20}{100\times40+100\times20}\times1.5=1.83$

第八章　自测题答案

一、单项选择

1～5　A　D　A　A　D

6～10　A　A　C　C　B

二、判断题

1～5 错 对 对 对 错

6～10 对 对 错 错 对

三、计算分析题

1.【答案】

（1）根据公式最低现金管理总成本

$=\sqrt{2\times 现金的全年需要量\times 转换成本\times 有价证券利率}$，即有：

600＝（2×100000×转换成本×10‰）$^{1/2}$

解得：转换成本＝180（元／次）

（2）最佳现金持有量＝（2×100000×180／10‰）$^{1/2}$＝60000（元）

（3）有价交易次数＝100000／60000＝1.67（次）

有价证券交易间隔期＝360／1.67＝216（天）

（4）持有现金的机会成本＝60000／2×10‰＝300（元）

2.【答案】

项　目	现行收账政策	方案甲	方案乙
销售额	2400	2600	2700
毛利	2400×20%＝480	2600×20%＝520	2700×20%＝540
应收账款应计利息	2400÷6×15%＝60	2600÷4×15%＝97.5	2700÷3×15%＝135
坏账损失	2400×2%＝48	2600×2.5%＝65	2700×3%＝81
收账费用	40	20	10
边际收益	332	337.5	314
是否采用		采用	不采用

3.【答案】

（1）本年度乙材料的经济进货批量＝$\sqrt{(2\times 36000\times 20)\div 16}$＝300（公斤）

（2）本年度乙材料经济进货批量下的相关总成本＝$\sqrt{(2\times 36000\times 20\times 16)}$＝4800（元）

（3）本年度乙材料经济进货批量下的平均资金占用额＝300×200÷2＝30000（元）

（4）本年度乙材料最佳进货批次＝36000÷300＝120（次）

4.【答案】

（1）按基本经济进货批量模型计算经济进货批量和存货相关总成本：

经济订货量＝［2×50×2000/(20×25%)］$^{1/2}$＝200（公斤／次）

订货费用＝2000×50／200＝500（元）

储存成本＝200×20×25%／2＝500（元）

材料买价＝2000×20＝40000（元）

存货相关总成本＝500＋500＋40000＝41000（元）

（2）计算接受折扣条件的存货总成本：

订货费用＝2000×50／1000＝100（元）

储存成本＝1000×20×25% / 2＝2500（元）

材料买价＝2000×20×（1－5%）＝38000（元）

存货总成本＝100＋2500＋38000＝40600（元）

由于接受折扣条件后，存货相关总成本低于不接受折扣条件下的总成本，该企业应当接受供货方提出的折扣条件，并可以节约存货成本 400 元。

5.【答案】

（1）允许缺货时的经济进货批量＝$\sqrt{\frac{(2\times80000\times70)}{2}\times\frac{2+6}{6}}$＝2733（公斤）

（2）平均缺货量＝2733×2 / (2＋6)＝684（公斤）

第九章　自测题答案

一、单项选择题

1～5　A　A　C　B　D

6~10　A　D　B　C　C

二、多项选择题

1～5　ABCD　　ABC　　ABD　　ACD　　AB

三、判断题

1～5　错　错　对　对　对

6～8　错　对　对

四、计算分析题

1.【答案】

（1）投资方案所需的自有资金额＝700×60%＝420（万元）

投资需要从外部借入的资金额＝700×40%＝280（万元）

（2）在保持目标资本结构的前提下，执行剩余股利政策：

2004 年度应分配的现金股利＝900－420＝480（万元）

（3）在不考虑目标资本结构的前提下，执行固定股利政策：

2004 年度应分配的现金股利＝2003 年的现金股＝550（万元）

可用于 2005 年投资的留存收益＝900－550＝350（万元）

需要额外筹集的资金额＝700－350＝350（万元）

（4）在不考虑目标资本结构的前提下，执行固定股利支付率政策：

股利支付率＝550/1000×100%＝55%

2004 年度应分配的现金股利＝900×55%＝495（万元）

（5）2004 年度应分配的现金股利＝900－700＝200（万元）

2.【答案】

保留利润＝260×（1－20%）＝208（万元）

权益融资需要＝600×(1－45%）＝330（万元）

外部权益融资＝330－208＝122（万元）

第十章　自测题答案

一、单项选择题

1～5　B　B　C　B　C

6～10　D　B　C　C　A

11～15　A　B　B　D　C

二、判断题

1～5　对　错　错　对　错

6～10　错　错　对　错　对

三、计算分析题

1.【答案】

（1）经营现金收入＝4000×80%＋50000×50%＝28200（元）

（2）经营现金支出＝8000×70%＋5000＋8400＋16000＋900＝35900（元）

（3）现金余缺＝8000＋28200－（35900＋10000）＝-9700（元）

（4）最佳资金筹措或运用数额，根据题意是银行借款数额，为 5000＋10000＝15000（元）

（5）最佳现金期末余额＝15000－9700＝5300（元）

本题的考核点是现金预算的编制。

2.【答案】

（1）填列表格如下：

项　目	第 1 季度	第 2 季度	第 3 季度	第 4 季度
期初现金余额	1000	1500	2000	2500
本期现金收入	31000	33500	E＝38000	36500
本期现金支出	30000	C＝34000	37000	40000
现金余缺	A＝2000	1000	3000	G＝-1000
资金筹措与运用	-500	1000	F＝-500	I＝3000
取得流动资金借款	—	1000	—	3000
归还流动资金借款	-500		-500	—
期末现金余额	B＝1500	D＝2000	2500	H＝2000

（2）各项目计算如下：

A＝1000＋31000－30000＝2000（万元）

B＝A＋（-500）＝2000－500＝1500（万元）

C＝B＋33500－1000＝1500＋33500－1000＝34000（万元）

D＝1000＋1000＝2000（万元）

E＝37000＋3000－D＝37000＋3000－2000＝38000（万元）

F＝2500－3000＝-500（万元）

G＝2500＋36500－40000＝-1000（万元）

H＝4000×50%＝2000（万元）

I＝H－G＝2000－(-1000)＝3000（万元）

第十一章　自测题答案

1.【答案】

a. 基于初始投资资本的税前经济增加值（*EVA*）：

EVA＝税前营业利润－（税前资本成本）×（投资资本）

EVA＝17000－15%×100000＝17000－15000＝2000（万元）

基于投资资本回报率（*ROIC*）的经济增加值（*EVA*）：

税前 *ROIC*＝17000÷100000＝17%

EVA＝（税前 *ROIC*－税前资本成本）×投资资本

EVA＝(17%－15%)×100000＝2%×100000＝2000（万元）

b.（1）减少 1000 万元的营业费用可以增加 1000 万元的 *EVA*：

EVA＝(17000＋1000)－15000＝3000（万元）

（2）减少 6000 万元的投资资本可以增加 900 万元的 *EVA*：

EVA＝17000－15%×（100000－6000）＝17000－14100＝2900（万元）

（3）税前资本成本降到 14%可以增加 1000 万元的 *EVA*：

EVA＝17000－14%×100000＝17000－14000＝3000（万元）

（4）出售 10000 万元（账面价值）的资产可以将占用资本减少到 90000 万元，税前营业利润减少 1000 万元，这样 *EVA* 增加 500 万元（注意:这些资产预测的 *ROIC* 为 10%，低于 15%的 *WACC*）：

EVA＝16000－15%×90000＝16000－13500＝2500（万元）

（5）购买 10000 万元的资产增加占用资本 110000 万元，预测的税前营业利润增加 2000 万元，这样 *EVA* 增加 500 万元（注意:这些资产预测的 *ROIC* 为 20%，高于 15%的 *WACC*）：

EVA＝19000－15%×110000＝19000－16500＝2500（万元）

2.【答案】

购买成本为 150000 元的存货控制软件程序立即将税后营业利润减少 150000×(1－40%)＝90000(元)，*EVA* 也减少同样的数量。但全部未来的 *EVA* 将增加 10000 元，因为投资资本永久地减少了 100000 元×10%，也即 10000 元，这是由于存货永久地减少了。

为了确定 ILC 价值的净影响，我们需要得出全部 *EVA* 流量序列的现值，这个现值测量了购买软件程序的决策对 ILC 市场价值的影响。换句话说，即它是增加市场增加值（*MVA*）的决策。因为 *MVA* 为正（＋10000 元），所以购买软件是一个价值创造的建议：

MVA（软件）＝-90000＋10000/0.10＝-90000＋100000＝10000（元）

（注意：因为未来 *EVA* 流量序列是永续固定的，所以它的现值就是固定数量除以资本成本；在我们的案例中 *EVA* 的增长率为零）

3.【答案】

估计项目预期产生的现金和 *EVA* 流量序列：

单位：千元

估计项目现金流				
	现在	1年末	2年末	3年末
1. 销售额		1000	2000	1800
2. 营业费用为销售额的90%		（900）	（1800）	（1620）
3. 折旧（300元的1／3）		（100）	（100）	（100）
4. 息税前收益		0	100	80
5. 所得税（行4的30%）		0	30	24
6. 税后营业净利润		0	70	56
7. WCR为下年销售额的10%	100	200	180	
8. WCR变化	（100）	（100）	20	180
9. 资本支出	（300）	0	0	0
10. 项目的现金流	（400）	0	190	336
·估计项目的EVA				
11. NOPAT（行6）	0	0	70	56
12. 投入资本				
WCR（行7）	100	200	180	
固定资产净值	300	200	100	
	400	400	280	
13. 年初投入资本×9%		36	36	25.2
14. EVA（行11－行13）	0	（36）	34	30.8

注：行 4：EBIT＝行 1－行 2－行 3

行 6：NOPAT＝行 4－行 5

行 7：WCR＝营运资本需求

行 10：NOPAT（行 6）＋折旧（行 3）－WCR 变化（行 8）－资本支出（行 9）

行 12：净固定资产＝300 元－累计折旧

行 13：加权平均资本成本＝60%×8%×（1－0.30）＋40%×14.1%＝9%

（1）项目现金流量以 9%的 *WACC* 折现的净现值等于 19370 元，项目的内部同报率等于 10.99%。因为项目的净现值（*NPV*）为正，内部同报率（*IRR*）超过 *WACC*，所以项目是一个创造价值的建议，应该接受。

（2）项目的市场增加值等于 *EVA* 流量序列以 9%的 *WACC* 折现的现值，等于 19370 元，它等于项目的 *NPV*。因为项目的 *MVA* 为正，所以项目是一个创造价值的建议，应该接受，尽管第一年的 *EVA* 为负。重要的是全部未来预期 *EVA* 流量序列的现值，而不是单一年度的 *EVA*。

（3）估计 *EVA* 时，投资资本必须在期初测量，*EVA* 流量序列必须以与现金流量一样的资本成本（也就是 *WACC*）折现。

附录

附表一　　　　　复利终值系数表

期数	1%	2%	3%	4%	5%	6%	7%	8%	9%	10%
1	1.0100	1.0200	1.0300	1.0400	1.0500	1.0600	1.0700	1.0800	1.0900	1.1000
2	1.0201	1.0404	1.0609	1.0816	1.1025	1.2436	1.1449	1.1664	1.1881	1.2100
3	1.0303	1.0612	1.0927	1.1249	1.1576	1.1910	1.2250	1.2597	1.2950	1.3310
4	1.0406	1.0824	1.1255	1.1699	1.2155	1.2625	1.3108	1.3605	1.4116	1.4641
5	1.0510	1.1041	1.1593	1.2167	1.2763	1.3382	1.4026	1.4693	1.5386	1.6105
6	1.0615	1.1262	1.1941	1.2653	1.3401	1.4185	1.5007	1.5809	1.6771	1.7716
7	1.0721	1.1487	1.2299	1.3159	1.4071	1.5036	1.6058	1.7138	1.8280	1.9487
8	1.0829	1.1717	1.2668	1.3686	1.4775	1.5938	1.7182	1.8509	1.9926	2.1436
9	1.0937	1.1951	1.3048	1.4233	1.5513	1.6895	1.8385	1.9990	2.1719	2.3579
10	1.1046	1.2190	1.3439	1.4802	1.6289	1.7908	1.9672	2.1589	2.3674	2.5937
11	1.1157	1.2434	1.3824	1.5395	1.7103	1.8983	2.1049	2.3316	2.5804	2.8531
12	1.1268	1.2682	1.4258	1.6010	1.7959	2.0122	2.2522	2.5182	2.8127	3.1384
13	1.1381	1.2936	1.4685	1.6651	1.8856	2.1329	2.4098	2.7196	3.0658	3.4523
14	1.1495	1.3195	1.5126	1.7317	1.9799	2.2609	2.5785	2.9372	3.3417	3.7975
15	1.1610	1.3459	1.5580	1.8009	2.0789	2.3966	2.7590	3.1722	3.6425	4.1772
16	1.1726	1.3728	1.6047	1.8730	2.1829	2.5404	2.9522	3.4259	3.9703	4.5950
17	1.1843	1.4002	1.6528	1.9479	2.2920	2.6928	3.1588	3.7000	4.3276	5.0545
18	1.1961	1.4282	1.7024	2.0258	2.4066	2.8543	3.3799	3.9960	4.7171	5.5599
19	1.2081	1.4568	1.7535	2.1068	2.5270	3.0256	3.6165	4.3157	5.1417	6.1159
20	1.2202	1.4859	1.8061	2.1911	2.6533	3.2071	3.8697	4.6610	5.6044	6.7275
21	1.2324	1.5157	1.8603	2.2788	2.7860	3.3996	4.1406	5.0338	6.1088	7.4002
22	1.2447	1.5460	1.9161	2.3699	2.9253	3.6035	4.4304	5.4365	6.6586	8.1403
23	1.2572	1.5769	1.9736	2.4647	3.0715	3.8197	4.7405	5.8715	7.2579	8.2543
24	1.2697	1.6084	2.0328	2.5633	3.2251	4.0689	5.0724	6.3412	7.9111	9.8497
25	1.2824	1.6406	2.0938	2.6558	3.3864	4.2919	5.4274	6.8485	8.6231	10.835
26	1.2953	1.6734	2.1566	2.7725	3.5557	4.5494	5.8076	7.3964	9.3992	11.918
27	1.3082	1.7069	2.2213	2.8834	3.7335	4.8823	6.2139	7.9881	10.245	13.110
28	1.3213	1.7410	2.2879	2.9987	3.9201	5.1117	6.6488	8.6271	11.167	14.421
29	1.3345	1.7758	2.3566	3.1187	4.1161	5.4184	7.1143	9.3173	12.172	15.863
30	1.3478	1.8114	2.4273	3.2434	4.3219	5.7435	7.6123	10.063	13.268	17.449
40	1.4889	2.2080	3.2620	4.8010	7.0400	10.268	14.974	21.725	31.409	45.259
50	1.6446	2.6916	4.3839	7.1067	11.467	18.420	29.457	46.902	74.358	117.39
60	1.8167	3.2810	5.8916	10.520	18.679	32.988	57.946	101.26	176.03	304.48

续表

期数	12%	14%	15%	16%	18%	20%	24%	28%	32%	36%
1	1.1200	1.1400	1.1500	1.1600	1.1800	1.2000	1.2400	1.2800	1.3200	1.3600
2	1.2544	1.2996	1.3225	1.3456	1.3924	1.4400	1.5376	1.6384	1.7424	1.8496
3	1.4049	1.4815	1.5209	1.5609	1.6430	1.7280	1.9066	2.0972	2.3000	2.5155
4	1.5735	1.6890	1.7490	1.8106	1.9388	2.0736	2.3642	2.6844	3.0360	3.4210
5	1.7623	1.9254	2.0114	2.1003	2.2878	2.4883	2.9316	3.4360	7.0075	4.6526
6	1.9738	2.1950	2.3131	2.4364	2.6996	2.9860	3.6352	4.3980	5.2899	6.3275
7	2.2107	2.5023	2.6600	2.8262	3.1855	3.5832	4.5077	5.6295	6.9826	8.6054
8	2.4760	2.8526	3.0590	3.2784	3.7589	4.2998	5.5895	7.2508	9.2170	11.703
9	2.7731	3.2519	3.5179	3.8030	4.4355	5.1598	6.9310	9.2234	12.166	15.917
10	3.1058	3.7072	4.0456	4.4114	5.2338	6.1917	8.5944	11.806	16.060	21.647
11	3.4785	4.2262	4.6524	5.1173	6.1759	7.4301	10.657	15.112	21.119	29.439
12	3.8960	4.8179	5.3503	5.9360	7.2876	8.9161	13.215	19.343	27.983	40.037
13	4.3635	5.4924	6.1528	6.8858	8.5994	10.699	16.386	24.759	36.937	54.451
14	4.8871	6.2613	7.0757	7.9875	10.147	12.839	20.319	31.691	48.757	74.053
15	5.4736	7.1379	8.1371	9.2655	11.974	15.407	25.196	40.565	64.359	100.71
16	6.1304	8.1372	9.3576	10.748	14.129	18.488	31.243	51.923	84.954	136.97
17	6.8660	9.2765	10.761	12.468	16.672	22.186	38.741	66.461	112.14	186.28
18	7.6900	10.575	12.375	14.463	19.673	26.623	48.039	85.071	148.02	253.34
19	8.6128	12.056	14.232	16.777	23.214	31.948	59.568	108.89	195.39	344.54
20	9.6463	13.743	16.367	19.461	27.393	38.338	74.864	139.38	257.92	468.57
21	10.804	15.668	18.822	22.574	32.324	46.005	91.592	178.41	340.45	637.26
22	12.100	17.861	21.645	26.186	38.142	55.206	113.57	228.36	449.39	866.67
23	13.552	20.362	24.891	30.376	45.008	66.247	140.83	292.30	593.20	1 178.7
24	15.179	23.212	28.625	35.236	53.109	79.497	174.63	374.14	783.02	1 603.0
25	17.000	26.462	32.919	40.874	62.669	95.396	216.54	478.90	1 033.6	2 180.1
26	19.040	30.167	37.857	47.414	73.949	114.48	268.51	613.00	1 364.3	2 964.9
27	21.325	34.390	43.535	55.000	87.260	137.37	332.95	784.64	1 800.9	4 032.3
28	23.884	39.204	50.066	63.800	102.97	164.84	412.86	1 004.3	2 377.2	5 483.9
29	26.750	44.693	57.575	74.009	121.50	197.81	511.95	1 285.6	3 137.9	7 458.1
30	29.960	50.950	66.212	85.850	143.37	237.38	634.82	1 645.5	4 142.1	10 143
40	903.051	188.83	267.86	378.72	750.38	1 469.8	5 455.9	19 427	66 521	*
50	289.00	700.23	1 083.7	1 670.7	3 927.4	9 100.4	46 890	*	*	*
60	897.60	2 595.9	4 384.0	7 370.2	20 555	56 348	*	*	*	*

* >99 999

附表二 复利现值系数表

期数	1%	2%	3%	4%	5%	6%	7%	8%	9%	10%
1	.9901	.9804	.9709	.9615	.9524	.9434	.9346	.9259	.9174	.9091
2	.9803	.9712	.9426	.9246	.9070	.8900	.8734	.8573	.8417	.8264
3	.9706	.9423	.9151	.8890	.8638	.8396	.8163	.7938	.7722	.7513
4	.9610	.9238	.8885	.8548	.8227	.7921	.7629	.7350	.7084	.6830
5	.9515	.9057	.8626	.8219	.7835	.7473	.7130	.6806	.6499	.6209
6	.9420	.8880	.8375	.7903	.7462	.7050	.6663	.6302	.5963	.5645
7	.9327	.8606	.8131	.7599	.7107	.6651	.6227	.5835	.5470	.5132
8	.9235	.8535	.7894	.7307	.6768	.6274	.5820	.5403	.5019	.4665
9	.9143	.8368	.7664	.7026	.6446	.5919	.5439	.5002	.4604	.4241
10	.9053	.8203	.7441	.6756	.6139	.5584	.5083	.4632	.4224	.3855
11	.8963	.8043	.7224	.6496	.5847	.5268	.4751	.4289	.3875	.3505
12	.8874	.7885	.7014	.6246	.5568	.4970	.4440	.3971	.3555	.3186
13	.8787	.7730	.6810	.6006	.5303	.4688	.4150	.3677	.3262	.2897
14	.8700	.7579	.6611	.5775	.5051	.4423	.3878	.3405	.2992	.2633
15	.8613	.7430	.6419	.5553	.4810	.4173	.3624	.3152	.2745	.2394
16	.8528	.7284	.6232	.5339	.4581	.3936	.3387	.2919	.2519	.2176
17	.8444	.7142	.6050	.5134	.4363	.3714	.3166	.2703	.2311	.1978
18	.8360	.7002	.5874	.4936	.4155	.3503	.2959	.2502	.2120	.1799
19	.8277	.6864	.5703	.4746	.3957	.3305	.2765	.2317	.1945	.1635
20	.8195	.6730	.5537	.4564	.3769	.3118	.2584	.2145	.1784	.1486
21	.8114	.6598	.5375	.4388	.3589	.2942	.2415	.1987	.1637	.1351
22	.8034	.6468	.5219	.4220	.3418	.2775	.2257	.1839	.1502	.1228
23	.7954	.6342	.5067	.4057	.3256	.2618	.2109	.1703	.1378	.1117
24	.7876	.6217	.4919	.3901	.3101	.2470	.1971	.1577	.1264	.1015
25	.7798	.6095	.4776	.3751	.2953	.2330	.1842	.1460	.1160	.0923
26	.7720	.5976	.4637	.3604	.2812	.2198	.1722	.1352	.1064	.0839
27	.7644	.5859	.4502	.3468	.2678	.2074	.1609	.1252	.0976	.0763
28	.7568	.5744	.4371	.3335	.2551	.1956	.1504	.1159	.0895	.0693
29	.7493	.5631	.4243	.3207	.2429	.1846	.1406	.1073	.0822	.0630
30	.7419	.5521	.4120	.3083	.2314	.1741	.1314	.0994	.0754	.0573
35	.7059	.5000	.3554	.2534	.1813	.1301	.0937	.0676	.0490	.0356
40	.6717	.4529	.3066	.2083	.1420	.0972	.0668	.0460	.0318	.0221
45	.6391	.4102	.2644	.1712	.1113	.0727	.0476	.0313	.0207	.0137
50	.6080	.3715	.2281	.1407	.0872	.0543	.0339	.0213	.0134	.0085
55	.5785	.3365	.1968	.1157	.0683	.0406	.0242	.0145	.0087	.0053

续表

期数	12%	14%	15%	16%	18%	20%	24%	28%	32%	36%
1	.8929	.8772	.8696	.8621	.8475	.8333	.8065	.7813	.7576	.7353
2	.7972	.7695	.7561	.7432	.7182	.6944	.6504	.6104	.5739	.5407
3	.7118	.6750	.6575	.6407	.6086	.5787	.5245	.4768	.4348	.3975
4	.6355	.5921	.5718	.5523	.5158	.4823	.4230	.3725	.3294	.2923
5	.5674	.5194	.4972	.4762	.4371	.4019	.3411	.2910	.2495	.2149
6	.5066	.4556	.4323	.4104	.3704	.3349	.2751	.2274	.1890	.1580
7	.4523	.3996	.3759	.3538	.3139	.2791	.2218	.1776	.1432	.1162
8	.4039	.3506	.3269	.3050	.2660	.2326	.1789	.1388	.1085	.0854
9	.3606	.3075	.2843	.2630	.2255	.1938	.1443	.1084	.0822	.0628
10	.3220	.2697	.2472	.2267	.1911	.1615	.1164	.0847	.0623	.0462
11	.2875	.2366	.2149	.1954	.1619	.1346	.0938	.0662	.0472	.0340
12	.2567	.2076	.1869	.1685	.1373	.1122	.0757	.0517	.0357	.0250
13	.2292	.1821	.1625	.1452	.1163	.0935	.0610	.0404	.0271	.0184
14	.2046	.1597	.1413	.1252	.0985	.0779	.0492	.0316	.0205	.0135
15	.1827	.1401	.1229	.1079	.0835	.0649	.0397	.0247	.0155	.0099
16	.1631	.1229	.1069	.0980	.0709	.0541	.0320	.0193	.0118	.0073
17	.1456	.1078	.0929	.0802	.0600	.0451	.0259	.0150	.0089	.0054
18	.1300	.0946	.0808	.0691	.0508	.0376	.0208	.0118	.0068	.0039
19	.1161	.0829	.0703	.0596	.0431	.0313	.0168	.0092	.0051	.0029
20	.1037	.0728	.0611	.0514	.0365	.0261	.0135	.0072	.0039	.0021
21	.0926	.0638	.0531	.0443	.0309	.0217	.0109	.0056	.0029	.0016
22	.0826	.0560	.0462	.0382	.0262	.0181	.0088	.0044	.0022	.0012
23	.0738	.0491	.0402	.0329	.0222	.0151	.0071	.0034	.0017	.0008
24	.0659	.0431	.0349	.0284	.0188	.0126	.0057	.0027	.0013	.0006
25	.0588	.0378	.0304	.0245	.0160	.0105	.0046	.0021	.0010	.0005
26	.0525	.0331	.0264	.0211	.0135	.0087	.0037	.0016	.0007	.0003
27	.0469	.0291	.0230	.0182	.0115	.0073	.0030	.0013	.0006	.0002
28	.0419	.0255	.0200	.0157	.0097	.0061	.0024	.0010	.0004	.0002
29	.0374	.0224	.0174	.0135	.0082	.0051	.0020	.0008	.0003	.0001
30	.0334	.0196	.0151	.0116	.0070	.0042	.0016	.0006	.0002	.0001
35	.0189	.0102	.0075	.0055	.0030	.0017	.0005	.0002	.0001	*
40	.0107	.0053	.0037	.0026	.0013	.0007	.0002	.0001	*	*
45	.0061	.0027	.0019	.0013	.0006	.0003	.0001	*	*	*
50	.0035	.0014	.0009	.0006	.0003	.0001	*	*	*	*
55	.0020	.0007	0.0005	0.0003	0.0001	*	*	*	*	*

* <0 001

附表三　　　　年金终值系数表

期数	1%	2%	3%	4%	5%	6%	7%	8%	9%	10%
1	1.0000	1.0000	1.0000	1.0000	1.0000	1.0000	1.0000	1.0000	1.0000	1.0000
2	2.0100	2.0200	2.0300	2.0400	2.0500	2.0600	2.0700	2.0800	2.0900	2.1000
3	3.0301	3.0604	3.0909	3.1216	3.1525	3.1836	3.2149	3.2464	3.2781	3.3100
4	4.0604	4.1216	4.1836	4.2465	4.3101	4.3746	4.4399	4.5061	4.5731	4.6410
5	5.1010	5.2040	5.3091	5.4163	5.5256	5.6371	5.7507	5.8666	5.9847	6.1051
6	6.1520	6.3081	6.4684	6.6330	6.8019	6.9753	7.1533	7.3359	7.5233	7.7156
7	7.2135	7.4343	7.6625	7.8983	8.1420	8.3938	8.6540	8.9228	9.2004	9.4872
8	8.2857	8.5830	8.8923	9.2142	9.5491	9.8975	10.260	10.637	11.028	11.436
9	9.3685	9.7546	10.159	10.583	11.027	11.491	11.978	12.488	13.021	13.579
10	10.462	10.950	11.464	12.006	12.578	13.181	13.816	14.487	15.193	15.937
11	11.567	12.169	12.808	13.486	14.207	14.972	15.784	16.645	17.560	18.531
12	12.683	13.412	14.192	15.026	15.917	16.870	17.888	18.977	20.141	21.384
13	13.809	14.680	15.618	16.627	17.713	18.882	20.141	21.495	22.953	24.523
14	14.947	15.974	17.086	18.292	19.599	21.015	22.550	24.214	26.019	27.975
15	16.097	17.293	18.599	20.024	21.579	23.276	25.129	27.152	29.361	31.772
16	17.258	18.639	20.157	21.825	23.657	25.673	27.888	30.324	33.003	35.950
17	18.430	20.012	21.762	23.698	25.840	28.213	30.840	33.750	36.974	40.545
18	19.615	21.412	23.414	25.645	28.132	30.906	33.999	37.450	41.301	45.599
19	20.811	22.841	25.117	27.671	30.539	33.760	37.379	41.446	46.018	51.159
20	22.019	24.297	26.870	29.778	33.006	36.786	40.955	45.752	51.160	57.275
21	23.239	25.783	28.676	31.969	35.719	39.993	44.865	50.423	56.765	64.002
22	24.472	27.299	30.537	34.249	38.505	43.392	49.006	55.457	62.873	71.403
23	25.716	28.845	32.453	36.618	41.430	46.996	53.436	60.883	69.532	79.543
24	26.973	30.422	34.426	39.083	44.502	50.816	58.177	66.765	76.790	88.497
25	28.243	32.030	36.459	41.646	47.727	54.863	63.294	73.106	84.701	98.347
26	29.526	33.671	38.553	44.312	51.113	59.156	68.676	79.954	93.324	109.18
27	30.821	35.344	40.710	47.084	54.669	63.706	74.484	87.351	102.72	121.10
28	31.129	37.051	42.931	49.968	58.403	68.528	80.698	95.339	112.97	134.21
29	33.450	38.792	45.219	52.966	62.323	73.640	87.347	103.97	124.14	148.63
30	34.785	40.568	47.575	56.085	66.439	79.058	94.461	113.28	136.31	164.49
40	48.886	60.402	75.401	95.026	120.80	154.76	199.64	259.06	337.88	442.59
50	64.463	84.579	112.80	152.67	209.35	290.34	406.53	573.77	815.08	1 163.9
60	81.670	114.05	163.05	237.99	353.58	533.13	813.52	1 253.2	1 944.8	3 034.8

续表

期数	12%	14%	15%	16%	18%	20%	24%	28%	32%	36%
1	1.0000	1.0000	1.0000	1.0000	1.0000	1.0000	1.0000	1.0000	1.0000	1.0000
2	2.1200	2.1400	2.1500	2.1600	2.1800	2.2000	2.2400	2.2800	2.3200	2.3600
3	3.3744	3.4396	3.4725	3.5056	3.5724	3.6400	3.7776	3.9184	3.0624	3.2096
4	4.7793	4.9211	4.9934	5.0665	5.2154	5.3680	5.6842	6.0156	6.3624	6.7251
5	6.3528	6.6101	6.7424	6.8771	7.1542	7.4416	8.0484	8.6999	9.3983	10.146
6	8.1152	8.5355	8.7537	8.9775	9.4420	9.9299	10.980	12.136	13.406	14.799
7	10.089	10.730	11.067	11.414	12.142	12.916	14.615	16.534	18.696	21.126
8	12.300	13.233	13.727	14.240	15.327	16.499	19.123	22.163	25.678	29.732
9	14.776	16.085	16.786	17.519	19.086	20.799	24.712	29.369	34.895	41.435
10	17.549	19.337	20.304	21.321	23.521	25.959	31.643	38.593	47.062	57.352
11	20.655	23.045	24.349	25.733	28.755	32.150	40.238	50.398	63.122	78.988
12	24.133	27.271	29.002	30.850	34.931	39.581	50.895	65.510	84.320	108.44
13	28.029	32.089	34.352	36.786	42.219	48.497	64.110	84.853	112.30	148.47
14	32.393	37.581	40.505	43.672	50.818	59.196	80.496	109.61	149.24	202.93
15	37.280	43.842	47.580	51.660	60.965	72.035	100.82	141.30	198.00	276.98
16	42.753	50.980	55.717	60.925	72.939	87.442	126.01	181.87	262.36	377.69
17	48.884	59.118	65.075	71.673	87.068	105.93	157.25	233.79	347.31	514.66
18	55.750	68.394	75.836	84.141	103.74	128.12	195.99	300.25	459.45	770.94
19	63.440	78.969	88.212	98.603	123.41	154.74	244.03	385.32	607.47	954.28
20	72.052	91.025	102.44	115.38	146.63	186.69	303.60	494.21	802.86	1298.8
21	81.699	104.77	118.81	134.84	174.02	225.03	377.46	633.59	1060.8	1767.4
22	92.503	120.44	137.63	157.41	206.34	271.03	469.06	812.00	1401.2	2404.7
23	104.60	138.30	159.28	183.60	244.49	326.24	582.63	1040.4	1850.6	3271.3
24	118.16	185.66	184.17	213.98	289.49	392.48	723.46	1332.7	2443.8	4450.0
25	133.33	181.87	212.79	249.21	342.60	471.98	898.09	1706.8	3226.8	6053.0
26	150.33	208.33	245.71	290.09	405.27	567.38	1114.6	2185.7	4260.4	8231.1
27	169.37	238.50	283.57	337.50	479.22	681.85	1383.1	2798.7	5624.8	11198.0
28	190.70	272.89	327.10	392.50	566.48	819.22	1716.1	3583.3	7425.7	15230.3
29	214.58	312.09	377.17	456.30	669.45	984.07	2129.0	4587.7	9802.9	20714.2
30	241.33	356.79	434.75	530.31	790.95	1181.9	2640.9	5873.2	12941	28172.3
40	767.09	1342.0	1779.1	2360.8	4163.2	7343.9	27290	69377	*	*
50	2400.0	4994.5	7217.7	10436	21813	45497	*	*	*	*
60	7471.6	18535	29220	46058	*	*	*	*	*	*

* >99999

附表四 年金现值系数表

期数	1%	2%	3%	4%	5%	6%	7%	8%	9%
1	0.9901	0.9804	0.9709	0.9615	0.9524	0.9434	0.9346	0.9259	0.9174
2	1.9704	1.9416	1.9135	1.8861	1.8594	1.8334	1.8080	1.7833	1.7591
3	2.9410	2.8839	2.8286	2.7751	2.7232	2.6730	2.6243	2.5771	2.5313
4	3.9020	3.8077	3.7171	3.6299	3.5460	3.4651	3.3872	3.3121	3.2397
5	4.8534	4.7135	4.5797	4.4518	4.3295	4.2124	4.1002	3.9927	3.8897
6	5.7955	5.6014	5.4172	5.2421	5.0757	4.9173	4.7665	4.6229	4.4859
7	6.7282	6.4720	6.2303	6.0021	5.7864	5.5824	5.3893	5.2064	5.0330
8	7.6517	7.3255	7.0197	6.7327	6.4632	6.2098	5.9713	5.7466	5.5348
9	8.5660	8.1622	7.7861	7.4353	7.1078	6.8017	6.5152	6.2469	5.9952
10	9.4713	8.9826	8.5302	8.1109	7.7217	7.3601	7.0236	6.7101	6.417
11	10.3676	9.7868	9.2526	8.7605	8.3064	7.8869	7.4987	7.1390	6.8052
12	11.2551	10.5753	9.9540	9.3851	8.8633	8.3838	7.9427	7.5361	7.1607
13	12.1337	11.3484	10.6350	9.9856	9.3936	8.8527	8.3577	7.9038	7.4869
14	13.0037	12.1062	11.2961	10.5631	9.8986	9.2950	8.7455	8.2442	7.7862
15	13.8651	12.8493	11.9379	11.1184	10.3797	9.7122	9.1079	8.5595	8.0607
16	14.7179	13.5777	12.5611	11.6523	10.8378	10.1059	9.4466	8.8514	8.3126
17	15.5623	14.2919	13.1661	12.1657	11.2741	10.4773	9.7632	9.1216	8.5436
18	16.3983	14.9920	13.7535	12.6896	11.6896	10.8276	10.0591	9.3719	8.7556
19	17.2260	15.6785	14.3238	13.1339	12.0853	11.1581	10.3356	9.6036	8.9601
20	18.0456	16.3514	14.8775	13.5903	12.4622	11.4699	10.5940	9.8181	9.1285
21	18.8570	17.0112	15.4150	14.0292	12.8212	11.7641	10.8355	10.0618	9.2922
22	19.6604	17.6580	15.9369	14.4511	13.4886	12.3034	11.0612	10.2007	9.4426
23	20.4558	18.2922	16.4436	14.8568	13.4886	12.3034	11.2722	10.3711	9.5802
24	21.2434	18.9139	16.9355	15.2470	13.7986	12.5504	11.4693	10.5288	9.7066
25	22.0232	19.5235	17.4131	15.6221	14.0939	12.7834	11.6536	10.6748	9.8226
26	22.7952	20.1210	17.8768	15.9828	14.3752	13.0032	11.8258	10.8100	9.9290
27	23.5596	20.7059	18.3270	16.3296	14.6430	13.2105	11.9867	10.9352	10.0266
28	24.3164	21.2813	18.7641	16.6631	14.8981	13.4062	12.1371	11.0511	10.1161
29	25.0658	21.8444	19.1885	16.9837	15.1411	13.5907	12.2777	11.1584	10.1983
30	25.8077	22.3965	19.6004	17.2920	15.3725	13.7648	12.4090	11.2578	10.2737
35	29.4086	24.9986	21.4872	18.6646	16.3742	14.4982	12.9477	11.6546	10.5668
40	32.8347	27.3555	23.1148	19.7928	17.1591	15.0463	13.3317	11.9246	10.7574
45	36.0945	29.4902	24.5187	20.7200	17.7741	15.4558	13.6055	12.1084	10.8812
50	39.1961	31.4236	25.7298	21.4822	18.2559	15.7619	13.8007	12.2335	10.9617
55	42.1472	33.1748	26.7744	22.1086	18.6335	15.9905	13.9399	12.3186	11.0140

续表

期数	10%	12%	14%	15%	16%	18%	20%	24%	28%	32%
1	0.9091	0.8929	0.8772	0.8696	0.8621	0.8475	0.8333	0.8065	0.7813	0.7576
2	1.7355	1.6901	1.6467	1.6257	1.6052	1.5656	1.5278	1.4568	1.3916	1.3315
3	2.4869	2.4018	2.3216	2.2832	2.2459	2.1743	2.1065	1.9813	1.8684	1.7663
4	3.1699	3.0373	2.9137	2.8550	2.7982	2.6901	2.5887	2.4043	2.2410	2.0957
5	3.7908	3.6048	3.4331	3.3522	3.2743	3.1272	2.9906	2.7454	2.5320	2.3452
6	4.3553	4.1114	3.8887	3.7845	3.6847	3.4976	3.3255	3.0205	2.7594	2.5342
7	4.8684	4.5638	4.2882	4.1604	4.0386	3.8115	3.6046	3.2423	2.9370	2.6775
8	5.3349	4.9676	4.6389	4.4873	4.3436	4.0776	3.8372	3.4212	3.0758	2.7860
9	5.7590	5.3282	4.9464	4.7716	4.6065	4.3030	4.0310	3.5655	3.1842	2.8681
10	6.1446	5.6502	5.2161	5.0188	4.8332	4.4941	4.1925	3.6819	3.2689	2.9304
11	6.4951	5.9377	5.4527	5.2337	5.0284	4.6560	4.3271	3.7757	3.3351	2.9776
12	6.8137	6.1944	5.6603	5.4206	5.1971	4.7932	4.4392	3.8514	3.3868	3.0133
13	7.1034	6.4235	5.8424	5.5831	5.3423	4.9095	4.5327	3.9124	3.4272	3.0404
14	7.3667	6.6282	6.0021	5.7245	5.4675	5.0081	4.6106	3.9616	3.4587	3.0609
15	7.6061	6.8109	6.1422	5.8474	5.5755	5.0916	4.6755	4.0013	3.4834	3.0764
16	7.8237	6.9740	6.2651	5.9542	5.6685	5.1624	4.7296	4.0333	3.5026	3.0882
17	8.0216	7.1196	6.3729	6.0472	5.7487	5.2223	4.7746	4.0591	3.5177	3.0971
18	8.2014	7.2497	6.4674	6.1280	5.8178	5.2732	4.8122	4.0799	3.5294	3.1039
19	8.3649	7.3658	6.5504	6.1982	5.8775	5.3162	4.8435	4.0967	3.5386	3.1090
20	8.5136	7.4694	6.6231	6.2593	5.9288	5.3527	4.8696	4.1103	3.5458	3.1129
21	8.6487	7.5620	6.6870	6.3125	5.9731	5.3837	4.8913	4.1212	3.5514	3.1158
22	8.7715	7.6446	6.7429	6.3587	6.0113	5.4099	4.9094	4.1300	3.5558	3.1180
23	8.8832	7.7184	6.7921	6.3988	6.0442	5.4321	4.9245	4.1371	3.5592	3.1197
24	8.9847	7.7843	6.8351	6.4338	6.0726	5.4509	4.9371	4.1428	3.5619	3.1210
25	9.0770	7.8431	6.8729	6.4641	6.0971	5.4669	4.9476	4.1474	3.5640	3.1220
26	9.1609	7.8957	6.9061	6.4906	6.1182	5.4804	4.9563	4.1511	3.5656	3.1227
27	9.2372	7.9426	6.9352	6.5135	6.1364	5.4919	4.9636	4.1542	3.5669	3.1233
28	9.3066	7.9844	6.9607	6.5335	6.1520	5.5016	4.9697	4.1566	3.5679	3.1237
29	9.3696	8.0218	6.9830	6.5509	6.1656	5.5098	4.9747	4.1585	3.5687	3.1240
30	9.4269	8.0552	7.0027	6.5660	6.1772	5.5168	4.9789	4.1601	3.5693	3.1242
35	9.6442	8.1755	7.0700	6.6166	6.2153	5.5386	4.9915	4.1644	3.5708	3.1248
40	9.7791	8.2438	7.1050	6.6418	6.2335	5.5482	4.1659	4.1659	3.5712	3.1250
45	9.8628	8.2825	7.1232	6.6543	6.2421	5.5523	4.9986	4.1664	3.5714	3.1250
50	9.9148	8.3045	7.1327	6.6605	6.2463	5.5541	4.9995	4.1666	3.5714	3.1250
55	9.9471	8.3170	7.1376	6.6636	6.2482	5.5549	4.9998	4.1666	3.5714	3.1250

参考文献

1. 查尔斯·亨格仑等. 管理会计教程. 北京: 华夏出版社, 1999
2. 加布里埃尔·哈瓦维尼, 克劳德·维埃里. 经理人员财务管理——创造价值的过程. 王全喜等译. 北京: 机械工业出版社, 2000
3. 弗兰克·J.法博齐, 帕梅拉·P.彼得森.财务管理与分析(第二版)(上、下册). 詹正茂译. 北京:中国人民大学出版社, 2008
4. 道格拉斯·R.埃默瑞, 约翰·D.芬纳蒂, 约翰·D.斯托.公司财务管理(第2版). 荆新, 王化成, 李焰等译. 北京:中国人民大学出版社, 2008
5. Eugene F., Brigham, Michael C., Ehrhardt.财务管理——理论与实践. 狄瑞鹏, 胡谨颖, 侯宇译. 北京:清华大学出版社, 2005
6. 财政部会计资格评价中心编. 财务管理.北京:中国财政经济出版社, 2004
7. 财政部会计资格评价中心编. 财务管理.北京:中国财政经济出版社, 2007
8. 夏嘉华主编. 财务管理学. 上海:立信会计出版社, 2004
9. 庄爱珠, 毛付根编著. 财务管理. 北京:科学出版社, 2000
10. 荆新, 王化成, 刘俊彦. 财务管理学. 北京:中国人民大学出版社, 2006
11. 中华人民共和国公司法[E], http://www.gov.cn/ziliao/flfg/2005—10/28/content_85478.htm.
12. 韩新宽主编. 财务管理学. 哈尔滨:哈尔滨工业大学出版社, 2007
13. 鲍明龙等编. 财务管理. 上海:上海财经大学出版社, 2007
14. 胡元木, 姜洪丽主编. 中级财务管理. 北京:经济科学出版社, 2008
15. 全国会计专业技术资格考试领导小组办公室制定. 中级会计专业技术资格考试大纲——财务管理. 北京:经济科学出版社, 2007
16. 全国会计专业资格考试应试精华讲师团编. 财务管理. 北京:企业管理出版社,2007
17. 天华会计研究中心编. 财务管理一本通. 大连:大连出版社, 2007
18. 王振华主编. 财务管理习题集. 北京:经济科学出版社, 2008
19. 潘飞编著. 管理会计. 上海:上海财经大学出版社, 2003
20. 林钢编著. 责任会计学. 北京:中国人民大学出版社, 1994
21. 李天民编著. 管理会计学. 北京:中央广播电视大学出版社, 1984
22. 何韧编著. 财务报表分析. 上海:上海财经大学出版社, 2007
23. 胡玉明编著. 财务报表分析. 大连:东北财经大学出版社, 2008